Errichtung und Tätigkeit von Stiftungen nach polnischem Recht

Bochumer Studien zum Stiftungswesen

Herausgegeben von Karlheinz Muscheler

Band 8

PETER LANG

Frankfurt am Main · Berlin · Bern · Bruxelles · New York · Oxford · Wien

Dominik Wagner

Errichtung und Tätigkeit von Stiftungen nach polnischem Recht

PETER LANG
Internationaler Verlag der Wissenschaften

Bibliografische Information der Deutschen Nationalbibliothek
Die Deutsche Nationalbibliothek verzeichnet diese Publikation in der Deutschen Nationalbibliografie; detaillierte bibliografische Daten sind im Internet über http://dnb.d-nb.de abrufbar.

Zugl.: Bochum, Univ., Diss., 2011

D 294
ISSN 1864-936X
ISBN 978-3-631-63625-1

www.peterlang.de

Meiner Ehefrau Agnieszka

Vorwort

Die vorliegende Arbeit wurde im Sommersemester 2011 von der Juristischen Fakultät der Ruhr-Universität Bochum als Dissertation angenommen, das Promotionsverfahren wurde mit dem Rigorosum am 11.11.2011 abgeschlossen.

Gesetzgebung, Rechtsprechung und Literatur sind in diesem Buch auf dem Stand von Mai 2011.

Zuvorderst gebührt mein besonderer Dank Herrn Prof. Dr. Karlheinz Muscheler, der diese Arbeit betreut und in kürzester Zeit das Erstgutachten erstellt hat. Als mein Doktorvater hat er mir einerseits bei der Themenwahl und der Anfertigung der Arbeit freie Hand gelassen, andererseits konnte ich auf seinen gewinnbringenden Rat stets vertrauen.

Herrn Prof. Dr. Stefan Greiner danke ich für die Erstellung des Zweitgutachtens in ebenfalls kürzester Zeit.

Meinen Eltern gilt großer Dank für den Rückhalt und die Unterstützung, die sie mir in meinem bisherigen Leben und insbesondere in allen Phasen meiner Ausbildung entgegengebracht haben.

Schließlich gilt der größte Dank meiner Ehefrau Agnieszka, die mich zu jeder Zeit bedingungslos unterstützt und mit viel Geduld, Toleranz und stetigem Zuspruch während meiner juristischen Ausbildung und insbesondere bei der Anfertigung dieser Arbeit motivierend begleitet hat. Ihr ist diese Arbeit gewidmet.

Düsseldorf, im Januar 2012
Dominik Wagner

Inhaltsverzeichnis

„Unter den zahlreichen juristischen Personen können wir gerade die Stiftung als Aristokratin bezeichnen, ist sie doch eines der Rechtsinstitute, welches sich seit undenklichen Zeiten einer besonderen moralischen, gesellschaftlichen und rechtlichen Wertschätzung erfreut – und das weltweit.“

(*Leopold Stecki*)[1]

1 *Stecki*, Fundacja, Band 1, S. 19.

Einleitung

A. Themenstellung

Im zusammenwachsenden Europa sind bereits viele Rechtsgebiete des jeweiligen Nachbarn untersucht und dargestellt worden. Zum polnischen Recht gibt es sowohl wissenschaftliche Sammelwerke[2] als auch zahlreiche Einzelarbeiten[3], die allgemein oder vertiefend einzelne Abschnitte der polnischen Rechtsordnung erforschen. Bisher noch nicht Gegenstand einer wissenschaftlichen Untersuchung und vergleichenden Darstellung war das polnische Stiftungsrecht.

Zwar existieren neuere Arbeiten zum Stiftungsrecht Mittel- und Osteuropas[4] oder Kurzdarstellungen des polnischen Stiftungsrechts[5], doch sind diese nicht erschöpfend und bieten schon aufgrund ihrer eigenen Zielsetzung nur einen Überblick.

Das Bestreben der vorliegenden Arbeit besteht darin, diese Lücke möglichst weitgehend zu schließen.

Der bisher zu verzeichnende Mangel an Darstellungen zum polnischen Stiftungsrecht mag nicht allein in der sprachlichen Barriere für die deutsche Rechtswissenschaft zu suchen sein; auch der Umstand, dass der wissenschaftliche Zugang zur polnischen Rechtsordnung erst seit dem vor zwei Jahrzehnten eingetretenen Systemwechsel erleichtert worden ist, stellt nur einen der Gründe dar. Maßgeblich scheint dieser Zustand daran zu liegen, dass sich die polnische Stiftungsrechtsdogmatik zunächst selbst (wieder-) finden musste.

Im Vergleich zu anderen Rechtsgebieten ist das Stiftungsrecht in Polen eine noch relativ junge Disziplin. Erst seit Mitte der achtziger Jahre des 20. Jahrhunderts konnte das Stiftungswesen als zartes Pflänzchen auf polnischem Boden gedeihen. Davor lagen über dreißig Jahre Kahlschlag. Denn wie in fast allen kommunistischen Staaten mit einem totalitären Herrschaftsanspruch konnte selbstverständlich auch in Polen kein autonomer dritter Sektor geduldet werden.[6] Aus diesem Grunde gab es seit 1952 in Polen *de iure* und *de facto* keine Stiftungen. Erst über 30 Jahre später, im Jahr 1984, wurde erneut eine rechtliche Grundlage für die Errichtung und Tätigkeit von Stiftungen in Polen geschaffen.

---

2 Siehe etwa: *Liebscher/Zoll*, Einführung in das Polnische Recht, München 2005.

3 So hat das Europäische Graduiertenkolleg „Systemtransformation und Wirtschaftsintegration im zusammenwachsenden Europa", ein Gemeinschaftsprojekt der Universitäten zu Mainz, Heidelberg und Krakau, die Untersuchung unterschiedlicher juristischer Fachdisziplinen im deutsch-polnischen Kontext zum Ziel, vgl. Selbstdarstellung auf der Internetseite www.graduiertenkolleg.eu.

4 *Drobnig*, in: Hopt/Reuter, S. 541 ff.

5 *Urbanek*, MAECENATA ACTUELL, Nr. 28, 2001, S. 24 ff.

6 *Drobnig*, in: Hopt/Reuter, S. 542.

Bis zu diesem Zeitpunkt hatte die Rechtslehre einerseits kein wirkliches Interesse, sich mit diesem Rechtsgebiet zu befassen, andererseits hatte auch die Rechtsprechung kaum ein tatsächliches Erfordernis, sich mit dieser Materie auseinanderzusetzen.[7]

Neben die Auswirkungen dieser Zäsur tritt ferner, dass auch die Stiftungsrechtsdogmatik des jungen unabhängigen polnischen Staates der nur kurzen, zwanzigjährigen Zwischenkriegszeit sich gerade in der Entstehung befunden hat und späteren Generationen aufgrund der Unterbrechung, die der Zweite Weltkrieg herbeigeführt hat, keine breite wissenschaftliche Grundlage hinterlassen konnte.[8]

Wiederentdeckt wurde das Stiftungsrecht also erst mit dem Aufkommen der ersten Stiftungen ab Mitte der achtziger Jahre des 20. Jahrhunderts. Allein diese Tatsache zeigt schon, dass das Stiftungsrecht als dogmatisches Betätigungsfeld eine noch junge – gerade ein gutes Vierteljahrhundert alte – Disziplin darstellt. Aber gerade diese dynamische Entwicklung mit der Entstehung eines neuen Rechts verdient eine breitere wissenschaftliche Darstellung.

Ungeachtet der abwechslungsreichen Geschehnisse des letzten Jahrhunderts kann das polnische Stiftungswesen jedoch auch auf eine reiche, jahrhundertealte Stiftungstradition zurückblicken, welche bis in die Anfänge der polnischen Staatlichkeit des frühen Mittelalters zurückreicht. In diesem Zusammenhang ist daher zu untersuchen, ob die polnische Stiftungstradition mit der deutschen identisch, vergleichbar oder von dieser abweichend ist.

Auch wenn diese Tradition letztendlich durch den kommunistischen Staat unterbrochen worden ist, befindet sich das polnische Stiftungswesen der letzten drei Jahrzehnte im Aufwind. Dies spiegelt sich insbesondere in der quantitativen Entwicklung wider; während 1984 die Zahl der Stiftungen gegen Null ging, werden mittlerweile über 10.000 Stiftungen gezählt.[9]

Ausgehend von den eingangs erwähnten Umständen und Entwicklungen hat die vorliegende Arbeit die umfassende Untersuchung und Darstellung der rechtlichen Voraussetzungen für die Errichtung und die Tätigkeit einer rechtsfähigen Stiftung des Privatrechts nach polnischem Recht zum Thema, unter Berücksichtigung der Rechtslehre und Rechtsprechung. Dabei liegt das Anliegen nicht in der Anfertigung einer rechtsvergleichenden Darstellung im klassischen Sinne, die das deutsche Recht gleichwertig behandeln würde. Allein die Untersuchung des polnischen Rechts soll im Vordergrund stehen. Vergleichende Aspekte ha-

---

7 *Suski*, S. 326.

8 *Cioch*, Prawo fundacyjne, S. 10, insbesondere befassten sich zu dieser Zeit mit dem Stiftungsrecht der Lemberger Zivilrechtler *Roman Longchamps de Berier* in: Studya nad istotą osoby prawniczej, Lemberg 1911, S. 243 ff., sowie der Lemberger Verwaltungsrechtler *Wilhelm Edmund Rappé*, Fundacje, S. 145.

9 Datenbestand der Vereinigung *Stowarzyszenie Klon/Jawor*, Warschau, 2010, http://bazy.ngo.pl/.

ben ihren Platz in Bezugnahmen und abschließenden Zusammenfassungen, so dass sich die Bearbeitung darstellungswürdigen rechtsvergleichenden Gegebenheiten nicht verschließt. Geschuldet ist dies einerseits der Tatsache, dass zeitnah bereits entsprechende Bearbeitungen erfolgt sind, die hinreichend ausführlich das deutsche Recht mit in ihre Untersuchung einbezogen haben.[10] Andererseits sind weder das polnische Stiftungsrecht noch das polnische Stiftungswesen in der bisherigen deutschen rechtswissenschaftlichen Literatur spürbar in Erscheinung getreten, so dass ihnen an dieser Stelle eine breitere Zuwendung gebühren soll.

B. Gang der Untersuchung

Aufgrund des Grundverständnisses, dass sich die Darstellung eines fremden Rechts nicht nur auf die aktuell geltende Rechtslage beschränken darf, sondern erst dann als vollständig angesehen werden kann, wenn neben der momentanen rechtlichen Situation auch der historische Ursprung aufgezeigt wird, beginnt die Untersuchung mit einem rechtsgeschichtlichen Kapitel zum polnischen Stiftungsrecht.

Von einer weiteren Prämisse ausgehend, dass Recht und Wirklichkeit seit jeher in einem sich gegenseitig beeinflussendem Wechselspiel standen, ist die historische Darstellung nicht ausschließlich dem Recht gewidmet, sondern berücksichtigt auch entscheidende Momente und Entwicklungsphasen des polnischen Stiftungswesens.

Der geschichtlichen Darstellung schließt sich die Untersuchung des aktuellen polnischen Stiftungsrechts an, welche sich ihrerseits von ihrer Systematik an der Chronologie eines Stiftungslebens orientiert: Nach der Feststellung der Grundlagen des polnischen Stiftungsrechts, wie dem dogmatischen Stiftungsbegriff und der zulässigen Stiftungszwecke, folgt eine Untersuchung hinsichtlich der Errichtung einer rechtsfähigen Stiftung. Daneben sollen die Struktur der Stiftung, ihre Betätigungsmöglichkeiten sowie Mechanismen der staatlichen Stiftungsaufsicht dargestellt werden. Abgeschlossen wird die Untersuchung durch die Darstellung der Beendigungsproblematik bei der Stiftung polnischen Rechts.

Eine Besonderheit des polnischen Stiftungsrechts ist das Rechtsinstitut der Vertretung ausländischer Stiftungen, welches ebenfalls darzustellen und zu untersuchen ist.

---

10 *Schewe*, Die Errichtung der rechtsfähigen Stiftung von Todes wegen, Diss. Bochum 2003; *Beckmann*, Die Änderung der Stiftungssatzung, Diss. Bochum 2005; *Ko*, Errichtung einer Stiftung nach deutschem und koreanischem Recht, Diss. Bochum 2009; *Schuck*, Die Doppelstiftung, Diss. Bochum 2009; *Braxator*, Grundlagen der Panama-Stiftung, Diss. Zürich 2009.

TEIL I: Grundlagen des polnischen Stiftungswesens

A. Historische Entwicklung des Stiftungswesens in Polen

Für das Verständnis des geltenden Rechts ist die Kenntnis der historischen Entwicklung oft unumgänglich. Gerade das Stiftungsrecht mit seiner jahrhundertealten Tradition scheint sich erst dann vollständig zu erschließen, wenn man die Ursprünge der Stiftungsidee zurückverfolgen kann. Zwar mag das Institut der Stiftung als juristische Person erst im 19. Jahrhundert entwickelt worden und damit relativ jung sein; das mitteleuropäische Stiftungswesen als Ausfluss eines Weitergabeverlangens von Vermögensgütern an die Nachwelt ist hingegen tief in den Anfängen der christlich-europäischen Kultur verwurzelt.

I. Antiker Ursprung

Das Aufkommen von Stiftungen kann sogar noch weiter, bis in die vorchristliche Antike verfolgt werden.[11] Die Ursprünge der Stiftung reichen dabei soweit zurück, dass gesagt werden könnte, es habe „Stiftungen schon immer gegeben"[12], wenn auch die frühe antike Stiftung nicht mit der heutigen modernen Stiftung vergleichbar ist. Die moderne Stiftung als Rechtsform war der damaligen Zeit nicht bekannt[13]. Charakteristisch für damalige Stiftungen war das Bestreben, Teile eines Vermögens oder dieses als Gesamtheit einem Zweck zu widmen, der über den eigenen Tod hinaus – dauerhaft – gefördert werden sollte. Verbunden war damit weniger eine gewisse philanthropische Absicht des Stifters, als ein Streben nach Selbstverwirklichung durch Ewigkeit sowie Unsterblichkeit und dem Fortwirken über die Zeit des eigenen Ablebens hinaus.[14]

Stiftungsartige Institutionen mit religiöser Bedeutung, bei denen die Fürsorge für die Seele nach dem Tode, Ahnenkult und Götterverehrung im Vordergrund standen, sind aus dem ägyptischen Raum vor 5.000 Jahren bekannt. Bei diesen vermachte der Stifter sein Vermögen zu Zwecken der eigenen Grabfürsorge. Eine Priesterkorporation überwachte dieses den antiken Göttern gewidmete Tempelgut, das eine verselbständigte Vermögensmasse bildete.[15] Die ägyptischen Totenstiftungen waren auf die dauernde Grabsorge und auf Opferungen zuguns-

---

11 Die Darstellung konzentriert sich hier nur auf den für die weitere Untersuchung erforderlichen antiken Ursprung, der zur Grundlage für das spätere römisch-christliche Stiftungswesen wurde. Zum Stiftungswesen in der islamischen Welt vgl. *Borgolte*, Von der Geschichte des Stiftungsrecht zur Geschichte der Stiftungen, S. 13* ff.

12 *Jakob*, S. 11.

13 *Liermann*, S. 2.

14 *V. Campenhausen*, in: Seifart/v. Campenhausen, Stiftungsrechts-Handbuch, 3. Aufl., § 5 Rn. 1 ff.; *Jakob*, a.a.O.

15 *Liermann*, S. 3 ff.

ten der Verstorbenen begrenzt und nicht mit wohltätigen Absichten verbunden.[16] Mit den den Tempeln übereigneten Mitteln wurde im antiken Ägypten Wirtschaftstätigkeit, etwa durch den Betrieb von Banken, Ölfabriken, Brauereien, Bäckereien oder öffentlichen Bädern, möglich.[17]

Die altgriechische Polis, die korporative Stadtgemeinde des griechischen Rechtskreises, war oftmals Träger der ihr von Privatleuten übertragenen Vermögensmassen. Auch die Korporation der Stadtgemeinden des römischen Rechts fungierte als Träger des Sakralvermögens.[18]

Bei diesen frühantiken Konstruktionen handelte es sich nicht um moderne rechtsfähige Stiftungen. Da das Stiftungsvermögen durch andere Rechtssubjekte verwaltet wurde, handelte es sich bei ihnen nach modernem Verständnis um unselbständige, fiduziarische Stiftungen, d.h. Schenkungen unter Lebenden oder von Todes wegen mit der Auflage, die Erträge für einen bestimmten, meist kultischen oder religiösen, später auch sozialen Zweck zu verwenden.[19]

Waren in der frühen Antike die Stiftungen noch hauptsächlich durch den Totenkult und das Totengedächtnis motiviert, so erfolgte in der spätantiken Zeit, zu Zeiten Konstantin des Großen, eine Wendung durch die Verbindung christlicher Religion und römischen Rechts.[20] Diese Verknüpfung war entscheidend für die Entwicklung des Stiftungsrechts im Mittelalter und läutete den Anfang einer Tradition ein, auf der sowohl das deutsche[21] als auch polnische[22] Stiftungswesen aufbauen sollten.

Mit der aufkommenden Christianisierung traten an die Stelle des Totenkults christliche Rechtslehren als Stiftungsmotiv. Ausgangspunkt für diese Entwicklung war die von den Kirchenvätern entwickelte Lehre vom „Sohnesteil Christi“[23] (*portio Christi*), nach der jeder Christ durch letztwillige Verfügung nicht nur Angehörige und Nahestehende, sondern auch Jesus Christus, so wie er in dieser Welt präsent war, bedenken sollte: in Gestalt der Kirche und der bedürftigen Nächsten. Durch diese Verfügungen zugunsten der Kirche und der Bedürftigen sorgte der christliche Stifter zugleich für das Heil seiner eigenen Seele. Diesen Verfügungen *pro salute animae*[24] konnte sich ein Vermögender aufgrund des moralisch-theologischen Zwanges kaum entziehen.[25]

---

16 *Assmann*, S. 159.

17 *Otto*, S. 7.

18 *Borgolte*, S. 61*.

19 *V. Campenhausen*, in: Seifart/v. Campenhausen, Stiftungsrechts-Handbuch, 3. Aufl., § 5 Rn 5.

20 *Liermann*, S. 24, *Borgolte*, S. 21*.

21 *Schulze*, in: Hopt/Reuter, S. 57.

22 *Suski*, S. 317.

23 *Liermann*, a.a.O.; *Coing*, in: Seifart/v. Campenhausen, Handbuch des Stiftungsrecht, 2. Aufl., S. 73.

24 Die mittelalterliche deutsche Fassung spricht von „Seelgeräten“, vgl. *Liermann*, S. 13.

25 *Schulze*, in: Hopt/Reuter, S. 58.

Seine rechtliche Festlegung fand dieses Prinzip in den dem Kirchenrecht gewidmeten Teilen des Justinianischen Codex (um 530 nach Christus). Das justinianische Recht begünstigte diese Lehre, indem es etwa zahlreiche Erleichterungen für Verfügungen dieser Art, die *piae causae*, einführte. Zwar waren diese Stiftungen noch kein Rechtsinstitut mit eigener Identität; indem jedoch die Kontrolle über die Verfügungen *ad pias causas* den örtlichen Bischöfen zugewiesen worden war, entstand eine „institutionalisierte Grundform des dauerhaften Erhalts und der Verwendung von Vermögen zu frommen Zwecken“[26]. Modern gesprochen, lag die erste Stiftungsaufsicht damit in den Händen der Kirche.

Die *piae causae* waren im Vergleich zu den frühantiken Stiftungen selbständiger und bedurften nicht notwendigerweise einer Anlehnung an eine bestehende Institution. Teilweise wurden sie Träger eigenen Vermögens, hatten eigene Leiter und anstaltliche Strukturen. Gleichwohl waren sie nicht mit einer juristischen Person nach heutigem Verständnis gleichzusetzen; sie waren weiterhin rechtlich unselbständig. Hauptsächlich dienten diese christlichen Wohltätigkeitsanstalten als Fremden-, Armen-, Kranken-, Waisen-, Findelhäuser und Altenheime.[27]

Dank der Lehre vom Sohnesteil Christi und den deswegen erfolgten Zuwendungen *ad pias causas* konnte die Kirche beachtliches Vermögen aufbauen. Sie hatte über die Stiftungen nicht nur die Aufsicht, sondern übernahm zugleich auch die Organisation und die Verwaltung der Vermögen sowie der errichteten wohltätigen Einrichtungen.[28]

Das Recht der christlichen Kaiserzeit hat eine Rechtstradition begründet, deren Wirkungszusammenhang, trotz grundlegender Veränderungen im Laufe der Jahrhunderte, noch bis in die heutige Zeit hineinreicht.[29] Ausgehend von dieser Rechtstradition, sollten sich sowohl das deutsche als auch das polnische Stiftungswesen entwickeln.

II. Mittelalterliche Anfänge

1. Römisch-christlicher Stiftungsursprung

Die römisch-christliche Herkunft war ausschlaggebend für die Entwicklung eines Stiftungswesens sowohl in Deutschland als auch in Polen. Denn weder den

---

26 *Coing*, a.a.O.

27 *V. Campenhausen*, in: Seifart/v. Campenhausen, Stiftungsrechts-Handbuch, 3. Aufl., § 5 Rn. 7.

28 *Lingelbach*, in: Werner/Saenger, S. 26.

29 *Coing*, in: Seifart/v. Campenhausen, Handbuch des Stiftungsrechts, 2. Aufl., § 5 Rn. 4; *Fries*, in: Hopt/Reuter, S. 372 f.

heidnischen Germanen[30] noch den heidnischen Slawen[31] war ein Stiftungswesen der antiken oder frühchristlichen Form bekannt. Erst mit dem Vordringen des Christentums in nördlich vom Römischen Reich gelegene Regionen konnte sich der Stiftungsgedanke auch in diesen Gebieten ausbreiten. Die ersten Stiftungen im deutschen Raum entstanden etwa 500 Jahre vor den ersten polnischen Stiftungen[32], was dazu führte, dass das frühe polnische Stiftungswesen auch die deutschen Einflüsse auf die Stiftungstradition übernahm.

Die Regelungen des justinianischen Rechts über die *piae causae* wurden aufrechterhalten und im kanonischen Recht ausgebaut[33], wenn auch germanische Stammestraditionen – etwa durch genossenschaftliche Strukturen[34] – das Gebilde der Stiftung beeinflussen konnten[35].

Die den Bischöfen im justinianischen Recht zuerkannte Aufsicht über die kirchlichen Stiftungen und die Überwachung der Ausführung letztwilliger Verfügungen blieb ebenfalls im frühen Mittelalter in kirchlicher Zuständigkeit. Auch setzte die Kirche - von den *piae causae* abgeleitet - das Individualerbrecht gegen die germanische Anschauung durch, wonach das Erbe, insbesondere der Grundbesitz, per se der Familiensippe zustand. Die Durchführung der letztwilligen Verfügung wurde unter kirchliche Zuständigkeit gebracht, Testamentssachen der kirchlichen Gerichtsbarkeit unterworfen und das Institut der Testamentsvollstreckung, gerade im Hinblick auf stiftungsrechtliche Verfügungen, gestärkt.[36] Die Stiftungserrichtung von Todes wegen war in der mittelalterlichen Zeit, wie bereits in der Antike, die Regel.[37]

Die ersten Stiftungen des Mittelalters waren frommer Natur. Das frühe Stiftungswesen bildete sich im Rahmen kirchlicher Einrichtungen heraus, vor allem in Gestalt des mit einem Kloster verbundenen Spitals.[38] Die Spitäler dienten der Versorgung von Kranken und Waisen oder als Herbergen für Pilger.[39] Noch bis

30 *V. Campenhausen*, in: Seifart/v. Campenhausen, Stiftungsrechts-Handbuch, 3. Aufl., § 5 Rn. 11.

31 *Leś*, S. 19.

32 Erste Stiftungen auf deutschem Boden stammen noch aus römischer Zeit, so etwa einige Grabmonumente mit Stiftungscharakter aus dem 4. Jhdt. n. Chr., vgl. *Cüppers*, S. 206.; erste Stiftungen im Heiligen Römischen Reich stammen wohl aus dem 7. Jhdt., *Strachwitz*, in: Strachwitz/Mecker, S. 33.

33 *Coing*, in: Seifart/v. Campenhausen, Handbuch des Stiftungsrechts, 2. Aufl., § 5 Rn. 11.

34 *V. Campenhausen*, a.a.O.

35 Dazu *Schulze*, in: Hopt/Reuter, S. 59 f.: Die Stiftung wurde als fortdauernder Personenverband (universitas) der Gemeinschaft der Lebenden und der Toten aufgefasst, zu dem auch der (tote) Stifter gehörte. In diesem mittelalterlichen Stiftungsbild war der korporative Personenverband konstitutiv, vgl. hierzu auch: *Borgolte*, Die Stiftungen des Mittelalters, ZRG KA 74, 1988, S. 85 ff.

36 *Coing*, Europäisches Privatrecht, Band 1, S. 560, 564, 565.

37 *Wagner*, in: Stiftungen und Stiftungswirklichkeiten, S. 145 (151 ff.).

38 *Liermann*, S. 46 ff., 62 f.; *Schulze*, HRG Bd. 4, SP 1980 (1982).

39 Hierzu eingehend: *Jetter*, Das europäische Hospital von der Spätantike bis 1800.

ins 12. und 13. Jahrhundert hinein waren überwiegend Klöster Träger des Spitalvermögens.[40]

Ähnlich wie die antiken Stiftungen, waren die frühen mittelalterlichen Stiftungen aller Erkenntnis nach rechtlich unselbständig.[41] Gemeinsam hatten alle Stiftungen, dass ein Vermögen gestiftet wurde, welches in das Eigentum eines anderen Rechtssubjekts, etwa einer natürlichen Person oder Institution, überging. Dieser anderen Person oblag dann die treuhänderische, zweckorientierte Verwaltung des Vermögens. Je nach Ausgestaltung des Spitals war der Treuhänder mal mehr, mal weniger mit der Organisation und Verwaltung beauftragt.[42] Zwar bildete das gewidmete Vermögen – etwa in Form eines entstandenen Spitals – praktisch ein verselbständigtes Sondervermögen, doch kann daraus nicht geschlossen werden, dass dieses Gebilde schon mit Rechtspersönlichkeit ausgestattet war[43]; insbesondere kann die mittelalterliche Konstruktion nicht mit der modernen Stiftung bürgerlichen Rechts gleichgesetzt werden[44].

2. Erstes Stiftungsaufkommen in Polen

Ein Stiftungswesen auf polnischem Gebiet vor dem 10. Jahrhundert hat es aller Erkenntnis nach nicht gegeben.[45]

Der Umstand, dass erste Stiftungen in Polen ein halbes Jahrtausend später als in Deutschland aufgetaucht sind, hat seine Ursache zunächst in der geografischen Lage Polens: Anders als große Teile Deutschlands, die zum Römischen Reich gehörten, hatte Polen keinen direkten Kontakt zu Rom und unterlag von daher auch nicht seinem Einflussbereich. Des Weiteren erfolgte die Christianisierung Polens auch erst Jahrhunderte später als auf den deutschen Gebieten.[46] Erst mit Beginn der Christianisierung konnte die christliche Lehre von der Nächstenliebe auf polnischem Boden ihren Einfluss entfalten. Wesentliche Bedeutung hatte die bereits im Heiligen Römischen Reich entwickelte christliche Stiftungskultur. Das Element der Wohltätigkeit für die Allgemeinheit war im frühen polnischen Staat ein Novum: Denn die bisherige, auf Stammestradition

40 *Liermann*, S. 78 f.

41 *Coing*, in: Seifart/v. Campenhausen, Handbuch des Stiftungsrechts, 2. Aufl., § 5 Rn. 21.

42 *Coing* verweist auf Spitäler mit eigener Verwaltung, deren Gestaltung vom Stifter festgelegt ist oder deren Gestalt von diesem vorgegeben werden kann, in: Europäisches Privatrecht, Band 1, S. 267 f.

43 *V. Campenhausen*, a.a.O.

44 In diesem Sinne auch *Schewe*, S. 22.

45 *Wawrzyński*, S. 10.

46 Die Christianisierung Polens (poln. *Chrzest Polski*) begann mit der Taufe Herzog Mieszko I. im Jahre 966 und bildete einen langen, sich über Jahrhunderte hinziehenden Prozess, der erst im 13. Jahrhundert als abgeschlossen gilt. Dennoch konnten einige heidnische Religionen slawischen Ursprungs, insbesondere im östlichen Raum, bis ins 17. Jahrhundert überdauern, vgl. *Davis*, S. 163 ff.

beruhende Form der Nächstenhilfe war als eine Ausprägung der Familien- und Stammessolidarität auf Gaben innerhalb der Sippe beschränkt. Gemeinwohlförderung im modernen Sinne war nicht bekannt.[47]

Der Beginn des polnischen Stiftungswesens ist eng mit dem Wirken der römisch-katholischen Kirche verbunden.[48] Bei den ersten Stiftungen handelte es sich fast ausschließlich um Spitalstiftungen (poln. *szpital*), die unter klösterlicher oder bischöflicher Verwaltung standen. Als verwaltende Orden traten Zisterzienser, Johanniter, Dominikaner, Franziskaner oder Augustiner in Erscheinung.[49] Charakteristisch für die von ihnen errichteten Einrichtungen war nicht allein die medizinische und seelische Versorgung Kranker und Obdachloser; sie dienten, wie bereits schon entsprechende Anstalten auf deutschen Gebieten, als Herbergen für Pilger und Bedürftige, für Ältere und Waisen. Teilweise hatten sie auch die Funktion eines Sterbehospizes.[50]

Die ersten Stiftungsgründungen sind für das 12. Jahrhundert nachweisbar. Als erste Spitalstiftung – und damit erste Stiftung auf polnischem Boden überhaupt – gilt das bischöfliche Spital bei der Jungfrau Marienkirche in Breslau aus dem Jahre 1108.[51] Der Erzbischof von Gnesen, *Jan Gryfita,* stiftete im Jahre 1152 eine Zisterzienserabtei mit einem dazugehörigen Spital.[52] Es folgten Spitalstiftungen durch Johanniter in Posen (1170-80) und durch den Heilig-Geist-Orden (*Sanctu Spiriti de Saxia*) in Krakau (1200-20) sowie in Breslau (1214).[53] Das Spitalwesen und die Wohlfahrt allgemein waren regelmäßiger Gegenstand kirchlicher Synoden, beginnend mit der Synode von Gnesen im Jahre 1000.[54] Im zwölften Jahrhundert existierten in Polen bereits einige Dutzend großer Klosterstiftungen.[55]

Über die Wohltätigkeit hinaus waren kirchliche Stiftungen mit dem Schulwesen befasst.[56] Zurückgehend auf das Vierte Laterankonzil im Jahre 1215 entstanden auf Initiative der Kirche und der Orden die ersten Schulen auf polnischem Boden.[57]

---

47 *Leś*, S. 19.

48 Zum Stiftungsaufkommen im frühmittelalterlichen Breslau, *Malinowska*, in: Opaliński/Wyślicza, S. 37 ff.

49 *Słoń*, in: Opaliński/Wyślicza, S. 74 ff.

50 *Leś*, S. 20.

51 *Leś*, a.a.O.

52 *Leś*, a.a.O.

53 *Wawrzyński*, S. 10.

54 *Leś*, S. 20.

55 *Bichlarz*, S. 11.

56 *Bichlarz*, S. 12.

57 *Leś*, S. 22, auf dem Konzil wurde unter anderem beschlossen, dass an jeder Kathedrale und an jeder anderen Kirche, die einen Lehrer bezahlen konnte, eine öffentliche Schule für Angehörige des Klerus zu errichten sei. In dieser Zeit war in Polen ein deutlicher Anstieg des Bildungsniveaus zu verzeichnen. In den Städten sicherten Pfarrschulen (in

3. Weltliche Stifter

Im 13. und 14. Jahrhundert entstanden weitere Spitalstiftungen, die jedoch nicht mehr nur auf kirchliche, sondern auch auf weltliche Stifter zurückgingen. Überwiegend betätigen sich Monarchen, königliche Beamte, Mitglieder des örtlichen Adels (poln. *szlachta*)[58] sowie wohlhabende Bürger als Stifter.[59] Die Aufsicht und die Verwaltung des Stiftungswesens blieben jedoch weiterhin kirchliche Angelegenheit.[60]

Einer der zahlreichen weltlichen Stifter war der Krakauer Kastellan *Żegota*, der mit seinen Söhnen *Otto* und *Zaklika* im Jahre 1222 in *Sandomierz* (Sandomir) die Heilig-Geist-Kirche und ein dieser Kirche untergeordnetes Spital gleichen Namens stiftete. In *Przemyśl* (Prömsel) stiftete der Hofschreiber *Andrzej von Pommern* das Heilig-Geist-Spital, indem er die Errichtung finanzierte und dem Spital eine Einnahmequelle aus einem Schulzenamt und einem Garten sicherte.[61]

Auch Könige betätigten sich als Stifter. Als ein herausragender Philanthrop seiner Zeit gilt *Kasimir der Große* (1310 – 1370).[62] Er errichtete per Stiftungsbrief in den bei Krakau liegenden Salzminen im Jahre 1357 die Sankt-Antonius-Stiftung in Bochnia sowie im Jahre 1363 die Heilig-Geist-Stiftung in Wieliczka. Beide Stiftungen wirkten als Spitäler und versorgten die in den Minen tätigen Bergleute mit medizinischer Hilfe, Kleidung und Lebensmitteln. Die dort ansässigen Geistlichen sorgten zusätzlich für die erforderliche seelische Unterstützung.[63]

Auf König *Kasimir den Großen* geht auch die heutige Jagiellonen Universität in Krakau zurück, die er im Jahre 1364 als *Akademia Krakowska* nach Vorbild

---

Krakau und Breslau bereits im 13. Jahrhundert) das untere Bildungsniveau, das sog. Trivium. Die Dom-, Stifts- und Klosterschulen bereiteten Schüler auf den Priesterstand vor. Am Anfang des 15. Jahrhunderts stieg die Zahl der Schultypen beachtlich, vgl. *Pirożyński*, S. 24.

58 *Harasimowicz*, in: Opaliński/Wyślicza, S. 142 ff.

59 *Kłoczkowski/Müllerowa/Skarbek*, S. 27 ff.; *Wawrzyński*, S. 11; *Borkowska*, in: Opaliński/Wyślicza, S. 58 ff.

60 *Bichlarz*, S. 11, *Leś*, a.a.O.

61 *Wawrzyński*, S. 10.

62 Neben Kasimir dem Großen betätigten sich auch andere polnische Könige als Wohltäter und Stifter, so etwa *Mieszko III. Stary, Zygmunt III. Waza, Jan Kazimierz, Jan III. Sobieski, Sigmund August und Władysław IV.*, vgl. *Leś*, S. 32; *Wawrzyński* S. 10 f.

63 *Wóycicki*, S. 31 f. Die Stiftung von Wieliczka war sehr langlebig und existierte sogar bis zum Ausbruch des 2. Weltkriegs, *Wawrzyński*, S. 11.

der 1088 gegründeten Universität zu Bologna errichtete.[64] Sie ist nach der Prager Karls-Universität von 1348 die älteste Hochschule Mitteleuropas und, wie fast alle mittelalterlichen Universitäten, eine Stiftungsuniversität.[65] Das Stiften von Universitäten gehörte einerseits zum Zeitgeist damaliger Herrscher, andererseits standen Universitäten als kirchliche Institutionen unter päpstlichem Schutz – ihr Bestand war ebenso unangreifbar wie der der Kirche.[66]

Auch wenn sich mit der Zeit immer öfter weltliche Personen als Stifter betätigten, blieb der Charakter der Stiftungen in Polen gleich. Bis ins 15. und 16. Jahrhundert hinein existierten überwiegend kirchliche Stiftungen.[67] Eine Verweltlichung ist zu dieser Zeit lediglich auf Seiten der Stifter zu beobachten, die Stiftungen hingegen sind fest in kirchlicher Hand geblieben.

4. Vergleichende Stellungnahme

Sowohl das deutsche auch als das polnische Stiftungswesen hatten gemeinsam, dass sie nicht originärer stammestraditioneller Herkunft waren. Wie das deutsche, so hatte auch das polnische Stiftungswesen einen römisch-christlichen Ursprung. Daneben entspricht ebenfalls die frühe Entwicklung des polnischen Stiftungswesens in wesentlichen Zügen der Entwicklung des Stiftungswesens auf deutschen Gebieten. Als alleiniger Unterschied kann das zeitlich spätere Aufkommen von Stiftungen in Polen festgestellt werden.[68]

---

64 Die Akademia Krakowska entstand am 12. Mai 1364 als Studium Generale, der Lehrbetrieb wurde aber erst 1367 aufgenommen mit Vorlesungen in den drei Fachgebieten Freie Künste (*artes liberales*, bestehend aus Grammatik, Rhetorik, Dialektik, Arithmetik, Geometrie, Musik und Astronomie), Medizin und Jura. Jedoch wurde die päpstliche Erlaubnis für das prestigeträchtigste Fach, die Theologie, vorerst verwehrt. Die innere Organisation war durch die Studentenschaft - ohne Einfluss der Kirche - selbstbestimmt. Jurastudenten hatten gerichtliche Praktika abzuleisten. Mit dem Tod des Königs im Jahre 1370 und dem Desinteresse seines Nachfolgers stagnierte der Lehrbetrieb bis er schließlich eingestellt wurde. Doch schon die im Jahre 1384 zur polnischen Königin gekrönte Hedwig von Anjou (*Jadwiga Andewaweńska*) – ab 1386 Ehefrau von König *Władysław II. Jagiełło* – konnte durch ihre persönliche Vorsprache beim Papst in Avignon und die testamentarische Vermachung ihres gesamten Privatvermögens dafür Sorge tragen, dass die Krakauer Akademie ab 1400 wiederbelebt wurde. Bei Wiederaufnahme des Lehrbetriebes verfügte die Universität bereits über eine vierte Fakultät – die Theologie. Sie war auch die erste Hochschule in Europa, die einen eigenständigen Lehrstuhl für Mathematik und Astronomie besaß. Erst im 19. Jahrhundert erhielt sie den Namen Jagiellonen-Universität, der ihre Verbindung zur königlichen Dynastie verdeutlichen sollte, *Dziedzic*, Alma Mater Jagiellonica, S. 14 ff., 20 ff.

65 *Bour*, S. 21.

66 *Bour*, a.a.O.

67 *Bichlarz*, S. 11.

68 So auch *Bour*, S. 23.

Nachdem beide Nationen für ihre Stiftungswesen eine gemeinsame, römisch-christliche Grundlage gefunden hatten, entwickelten sie parallel zunächst eine auf das Spitalwesen ausgerichtete Stiftungskultur, die anfangs von Geistlichen, später zunehmend auch von Weltlichen gefördert wurde. Im Deutschen Reich traten mit wachsendem Wohlstand einzelne reiche Bürger mit Spitalstiftungen aus ihrem Vermögen hervor.[69] In Polen waren es hingegen Mitglieder von Adelsfamilien, die als Philanthropen in Erscheinung traten. Zurückzuführen ist dieser Umstand wohl auf die Gegebenheit, dass die sich im Alten Reich abzeichnende Verselbständigung eines Teils der Stadtbevölkerung und der damit verbundene Aufschwung des Bürgertums in polnischen Städten zu dieser Zeit noch nicht stattgefunden hat.[70] Auch begann man in Deutschland neu errichtete Stiftungen nicht nur ausschließlich an eine Kirche anzulehnen und ihre Verwaltung dem Klerus oder einem kirchlichen Orden anzuvertrauen, sondern diese in die Obhut der Gemeinde zu stellen, womit eine langsame, aber stetige Verweltlichung des Stiftungswesens eingeleitet wurde.[71] In Polen des 15. und 16. Jahrhunderts waren derartige Erscheinungen hingegen nicht wahrnehmbar. Noch immer wurde das Stiftungswesen von kirchlichen Stiftungen dominiert.[72]

Auf beiden Seiten machten Spitäler und ähnliche Einrichtungen, die überwiegend auf die Versorgung bedürftiger Personen ausgerichtet waren, den größten Teil der mittelalterlichen Stiftungen aus.[73] Im Laufe der Jahrhunderte tauchten jedoch auch neue Stiftungsarten auf, etwa die Universitäten.[74]

III. Stiftungswesen in der Polnisch-Litauischen Adelsrepublik

Seit 1386 herrschte zwischen dem Königreich Polen und dem Großfürstentum Litauen Personalunion infolge der Heirat der polnischen Königin *Jadwiga* mit dem litauischen Großfürsten *Jagiełło*. Diese wurde in den folgenden Jahrhunderten kontinuierlich zur europäischen Großmacht ausgebaut und mündete schließlich 1569 in eine Realunion, welche bis zur Dritten Polnischen Teilung 1795 Bestand haben sollte. Die Zeit um den Jahrhundertwechsel ab dem Ende des 16. zum Beginn des 17. Jahrhunderts markierte nicht nur für diese Adelsrepublik

69 *Liermann*, S. 99 ff.

70 *Bour*, S. 20.

71 *Liermann*, S. 94 ff.

72 *Bichlarz*, S. 11.

73 *Bour*, S. 19.

74 Nach der Universität in Krakau wurden auch im Heiligen Römischen Reich etwa zur gleichen Zeit, neben der bereits erwähnten Universität zu Prag, die Universitäten in Wien (1365) und in Heidelberg (1386) errichtet, vgl. *Wagner*, Universitätsstift und Kollegium in Prag, Wien und Heidelberg, Berlin 1999.

ihre Glanzzeit[75], sondern stellte auch für das polnische Stiftungswesen eine außergewöhnliche Blütezeit dar[76].

1. Stiftungswesen vieler Nationen

Die polnisch-litauische Adelsrepublik hatte aufgrund des Zusammenschlusses der polnischen Krone mit dem litauischen Großfürstentum den Beinamen „Republik beider Nationen" (poln. *Rzeczpospolita Obojga Narodów*). Tatsächlich war die Erste Polnische Republik nicht bloß ein Zweivölkerstaat, sondern wegen seines weit nach Osten ausgedehnten Gebiets ein Vielvölkerstaat.[77] Die heterogenen Bevölkerungsethnien bestehend aus Polen, Ruthenen, Balten, Juden, Deutschen, Armeniern und Tataren mit zum Teil sehr divergierenden kulturellen und religiösen Traditionen lebten in diesem Staatsgebilde mit- und nebeneinander.[78] Aufgrund dieser Mannigfaltigkeit war auch das polnische Stiftungs- und Gemeinwohlwesen zu dieser Zeit nicht ausschließlich durch die westlich-christliche Stiftungskultur bestimmt, sondern in einigen Regionen auch durch christlich-orthodoxe, jüdische und islamische Traditionen der Wohltätigkeit beeinflusst.[79]

---

75 Im Jahre 1618 hatte die polnisch-litauische Adelsrepublik mit einem Territorium von etwa 1.000.000 Quadratkilometern ihre größte Ausdehnung (dies entspricht ca. der Fläche des heutigen Ägyptens; zum Vergleich beträgt das heutige polnische Staatsgebiet 312.685 und das der Bundesrepublik Deutschland 357.112 Quadratkilometer), vgl. *Davis*, S. 350 ff. sowie die Übersichtskarten zur historischen Entwicklung des polnischen Staatsgebiets im Anhang.

76 *Wawrzyński*, S. 11.

77 Das Staatsterritorium umfasste zur Zeit der größten Ausdehnung die heutigen Gebiete Polens, Litauens, Lettlands, Weißrusslands, sowie Teile Russlands, Estlands, Rumäniens und der Ukraine.

78 Um 1772 waren die Anhänger der römisch-katholischen Kirche am stärksten vertreten, sie machten jedoch nicht einmal die Hälfte der Gesamtbevölkerung aus (43 %). Ihnen folgten die Uniten (katholische Ostkirchen, insb. griechisch-katholische Kirche) mit 33%, Christlich-Orthodoxe (10 %), Juden (9 %), Protestanten (4 %) und Muslime (1 %). Die Gesamtbevölkerung bestand aus folgenden Nationen: Polen (40 %), Ruthenen (20 %), Litauern (13 %), Deutschen (10 %), Juden (5 %) und anderen (12 %), vgl. *Davis*, S. 166; Polen war durch fast alle Epochen seiner Geschichte ein Land mehrerer Völker, Sprachen und Konfessionen. Erst infolge großer Migration nach 1945 hat sich diese Situation derart verändert, dass ethnische Minderheiten heute verhältnismäßig klein sind und der Katholizismus zur vorherrschenden Konfession wurde.

79 *Leś*, S. 28 ff.; eine Vermischung der einzelnen Stiftungstraditionen hat jedoch nicht stattgefunden, weshalb auch in der Folgezeit der westlich-christliche Ursprung dominierend war und dieser auch für die Neuzeit maßgeblich geblieben ist; vertiefend zu Stiftungen in jüdischen Gemeinden *Michałowska*, in: Opaliński/Wyślicza, S. 91 ff. und zu den Glaubensstiftungen der polnisch-litauischen Muslime vgl. *Tyszkiewicz*, in: Opaliński/Wyślicza, S. 154 ff.

2. Reformation und Gegenreformation

Das 16. Jahrhundert war das Zeitalter der Reformation. In Polen begann diese um etwa 1520 und dauerte bis zur Hälfte des 17. Jahrhunderts.[80] Wie in allen Teilen Europas[81], hat die Reformationszeit auch in Polen eine Debatte über den Zustand des Stiftungswesens entfacht. So sollten die vorhandenen Spitäler samt ihrer Vermögen der Staatsaufsicht unterstellt oder gar in staatliche Institutionen umgewandelt werden. Auch wurde angedacht, die Wohlfahrt als staatliche Aufgabe zu betrachten und demzufolge Armenämter sowie eine Armensteuer nach englischem Vorbild von 1601 einzuführen.[82]

Auf deutschen Gebieten setzte sich die bereits vor der Reformation angefangene Verweltlichung der Stiftungen fort. Den Eingriffen der Städte des Spätmittelalters in das Stiftungswesen durch Zentralisierung der Stiftungsverwaltung und Übertragung der Aufsicht auf städtische Behörden[83] folgten im Zeitalter der Reformation die Territorialstaaten, insbesondere die protestantisch geprägten Länder. Neben der Übernahme der Stiftungsaufsicht durch die staatliche Gewalt, wurden in die Rechtsordnungen der territorialen Staaten Regeln über Stiftungen aufgenommen, wodurch das kanonische Recht zum Teil verdrängt wurde. Einzelne Staaten bauten Verwaltungseinrichtungen zur Stiftungsaufsicht aus und entwickelten Grundsätze einer „Stiftungspolicey“[84]. Auch erfolgten Zusammenlegungen der Vermögen mehrerer Stiftungen.[85] Dennoch war die Reformationszeit, im Gegensatz zu der später einsetzenden Aufklärung und Säkularisation, im Hinblick auf das Stiftungswesen „konservativ“[86] eingestellt. Ihre Bestrebungen richteten sich „nicht gegen die Stiftung als Institution“[87], sondern gegen den traditionellen Stiftungszweck, der noch im frühmittelalterlichem Toten- und Heiligenkult verankert war.[88] Die Eigenschaft der geistlichen Güter als Kirchengut blieb grundsätzlich anerkannt, auch wenn die Obrigkeit über Überschüsse aus dem Stiftungsvermögen willkürlich verfügen konnte.[89]

Entscheidender Entwicklungspunkt der Reformation im Deutschen Reich war somit die Überführung des kirchlichen in weltliches Recht.

---

80 *Davis*, S. 173 ff.

81 *Liermann*, S. 157 ff.

82 *Leś*, S. 23.

83 *Coing*, in: Seifart/v. Campenhausen, Handbuch des Stiftungsrechts, 2. Aufl. § 5 Rn. 33; *Liermann*, S. 126 f.

84 *Schulze*, in Hopt/Reuter, S. 63.

85 *Liermann*, S. 169 ff.; *Schulze*, Historischer Hintergrund des Stiftungsrechts, S. 15, 18 f.

86 *V. Campenhausen*, Seifart/v. Campenhausen, Stiftungsrechts-Handbuch, 3. Aufl., § 5 Rn. 25 ff.

87 *Liermann*, S. 133.

88 *Schulze*, a.a.O.; *Liermann*, S. 132 ff.; *Pleimes*, S. 195 ff.; *Coing*, in: Seifart/v. Campenhausen, Handbuch des Stiftungsrechts, 2. Aufl., § 5 Rn. 81 f.

89 *V. Campenhausen*, a.a.O.

Hingegen war der Einfluss der Reformation auf polnische Stiftungen weitaus geringer als im westlichen Europa. Während in den westlichen, insbesondere protestantisch geführten Staaten die Reformation für das Stiftungswesen eine „Krise“[90] bedeutete, führte diese in Polen zu keinen tieferen Einschnitten. Es kann sogar festgestellt werden, dass die polnische Kirche nach Abklang der Reformationsbewegung in ihrer Stellung als Hüterin und Verwalterin des Stiftungswesens noch gestärkt hervorging und Anzeichen der Verweltlichung zurückdrängen konnte.[91]

Die polnische Reformation war zwar gekennzeichnet durch eine dynamische Entwicklung bis zum Ende des 16. Jahrhunderts, aber auch durch einen raschen Verlust an Bedeutung zu Beginn des 17. Jahrhunderts.[92] Die Spitäler blieben wie bisher unter kirchlicher Aufsicht und Verwaltung, der Aufbau einer staatlichen Sozialfürsorge hat ebenfalls nicht stattgefunden.[93] In der historischen Rückschau wird dieser Ausgang mit der Verarmung der polnischen Städte und der Bürgerschaft begründet, die nicht die finanzielle Kraft gehabt hätten, die Trägerschaft über die Spitäler zu übernehmen.[94]

3. Entwicklung neuer Stiftungsarten

Auch wenn die katholische Kirche aus der Reformation gestärkt hervorging und „polnisches Stiftungswesen“ immer noch mit „katholischem Spitalwesen“ gleichgesetzt werden konnte, sollten in den folgenden Jahren und Jahrzehnten neue Stiftungsarten entstehen und sich immer öfter weltliche Personen als Stifter betätigten. Auch in der Adelsrepublik des 17. Jahrhunderts traten verstärkt Mitglieder von Adelsfamilien als Stifter auf.[95]

a) Wissenschafts- und Stipendienstiftungen

Bereits im 16. Jahrhundert entwickelte sich eine neue Stiftungsart. An Hochschulen wie der *Akademia Krakowska* und der *Akademia Zamojska*[96] sowie den geistlichen Kollegien entstanden Stipendienstiftungen.

---

90 *Schulze*, in: Hopt/Reuter, a.a.O.

91 *Les*, S. 23; *Góralski*, S. 27.

92 *Davis*, S. 196.

93 *Leś*, S. 23 f.

94 *Góralski*, S. 28.

95 Hervorgetan haben sich insbesondere die Familien *Ligęza*, *Firlej* und *Lubomirski*, vgl. *Wawrzyński*, S. 11; *Harasimowicz*, in: Opaliński/Wyślicza, S. 142 ff.

96 Die Akademia Zamojska war die erste private Hochschule Polens. Gestiftet wurde sie 1564 in Zamość durch den Kanzler und Hetmann der polnischen Krone, *Jan Zamoyski*, und galt zu ihrer Zeit als eine der besten Universitäten Polens, *Jasiewicz*, Tygodnik Powszechny, 23/1990; *Bichlarz*, S. 12.

Der Zweck dieser Stiftungen lag in der finanziellen Unterstützung bedürftiger Schüler und Studenten bei deren Ausbildung. Eine der ersten Stipendienstiftungen entstand um 1554. Sie ging zurück auf die Initiative des Rektors der Krakauer Akademie, *Jan Grodek aus Sanok*, und sollte der Erneuerung der Krakauer Burse dienen. Ausgehend von dieser Stiftungsidee entstanden im 16. und 17. Jahrhundert an der *Akademia Krakowska* zwölf Stipendienstiftungen.[97]

Eine Besonderheit dieser Stiftungen lag darin, dass sie nicht der Aufsicht und Verwaltung der Kirche, sondern der Akademie unterstanden.[98] Auch die Entstehungsvoraussetzungen waren nicht an kirchliche Mitwirkungsakte gebunden: Die Stipendienstiftungen wurden durch einen Stiftungsakt errichtet. Dieser enthielt gleichzeitig die Stiftungssatzung. Die Stiftung entstand jedoch erst dann, wenn der Stiftungsakt durch einen Vertreter der Akademie - Rektor, Prorektor oder den Ältesten einer Burse - angenommen wurde. Als Grundvermögen dieser Stiftungen dienten Grundstücke oder Landgüter, die sich vor Errichtung des Stiftungsakts im Eigentum des Stifters befinden mussten.[99]

Dementsprechend kann festgehalten werden, dass es die Stipendienstiftungen waren, die im polnischen Stiftungswesen die ersten erheblich spürbaren Verweltlichungselemente eingeführt haben.

Neben den Stipendienstiftungen traten auch Wissenschaftsstiftungen in Erscheinung, die die Herausgabe wissenschaftlicher Arbeiten unterstützten. So errichtete im Jahre 1621 *Bartłomiej Nadworski* eine Stiftung, deren Ziel es war, ein konstantes Verlagsbudget für den Druck wissenschaftlicher Arbeiten von Professoren der Krakauer Akademie zu schaffen und zu erhalten.[100]

b) Beihilfe- und Mitgiftstiftungen

Ein weiterer Typus von Stiftungen, der sich im 17. Jahrhundert in Polen entwickelte, war die Beihilfestiftung. Besonders hervorgetan hat sich in diesem Zu-

---

97 *Budzyński*, S. 148

98 Stiftungen, welche Studenten finanziell unterstützten, wurden nach einem Absolventen der Krakauer Akademie, *Stanisław Borek*, auch als *„borkany"* bezeichnet. Dieser hinterließ in seinem Testament von 1557 finanzielle Mittel zur Errichtung einer Stiftung deren Aufgabe die Auszahlung von kleineren Beihilfen an Studenten und Absolventen sein sollte. Die Stiftungssatzung, angefertigt durch die Testamentsvollstrecker, trat im Jahre 1565 in Kraft. Diese Stiftung wurde zum Vorbild für das akademische Wohltätigkeitswesen, *Wawrzyński*, a.a.O.

99 *Budzyński*, S. 149; viele der Stipendienstiftungen waren langlebig angelegt und überdauerten mehrere Jahrzehnte. So war die von *Prof. Sebastian Stryjewicz* errichtete Stipendienstiftung über ein Jahrhundert aktiv (von 1680 bis 1781), *Wawrzyński*, a.a.O. Die Tätigkeit dieser Stiftungen kam Generationen von Studenten zu Gute. Innerhalb ihrer 150-jährigen Tätigkeit konnten die Stipendienstiftungen an der Krakauer Akademie etwa 900 Studenten unterstützen, *Budzyński*, S. 150.

100 *Ilczuk*, S. 81.

sammenhang der polnische Jesuit und Prediger *Piotr Skarga* (1536 – 1612).[101] Zweck seiner Stiftungen war die „Verhinderung eines moralischen und gesellschaftlichen Abstiegs von Personen, die aufgrund schicksalhafter Ereignisse in eine materiell schwierige Lage geraten sind“[102]. *Skarga* errichtete nach italienischem Vorbild des 15. Jahrhunderts die „Bank der Frommen“ (poln. *Bank Pobożnych – Mons Pietatis*), ein Leih- und Pfandhaus in Form einer Stiftung.[103] Die Bank war als Kreditinstitut tätig, das zinslose Darlehen gegen Pfandbestellung an beweglichen Wertsachen gewährte. Die durch *Skarga* gegründete Organisation „Bruderschaft der Barmherzigkeit“ (poln. *Bractwo Miłosierdzia*) errichtete weitere Banken dieser Art in Krakau, Vilnius, Warschau und Rzeszów. Alle Banken entstanden als Stiftungen.

Die Institution der „Bank der Frommen“ existierte in Polen bis zum Ende des 18. Jahrhunderts.[104]

Eine andere Stiftungsart, ebenfalls auf *Skarga* und die Bruderschaft der Barmherzigkeit zurückgehend, war die Mitgiftstiftung (poln. *fundacja posagowa*). Wie zur gleichen Zeit vergleichbare Stiftungen auf deutschem Boden[105], stattete auch diese Stiftung bedürftige Frauen mit einer Mitgift aus – einer im 17. Jahrhundert unumgänglichen Heiratsvoraussetzung[106].

c) Waisenhäuser

Die polnisch-litauische Adelsrepublik war im 17. und zu Beginn des 18. Jahrhunderts in zahlreiche Kriege verwickelt[107], die eine weitgehende wirtschaftliche

---

101 *Tazbir*, S. 211; *Ziomek*, S. 75.

102 *Suski*, S. 317.

103 *Budzyński*, S. 152.

104 Die in Rzeszów durch den Geistlichen *Łukasz Doctorius* im Jahre 1635 gestiftete Bank war bis 1783 tätig. Doctorius stellte für wohltätige Zwecke sein gesamtes Vermögen zur Verfügung, aus dem Stiftungsvermögen wurden jährlich einhundert Zloty zu Gunsten der Bank überwiesen. Gemäß der Stiftungssatzung wurden an bedürftige und in finanzielle Not geratene Bürger der Stadt Rzeszów kleinere und kurzzeitige Kredite vergeben, *Wawrzyński*, S. 12; Mit vergleichbarer Zielsetzung errichtete das adlige Ehepaar *Zofia* und *Antoni Lubomirski* in den Jahren 1750-1766 in Przeworsk eine Hilfsdarlehenkasse, der sie 8.000 Zloty stifteten. Die Stiftung war nicht an eine geistliche Institution, sondern an das örtliche Rathaus angelehnt. Der Rat der Stadt verwaltete auch das Vermögen, weshalb die Stiftung den Beinamen „Rathauskasse“ (*kasa ratuszowa*) erhielt. Dank der Rathauskasse konnten etwa 160 Bürgern von Przeworsk Darlehen gewährt werden, *Budzyński*, S. 154 f.

105 *Bour*, S. 24.

106 *Suski*, S. 318, die Mitgift war in Teilen Polens noch bis zum Ausbruch des Zweiten Weltkrieges üblich.

107 Die Anzahl der Kriege und kriegerischen Auseinandersetzungen mit polnischer Beteiligung im 16., 17. und 18. Jahrhundert war enorm. Zu den bedeutendsten militärischen Auseinandersetzungen gehörten die Nordischen Kriege mit Schweden (Erster Nor-

Depression und eine flächendeckende Verarmung der Bevölkerung zur Folge hatten.[108] Von Kriegsschäden waren nicht nur die Städte, sondern, noch viel stärker, auch die Dörfer betroffen.[109]

Diese Missstände führten in Polen zur Entstehung neuer Institutionen, die sich der Sorge und Erziehung verwaister und unehelicher Kinder angenommen haben. Führende Kräfte dieser Entwicklung waren die katholische Kirche und die philanthropischen Bruderschaften sowie die im 17. Jahrhundert nach Polen eingewanderten Orden, wie die Piaristen, Trinitarier, Barmherzigen Brüder (vom Heiligen Johannes von Gott) oder die Genossenschaft der Töchter der christlichen Liebe vom Heiligen Vinzenz von Paul.[110]

Herausragend zu erwähnen ist in diesem Zusammenhang das Wirken des 1717 nach Warschau aus Auxerre gekommenen Lazaristen *Gabriel Piotr Baudouin*.[111] Baudouin gelang es Kontakt zu einflussreichen Personen aufzubauen und Spenden für wohltätige Zwecke zu sammeln.[112] Aufgrund seiner Bemühungen und einer kontinuierlichen Arbeit konnte er 1736 in Warschau ein Mietshaus erwerben, um dort ein Kinderspital einzurichten.[113]

Am 5. Oktober 1736 erhielt *Baudouin* von dem Posener Bischof ein Gründungsdekret, durch welches dem Findlingsspital der Status einer öffentlichen Stiftung verliehen wurde. Diese Statusverleihung hatte die Rechts- und Erbfähigkeit zur Folge, wodurch das Spital als eigenständige Stiftung Grundstücke

---

discher, sog. „Livländischer" Krieg von 1558 bis 1583, Polnisch-Schwedischer Krieg von 1600 bis 1629, Zweiter Nordischer Krieg, die sog. „Schwedische Sintflut" (poln. *Potop Szwedzki*) von 1655 bis 1660, Großer (Dritter) Nordischer Krieg von 1700 bis 1721), die Kriege mit Russland (ebenfalls der Livländische Krieg von 1558 bis 1583, Polnisch-Russischer „Moskowiter" Krieg von 1609 bis 1618, Russisch-Polnischer „Smolensker" Krieg von 1632 bis 1634, Russisch-Polnischer Krieg von 1654 bis 1667), die Osmanisch-Polnischen Kriege (1620-1621, 1633-1634, 1672-1676, 1683-1699), der Chmelnizki-Aufstand zwischen 1648 und 1657 sowie der Polnisch-Kosakisch-Tatarische Krieg von 1666 bis 1671, vgl. *Davis*, S. 394 ff.

108 *Leś*, S. 31; *Suski*, S. 318; *Wawrzyński*, S. 12.

109 In einigen Regionen wurde die Bevölkerung in Folge von Kampfhandlungen, Seuchen und Krankheiten zahlenmäßig halbiert, *Góralski*, S. 30 ff.; die aufgrund dieser Geschehnisse verursachte Armut war teilweise so verheerend, dass Familien ihre Kinder nicht ausreichend versorgen konnten und diese aus Verzweiflung in Kirchen oder an öffentlichen Stellen aussetzten, *Wawrzyński*, a.a.O.

110 *Leś*, S. 31.

111 *Wawrzyński*, S. 12.

112 *Słomczyński*, S. 11.

113 Das Haus unter dem Patronat des Jesuskindes (poln. *Dzieciątka Jezusa*) widmete sich der Sorge um die zahlreichen Findelkinder und nahm als erste Institution in Polen Säuglinge auf. Die Kinder wurden nach einer gewissen Eingewöhnungs- und Übergangszeit in die Obhut von Frauen oder Familien abgegeben, *Słomczyński*, a.a.O.

erwerben und Spenden sowie Vermächtnisse annehmen konnte.[114] Die Verwaltung über die Stiftung übte *Baudouin* selbst aus.[115] 1757 waren im Spital 233 Kinder untergebracht, 1763 bereits 520. Das Spital wurde zu einer bekannten Institution und existierte als Stiftung bis 1907, als es zur städtischen Einrichtung umgewandelt wurde.[116] Als städtisches Priester-Baudouin-Kinderheim ist es in Warschau noch heute tätig.[117]

d) Kultur- und Wissenschaftsstiftungen

Im 18. Jahrhundert (etwa ab 1740) breitete sich der Zeitgeist der Aufklärung auch in Polen aus.[118] Er ergriff dabei neben allen Sphären des gesellschaftlichen Lebens auch das polnische Stiftungswesen. In dieser Zeit entstand eine neue Stiftungsart, die in den folgenden Jahrzehnten an Bedeutung und Popularität gewinnen sowie viele Nachahmer finden sollte. Es war die Kulturstiftung (poln. *fundacja kulturowa*), welche die gesellschaftliche Entwicklung und Förderung von Kultur, Bildung, Wissenschaft und Lehre zum Stiftungszweck hatte.

Ausgehend von dieser Stiftungsidee errichtete *Stanisław Konarski* (1700-1773), Provinzial des Piaristenordens, im Jahre 1740 das *Collegium Nobilium* in Warschau, eine neuzeitliche Hochschule mit modernem Lehrplan, moderner Methodik und aufgeklärten Dozenten.[119] Aufgabe dieser Institution war das

---

114 *Słomczyński*, S. 12, die Spitalstiftung erhielt in der Folgezeit durch die Zuwendung einer wohlhabenden Kastellanin nennenswertes Barvermögen sowie Einkünfte aus einem Landgut.

115 *Słomczyński*, S. 17.

116 *Wawrzyński*, S. 13.

117 Unter der Bezeichnung Dom Dziecka nr 15 im. Ks. G. P. Baudouina.

118 Damit begann die Aufklärung in Polen wesentlich später als im westlichen Europa und entfaltete sich nur allmählich in der Regierungszeit Augusts II. des Starken (1697-1733) und Augusts III. (1733-1763) aus der Wettiner-Dynastie. Den Höhepunkt ihrer Entfaltung erreichte die Aufklärung zur Zeit der Herrschaft von König Stanisław August Poniatowski (1732-1798, Regierungszeit 1764-1795); sie währte noch bis zum Beginn des 19. Jahrhunderts, vgl. *Pirożyński*, S. 30. Diese verspätete Entwicklung wird allgemein darauf zurückgeführt, dass sich ein breiteres Bürgertum in Polen erst ab der zweiten Hälfte des 18. Jahrhunderts bilden und auch erst ab diesem Zeitpunkt an Bedeutung gewinnen konnte. Eine Besonderheit der polnischen Aufklärungsbewegung war die Beteiligung des katholischen Klerus. Die polnische Aufklärung ging in erster Linie von der katholischen Kirche aus (bedeutende Vertreter waren: *Ignacy Krasicki*, *Hugo Kołłątaj*, *Benedykt Chmielowski*), während des Gesamtprozesses der Aufklärung (die bis 1822 andauerte) stellten katholische Priester 40 % der Hauptakteure dar. Dieses Phänomen wird auch als „Katholische Aufklärung“ (poln. *oświęcenie katolickie*) bezeichnet, *Davis*, S. 473 ff., 492 ff.

119 So wurden als neue Fächer Geschichte, Recht, Wirtschaft, Mathematik und Naturwissenschaften eingeführt. Die Bedeutung des Lateins wurde zu Gunsten der polnischen Sprache eingeschränkt.

„Hervorbringen einer neuen polnischen elitären Generation, die fähig zur Umgestaltung und Modernisierung des polnischen Staates sein sollte“[120].

Neben der Tätigkeit *Stanisław Konarskis* verdient besondere Erwähnung das Wirken der *Załuski*-Brüder. Ihr Lebenswerk bedeutete für die damalige polnische Gesellschaft eine unermessliche kulturelle und wissenschaftliche Bereicherung. Kanzler der Großen Krone und Bischof von Krakau, *Andrzej Stanisław Kostka Załuski* (1695-1758), sowie sein jüngerer Bruder, *Józef Andrzej Załuski* (1702-1774), Referendar der Krone und Kiewer Bischof, widmeten ihr gesamtes Leben der Sammlung und Katalogisierung von Druckschriften, Manuskripten und Buchbeständen.[121] Basierend auf jahrelangen Vorarbeiten errichteten die *Załuski*-Brüder 1747 in Warschau die *Biblioteka Publiczna* (Öffentliche Bibliothek). Sie war die erste öffentliche Bibliothek Polens und der Vorläufer der heutigen Nationalbibliothek.[122]

Ihr stifteten die Brüder zahlreichen Buchbestände: Zum Zeitpunkt ihrer Eröffnung zählte sie rund 200.000 Druckschriften und etwa 10.000 Handschriften. Sie war damit gleichzeitig auch eine der größten europäischen Bibliotheken zu dieser Zeit.[123] Ihre Eröffnung war ein grenzüberschreitendes Ereignis, schon Jahre zuvor war sie wegen ihres enormen Bestandes ein wichtiges Diskussionsthema unter Gelehrten und interessierten Wissenschaftlern aus Westeuropa.[124] Die *Załuski*-Brüder erweiterten unermüdlich den Bestand der Bibliothek, der in ihrer Blütezeit etwa 400.000 Exemplare umfasste.[125] Die Institution wurde zum geistigen Zentrum der Aufklärung in Polen.

Auch heute noch gehen überwiegende Teile der polnischen mittelalterlichen Chroniken in lateinischer Sprache sowie antiquarische Werke in polnischer Sprache auf die Sammlung der *Załuski*-Bibliothek zurück.[126]

---

120 *Wawrzyński*, S. 13.

121 *Bańkowski*, S. 24.

122 *Davis*, S. 473.

123 *Wawrzyński*, a.a.O.

124 *Wawrzyński*, a.a.O.

125 *Bańkowski*, S. 49; für die Öffentlichkeit war die Bibliothek an zwei Tagen in der Woche geöffnet (dienstags und donnerstags). Unglücklicherweise kam es zu Diebstählen der kostbaren Bücher und Manuskripte. Dies veranlasste die Brüder bei Papst Benedikt XIV. eine Strafbulle zu erwirken, die Diebe mit einem Fluch belegen sollte. Die Bulle wurde am Eingang der Bibliothek festgemacht – weitere Diebstähle konnten dadurch indes nicht verhindert werden.

126 *Wawrzyński*, S. 13 f.; in den folgenden Jahren konnte die Bibliothek ihren Bestand durch einen von *Józef Andrzej Załuski* initiierten und durch *Szymon Konarski* herausgegebenen Gesamtband des polnischen Rechts von 1347-1737 ergänzen. Unter Auswertung der *Załuski'schen* Sammlung konnte *Konarski* sein Werk in den Jahren 1732-1738 als „*Volumina Legum*“ fertig stellen. In den Jahren 1742-1746 erschien dank *Andrzej Stanisław Kostka Załuski* ein weiteres Werk, das „*Jus Publicum Regini Poloniae*“, welches zum Standardwerk der polnischen Staatsrechtslehre wurde. *Andrzej Stanisław Kostka Załuski* vermachte in seinem Testament 1753 der Bibliothek in Warschau drei

1774 wurde die Stiftung der Aufsicht der Kommission für Nationale Erziehung unterstellt und im Jahre 1778 hat das polnische Parlament einen Pflichtexemplarabgabezwang zu Gunsten der *Biblioteka Publiczna* beschlossen: Von allen Büchern, die in Polen oder in polnischer Sprache veröffentlicht wurden, musste fortan ein Pflichtexemplar bei der Bibliothek eingereicht werden.[127]

Letztendlich war jedoch das Schicksal der Bibliothek nicht wohlgesonnen. Bereits im Jahre 1795 wurde die gesamte Sammlung auf Befehl der Zarin Katharina II. als Kriegsbeute nach Russland verbracht, wo sie in Sankt Peterburg zum Anfangsbestand der 1814 eröffneten Kaiserlichen Öffentlichen Bibliothek und heutigen Russischen Nationalbibliothek wurde.[128] Lediglich ein Teil des ursprünglichen Bestandes (etwa 55.000 Exemplare) kehrte 1922 nach Ende des Polnisch-Sowjetischen Krieges aus der Sowjetunion nach Warschau zurück. Doch bereits 1944 wurde der Rest der Bibliothek durch ein deutsches Brandkommando nach Niederschlagung des Warschauer Aufstandes annähernd vollständig vernichtet.[129]

e) Aufklärung und Säkularisierung

In jener Epoche war nicht nur die Weiterentwicklung des Stiftungswesens mit der Herausbildung neuer, von religiösen Motiven losgelöster Stiftungsarten wahrnehmbar. Auch das Stiftungsrecht befand sich in einer Phase der Verweltlichung. In erster Linie betraf dies die Herauskristallisierung der Stiftung als Rechtsinstitut.

Immer seltener erfolgte eine Anlehnung an die Kirche oder ein Kloster. Die Stiftungen des 17. und 18. Jahrhunderts charakterisierten sich durch ihre Dauerhaftigkeit. Dazu trug ihre Vermögensverfassung des zu dieser Zeit vorherrschenden Stiftungsmodells bei: Das Stiftungsvermögen bestand größtenteils aus Wohnhäusern oder Palästen, aus deren Einnahmen die Stiftungen ihre Tätigkeit finanzieren. Die Errichtung und konkrete Ausgestaltung der Stiftung erfolgte durch Stiftungsbrief zu Lebzeiten des Stifters oder von Todes wegen. Bei einer Stiftungserrichtung von Todes wegen gehörte es zu den Pflichten des Testamentsvollstreckers, die Stiftung entsprechend dem Willen des Stifters zu errichten. Die Stiftungsbriefe enthielten zu dieser Zeit bereits Bestimmungen über die Verwendung des Stiftungsvermögens im Falle der Auflösung und Beendigung

---

Paläste, zwei Wohnhäuser sowie ein Landgut, um ihr eine lange, sichere Existenz zu sichern. Die Öffentliche Bibliothek von Warschau war Vorbild der heutigen polnischen Nationalbibliothek.

127 *Pirożyński*, S. 30; *Bour*, S. 31; im Vergleich zur Deutschen Nationalbibliothek in Leipzig (Pflichtexemplare ab 1913) war das sehr früh.

128 *Davis*, S. 473 f.

129 *Zawadzki*, S. 63.

der Stiftung. Falls eine solche Bestimmung fehlte, ging das Vermögen auf den Staat über.[130]

Mit der Zeit wurden auch staatliche Stellen für die Stiftungsaufsicht zuständig (poln. *Komisja Boni Ordinis*) und übernahmen von den Kirchen ihre traditionelle Kompetenz. Dem Stifter wurde es jedoch freigestellt, auch andere Stellen zur Aufsicht zu berufen.[131]

Dennoch blieb das Stiftungsrecht des 18. Jahrhunderts in Polen überwiegend kanonisches Recht. Der polnische Gesetzgeber beschnitt durch einige Rechtsakte die kirchlichen Kompetenzen und modifizierte einige rechtliche Ausgestaltungen. Ein modernes, weltliches Stiftungsrecht, welches die Errichtung und Tätigkeit von Stiftungen geregelt hätte, gab es hingegen nicht.[132]

Zu einem rechtlich relevanten Aspekt ist vorwiegend der Stiftungszweck geworden: Gemäß eines Gesetzes von 1764 und eines Ausführungsbeschlusses von 1781 bedurften die dem „Vaterland notwendigen Stiftungen, sowie die dem Adelsstand nützlichen Stiftungen" zu ihrer Entstehung keiner staatlichen Genehmigung.[133] Dem Vaterland notwendig oder dem Adelsstand nützlich waren solche Stiftungen, die der allgemeinen Wohltätigkeit dienten. Zu diesen gehörten nicht die Stiftungen mit religiös-kirchlicher Zielsetzung, weshalb diese dem staatlichen Genehmigungsvorbehalt unterlagen.[134] Sinn und Zweck dieser Beschränkungen waren durch das gleiche Gedankengut motiviert, das zur selben Zeit auch auf deutschem Boden vorzufinden war: Aufgrund der Jahrhunderte langen Vorherrschaft der Kirche im Stiftungswesens konnte diese unermessliche Vermögensmassen ansammeln und ganze Landstriche unter ihre Kontrolle bringen.[135] Nicht nur dieser Umstand erzeugte Unmut, sondern auch eine Regelung des kanonischen Rechts, nach der einmal zu Gunsten der Kirche übertragene Güter nicht mehr zu weltlichen Zwecken zurückübertragen werden konnten. Sowohl nach deutschem als auch polnischem Verständnis damaliger Zeit war dieses Vermögen in der „toten Hand"[136] (poln. *martwa ręka*)[137] der Kirche. Insbesondere die aufklärerische Vernunftlehre, aber auch die politischen und liberalökonomischen Entwicklungen in Europa waren nicht mit dem traditionellen

130 *Suski*, S. 318.

131 *Dąbkowski*, S. 1 f., 30; *Ogrodzki*, S. 576.

132 *Wawrzyński*, S. 14.

133 *Jasiewicz*, Polityka Fundacyjna, S. 17; *Suski*, a.a.O.

134 *Dąbkowski*, S. 30; *Ogrodzki*, S. 575.

135 In Österreich war Ende des 18. Jahrhunderts ein Drittel, in Bayern über die Hälfte der Bodenfläche im geistlichem Eigentum, vgl. *v. Campenhausen*, in: Seifart/v. Campenhausen, Stiftungsrechts-Handbuch, 3. Aufl., § 5 Rn. 31; für Polen dieser Zeit liegen zwar keine derartige Zahlen vor, es ist aber davon auszugehen, dass aufgrund der Vergleichbarkeit eine ähnliche Beteiligung der Kirche vorgelegen hat.

136 *V. Campenhausen*, in: Seifart/v. Campenhausen, Stiftungsrechts-Handbuch, 3. Aufl., § 5 Rn. 31; *Schulze*, in: Hopt/Reuter: S. 64; *Liermann*, S. 122.

137 *Suski*, a.a.O.

Stiftungsgedanken zu vereinbaren, wonach essentielle Wirtschaftsgüter von der toten Hand umklammert und diese dadurch dem gegenwärtigen Wirtschaftskreislauf entzogen wurden und diesen so in seiner vollen Entfaltung hemmten.[138] Seitens der weltlichen Herrscher galt es daher, die noch verbliebenen Landgüter vor dem Zugriff der „toten Hand“ zu schützen. Bereits 1635 hat der polnische Gesetzgeber nur kleinere Stiftungen genehmigungsfrei zugelassen. Gründungen größerer Stiftungen waren hingegen nur möglich, wenn der Stifter „unter Berufung auf seinen Glauben und seine Herzensgüte und unter voller Verantwortung vor dem weltlichen Gericht bekundet hat, dass er die Stiftung aus eigener Großzügigkeit und Frömmigkeit errichtet, dafür keine Gegenleistung erhält und die Stiftung als eine neue gründet (*de nova radice*)“.[139]

All diese weltlichen Einschnitte haben jedoch nicht dazu geführt, dass die bestehenden kirchlichen Stiftungen in Mitleidenschaft gezogen worden wären. Während Aufklärung und Säkularisation in Deutschland zu einem „großen Stiftungssterben“[140] geführt haben, verlief diese Phase für das Stiftungswesen in Polen wesentlich milder. Die gesetzlichen Beschränkungen haben lediglich zu einer verlangsamten Vermögensmehrung des kirchlichen Besitzstandes geführt. Staatlich geregelt und konzessioniert wurde allein die Errichtung der Stiftung. Der rechtliche Bestand und die eigentumsrechtliche Lage blieben hingegen unangetastet.[141]

Demnach kann abschließend festgehalten werden, dass die Aufklärungszeit im polnischen Stiftungswesen lediglich eine teilweise Säkularisierung bewirkte - hingegen keine Säkularisation.

4. Vergleichende Zusammenfassung

Das Stiftungswesen der Adelsrepublik stellt nicht mehr ein ausschließlich kirchlich dominiertes Stiftungswesen dar. Es entstehen zunehmend weltliche Stiftungen, die moderne Stiftungszwecke verfolgen.

Zwar kann sich die Kirche gegenüber Verweltlichungserscheinungen in der Reformationszeit behaupten und ihre Stellung als Stiftungsmonopolist vorübergehend sogar stärken, doch der schleichenden Verweltlichung des Stiftungszwecks kann sie nicht entgegensteuern. Mit einsetzender Aufklärung wird auch das Stiftungswesen stetig profaner. Abgesehen von Einzelregelungen, bleibt das polnische Stiftungsrecht zu dieser Zeit dennoch hauptsächlich Kirchenrecht.

In der Rückschau kann nicht ausgeschlossen werden, dass die Verweltlichung des Stiftungswesens auch das Stiftungsrecht in großen Teilen ergriffen hätte. Denn Polen des späten 18. Jahrhunderts befand sich in einer Umbruchphase und

---

138 *Jakob*, S. 14.

139 *Suski*, a.a.O.

140 *V. Campenhausen*, a.a.O.; *Liermann*, S. 169.

141 *Bichlarz*, S. 12.

war auf dem Weg zu einem modernen Staat.[142] Diese Entwicklung wurde durch die letzte Polnische Teilung im Jahr 1795 jedoch abrupt gestoppt.

Auf deutschen Gebieten war die Entwicklung zu einem weltlichen Stiftungswesen und -recht zu dieser Zeit schon erheblich weiter und deutlicher wahrzunehmen. So erschien im ausgehenden Mittelalter zunehmend die rein weltliche Stiftung, die schon ausschließlich als Institution des weltlichen Rechts ausgestaltet war.[143] Ein wichtiger Grund für die Verweltlichung war die Amortisationsgesetzgebung der Städte, welche die Zuwendung von Grundbesitz an die Kirche aufgrund der Wahrung der Steuerhoheit untersagte und ihre Zurückführung in weltliche Hand verlangte.[144] In der Zeit der Aufklärung und Säkularisation kam es wegen zahlreicher Vorbehalte und negativen Tendenzen sogar zu einem „großen Stiftungssterben“[145]. Während in der Reformationszeit das Stiftungsrecht lediglich umgestaltet, jedoch nicht vernichtet wurde[146], stand die Aufklärung den deutschen Stiftungen an sich grundsätzlich ablehnend gegenüber.[147]

Von dieser drastischen Entwicklung blieben die Stiftungen der Adelsrepublik - noch - verschont.

IV. Stiftungen im geteilten Polen

Infolge zahlreicher Kriege und diplomatischer Konzessionen verlor Polen bereits im 17. Jahrhundert das Herzogtum Preußen, Livland, das Smolensker Land sowie große Teile der Ukraine. Den Zerfall des polnischen Staates besiegelten die Teilungen von 1772, 1793 und 1795, als die Gebiete der Adelsrepublik zwischen Preußen, Österreich und Russland aufgeteilt wurden.

Polen, ein historischer europäischer Staat, wurde für die nächsten 123 Jahre von der Landkarte getilgt.[148]

142 Als Beispiel dafür dient etwa die Verabschiedung der ersten modernen Verfassung Europas vom 03. Mai 1791.

143 *Liermann*, S. 124.

144 *Liermann*, S. 159.

145 *V. Campenhausen*, in: Seifart/v. Campenhausen, Stiftungsrechts-Handbuch, 3. Aufl., § 5 Rn. 29 ff.

146 *Coing*, in: Seifart/v. Campenhausen, Handbuch des Stiftungsrechts, 2. Aufl., § 5 Rn. 34; *Liermann*, S. 133.

147 *Liermann*, S. 169.

148 *Pirożyński*, S. 23; die drei Nachbarstaaten nutzten hierzu die Schwäche des polnischen Staates aus: Über Jahrzehnte entwickelten sich im Doppelstaat anarchische Strukturen, die ihn paralysierten. Er war gezeichnet von zahlreichen Fehden und Kriegen, Störhandlungen und Scharmützeln von innen und außen, Reformunfähigkeit und -unwilligkeit des alternden Staatsapparates, inneren Intrigen, Eigeninteressen des Adels und der Machtlosigkeit der polnischen Krone. Mit ausschlaggebend war das Missverhältnis der Machtverteilung zwischen König und dem Adelsstand zu Gunsten des Adels. Nach der polnischen Verfassung galt der „*Nihil Novi* (nisi commune consensu)“-Grundsatz, nach dem der König ohne Genehmigung durch die Adelsvertreter keine wesentlichen Gesetze

In Folge der Teilungen war Polen sowohl *de facto* als auch *de iure*[149] nicht mehr vorhanden. Während der mehr als ein Jahrhundert andauernden Teilungszeit fanden zwar einige territoriale Veränderungen statt, ein selbständiges polnisches Staatsgebilde entstand jedoch nie.[150]

Mit neuen Machthabern erhielten die polnischen Gebiete auch neue Gesetzgeber. Unterlag die Institution der Stiftung in Polen des 18. Jahrhunderts noch keiner umfassenden weltlichen Regelung, so sollte das Stiftungswesen im geteilten Polen gleich drei unterschiedlichen Rechtsordnungen unterworfen werden. Aus der Perspektive der Stiftungsgeschichte wird das polnische Stiftungswesen mit der Teilung Polens dreigliedrig.[151]

---

oder Reformen erlassen konnte. Verstärkt wurde diese Reformunfähigkeit durch das *Liberum Veto* im polnischen Parlament. So konnte ein einzelner Sejmabgeordneter durch seinen Widerspruch das Zustandekommen eines Beschlusses verhindern oder sogar schon die Beratungen über ein Gesetzesvorhaben abbrechen, *Davis*, S. 475 ff.; die erst in den beiden letzten Jahrzehnten des 18. Jahrhunderts sichtbar werdende Reformierung und Modernisierung des Staates konnte das Schicksal nicht mehr abwenden. Von dem 733.500 km² großen Territorium der Polnischen Republik fielen an das von Friedrich dem Großen regierte Preußen letztendlich 19,27 % (141.000 km²) der Landfläche mit 2,6 Millionen Bewohnern. Dies waren die westlichen Gebiete Pommern und Ermland mit den Städten Danzig, Marienburg, Allenstein und die Gebiete von Großpolen bis einschließlich Masowien mit Posen, Gnesen, Bromberg, Thorn, Tschenstochau und Warschau. An Österreich unter Maria Theresia und Josef II. fielen die südlichen Gebiete Polens mit Krakau, Lublin, Lemberg und einer Gesamtfläche von 128.900 km² (17,57 %) sowie 4,2 Millionen Einwohnern. Den größten Teil konnte sich das Russische Reich Katharina der Großen einverleiben. Weite Teile der heutigen Ukraine, des heutigen Weißrusslands, Litauens und Lettlands mit den Städten Vilnius und Minsk fielen an Russland und machten insgesamt ein Gebiet von 463.200 km² (63,15 %) aus, auf dem 5,5 Millionen Menschen lebten, vgl. *Davis*, S. 503 ff.

149 Unter dem Einfluss der Teilungsmächte bestätigte der polnische Sejm im Jahre 1773 die erste Teilung von 1772 und im Jahre 1793 die zweite Teilung. Die dritte Teilung von 1795 bestätigte der letzte polnische König Stanislaw August Poniatowski durch seine Abdankung, vgl. *Davis*, a.a.O.

150 1807 schuf Napoleon aus einem Teil des preußischen Gebiets das Herzogtum Warschau. Dieses war dem napoleonischen Frankreich militärisch und wirtschaftlich untergeordnet. Nach Napoleons Niederlage vor Moskau wurde das Herzogtum durch Russland besetzt. Auf dem Wiener Kongress wurde 1815 aus einem großen Teil des Herzogtums das Königreich Polen (das so genannte Kongresspolen) errichtet, welches dem russischen Zaren unterstellt wurde. Gleichzeitig wurde das Gebiet um Posen zum gleichnamigen Großherzogtum unter preußischer Verwaltung. Krakau wurde mit seinem Umland wurde zur Freien Stadt und unterstand dem gemeinsamen Protektorat der drei Teilungsmächte.

151 *Bour*, S. 28.

1. Russisches Teilungsgebiet

Im größten Teilungsgebiet gab es während der gesamten Besatzungszeit keine umfassenden Regelungen zum Stiftungswesen. Zwar erließ die zaristische Teilungsmacht in diesem Zusammenhang Einzelregelungen[152], das Stiftungsrecht in seiner Gesamtheit regelte sie jedoch nicht.

Zunächst erfolgte keine Regelung der Stiftungen im Herzogtum Warschau durch den dort geltenden *Code Napoléon.*[153] Auch das 1825 im Kongresspolen eingeführte Zivilgesetzbuch enthielt keine Vorschriften zur Stiftung. Aufgrund des tatsächlichen Vorhandenseins von Stiftungen wurde das polnische Stiftungsrecht in den als autonom geltenden russischen Teilungsgebieten zum Richter- und Gewohnheitsrecht. Analoge Anwendung fanden dabei die Vorschriften des zweiten Titels des dritten Buches des *Code Napoleon* - „Über Schenkungen unter Lebenden und Testamente". Ergänzend fanden administrative Vorschriften aus unterschiedlichen Rechtsquellen Anwendung.[154]

In den von Russland besetzten Gebieten außerhalb des Herzogtums Warschau sowie des späteren Kongresspolens waren ebenfalls keine Vorschriften vorhanden, die die Stiftungsmaterie geregelt hätten. Nichtsdestotrotz wurden Stiftungen tatsächlich geduldet und waren rechtlich als solche anerkannt. Ihr Bestehen wurde durch einige verwaltungsrechtliche Normen vorausgesetzt.

Die Errichtung einer Stiftung bedurfte stets einer staatlichen Genehmigung. Die Genehmigung enthielt gleichzeitig die Voraussetzungen für die Entstehung der Stiftung, den zulässigen Tätigkeitsbereich und die zu beachtende Vorstandsorganisation.[155] Die Errichtung der Stiftung wurde in tatsächlicher Hinsicht durch die Übertragung des Teil- oder Gesamtvermögens auf die zu errichtende Stiftung vollzogen. Darüber hinaus war eine Bestätigung durch die zuständige staatliche Stelle erforderlich.

Ob eine Stiftungserrichtung auch von Todes wegen zulässig war, wurde streitig diskutiert und bleibt bis heute unklar.[156]

---

152 So etwa im Jahre 1867 ein knappes, drei Vorschriften umfassendes Dekret über das Vermögen römisch-katholischer Stiftungen und den Ausschluss einer Zweckänderung des gestifteten Vermögens zu anderen als kirchlichen Zwecken, Dziennik Praw 1866 [Gesetzblatt], Band 66, Seite 441, einsehbar auf der Internetseite Podlaska Digital Library, http://pbc.biaman.pl/dlibra/doccontent?id=4940&dirids=1 (russisch und polnisch).

153 Dies resultierte in erster Linie daraus, dass die Stiftung im französischen Rechtsdenken als „vorrevolutionär" angesehen wurde. Diese Ansicht kam in Form der Nichtberücksichtigung des Rechtsinstituts im Code Civil (in den von Frankreich abhängigen Ländern im Code Napoleon) zum Ausdruck, *Wąsowicz*, S. 24.

154 *Suski*, S. 320.

155 *Konic*, S. 227.

156 *Suski*, a.a.O.

2. Österreichisches Teilungsgebiet

Im österreichischen Teilungsgebiet fanden die Stiftungen ihre Regelung im Allgemeinen Bürgerlichen Gesetzbuch von 1811. Entscheidende Vorschrift war der in Österreich bis heute unveränderte § 646 ABGB[157]:

> *Unterschied eines Fideikommisses von Stiftungen*
>
> *§ 646. Von den Substitutionen und Fideikommissen unterscheiden sich die Stiftungen, wodurch die Einkünfte von Kapitalien, Grundstücken oder Rechten zu gemeinnützigen Anstalten, als: für geistliche Pfründen, Schulen, Kranken- oder Armenhäuser; oder, zum Unterhalte gewisser Personen auf alle folgende Zeiten bestimmt werden. Die Vorschriften über Stiftungen sind in den politischen Verordnungen enthalten.*

Aufgrund der im letzten Satz enthaltenen Verweisung in das Verwaltungsrecht wurden durch Hofdekrete vom 7. Juni 1841 stiftungsrechtliche Bestimmungen erlassen.[158] Das österreichische Stiftungsrecht war von Beginn an stark öffentlich-rechtlich geprägt[159], ausgestaltet wurde es durch weitere Dekrete, Patente und Verordnungen.[160]

Die Errichtung der Stiftung war zu Lebzeiten und von Todes wegen möglich, der Stiftungsakt hatte den Zweck der Stiftung, das Vermögen und die Art seiner Verwendung sowie die Vorstandsorganisation zu bestimmen. Für das Entstehen der Stiftung war eine Genehmigung der zuständigen Verwaltungseinheit erforderlich. Über die Tätigkeit der Stiftung übte der Staat die Aufsicht aus.[161]

3. Preußisches Teilungsgebiet

Seine dynamischste Entwicklung hatte das Stiftungsrecht im preußischen Teilungsgebiet. Bereits seit der ersten Teilung im Jahre 1772 unterstanden polnische Stiftungen dem preußischen Recht und waren dem gleichen Prozess unterworfen wie das gesamte preußische Stiftungswesen in dieser Zeit auch. Ein Jahrhundert später, mit der Entstehung des Deutschen Reiches im Jahre 1871, galt für das westliche Teilungsgebiet auch das deutsche Stiftungsrecht in seiner preußischen Umsetzung.

---

157 *Doralt/Kalss*, in: Hopt/Reuter, S. 420 ff.

158 Justizgesetzsammlung, Jahrgang 1841, Nr. 541, S. 582 f., Internetseite der Österreichischen Nationalbibliothek, http://alex.onb.ac.at/.

159 Weshalb in der österreichischen Rechtsdogmatik die Stiftung zum Teil als Gegenstand des öffentlichen Rechts angesehen wird, *Doralt/Kalss*, a.a.O.

160 Insgesamt waren es 25 Rechtsakte, *Rappé*, Fundacje, S. 149.

161 *Konic*, S. 221 ff.

a) Preußische Aufklärung und Säkularisation

Während die Auswirkungen der Aufklärung und Säkularisation für das polnische Stiftungswesen zu Zeiten der polnisch-litauischen Adelsrepublik kaum wahrnehmbar waren, sollten sie bereits zu Beginn der preußischen Herrschaft auf polnischem Gebiet erheblich spürbarer ausfallen. Die in Preußen allgemein und bei Friedrich dem Großen speziell ausgeprägte Abneigung gegenüber Klöstern und Spitälern[162], insbesondere den katholischen, machte sich in Polen bereits bei der ersten Teilung 1772 bemerkbar. Durch die Besetzung überwiegend katholisch geprägter Gebiete hat Preußen den unmittelbaren Zugriff auf kirchliche Vermögen erlangt. Dieses kirchliche Vermögen wurde von da an als Staatseigentum behandelt. Zunächst wurde den Stiftern und Klöstern die Verwaltung ihrer Güter genommen, später erfolgte die vollständige Konfiszierung des katholischen Kirchenvermögens. Belassen wurden dem Klerus nur die Erträge, die unmittelbar dem Unterhalt und Kultus dienten.[163]

Entsprechend weitreichend war schon die vorhergehende Eroberung Schlesiens durch Preußen. Zwar wurde dort das katholische Kirchengut nicht als Staatseigentum eingezogen, jedoch belegte man den Klerus mit einer Steuer von fünfzig Prozent auf die Einnahmen des Kirchenguts, die als Kontribution zu zahlen war.[164]

In Preußen und den preußisch besetzten Gebieten unterschied sich die Behandlung des Stiftungswesens nicht wesentlich von der Situation in den anderen deutschen Ländern. Charakteristisch für diese Zeit war zunächst die Übernahme der Stiftungsverwaltung durch den Staat und schließlich ein mehr oder minder völliges Aufgehen des Stiftungsvermögens in Staatsvermögen.[165]

Diese Entwicklung im Bereich des Stiftungswesens wurde hauptsächlich beeinflusst durch den Aufklärungsgedanken, der sich sodann ebenfalls im Preußischen Allgemeinen Landrecht von 1794 (PALR) widerspiegelte: Das PALR schenkte der Stiftungstradition zwar Beachtung, jedoch wenig Verständnis.

Zwar wurden Stiftungen im PALR geregelt, jedoch degradierte sie II 19 § 32 PALR, indem er sie Armenanstalten gleichsetzte. Stiftungen wurden „dem Schutz des Staates" unterstellt, *in concreto* der Staatsaufsicht.[166] Die Regelung der Rechtsmaterie erfolgte nicht einheitlich *en bloc*, sondern es tauchten einzel-

---

162 *Liermann*, S. 183 f.

163 *Liermann*, S. 184.

164 *Liermann*, a.a.O.; ähnliches stiftungsfeindliches Schicksal widerfuhr allen anderen Gebieten, die von Preußen zu dieser Zeit annektiert wurden. So hob der regierende Minister Hardenberg 1796 bei seiner großen Verwaltungsreform die Kloster- und Stiftsämter in den 1792 preußisch gewordenen fränkischen Fürstentümern Ansbach und Bayreuth auf.

165 *Liermann*, S. 185.

166 *V. Campenhausen*, in: Seifart/v. Campenhausen, Stiftungsrechts-Handbuch, 3. Aufl., § 5 R. 30.

ne stiftungsrechtliche Normen verstreut in ganz unterschiedlichen Abschnitten auf. Die kirchlichen Stiftungen wurden nicht als Institut aufgefasst[167], sondern als ein durch (kirchliche) Korporationen verwaltetes Kirchenvermögen, deren Träger die Korporationen waren.[168] Da die Korporationen lediglich an sie übergebene Zuwendungen verwalteten, wurden Stiftungen als unselbständige Vermögen behandelt.[169] Der Kern des preußischen Stiftungsrechts lag in der mittelbaren Verstaatlichung des kirchlichen Stiftungsvermögens durch die Umformung von Kirchen zu Staatsanstalten, denen die Korporationen untergegliedert worden sind.[170]

Ein weiterer und charakteristischer Regelungspunkt war der Nützlichkeitsgedanke. Stiftungen, die nützlich waren, wurden vom Staat gefördert (vgl. II 11 § 162 PALR). Dagegen konnten Stiftungen, die nicht nützlich waren, vom Staat ohne Weiteres aufgehoben werden (II 19 § 8 PALR).[171]

Insgesamt war das überwiegend stiftungsfeindliche Gedankengut noch in den nächsten Jahrzehnten vorherrschend. In der Folge verlor der polnische Staat nicht nur seine westlichen Gebiete an Preußen; in den ersten Jahrzehnten der preußischen Herrschaft sind insbesondere Stiftungen in Mitleidenschaft gezogen worden. Diese Entwicklung ist in der Rückschau jedoch nicht verwunderlich, wenn man bedenkt, dass gerade zum Zeitpunkt der preußischen Machtübernahme die „stiftungsfeindlichste Epoche in der Geschichte des Stiftungsrechts“[172] herrschte und diese auf dem Gebiet des Stiftungswesens „ein großes Trümmerfeld“[173] hinterließ.

167 Die Aufklärung hat das Stiftungswesen als solches, unabhängig vom Zweck oder Vermögen der einzelnen Stiftungen, bekämpft und die Stiftungen als Institution grundsätzlich abgelehnt, *Coing*, in: Seifart/v. Campenhausen, Handbuch des Stiftungsrechts, 2. Aufl., § 5 Rn. 36.

168 *Liermann*, S. 188.

169 *Liermann*, S. 189.

170 *Andrick/Suerbaum*, S. 2.

171 Eine einzige Ausnahme machte das Preußische Allgemeine Landrecht, indem es die Familienstiftung nicht als Teil einer Korporation, sondern als Institut fortentwickelte. Der 4. Titel des II. Teils behandelte den Begriff der Familienstiftung und regelte im Zusammenhang damit das Familienfideikommiss, wobei es dieses von seinem noch germanisch geprägten Verständnis als genossenschaftliches Gesamteigentum löste. Auf diese Weise brachte das PALR den Stiftungscharakter des einer Familie und ihren besonderen Zwecken gewidmeten Vermögens zur Anerkennung; vgl. *Liermann*, S. 189 f.; *Andrick/Suerbaum*, S. 4.

172 *Liermann*, S. 169.

173 *Liermann*, S. 230.

b) Entstehung eines modernen Stiftungsrechts

Der Zeit des Stiftungsniedergangs folgte annähernd unmittelbar die Zeit des Neubeginns. Das 19. Jahrhundert war für das Stiftungswesen eine Zeit des Aufräumens und der Neubegründung.[174] Die Neuordnung des Stiftungswesens begann nach den napoleonischen Kriegen. Die Stiftungen wurden einer gestrafften Aufsicht unterstellt, weltlich begründete Vorstellungen von Sinn, Zweck und Aufgabe einer Stiftung ersetzten langsam religiöse Motive. Insbesondere stand die rechtstheoretische Frage der Selbständigkeit der Stiftungen als solche im Raum.[175] Entscheidender Schritt für die Wiedergeburt der Stiftungsidee und eines blühenden Stiftungswesens war die Entwicklung der Lehre von der juristischen Person.[176]

Treibende Kraft war dabei nicht der Staat, sondern die juristische Lehre. Insbesondere war es *Friedrich Carl von Savigny*, der die juristische Person als erster vertieft behandelt hat. Bevor jedoch noch *Savigny* 1840 in seinem „System des heutigen römischen Rechts“ mit Hilfe der Fiktionstheorie[177] die Stiftung als juristische Person entwickeln konnte[178], ebnete der Rechtsstreit über das Städel`sche Testament von 1815[179] der Stiftung ihren Weg zur Rechtspersönlichkeit[180], indem er die Jurisprudenz zu neuen Aktivitäten veranlasste und so die Dogmatik des Stiftungsrechts in der ersten Hälfte des 19. Jahrhunderts wesent-

---

174 *V. Campenhausen*, in: Seifart/v. Campenhausen, Stiftungsrechts-Handbuch, 3. Aufl., § 5 Rn. 34 ff.

175 *V. Campenhausen*, in: Seifart/v. Campenhausen, Stiftungsrechts-Handbuch, 3. Aufl., § 5 Rn. 44 ff.

176 *Coing*, Europäisches Privatrecht, Band 2, S. 336 ff.

177 *Savigny*, S. 278 ff.

178 *Savigny*, S. 243 ff., 262 ff.

179 Der Frankfurter Johann Friedrich Städel (1728-1816) hatte durch Testament vom 15. März 1815 ein Kunstinstitut als Stiftung errichtet und dieses gleichzeitig zu seinem Universalerben eingesetzt. Er starb jedoch, noch bevor dem ihm durch ihn gestifteten Kunstinstitut die Genehmigung erteilt worden war. Dieser Fall war Anlass für eine wissenschaftliche Auseinandersetzung. Umstritten war nicht nur die Frage der Erbfähigkeit einer noch nicht bestehenden Stiftung, sondern auch, ob eine Stiftung überhaupt rechtsfähig werden konnte. Während eines Jahrzehnte andauernden Rechtsstreits wurden schließlich beide Fragestellungen bejahend beantwortet: Die Erbfähigkeit wurde anerkannt und im späteren § 84 BGB als „Städel-Paragraphen“ festgeschrieben, eine Begründung für die Rechtsfähigkeit der Stiftung ohne Rückgriff auf korporative Denkmuster lieferte 1828 der Hallenser Rechtslehrer Mühlenbruch in seiner „Rechtlichen Beurtheilung des Städel`schen Beerbungsfalles“, vgl. *Becker*, S. 21 ff.; *Schulze*, in Hopt/Reuter, S. 65 f., *Liermann*, S. 243.

180 *Schulze*, a.a.O.

lich förderte.[181] Neben *Savigny* begriff bereits *Mühlenbruch* die Stiftung als „Inbegriff von Vermögensrechten in Beziehung auf einen bestimmten Zweck“ und damit nicht mehr als *Universitas* oder Korporation, womit er darlegte, dass ein derartiger Inbegriff ebenso wie eine Personenmehrheit als Rechtspersönlichkeit gedacht werden könne[182]. Noch vor *Mühlenbruch* stellte *Heise* am Anfang des 19. Jahrhunderts in seinem systematischen Grundriss die Stiftung als „eine eigene Art der Rechtsperson“ auf gleiche Stufe mit dem Personenverband.[183]

Es ist eine bleibende Errungenschaft der juristischen Dogmatik des 19. Jahrhunderts, dass die Stiftung neben den Korporationen als Rechtsperson Anerkennung gefunden hat.[184] Im Unterschied zur älteren Staatswissenschaft der Aufklärung verzichtet der moderne Stiftungsgedanke auf die normativen Bestimmung erlaubter Stiftungszwecke. Nicht die öffentliche Nützlichkeit, die Zweckmäßigkeit oder die Wohlfahrt, sondern die Widmung des Vermögens in bestimmter Rechtsform wurde konstitutiv. Abgelöst von ihrem historischen Typus entstanden bereits hier die Grundlagen der Allzweckstiftung.[185] Im unmittelbaren Zusammenhang mit der Entwicklung der Stiftung zur Rechtspersönlichkeit stand die Frage der Genehmigungsbedürftigkeit der Stiftung. Trotz aller dogmatischen Unsicherheit, die hinsichtlich der juristischen Person im 19. Jahrhundert bestand, war das Prinzip der Verleihung der Rechtspersönlichkeit durch den Staat unumstritten.[186] Erneut war es *Savigny*, der sich sehr energisch unter Zugrundelegung rechtsdogmatischer und rechtspolitischer Gründe für eine staatliche Genehmigungsbedürftigkeit ausgesprochen hat.[187] *Savigny* wollte dem Staat die Möglichkeit einräumen, Stiftungen mit „staatsgefährlichen“ Zwecken zu verhindern. Auf diesem Ansatz, der die Notwendigkeit der Stiftungsgenehmigung hervorbrachte, begründete sich die allgemein anerkannte und vom positiven Recht

---

181 Die Rechtslehre musste dabei auf neuen Grundlagen aufbauen, da die kanonische Lehre von der *pia causa* den durch die Aufklärung radikal veränderten Verhältnissen nicht mehr gerecht war, vgl. *Andrick/Suerbaum*, S. 5.

182 *Mühlenbruch*, S. 77 f.

183 *Heise*, S. 106 f.; die ersten dogmatische Ansätze scheinen dabei auf den Göttinger Rechtsprofessor Gustav Hugo (1764-1844) zurückzugehen. Er hatte in seinem „Civilistischen Cursus“ im Jahre 1799 von der „juristischen Person“ gesprochen, nicht mehr von der – wie bis dahin üblich – „moralischen Person“, vgl. *Lingelbach*, in: Werner/Saenger, S. 33.

184 *V. Campenhausen*, a.a.O.

185 *Schulze*, in: Hopt/Reuter, S. 67.

186 *Andrick/Suerbaum*, S. 6; zu Beginn des 19. Jahrhunderts war die Genehmigungsbedürftigkeit von Stiftungen teils gesetzlich festgelegt – so wie in dem hier relevanten II 19 § 42 PALR –, teils wurde sie gewohnheitsrechtlich kraft entsprechender Verwaltungspraxis für erforderlich gehalten, vgl. *Liermann*, S. 247.

187 *Savigny*, S. 277 f., als überzeugter Anhänger der Fiktionstheorie war er der Meinung, dass nur der Wille der höchsten Gewalt die Stiftungen als künstliche Rechtssubjekte schaffen könnte. Rechtspolitisch hielt *Savigny* die Stiftung, die nun zu einem beliebigen Zweck errichtet werden konnte, für „gefährlich“.

vorgeschriebene Genehmigungsbedürftigkeit von Stiftungen.[188] Die Konzessionspflicht wurde für die nächsten einhundertfünfzig Jahre eine entscheidende Voraussetzung bei jeder Stiftungserrichtung.[189]

Dennoch musste über ein halbes Jahrhundert vergehen, bis auf preußischem Gebiet ein systematisches Stiftungsrecht entstehen konnte. Eine systematische Gesetzgebung, die das Bestreben gehabt hätte, das elaborierte Stiftungsrecht des Landes zusammenfassend zu kodifizieren, ist nicht anzutreffen. Noch immer begnügte sich Preußen mit den mittlerweile unzulänglichen, durch die Rechtslehre überholten Bestimmungen des PALR von 1794.[190]

Erst im Bürgerlichen Gesetzbuch von 1900 erfolgte auf der zuvor herausgearbeiteten dogmatischen Grundlage die Regelung des Stiftungsrechts in den §§ 80 ff. BGB. Dieses nun deutsche Stiftungsrecht galt auch in den polnischen Westgebieten - und das sogar über die Wiedererlangung der Unabhängigkeit im Jahre 1918 und das Ende des Zweiten Weltkriegs hinaus.[191]

Nach § 80 BGB (a.F.) bedurfte es zur Entstehung einer Stiftung „außer dem Stiftungsgeschäfte“ der staatlichen Genehmigung. Die Errichtung wurde möglich unter Lebenden und von Todes wegen (§§ 81, 83 BGB). In § 84 BGB wurde die Erbfähigkeit (sog. Städel-Paragraph) der noch nicht genehmigten Stiftung anerkannt.[192] Aufgrund der föderalen Kompetenzverteilung im Deutschen Reich konnten im BGB nur privatrechtliche Aspekte des Stiftungsrechts geregelt werden. Die Fragen der Genehmigungserfordernisse sowie der Aufsicht blieben den Landesgesetzgebern überlassen.[193] Als aufsichtsrechtliche Maßnahme wurde in § 87 BGB für die Fälle des Unmöglichwerdens der Zweckerfüllung oder Gemeinwohlgefährdung der zuständigen Behörde das Mittel der Änderung der Zweckbestimmung oder gar die Aufhebung der Stiftung zur Verfügung gestellt. Dabei wurde § 87 BGB nicht als Schutzbestimmung *für* Stiftungen, sondern als verwaltungsrechtliche Handhabe *gegen* diese charakterisiert. Die Konkretisierung des unbestimmten Rechtsbegriffs, für welchen Fall eine Gemeinwohlgefährdung anzunehmen sei, oblag der zuständigen Aufsichtsbehörde.[194] Dafür boten die landesrechtlichen Ausführungsgesetze, welche die Länder aus Anlass des Inkrafttretens des BGB aus föderalen Gründen schaffen mussten, günstige Gelegenheit. So erweiterte Preußen in Art. 4 seines Ausführungsgesetzes vom 20. September 1899 die Befugnisse der Verwaltungsbehörde über die Voraussetzungen des § 87 BGB erheblich hinaus. Danach konnte die Aufhebung einer

---

188 *Andrick/Suerbaum*, S. 6; *Liermann*, S. 248.

189 *Lingelbach*, in: Werner/Saenger, S. 35.

190 *Liermann*, S. 259 f.

191 Zur zeitlichen Geltung des Stiftungsrechts des BGB in den polnischen Westgebieten vgl. Kapitel „Zwischenkriegszeit“ weiter unten.

192 Vgl. zur Entstehungsgeschichte *Muscheler*, DNotZ 2003, 661 ff.

193 *Liermann*, S. 274.

194 *Liermann*, S. 276.

Stiftung oder die Änderung ihrer Verfassung durch einen von der Aufsichtsbehörde genehmigten Beschluss des Stiftungsvorstandes erfolgen.[195] Diese Regelung gab Aufsichtsbehörde und Stiftungsvorstand das Schicksal der Stiftung völlig in die Hand: Sie konnten bei vorhandener Einigkeit die Stiftung aus jedem erdenklichen Anlass abändern oder auflösen, ohne auf den Stifterwillen die geringste Rücksicht nehmen zu müssen.[196]

4. Stiftungswesen im geteilten Polen

Der Verlust der Souveränität des polnischen Staats führe nicht zum Untergang des polnischen Stiftungswesens. Abgesehen von den ersten Jahrzehnten der Säkularisation im preußischen Teilungsgebiet, der restriktiven Reglementierung des gesellschaftlich-kulturellen Lebens im russischen Teilungsgebiet[197] und einer latenten antipolnischen Haltung aller Teilungsmächte konnte sich während der gesamten Zeit ein eigenständiges, autonom polnisches Stiftungswesen erhalten und fortentwickeln. Es kam sogar erneut zu einer Blütezeit des polnischen Stiftungswesens[198], nachdem dies schon im 17. und 18. Jahrhundert der Fall gewesen ist.

Bei den Stiftungen der Teilungszeit ist jedoch eine spezifische Modifizierung des Stiftungszwecks, gerade bei neu entstandenen Stiftungen, deutlich zu erkennen: Mit Untergang des polnischen Staates drohte auch die polnische Identität unterzugehen. Daher sahen vor allem die Adligen in der Stiftung eine Möglichkeit, die polnische Nationalkultur zu bewahren, zu fördern und zu stärken. Der polnische Adel fand sich mit dem Verlust seines Staates nicht ab und sah in der Philanthropie im Allgemeinen und in den Stiftungen im Besonderen ein Instrument, das der Polonität zum Überleben verhelfen und somit auch die Wiederherstellung des polnischen Staates fördern sollte.[199] Je härter die Restriktionen und je stärker die Bestrebungen zur Germanisierung bzw. zur Russifizierung durch die Teilungsmächte wurden, desto intensiver wurde die Aktivität der polnischen Wohltätigkeitsorganisationen.[200]

In dieser Zeit sind viele Stiftungen entstanden, die sich um die Förderung der Kultur und Kunst verdient gemacht haben.[201] Die in dieser Zeit errichteten Stiftungen waren in ihrer Zwecksetzung überwiegend konfessionell, patriotisch und national bestimmt.[202] Aufgrund dieser eindeutigen Zielsetzung musste jede in

195 *Reimer/Boehler*, S. 8.
196 *Liermann*, S. 278.
197 *Davis*, S. 579.
198 *Bour*, S. 30.
199 *Bour*, a.a.O.
200 *Leś*, S. 55.
201 *Bichlarz*, S. 12.
202 *Frączak*, S. 7.

Polen neuerrichtete Stiftung die rechtlichen Zulassungshürden der Teilungsmächte bewältigen und, ihre eigentliche Motivation oft verschleiernd, im Untergrund tätig werden. Da aus diesem Grunde die rechtlichen Voraussetzungen häufig nicht eingehalten werden konnten, wurden Stiftungen teilweise auch in Widerspruch zu diesen tätig.[203] Bezeichnend für diesen Umstand ist auch die zahlenmäßige Verteilung der während der Teilungszeit bestehenden Stiftungen: Das Gros aller Stiftungen befand sich aufgrund der relativ liberalen Politik Österreichs in Galizien. Im strengen Preußen gab es zwar mehr Stiftungen als im russischen Teil, jedoch war unter ihnen keine bedeutende, die einen polnisch-nationalen Zweck gefördert hätte.[204]

Insgesamt war die wohltätige und philanthropische Tätigkeit der patriotischen Organisationen von großer Bedeutung für die Erhaltung und Pflege des Polentums sowie der polnischen Kultur, Tradition und Wesensart während der langen Teilungszeit und hatte bedeutenden Einfluss auf die Wiedererlangung der polnischen Unabhängigkeit.[205]

a) Patriotisch-kulturelle Stiftungszwecke

Eine der ersten Stiftungen mit patriotisch-kultureller Zielsetzung war die *Fundacja Zakładu Narodowego im. Ossolińskich* (Stiftung des Nationalinstituts Ossoliński), die rasch zu einer Institution der polnischen Wissenschaft und Kultur geworden ist. Die abgekürzt als „Ossolineum“ bezeichnete Stiftung wurde 1817 in Wien nach österreichischem Stiftungsrecht von dem Magnaten *Jerzy Maksymilian Ossoliński* mit seinem Grundbesitz als Stiftungsvermögen errichtet. Stiftungszweck war es, der polnischen Nation eine Bibliothek sowie einen Verlag zur Verfügung zu stellen. Im Jahre 1823 vermachte *Henryk Prinz Lubomirski* der Stiftung seine Sammlung, was zur Folge hatte, dass das Lubomirski Museum als dritte Abteilung des Ossolineums nach der Bibliothek und dem Verlag gegründet wurde. Nach dem Tod *Ossolińskis* wurde die Stadt Lemberg zum Sitz der Stiftung. 1833 wurde die Bibliothek um einen Lesesaal erweitert. Die Institution wurde während der Teilungszeit zu einem der wichtigsten Kulturzentren im Kampf gegen die Germanisierung, der sich mit der Verfolgung und Verhaftung seiner Mitarbeiter durch die österreichische Polizei zuspitzte.[206]

---

203 *Leś*, S. 45.

204 *Bour*, a.a.O.; *Frączak*, a.a.O.

205 *Leś*, S. 11.

206 Das erste Wörterbuch der polnischen Sprache wurde von 1807 bis 1814 durch *Samuel Bogumił Linde* verfasst, der auf die Sammlungen des Ossolineums zurückgreifen konnte. Der Bestand der Bibliothek vergrößerte sich durch Sammlungen weiterer adliger Familien wie der *Potockis* und der *Jabłonowskis*.

Wie die *Biblioteka Publiczna* der *Załuski*-Brüder sollte 150 Jahre später das Ossolineum ebenfalls aufgrund von Kriegsgeschehnissen gebeutelt werden. Zunächst dienten bedeutende Teile der Bibliothek den nationalsozialistischen Besatzern als Kriegsbeute; nach der Annexion Lembergs durch die Sowjetunion gegen Ende des Zweiten Weltkrieges konnte nur ein Teil des Bestandes gerettet werden und erhielt in den Jahren 1946-1947 in Breslau ein neues Domizil.[207]

Neben dem Ossolineum kann man für diese Zeit auch das Krakauer Czartoryski Museum erwähnen, das noch heute existiert und zu den ältesten polnischen Museen gehört.[208] Es wurde ebenfalls von Adligen als Stiftung errichtet; im Jahre 1831 geschah dies nach österreichischem Recht durch *Izabela Prinzessin Czartoryska* sowie ihren Gatten *Adam Prinz Czartoryski*. Die Sammlungen des Museums enthalten bis heute europäische Malerei des 13. bis 18. Jahrhunderts, europäisches und islamisches Kunsthandwerk vom Mittelalter bis zum 19. Jahrhundert sowie antike Kunstschätze.[209] Vergleichbar ist diese Kunststiftung aufgrund ihrer Art und Zielsetzung mit dem weiter oben erwähnten Städel'schen Kunstinstitut in Frankfurt. Wie Letzteres hatte auch das Krakauer Museum eine große Bibliothek, die 1875 von den Stiftern zur öffentlichen Benutzung freigegeben wurde.[210]

Dass mit *Izabela Prinzessin Czartoryska* eine Frau als Stifterin in Erscheinung getreten ist, stellte in der Teilungszeit keine Ausnahme dar, sondern wurde immer mehr zur Gewohnheit. Im Bemühen um die Erhaltung eines patriotischen Gedankenguts und die Ausbildung eines nationalen Identitätsgefühls traten häufig bürgerliche, adlige oder aristokratische Frauen als Förderer der Wissenschaft, Kultur und Künste, aber auch des polnischen Schulwesens auf. Ihre Tätigkeit war nicht allein auf die Unterstützung ihrer Männer beschränkt, sondern zeichnete sich durch die eigenständige Errichtung und Verwaltung philanthropischer Organisationen aus.[211]

---

207 *Cioch*, Prawo fundacyjne, S. 155 ff.; *Bichlarz*, S. 12; *Bour*, S. 31; heute dient das Breslauer Ossolineum auch als polnisches Adels-, Presse- und Literaturarchiv und ist in dieser Rolle mit den Bibliotheken des Deutschen Literaturarchivs in Marbach und in Wolfenbüttel vergleichbar. Die Sammlungen, die nach dem Zweiten Weltkrieg in Lemberg verblieben, wurden verstaatlicht und auf verschiedene Museen und Bibliotheken verteilt.

208 Eines der bekanntesten Exponate ist die „Dame mit dem Hermelin" von *Leonardo da Vinci*.

209 *Bour*, S. 34.

210 *Bour*, a.a.O.

211 Diese Frauen waren nicht nur bei der Erziehung und Kulturförderung tätig, sondern auch bei Aufständen in der Nothilfe und im Pflegewesen engagiert, teilweise betätigten sie sich auch als Stifterinnen von Krankenhäusern. Bekannte Vertreterinnen dieser Zeit waren: *Zofia Gräfin Zamoyska*, *Aleksandra Gräfin Potocka*, *Hortensja Gräfin Małachowska*, *Maria Gräfin Przeździecka*, *Róża Kronenberg*, *Emilia Bloch* oder *Zofia Regi-*

b) Kapitalstiftungen

In der Teilungszeit war für polnische Stiftungen eine überwiegend patriotische Zwecksetzung charakteristisch.

Dennoch entstanden auch neue Stiftungsarten, die dank moderner innerer Strukturen ihren Stiftungszweck noch effizienter realisieren konnten. Denn mit der auch in den polnischen Gebieten aufkommenden Industrialisierung traten zunehmend wohlhabende Bürger wie Bankiers und Industrielle als Stifter in Erscheinung. Mit der Entwicklung der Kapitalwirtschaft entstand eine neue Möglichkeit, das Vermögen einer Stiftung zu verwalten und zu mehren: Die allgemein als Kapitalstiftung (poln. *fundacja kapitałowa*) bezeichnete Stiftungsart war im Gegensatz zu den klassischen Stiftungen von der Besonderheit, dass sie sich nicht (ausschließlich) aus Miet-, Pacht- und sonstigen Einnahmen aus den zu ihrem Stiftungsvermögen gehörenden Grundstücken finanzieren musste. Das Vermögen der Kapitalstiftungen bildeten unter anderem Erträge aus Immobilientransaktionen, Bankaktivitäten oder Börsengeschäften. Den Kapitalstiftungen stand deswegen ein weit aus höheres Stiftungsvermögen zur Verfügung, das sie zur Verwirklichung ihrer Zwecke verwenden konnten.[212]

Unter den zahlreichen Stiftern dieser Epoche verdient besondere Erwähnung zunächst *Stanisław Staszic* (1755-1826). *Staszic*, zu seiner Zeit Direktor der Industrie- und Handwerksabteilung in Warschau, aber auch Hauptaufklärer in Polen, Autor und Verleger, Philosoph und Übersetzer, Geograph, Geologe und katholischer Priester, war gemeinsam mit Finanzminister *Franciszek Prinz Drucki-Lubecki* (1778-1846) treibende Kraft bei der gesellschaftlichen und wirtschaftlichen Reformierung und Modernisierung des Polnischen Königreichs (Kongresspolens) nach 1815. *Staszic* war nicht nur herausragender Staatsmann, sondern auch erfolgreicher Spekulant an der Wiener Börse. Aufgrund seiner Spekulationsgewinne konnte er ein enormes Vermögen anhäufen. Schon zu Lebzeiten zeigte sich *Staszic* als vorbildlicher Philanthrop, indem er den Bau des *Staszic-Palais* am Warschauer Königstrakt, der Heimat der „Vereinigung der Freunde der Wissenschaften“ (poln. *Towarzystwo Przyjacioł Nauk*), mit 200.000 Zloty finanzierte. Für das vor dem Gebäude durch den dänischen Bildhauer *Bertel Thorvaldsen*[213] errichtete Kopernikus-Denkmal stiftete *Staszic* 74.000 Zloty, zwei Drittel der Gesamtkosten.[214] In seinem Testament stiftete er sein gesamtes Vermögen bedürftigen Müttern und ihren Kindern dergestalt, dass das Vermö-

---

na Szlenkier, vgl. *Leś*, S. 52.

212 *Wawrzyński*, S. 14.

213 Von *Thorvaldsen* sind in Deutschland das Schillerdenkmal in Stuttgart und das Reiterstandbild des Kurfürsten Maximilian I. auf dem Wittelsbacher Platz in München bekannt.

214 Die Miete für eine mittlere Wohnung in Warschau betrug 22 Zloty, ein monatliches Beamtengehalt lag bei 120 und 500 Zloty, *Szczypiorski*, S. 56.

gen in zwei Teile aufgespalten wurde: Der erste Vermögensteil sollte als Verbrauchskapital den Notleidenden unmittelbar zukommen. Der andere Vermögensteil wurde zum operativen Kapital mit dem Ziel seiner Mehrung. Aus dem operativen Kapital erzielte Überschüsse sollten dem Verbrauchskapital zugeführt werden, um dieses vor einem Versiegen zu bewahren. Für die Überwachung und Durchführung des Stiftungszwecks wurde eine eigene Institution eingerichtet.[215] Aufgrund der Stiftungstätigkeit konnte 1877 im Warschauer Stadtteil *Wola* ein Krankenhaus (poln. *Szpital Wolski w Warszawie)* errichtet werden, das als Stiftung noch bis zum Ausbruch des Ersten Weltkriegs seine Tätigkeit verrichtete.[216]

Zu weiteren bedeutenden Kapitalstiftern, die sich im „Kampf um die Polonität“ (poln. *walka o polskość*) ab der zweiten Hälfte des 19. Jahrhunderts verdient gemacht haben, gehörten jüdische Bankiers. Der Gründer der Handelsbank in Warschau, *Leopold Kronenberg*, war nicht nur Förderer des polnischen Eisenbahnwesens[217], sondern stiftete 1875 in Warschau die Handelsschule (poln. *Szkoła Handlowa*), eine Vorgängerin der heute renommiertesten Wirtschaftshochschule Polens (poln. *Szkoła Główna Handlowa*).[218] Die Inhaber einer Bank in Sankt Petersburg, *Hipolit Wawelberg* und *Stanisław Rotmund*, spendeten 100.000 Rubel[219] für die Gründung der Mittleren Hochschule für Mechanik und Technik (poln. *Średnia Szkoła Mechaniczno-Techniczna*), die 1895 eröffnet wurde. Das Stiftungsvermögen verblieb in der Handelsbank *Kronenbergs* und wurde nicht der Schule direkt zur Verfügung gestellt, um den Verdacht eines Spekulationsgeschäfts auszuräumen. In den ersten Jahren ihres Bestehens wurde der Betrieb der Schule durch die Stifter finanziert. Ebenfalls übernahmen diese für die Hälfte der Schüler die Entrichtung des Schulgeldes.[220]

Wawelberg betätigte sich auch als Verleger und Herausgeber klassischer polnischer Literatur, wie der Werke von *Sienkiewcz*, *Mickiewicz* oder *Prus*. Aufgrund seiner finanziellen Unterstützung sind ihm die ersten polnischsprachigen Taschenbücher zu verdanken, die aufgrund ihres niedrigen Kaufpreises bei der Bevölkerung sehr beliebt waren. *Wawelberg* errichtete in Warschau auch die „Stiftung billiger Wohnungen“ (poln. *Fundacja Tanich Mieszkań*), die in den

215 *Rodkiewicz*, S. 6 f.

216 *Woźniewski*, S. 12; *Wawrzyński*, S. 14 f.

217 Linien Warschau-Wien und Warschau-Terespol.

218 *Encyklopedia Warszawy*, S. 836; *Wawrzyński*, S. 15 f.

219 Der damalige Gegenwert entsprach 530 Kilogramm Gold.

220 In der Zwischenkriegszeit galt die Einrichtung als beste Ingenieurschule Polens. 1951 wurde die Schule dem Warschauer Polytechnikum einverleibt, *Encyklopedia Warszawy*, S. 838; *Wawrzyński*, S. 16.

Jahren 1898 bis 1902 Häuser für bedürftige Arbeiter und Handwerker bauen konnte.[221]

c) Ausbruch des Ersten Weltkriegs

Während des gesamten Ersten Weltkriegs von 1914 bis 1918 verlief die Ostfront auf polnischem Gebiet und brachte dementsprechend für den 1918 wiederentstandenen polnischen Staat als Anfangskapital erhebliche Kriegsschäden mit. Für die polnischen Stiftungen bedeutete bereits der Ausbruch des Ersten Weltkriegs eine Unterbrechung ihrer Blütezeit. Die Möglichkeit, ihren Aktivitäten nachzugehen, wurde durch die Zeitumstände stark eingeschränkt. Die Mobilmachung der Männer, die Auswanderung von Zivilisten, die Verschiebung der Fronten und die Instabilität der Verwaltungsstrukturen verhinderten ihre Arbeit weitgehend.[222]

Im russischen Teilungsgebiet wurden ihre Bankdepots zu Gunsten des Zaren eingezogen. 1915 konfiszierte das aus den polnischen Gebieten abrückende Russische Reich alle gerichtlichen Hinterlegungsbestände sowie private Anlagen, die bei den Abteilungen der Russischen Bank hinterlegt waren. Dies bedeutete nicht nur den gänzlichen und unwiederbringlichen Verlust privater Ersparnisse, sondern auch den Verlust von Stiftungsvermögen. Dadurch wurde das polnische Stiftungswesen im russischen Teil Polens gleichfalls wie die öffentlichen karitativen Einrichtungen stark angeschlagen, wenn nicht sogar vernichtet.[223] Zum Opfer gefallen durch diese Kriegsfolgen ist etwa die vorerwähnte *Staszic*-Stiftung.[224]

Im Verlauf des Ersten Weltkriegs traten neben Stiftungen auch Vereine, deren Anzahl rasch wuchs. Quantitativ verlagerte sich langsam auch der Schwerpunkt der Wohltätigkeit von den Stiftungen auf die Vereine. In jedem der drei Teilungsgebiete entstanden zahlreiche und stark aufgestellte Vereine, die sich der Nächstenhilfe für Kriegsopfer verpflichtet hatten.[225] Diese neuen wohltätigen Organisationen sollten neben den Stiftungen zu den „Grundsäulen des künftigen jungen polnischen Staates“[226] werden.

---

221 *Encyklopedia Warszawy*, S. 940; *Wawrzyński*, a.a.O.

222 *Bour*, S. 36.

223 *Suligrowski*, S. 10 f.

224 *Wawrzyński*, S. 16.

225 *Leś*, S. 73 ff.

226 *Hendelsmann*, zitiert nach *Wawrzyński*, a.a.O.; in diesem Zusammenhang hatte zwischen 1916-1920 der Allgemeinen Schutzrat (poln. *Rada Główna Opiekuńcza*) die größte Bedeutung.

5. Zusammenfassung

Die Teilungen Polens haben zu einer Dreiteilung des polnischen Stiftungsrechts geführt.

Das Stiftungsrecht im russischen Teilungsgebiet war lediglich gewohnheitsrechtlich vorhanden. Die bestehenden Stiftungen wurden geduldet und die Errichtung neuer Stiftungen gestattet. Im österreichischen Teilungsgebiet gab es aufgrund des AGBG ein geschriebenes Stiftungsrecht, das die polnischen Stiftungen im Vergleich zu den beiden anderen Teilungsgebieten am liberalsten behandelte.

Mit der Herrschaft Preußens in den westlichen Teilungsgebieten erfuhren die bestehenden Stiftungen eine tiefgreifende Beschneidung, auch sonst waren die preußischen Machthaber über eine lange Zeit stiftungsfeindlich eingestellt. Das Stiftungsrecht der polnischen Westgebiete war in seiner Entwicklung identisch mit dem deutschen Stiftungsrecht preußischer Färbung: Zunächst galt das PALR, später das BGB mit preußischem Ausführungsgesetz.

Trotz der Teilung Polens und der mit ihr einhergegangen Fremdherrschaft konnte sich ein eigenständiges polnisches Stiftungswesen bewahren. Teilweise nahmen Stiftungen eine staatliche Ersatzfunktion ein, indem sie ihre Tätigkeit auf die Wahrung und Förderung der polnischen Nationalkultur ausrichteten. Aufgrund dieser national-konfessionellen Zwecksetzung konnte das polnische Stiftungswesen während der Teilungszeit sogar eine zweite Blüte erleben.

Mit dem Aufkommen der Industrialisierung entstanden auch Kapitalstiftungen, die über größere Vermögen verfügten und daher umfangreichere Zwecke fördern konnten. Diese Entwicklung kann mit der in Deutschland stattgefundenen Entwicklung verglichen werden: Auch in Deutschland kamen Kapital- bzw. Unternehmensstiftungen auf. Als Beispiel für diese Stiftungsart dient stets die Carl-Zeiss-Stiftung von 1889, die als der Urtyp der deutschen Unternehmensstiftung gilt[227].

Mit Ausbruch des Ersten Weltkriegs wurden viele Stiftungen in Mitleidenschaft gezogen, insbesondere im russischen Teilungsgebiet wurden diese finanziell ausgeblutet. Jedoch stellten sie mit den Vereinen, die ihnen zur konkurrierenden Rechtsform wurden, einen wichtigen Anlaufpunkt der Fürsorge für Kriegsopfer dar.

---

227 *Jakob*, S. 17; vgl. *David*, Die Carl-Zeiss-Stiftung, S. 7 ff.

V. Zwischenkriegszeit

Mit Beendigung des Ersten Weltkriegs entstand am 09. November 1918, nach 123 Jahren Teilung, ein neuer polnischer Staat, die so genannte Zweite Republik.

1. Stiftungsrecht des unabhängigen polnischen Staates

Der Wiedererlangung der polnischen Staatlichkeit und der teilweisen Wiedervereinigung der drei Teilungsgebiete zu einem Einheitsstaat folgte keineswegs eine Harmonisierung des Stiftungsrechts. Das Stiftungsrecht der Zweiten Republik blieb ein dreigeteiltes Recht.

Im bisherigen preußischen Teilungsgebiet galt das Stiftungsrecht des BGB sogar bis 1947 fort. Gleiches traf auf ehemals österreichische Gebiete zu. Das kaiserlich-königliche Stiftungsrecht behielt über die gesamte Dauer der Zweiten Republik seine Wirkung für die Gebiete Galiziens. Nur für das Gebiet des früheren Kongresspolens wurde Anfang 1919 ein Stiftungsdekret verabschiedet, das in den Jahren 1923 und 1928 etappenweise auf die restlichen Teile des ehemaligen russischen Teilungsgebiets ausgedehnt wurde.[228]

Diese Situation war in der Zwischenkriegszeit hinsichtlich des polnischen Stiftungsrechts keine Besonderheit, sondern galt allgemein für das Zivilrecht: Während das Öffentliche Recht, insbesondere das Verwaltungsrecht, nahezu vollständig vereinheitlicht werden konnte, gelang dies für das Zivilrecht bis zum Ausbruch des Zweiten Weltkriegs nicht.[229]

Für zusätzliche Rechtsunsicherheit sorgte die in jedem Gebiet unterschiedlich geregelte Kompetenz der Aufsichtsbehörden. Im früheren russischen Gebiet war für die Stiftungsaufsicht dasjenige Ministerium zuständig, welches von seiner Ressortzuständigkeit dem jeweiligen Stiftungszweck einer zu beaufsichtigenden Stiftung am nächsten kam. Im ehemaligen Galizien war die Aufsicht geteilt zwischen dem Innenministerium, der Stiftungsabteilung des Lemberger Woiwoden, der „Provisorischen Selbstverwaltungsabteilung" sowie den früheren kaiserlich-königlichen Statthaltern. Das frühere preußische Gebiet unterfiel hingegen dem Ministerrat, den Woiwoden und den Kreisgerichten. Schlesien war indes autonom und hatte eine eigene Aufsichtsregelung.[230]

Die Dreiteilung des Stiftungsrechts hatte eine erhöhte Rechtsunsicherheit zur Folge, die divergierende aufsichtsrechtliche Kompetenzverteilung führte regelmäßig zu Zuständigkeitsstreitigkeiten. Allgemein verlor die Institution Stiftung

---

228 *Stecki*, Fundacja, Band 1, S. 41; *Suski*, 321 ff.; *Wawrzyński*, S. 16 ff.; *Bichlarz*, S. 12 f.; *Izdebski*, (1998), S. 36 f.

229 *Izdebski*, (1998), S. 36.

230 *Jasiewicz*, Polityka fundacyjna, S. 27.

durch dieses „stiftungsrechtliche Chaos“[231] gesellschaftliches Vertrauen.[232] Infolgedessen kamen in den zwanziger Jahren des 20. Jahrhunderts konkrete Vereinheitlichungsbestrebungen auf, aus denen zwei Projekte eines neuen und für ganz Polen geltenden Stiftungsrechts hervorgingen, die Teil des künftigen Zivilgesetzbuches werden sollten.[233] In den dreißiger Jahren wurde zwar ein Gesetzentwurf ausgearbeitet[234], doch mit Ausbruch des Zweiten Weltkriegs konnte das Gesetzgebungsvorhaben nicht mehr abgeschlossen werden.

Erwähnenswert ist noch, dass 1925 alle Stiftungen, die wissenschaftliche, kulturelle, konfessionelle oder wohltätige Zwecke verfolgten, einheitlich von der Einkommenssteuer befreit wurden.[235]

2. Stiftungsdekret vom 7. Februar 1919[236]

Einer näheren Betrachtung verdient in diesem Zusammenhang das Stiftungsdekret, stellt es doch die erste weltliche Stiftungsordnung eines polnischen Gesetzgebers dar. Eine gesetzliche Regelung wurde deswegen notwendig, weil das russische Teilungsgebiet als einziges über keine Stiftungsgesetzgebung verfügte.[237]

Das „Dekret über Stiftungen und die Bestätigung von Schenkungen und Vermächtnissen“ vom 7. Februar 1919[238] war einer der ersten Rechtsakte im wiedergeborenen polnischen Staat[239]. In seinem räumlichen Anwendungsbereich galt die neue Stiftungsordnung zunächst nur für das Gebiet des ehemaligen Königreichs Polen, erst 1923 und 1928 wurde es auf die ehemaligen russischen Teilungsgebiete erweitert. Ab 1947 wurde es zum landesweiten polnischen Stiftungsrecht.

Das 24 Artikel umfassende Regelungswerk definierte den Stiftungsbegriff nicht, regelte jedoch die Errichtung und die Aufsichtsmodalitäten. Die Stiftungen erhielten Rechtspersönlichkeit, neben den selbständigen Stiftungen wurden auch die unselbständigen Stiftungen geregelt (Art. 16)[240].

Die Errichtung war möglich unter Lebenden in notarieller Form (Art. 1 und 5) oder von Todes wegen durch Testament (Art. 1). Auch die Errichtung im Wege von öffentlichen Sammlungen war möglich. In diesem Fall musste zunächst

231 *Bour*, S. 37.
232 *Jasiewicz*, a.a.O.
233 *Ogrodzki*, S. 578 ff.; *Suski*, S. 323.
234 *Jasiewicz*, Polityka fundacyjna, S. 27 f.
235 *Ilczuk*, S. 140; *Wawrzyński*, S. 17.
236 Siehe deutsche Fassung des Verfassers im Anhang.
237 *Bour*, a.a.O.
238 Dekret o fundacjach i o zatwierdzeniu darowizn i zapisów, Dz.Pr.P.P. Nr. 15, Poz. 215.
239 *Suski*, S. 321.
240 *Cioch*, S. 26.

bei der zuständigen Behörde eine Erlaubnis zur Erhebung von Spenden für den Stiftungszweck beantragt werden.[241]

Das Stiftungsdekret verlangte kein Mindestvermögen der Stiftung, was bei einem überwiegenden Teil der Stiftungen dazu führte, dass sie aufgrund ihrer schlechten Finanzverfassung nicht zur ordnungsgemäßen Stiftungstätigkeit im Stande waren.[242] Die Errichtung der Stiftung bedurfte der Genehmigung des zuständigen Ministers; mit Genehmigung erlangte die Stiftung Rechtspersönlichkeit (Art. 2 und 7). Mit der Genehmigung entstand gleichzeitig für den Stifter oder seine Nachfolger die Verpflichtung, die für die Stiftung bestimmten Vermögensgüter dieser zur Verfügung zu stellen (Art. 3). In den Stiftungsakt musste eine Stiftungssatzung aufgenommen werden (Art. 9 bis 11), die den Stiftungszweck, die vorgesehene Stiftungstätigkeit und die Vorstandsorganisation aufführen musste. Bei Fehlen einer Stiftungssatzung im Stiftungsakt, oder bei Mängeln und Unzulänglichkeiten konnte eine Genehmigung nicht erfolgen; der Stiftungsakt musste berichtigt werden. Bei Stiftungserrichtungen von Todes wegen oder im Wege von öffentlichen Spenden konnte die Genehmigungsbehörde bei Fehlen, Mängeln und Unzulänglichkeiten der Satzung von sich aus der Stiftung eine Satzung geben, diese berichtigen oder vervollständigen (Art. 11), wobei sie sich an der Intention des Stifters zu richten hatte (Art. 15). Die erforderliche Genehmigung (Art. 2) konnte durch den zuständigen Minister versagt werden, wenn die Stiftung als widerrechtlich, als gegen die guten Sitten verstoßend oder als nicht im öffentlichen Nutzen stehend befunden wurde (Art. 18). Gegen die Versagung der Genehmigung blieb das Rechtsmittel des Widerspruches vor dem Verwaltungsgerichtshof (Art. 21).

Bei jedem Ministerium wurde ein Stiftungsregister für diejenigen Stiftungen geführt, für die es zuständig war (Art. 8). Von jeder Stiftung führten die Register die Abschrift der Stiftungssatzung und trugen alle relevanten Satzungsänderungen ein, aber auch das An- oder Abwachsen des Stiftungsvermögens sowie den Bestand der unbeweglichen Vermögensgüter.

Durch den zuständigen Minister wurde auch die Aufsicht über die „Stiftungsorgane“ geführt (Art. 13). Zu diesem Zweck konnte die Aufsichtsbehörde die Vorlage eines Berichts und von Rechnungen verlangen sowie die Beschlüsse des Vorstandes, unter Wahrung der Rechte Dritter, hemmen oder aufheben, soweit sie nicht im Einklang mit dem Stiftungsakt, der Stiftungssatzung oder der Rechtsordnung standen oder für die Stiftung schädlich waren. Im Falle einer mangelhaften oder nachlässigen Geschäftsführung durch den Vorstand konnte dieser durch die Aufsichtsbehörde zunächst zur ordnungsgemäßen Pflichterfüllung aufgefordert werden; bei Erfolglosigkeit der Maßnahme konnte der Minis-

241 *Wawrzyński*, a.a.O.

242 *Jasiewicz*, a.a.O., der Autor untersuchte etwa 200 Stiftungssatzungen und fand drei Stiftungen mit einem Vermögen von 66, 75 und 139 Zloty. Ihre Jahreserträge betrugen 2, 3 und 9 Zloty.

ter den Vorstand durch andere Mitglieder ersetzen oder gar selbst die Vorstandsstellung übernehmen. Auch diese Entscheidung war vor dem Verwaltungsgerichtshof angreifbar (Art. 21).

Wurde die Zweckerreichung unmöglich oder stand die weitere Zweckverfolgung im Widerspruch zum Gemeinwohl, konnte der Stiftung eine andere Zweckbestimmung gegeben oder ihre Stiftungssatzung angepasst werden, wobei wiederum die Stifterintention zu beachten war (Art. 19 i.V.m. Art. 15). Auch konnte die Stiftung ganz aufgehoben werden. Diese Entscheidung blieb jedoch ausschließlich dem Staatspräsidenten vorbehalten (Art. 19).[243]

3. Stiftungswesen in der Zweiten Polnischen Republik

Mit der Erlangung der Unabhängigkeit ging ein Aufschwung des Stiftungswesens nicht einher. Ganz im Gegenteil: Fast alle aktiven Stiftungen der Zwischenkriegszeit stammen aus der Teilungszeit oder der Zeit davor. Annähernd alle Stiftungen hatten ihren Ursprung im 19. und in der Anfangszeit des 20. Jahrhunderts, ein Teil der Stiftungen entstammte noch der Adelsrepublik[244], einige wenige sogar der Piasten- und frühen Jagiellonenzeit.[245]

Der Großteil aller Stiftungen befand sich im ehemaligen Galizien, einige wenige waren im ehemaligen preußischen Teil aktiv, Stiftungen in den Ostgebieten stellten die Ausnahme dar.[246] Die Überproportionalität an Stiftungen im ehemaligen österreichischen Teilungsgebiet war die Folge einer liberalen Haltung der kaiserlich-königlichen Monarchie gegenüber der polnischen Autonomiebewegung, was sich auch in der Stiftungspolitik widerspiegelte.[247]

Mit der Entstehung des neuen Staates gingen zahlreiche Aufgaben der Wohlfahrtspflege, der Sozialfürsorge, der Förderung von Kunst und Kultur auf diesen selbst und dessen Stellen über. Dies führte zu einem Rückgang des gesellschaftlichen Engagements. Vom Staat wurde erwartet, dass er die bisherigen Aufgaben der Stiftungen nun eigenständig erfüllt.[248]

Auch wenn zu dieser Zeit kaum neue Stiftungen entstanden sind, waren die existierenden Stiftungen und Vereine eine wichtige Stützsäule beim Aufbau der

243 *Konic*, S. 194; *Suski*, S. 322.

244 *Jasiewicz*, Polityka fundacyjna, S. 27 ff.; *Frączak*, S. 7.

245 Die älteste, nach dem Ersten Weltkrieg noch aktive Stiftung war die 1222 durch den Krakauer Kastellanen Żupan errichtete „Stiftung Institut des Heiligen Geistes“, welche in den dreißiger Jahren des zwanzigsten Jahrhunderts in Sandomierz (Sandomir) eine Herberge für Kinder und Alte sowie ein psychiatrisches Hospital führte. Ferner bestanden weiterhin die bereits erwähnten Bergmannstiftungen des Königs Kasimir des Großen in Bochnia und Wieliczka aus dem 14. Jahrhundert, vgl. *Wawrzyński*, S. 18; *Ćwierz*, S. 8.

246 *Jasiewicz*, a.a.O.; *Frączak*, a.a.O.

247 *Bour*, S. 38.

248 *Leś*, S. 80.

polnischen Sozialstaatlichkeit. Während der ersten Jahre der Unabhängigkeit leisteten sie ihr Kernarbeit in der Wohltätigkeit.[249] Mit der Einführung der Sozialversicherungspflicht arbeiteten staatliche Stellen gemeinsam mit wohltätigen Organisationen zusammen und ergänzten sich gegenseitig bei ihrer Aufgabenerfüllung. Den Stiftungen fiel dabei oft die Aufgabe zu, staatliche Versorgungsanstalten finanziell zu unterstützen.[250]

Die Mehrzahl der bestehenden Stiftungen hatte als Stiftungszweck die Förderung der Wohltätigkeit, Erziehung, Bildung oder Religion. Dabei hatten fast alle Stiftungen, unabhängig vom Zeitpunkt ihrer Entstehung, einen konfessionell-nationalen Charakter. In der Folge war dadurch auch der Kreis der Destinatäre durch die Nationalität und Konfession bestimmt und beschränkt. Der Kreis der Destinatäre entsprach spiegelbildlich den konfessionellen und nationalen Wurzeln des Stifters.[251]

Neben Privatleuten betätigte sich auch der Staat als Stifter.[252] Die per Gesetz errichteten Stiftungen des öffentlichen Rechts waren teils wissenschaftlicher Ausrichtung, wie die „*Fundacja Smogulecka im. Bogdana Hutten-Czapskiego*" (Bogdan Hutten-Czapski Stiftung Smogulec) von 1930[253], aber auch mit wohltätiger Zwecksetzung, wie die *„Fundacja Wieś Kościuszkowska"* (Dorf-Kościuszko-Stiftung) von 1929[254], deren Zweck in der Obhut für Waisenkinder lag.[255]

Unter den privaten Neuerrichtungen dominierten Stiftungen mit einem wissenschaftlichen Anliegen. Erneut war es die polnische Aristokratie, die in bedeutendem Maße an den philanthropischen Entwicklungen beteiligt war. *Jakub Graf Potocki* errichtete eine Stiftung, die sich der Krebsforschung widmete. Zusammen mit dem *Józef-Piłsudski-Fonds für Nationalkultur* war sie dank ihres beachtlichen Vermögens die finanzkräftigste Stiftung dieser Zeit.[256] Ein weiteres Beispiel für eine sehr wohlhabende Stiftung war die Stanisław-Graf-Skarbek-Stiftung (*Fundacja Stansiława hr. Skarbka*) aus Lemberg, die sich um Bedürftige und Waisen kümmerte.[257]

Zu dieser Zeit entstand auch die 1924 durch *Władysław Graf Zamoyski* errichtete *Fundacja Kórnicka* (Kórnik-Stiftung). Sie wurde mit Häusern und Grundstücken im großpolnischen Kórnik und in Zakopane ausgestattet und hatte die Gründung und Unterhaltung eines wissenschaftlichen Instituts für Dendrologie,

---

249 *Leś*, S. 76.
250 *Leś*, S. 82.
251 *Jasiewicz*, Polityka fundacyjna, S. 29.
252 *Bichlarz*, S. 13.
253 Dz. U. Nr. 76, poz. 596.
254 Dz. U. Nr. 24, poz. 248.
255 *Suski*, S. 322 f.
256 *Bour*, S. 38.
257 Ihr Vermögen betrug gemäß der Bilanz für das Jahr 1930 rund 55 Millionen Zloty – ein Durchschnittsmonatslohn zu dieser Zeit betrug etwa 200 Zloty, vgl. *Wawrzyński*, S. 18.

die Verbreitung der Anbaukunde und des allgemeinen Wissens unter der Bevölkerung zum Zweck.[258]

In Polen der Zwischenkriegszeit wurden auch Stiftungen mit internationalem Bezug tätig. Die 1925 in New York gegründete *Kosciuszko Foundation*, eine polnisch-amerikanische Kulturstiftung, war Initiatorin und Herausgeberin des bilingualen Wörterbuchs „*The Kosciuszko Foundation Dictionary English-Polish, Polish-English*".[259] Neben dieser polnisch-amerikanischen Stiftung waren auch rein ausländische Stiftungen in Polen tätig: Die *Rockefeller Stiftung* begann schon während des Ersten Weltkriegs mit Hilfslieferungen für die polnische Bevölkerung.[260] Die *Carnegie Stiftung* unterstütze den „Polnischen Verein für Sozialpolitik" bei der Herausgabe wissenschaftlicher Publikationen.[261]

Ausweislich einer amtlichen Statistik von 1932 waren in Polen 3094 Stiftungen registriert, von denen die überwiegende Mehrzahl im Gebiet des ehemaligen Galiziens tätig war. Der Rest verteilte sich auf das übrige Polen.[262] Von diesen 3094 Stiftungen hatten über 85 % eine wohltätige, religiöse oder kulturell-wissenschaftliche Zwecksetzung, weshalb dem Ministerium für Wohlfahrt 1192 und dem Ministerium für religiöse Bekenntnisse und das Bildungswesen 1440 Stiftungen unterstellt waren. Das Innenministerium überwachte 455 Stiftungen, das Industrie- und Handelsministerium drei, die Landwirtschafts- und Verkehrsministerien jeweils zwei.[263]

Die Mehrheit der wohltätigen Stiftungen verfügte über ein derart niedriges Vermögen, dass es ihnen nicht möglich war, den Stiftungszweck hinreichend zu fördern. Von den 1195 sozialfürsorglichen Stiftungen waren 63 % ausschließlich auf Barkapital angewiesen. Da das Barkapital lediglich 6 % des Vermögens aller Stiftungen ausmachte, wird deutlich, wie mittellos diese Stiftungen tatsächlich gewesen sind. Hinzu kam, dass viele Stiftungen nicht effizient verwaltet wurden. Von den Ausgaben der Stiftungen wurden teilweise 20-50 % für administrative Erfordernisse verwendet.[264]

---

258 Ferner war ihr Zweck die Unterhaltung der von *Zamoyskis* Mutter *Jadwiga* gegründeten Schule für Hausarbeit und der dazugehörigen Bibliothek sowie „die Unterstützung begabter junger Leute", vgl. *Suski*, S. 444 f.; *Bour*, S. 39.

259 *Bour*, a.a.O.

260 Dank einer Schenkung durch die Stiftung (100.000 USD) konnte im Jahre 1921 eine staatliche Hygieneschule an der Zentralen Epidemiologischen Anstalt errichtet werden. Auch war es die Rockefeller Stiftung, die die Errichtung eines Wirtschaftsinstituts, an der „Polnischen Akademie der Gelehrsamkeit" (poln. *Polska Akademia Umiejętności*) förderte. Das Institut diente als Fortbildungseinrichtung für Wirtschaftswissenschaftler.

261 *Wawrzyński*, S. 19.

262 *Rappé*, Fundacja, S. 323.

263 *Ćwierz*, S. 8.

264 *Frączak*, S. 7.

Infolgedessen wurden in den dreißiger Jahren kleinere Stiftungen durch Staatsakte zu oder mit größeren Stiftungen verbunden.[265]

4. Stellungnahme

Das polnische Stiftungsrecht blieb nach Wiedererlangung der Unabhängigkeit zersplittert und konnte bis zum Ausbruch des Zweiten Weltkriegs nicht mehr vereinheitlicht werden, auch wenn entsprechende Bestrebungen vorhanden waren. Dieses Nebeneinander unterschiedlicher Stiftungsordnungen führte einerseits zu Kompetenzstreitigkeiten zwischen den staatlichen Genehmigungs- und Aufsichtsbehörden, andererseits zum gesellschaftlichen Vertrauensverlust der Stiftung als Institution.

Nichtsdestoweniger entwickelte sich im Polen der Zwischenkriegszeit das Stiftungswesen zu einer Stützsäule der allgemeinen Wohlfahrt.

Rechtshistorisch beachtenswert ist das Stiftungsdekret von 1919, das das erste geschriebene polnische Stiftungsrecht darstellt. Es regelte in seinen 24 Artikeln die Errichtung und Tätigkeit einer Stiftung relativ ausführlich.

Mit Ausklang der dreißiger Jahre waren Stiftungen als Institution in der gesellschaftlichen Wahrnehmung tief verankert, konnten sie doch auf eine lange Tradition zurückblicken, die trotz einiger Schwierigkeiten rechtlicher und tatsächlicher Art auch in der Gegenwart fortgeführt wurde. Das Engagement zahlreicher einflussreicher Personen verhalf den Stiftungen zu diesem gewachsenen Ansehen. Dennoch war die Mehrheit der Stiftungen nicht wohlhabend.

Zur gleichen Zeit war die Situation für Stiftungen in Deutschland erheblich angespannter: Nach dem Ersten Weltkrieg setzte die Geldinflation ein Stiftungssterben in Gang. Die Verpflichtung zur Anlage des Kapitals in mündelsichere Papiere beschleunigte diesen Vorgang noch.[266] Die ab 1933 herrschenden Nationalsozialisten waren bestrebt, die Stiftungen gleichzuschalten.[267] In Stiftungen, die gemäß § 87 BGB gemeinwohlgefährdend waren, also solche, die nicht mit den nationalsozialistischen Interessen im Einklang standen, konnte eingegriffen werden.[268] Konfessionelle, insbesondere jüdische Stiftungen wurden verfolgt. Die Zeit des Nationalsozialismus wird für das deutsche Stiftungswesen folgerichtig als „verderblich“[269] bezeichnet.

---

265 *Leś*, S. 83; *Wawrzyński*, S. 18; *Ćwierz*, a.a.O., 1937 wurden in Tarnopol (Ternopil, heutige Ukraine) 11 kleinere jüdische Stiftungen zu einer neuen Stiftung zusammengelegt. Ähnliches soll sich auch in anderen polnischen Städten ereignet haben.

266 *Liermann*, S. 283.

267 *Liermann*, S. 285 ff.

268 *Liermann*, S. 287 ff.

269 *V. Campenhausen*, in: Seifart/v. Campenhausen, Stiftungsrechts-Handbuch, 3. Aufl., § 5 Rn. 53.

VI. Schicksal der polnischen Stiftungen während des Zweiten Weltkriegs

Der Zweite Weltkrieg begann mit dem deutschen Überfall auf Polen am 1. September 1939. Die Sowjetunion fiel gemäß der Vereinbarung im geheimen Zusatzprotokoll des Deutsch-Sowjetischen Nichtangriffspakts am 17. September in Ostpolen ein und besetzte diese Gebiete. Im Abkommen von Brest-Litowsk vom 08. Oktober 1939 teilten das Deutsche Reich und die Sowjetunion das eroberte Gebiet untereinander auf. Das Deutsche Reich gliederte sich große Teile Polens ein, nicht nur die nach dem Versailler Vertrag an Polen abgetretenen, sondern darüber hinaus weite Bereiche Zentralpolens einschließlich der Stadt Lodz. Aus dem übriggebliebenen Teil Polens wurde das deutsche Generalgouvernement und unterstand während seines gesamten Bestehens dem Generalgouverneur *Hans Frank*.

Die sich an die Kriegshandlungen anschließende Besatzungszeit stellte für die polnische Nation ihre „schlimmste Zeit dar und hat alles bisher Geschehene, selbst die Entrechtung in der Teilungszeit, weit in den Schatten“[270] gestellt. Von den alle Lebensbereiche betreffenden Restriktionen waren auch die Stiftungen betroffen.

1. Sowjetische Besatzung

In dem sowjetisch besetzten Teil Polens konnte der sowjetischen Ideologie zu Folge keine eigenständige Stiftungsaktivität stattfinden. Außerdem wurden die Gesellschaftsschichten, die während der polnischen Teilungszeit ihre Stiftungsfreudigkeit unter Beweis gestellt hatten, die Magnaten und andere Schichten des Adels und der Intelligenz, von den sowjetischen Besatzern systematisch verfolgt und deportiert. Das Stiftungsvermögen aller Stiftungen wurde konfisziert. So wurde etwa 1940 auch das Ossolineum in Lemberg liquidiert.[271]

2. Deutsche Besatzung

Im deutschen Besatzungsgebiet gestaltete sich die Situation der dort vorhandenen Stiftungen nicht besser. Zu unterscheiden sind dabei die dem Deutschen Reich einverleibten Gebiete und das Generalgouvernement. In den eingegliederten Ostgebieten wurden Stiftungen sowie Vereine und Gesellschaften aufgelöst, auch die Kirche verlor ihre Rechtspersönlichkeit.[272]

Im Generalgouvernement blieben die Stiftungen zunächst – rechtlich – unangetastet. Im Mai 1940 wurde die Handlungsfreiheit der weltlichen und kirchlichen wohltätigen Institutionen, darunter der Stiftungen, begrenzt, indem die Re-

270 *Davis*, S. 578.

271 *Wawrzyński*, S. 19; *Bour*, S. 41 f.

272 *Leś*, S. 91.

gierung des Generalgouvernements den „Rat für Allgemeine Fürsorge“ (poln. *Rada Główna Opiekuńcza* – kurz: RGO) gründete, der im Einvernehmen mit der Besatzungsmacht bis zum Ende des Krieges sämtliche Wohltätigkeitsinstitutionen vertreten sollte.[273] Diesem Vorstoß folgend, wurden im Juli gleichen Jahres alle Vereine verboten und aufgelöst. Die Verordnung „über das Recht der Stiftungen im Generalgouvernement“ vom 1. August 1940[274] führte *de facto* zum ausnahmslosen Verbot und zur Auflösung aller Stiftungen im Generalgouvernement. Gemäß § 1 der Verordnung waren rechtsfähige Stiftungen durch ihre vertretungsberechtigten Organe unter Beifügung ihres Statuts und einer Vermögensübersicht bis zum 30. September schriftlich anzumelden. Entsprach der Stiftungszweck dem „öffentlichen Interesse“ und konnte die Stiftung diesen Zweck voll erfüllen, so wurde ihre weitere Betätigung, notfalls unter Auflagen, durch Bescheid genehmigt (§ 2). Entsprach der Stiftungszweck hingegen nicht dem öffentlichen Interesse, wurde die Stiftung nicht fristgemäß angemeldet oder wurden die Auflagen nicht erfüllt, so wurde die Stiftung aufgehoben und ihr Vermögen „den im Aufhebungsbescheid bezeichneten Stellen“ – meistens den deutschen Gemeindevorstehern und Landräten – übertragen (§ 3). Die Entscheidung war endgültig (§ 7), bei Verstößen gegen die Meldepflicht, Aufhebungsverfügung oder die Abwicklungspflicht (§ 5) konnten die vertretungsberechtigten Personen mit Gefängnis und mit Geldstrafe oder mit einer dieser Strafen bestraft werden. Ebenfalls konnte als Sanktionsmaßnahme das Stiftungsvermögen eingezogen werden (§ 8).

Infolge des Vereinsverbots und der Stiftungsverordnung blieben im Generalgouvernement als wohltätige Organisationen nur bestehen: Das Polnische Rote Kreuz, der bereits erwähnte RGO und einige wenige geistliche Organisationen, die noch aufgrund eines Konkordats zwischen der Polnischen Republik und dem Heiligen Stuhl Bestand hatten.[275] Auf diese Art und Weise kam es in Polen „zur ersten Liquidierung des Stiftungswesens“[276].

Am 9. Mai 1941 wurde mit der Verordnung „über die Errichtung von Stiftungen im Generalgouvernement vom 29. April 1941“[277] Deutschen die Errichtung von Stiftungen bei entsprechender Anwendung des Bürgerlichen Gesetzbuches ermöglicht. Ebenfalls konnten Nichtdeutsche eine Stiftung errichten, was tatsächlich nur eine faktische Möglichkeit geblieben ist.[278] In beiden Fällen bedurfte es der Genehmigung durch die Regierung des Generalgouvernements, welche

273 *Leś*, S. 92.

274 Siehe Anhang; ebenfalls abgedruckt in: *Weh*, B 150, Das Recht des Generalgouvernements, 1940.

275 *Wawrzyński*, S. 19 f.; *Leś*, S. 92 ff.

276 *Kroll*, S. 97 f.

277 Siehe Anhang; ebenfalls abgedruckt in: *Weh*, B 151, Das Recht des Generalgouvernements, 1940.

278 *Ostasz*, in: Kostecki, S. 299 ff.

auch gemeinsame Aufsichtsbehörde war. Nach der amtlichen Begründung[279] zu dieser Verordnung wurde eine Neuregelung notwendig, um aus dem Vermögen mehrerer aufgehobener Stiftungen eine neue lebensfähige Stiftung zu errichten und dem „bis dahin zersplitterten polnischen Stiftungsrecht eine einheitliche Rechtsquelle zu setzten“[280].

VII. Stiftungsniedergang im kommunistischen Polen

Die Stiftungslandschaft in der Bundesrepublik Deutschland konnte sich nach dem Zweiten Weltkrieg wieder erholen und erlebte mit Stiftungsneugründungen eine Fortentwicklung der Jahrhunderte alten Stiftungstradition.[281] Persönlichkeiten wie Toepfer, Körber, Krupp, Henle oder Dräger konnten die Stiftung als wichtige Einrichtung der privaten Gemeinwohlpflege etablieren. Der wachsende private Wohlstand führte zu einer Wiederbelebung des Stiftungswesens, insbesondere Mitte der siebziger Jahre stiegen die Zahlen der Stiftungserrichtungen an.[282] Nach Abneigung in preußischer Zeit und Bekämpfung im Nationalsozialismus trat die Stiftung zum Staat in ein partnerschaftliches Verhältnis und entlastete diesen teilweise bei seinen Aufgaben.[283] Ein derartiges Zusammenwirken zwischen Stiftungen und Staat kam in Polen bereits in der Zwischenkriegszeit auf.

In der sowjetisch besetzten Zone, die später zur Deutschen Demokratischen Republik werden sollte, wurden die meisten Stiftungen nach dem Krieg durch die sowjetische Besatzungsmacht enteignet.[284] Ihnen wiederfuhr somit dasselbe Schicksal, wie den polnischen Stiftungen einige Jahre zuvor. Neue Errichtungen wurden untersagt, die noch bestehenden Stiftungen wurden 1952 einer Nützlichkeitsprüfung unterzogen.[285] 1975 wurde die Rechtsform der Stiftung mit der Einführung des neuen Zivilgesetzbuches der DDR offiziell abgeschafft. Nur ausnahmsweise konnten Stiftungen unter kirchlichem Schutz überleben.[286] Insgesamt führten die Maßnahmen in Ostdeutschland zu einem Kahlschlag im reichen Stiftungswesen. Bis zum Zusammenbruch der DDR überlebten nur wenige, überwiegend kirchliche Stiftungen.[287]

In den ersten Jahren seines Bestehens sah das kommunistische Regime der Volksrepublik Polen keinen Bedarf, das Stiftungswesen einzuschränken. Ganz

---

279 Abgedruckt in der ersten Fußnote bei *Weh*, a.a.O.

280 II 2. der amtlichen Begründung, *Weh*, a.a.O.

281 *Lingelbach*, in: Werner/Saenger, S. 39.

282 *Staudinger/Rawert*, 1995, Vor §§ 80 ff. Rn. 36.

283 *MüKo/Reuter*, Vor § 80 Rn. 4 f.; *Staudinger/Rawert*, 1995, Vor §§ 80 ff. Rn. 36.

284 *Bour*, S. 42.

285 *Franz*, Deutsches Stiftungswesen 1948-1966, S. 435, 440.

286 *Strachwitz*, in: Strachwitz/Mecker, S. 22.

287 *V. Campenhausen*, in: Seifart/v. Campenhausen, Stiftungsrechts-Handbuch, 3. Aufl., § 5 Rn. 60.

im Gegenteil: Im Jahr 1947 wurde sogar das Stiftungsdekret aus dem Jahre 1919 in seinem räumlichen Geltungsbereich auf das ganze Land erstreckt.[288] Trotz der zunächst liberalen Einstellung der neuen Machthaber konnten sich die Stiftungen von den Folgen des Zweiten Weltkrieges nicht erholen. Nachdem sie während der Besatzung ihres Vermögens beraubt worden waren, gelang es ihnen in den äußert dürftigen Zeiten der Nachkriegszeit nicht, zu ihrer alten Stärke zurückzufinden.[289] Ebenfalls nicht förderlich wirkten sich die Bodenreform, Verstaatlichung und Enteignung von Grundstücken, Industriebetrieben und Banken, das Verbot des Privathandels sowie die 1950 durchgeführte Währungsreform aus. Letztere war in ihrer Wirkung derart verheerend, dass zwei Drittel aller Privatvermögen vernichtet worden sind.[290] All diese Faktoren beeinflussten das Stiftungswesen und hinderten es an einer erneuten Entwicklung. Nichtsdestotrotz waren wohltätige Organisationen, darunter Stiftungen, an dem Wiederaufbau des kriegszerstörten Landes und der Versorgung der Bedürftigen in den Anfangsjahren rege beteiligt.[291]

Diese gemeinnützige Tätigkeit fand jedoch ihr abruptes Ende im Jahre 1952. Mit der Verordnung vom 24. April 1952 „über das Verbot der Stiftungen“[292] wurden Stiftungen „als den volksdemokratischen Idealen fremde Elemente“[293] aufgelöst, ihr Vermögen ging unbelastet auf den Staat über. Neben den rechtsfähigen Stiftungen waren auch unselbständige und kirchliche Stiftungen betroffen.[294] Aufgrund dieses Ereignisses wurde das Stiftungswesen in Polen zum zweiten Mal liquidiert, nachdem dies bereits nur einige Jahre zuvor während der Besatzungszeit der Fall gewesen ist.[295]

Vom Verbot waren allein Stiftungen ausgenommen, die ihren Sitz im Ausland hatten, oder deren Vermögen sich als Ganzes oder in Teilen im Ausland befunden hat[296]. Dadurch konnten ganze zwei Stiftungen überleben. Dies waren die 1925 gegründete *Kosciuszko Foundation* mit Sitz in New York, sowie die *Ja-*

288 Dz.U. 1947, Nr. 66 poz. 400.

289 *Suski*, S. 325.

290 *Wawrzyński*, S. 20; bei der Währungsreform vom 30. Oktober 1950 wurde der Zloty im Verhältnis 100:3 getauscht. Nach Schätzungen verlor das Volk dadurch 3 Milliarden Zloty - dies entsprach ca. 750 Millionen USD. Ziel der Reform war laut der amtlichen Begründung die Kaufkraft der „kapitalistischen und spekulativen Elemente zu schwächen sowie Voraussetzung für die Stabilisierung der Währung für den anstehenden 6-Jahres-Plan herbeizuführen“, *Wielka Encyklopedia Powszechna*, S. 86.

291 *Leś*, S. 99 f.

292 Dz.U. Nr. 25 poz. 107.

293 *Suski*, a.a.O.

294 *Cioch*, Rejent 2000, Nr. 5, S. 15.

295 *Wawrzyński*, a.a.O.

296 Letztere Relativierung wurde erst durch das Dekret vom 31. Dezember 1956 eingeführt, (Dz.U. Nr. 1 poz. 2, 3, 4).

kub-Potocki-Stiftung, welche Eigentümerin von drei Grundstücken in Frankreich war.[297] Auf diese Stiftungen fand das Stiftungsdekret von 1919 Anwendung.[298]

Mit der Aufhebung im Jahre 1952 wurde Polen für die nächsten 32 Jahre zu einem stiftungslosen Land. Bis auf die beiden vorerwähnten Ausnahmen verschwand aus der Gesellschaft somit eine Institution, die in der jahrhundertealten polnischen Tradition tief verankert war.

VIII. Wiedergeburt des polnischen Stiftungswesens im Jahre 1984

Das Ende der siebziger und der Anfang der achtziger Jahre des 20. Jahrhunderts waren in Polen durch soziale Unruhen, Streiks und die Entstehung oppositioneller Strukturen gekennzeichnet. Aus der *Solidarność*-Bewegung entstand die erste freie Gewerkschaft in Polen und Osteuropa. Im Jahre 1981 gehörten dieser bereits über zehn Millionen Polen an. Der enorme landesweite Erfolg der Solidarność wurde sowohl durch das in Polen herrschende Regime, als auch durch die angrenzenden sozialistischen Staaten, insbesondere die Sowjetunion, als ernsthafte Bedrohung für das bestehende System angesehen; am 13. Dezember 1981 verhängte Polen den Kriegszustandes, die Solidarność wurde aufgelöst.[299]

Das zweijährige Kriegsrecht verursachte in Polen, insbesondere aufgrund der Wirtschaftssanktionen und der Blockadehaltung der USA und der EWG, eine scharfe wirtschaftliche Krise sowie einen landesweiten Versorgungsnotstand.[300] Auf diesen Zustand reagierte wiederum das westliche Ausland - insbesondere die katholische Kirche aus Westdeutschland - mit einer breiten Hilfsbereitschaft durch Hilfslieferungen von Lebensmitteln, Kleidung und Medikamenten in Form von Care-Paketen. Finanzielle Unterstützung erfolgte ebenfalls.[301] Vermittler und Verteiler der Hilfslieferungen war ausschließlich die polnische Kirche, da sie zu dieser Zeit die einzige unabhängige Institution in Polen gewesen ist. Ferner genoss sie auch unter der polnischen Bevölkerung hohes Ansehen und tiefes Vertrauen.[302]

---

297 *Wawrzyński*, a.a.O.

298 *Suski*, S. 326.

299 *Davis*, S. 1085 ff., 1090 ff.; bereits am frühen Morgen wurden alle wichtigen Funktionäre der Solidarność, über 5.000 Personen, interniert, an neuralgischen Punkten fuhren Kampfpanzer und Panzerfahrzeuge auf, *Siwek*, S. 47, 53.

300 Im Vergleich zum Vorjahr stiegen 1982 die Preise für Lebensmittel um 241%, für Energie um 171%, die Reallöhne fielen gleichzeitig um 30%. Die schlechte Marktlage führte zur Rationierung von Waren und Lebensmitteln und der Einführung von Lebensmittelmarken. Verstärkt wurde der wirtschaftliche Abfall durch ein Handelsembargo der Vereinigten Staaten, vgl. *Garlicki*, S. 385, 386.

301 Das Gesamtvolumen der Hilfsleistungen während des Kriegsrechts wird auf über einhundert Millionen US-Dollar geschätzt, *Leś*, S. 109 f.; *Wawrzyński*, S. 21.

302 *Siwek*, S. 60 f.

Über diese punktuelle Unterstützung hinaus wollte der Westen die wirtschaftliche Situation in Polen durch eine zielstrebige Förderung langfristig angelegter Projekte verbessern. Hierfür bot sich insbesondere die bereits seit Jahren geplante Modernisierung der polnischen Landwirtschaft an.[303] Aufgrund einer gemeinsamen Initiative des polnisches Episkopats unter Leitung des polnischen Primas Erzbischof *Józef Glemp* und der Deutschen Bischofskonferenz unter Leitung von Joseph Kardinal Hoeffner führten die Kirchen beider Länder mit den Regierungen der Vereinigten Staaten unter persönlicher Mitwirkung von Präsident Ronald Reagan, Belgiens, Italiens und der Bundesrepublik Deutschland konstruktive Gespräche zwecks Aufstellung eines Rahmenplans zur dauerhaften Verbesserung der polnischen - privaten - Landwirtschaft.[304]

In der Folge einigten sich die Beteiligten auf ein 5-Jahres-Hilfsprogramm zur Modernisierung der polnischen - privaten - Landwirtschaft. Das Programm beinhaltete einen Hilfsbetrag von 5 Milliarden DM, der sich aus Sammlungen westlicher Kirchen, aus durch Gewerkschaften, Privatunternehmen und Banken erteilten Dotationen sowie aus Zuwendungen und Krediten der EWG-Länder sowie den Vereinigten Staaten zusammensetzen sollte.[305] Hauptvoraussetzung für die Gewährung dieses Kapitals war jedoch, dass dieses von einer staatlich unabhängigen - kirchlich garantierten - Organisation in Polen verwaltet werden würde. Die Zahlungen sollten keinesfalls über Regierungskanäle erfolgen.

Innerhalb des polnischen Episkopats ist zunächst angedacht worden, diese Aufgabe durch eine eigens zu errichtende selbständige Bank zu erfüllen. Diese Vorüberlegung hat man jedoch nicht mehr weiterverfolgt. Nun sollte eine eigene Landwirtschaftsstiftung (poln. *Fundacja Rolnicza*) diese Aufgabe wahrnehmen.[306] Mit der Absicht der Errichtung dieser Stiftung sowie dem Ergebnis der grenzüberschreitend geführten Verhandlungen trat die polnische Kirche Mitte des Jahres 1982 an die polnische Regierung heran.[307]

Der Erfolg dieses Vorhaben wurde seitens der polnischen Kirche trotz der Zeitumstände als durchaus realistisch betrachtet, da in Polen eine spezifische Situation herrschte: Obwohl Polen ein sozialistischer Staat - im Kriegszustand - war, existierte eine liberale Einstellung zur selbständigen Gewerbeausübung, die Kirche war in ihrem Handeln grundsätzlich frei und es bestand sowohl ein privater Landwirtschafts- als auch ein großer privater Produktions- und Dienstleistungssektor.[308]

---

303 Insbesondere litten die Kleinbauern unter einer niedrigen Produktivität sowie einer seit Jahrzehnten versäumten Rationalisierung, Technisierung und Modernisierung der Landwirtschaft, *Siwek*, S. 77.

304 *Siwek*, S. 87 ff.; die staatliche Landwirtschaft war hiervon ausdrücklich ausgenommen.

305 *Siwek*, S. 92 f., 99 ff.

306 *Siwek*, S. 105, 108.

307 *Siwek*, S. 108.

308 *Siwek*, S. 109.

1. Stiftungsgesetz von 1984

Seit 1982 bemühte sich die polnische Kirche um die Einführung eines neuen Stiftungsrechts. In gemeinsamen Verhandlungen mit der Regierung wurde zunächst überlegt, das Stiftungsdekret von 1919 zu reaktivieren. Die Regierung lehnte dies jedoch ab. Es wurde auch überlegt, statt einer Stiftung einen wirtschaftlich tätigen Verein zu errichten. Die Kirchenvertreter bestanden jedoch auf die Rechtsform der Stiftung, da diese ihnen als die „elastischste Organisationsform" erschien. Diesen Gesichtspunkt vertraten auch die westlichen Gesprächspartner der polnischen Kirche. Es musste daher ein neues Stiftungsrecht geschaffen werden.

Der Regierungsseite lag viel daran, sich eine möglichst weitgehende Kontrollbefugnis über die Stiftung zu verschaffen.[309]

Nach langen und zähen Verhandlungen überreichte die Regierung der Kirche im November 1983 einen Entwurf des Stiftungsgesetzes. Nach Rücksprache mit den westlichen Initiatoren merkte die Kirchenseite an, dass die vorgesehenen Aufsichtsmöglichkeiten des Staates zu weitgehend seien. Insbesondere sei nicht hinzunehmen, dass ein Vermächtnis oder eine Schenkung zu Gunsten einer Stiftung von der staatlichen Genehmigung abhängig sein sollte. Auch ginge die Möglichkeit der Auswechslung des Stiftungsvorstandes über eine angemessene Stiftungsaufsicht weit hinaus. Aufgrund dieser Anmerkungen kam die Regierung der Kirche entgegen, indem sie einige Normen des künftigen Stiftungsgesetzes anpasste.[310]

Nach fast zwei Jahren seit Beginn der Gespräche über die Schaffung eines neuen Stiftungsrechts - diese lange Zeitdauer wurde auch durch die Hinhaltungstaktik der Regierung verursacht[311] - stand am 13. Januar 1984 der Entwurf des Stiftungsgesetzes im Ministerrat zur Beratung. Die Regierung stellte der Kirchenseite bei einer Besprechung zur Errichtung der Landwirtschaftsstiftung am 23. Januar 1984 die endgültige Fassung des Gesetzentwurfes vor. Am 6. April 1984 wurde das Stiftungsgesetz im Sejm verabschiedet.[312]

Damit erhielt Polen als erstes sozialistisches Land Europas ein eigenes Stiftungsrecht.[313]

309 *Siwek*, S. 137 ff.

310 *Siwek*, S. 191.

311 *Frączak*, S. 8.

312 *Siwek*, S. 225.

313 Die Anerkennung der Stiftung durch das kommunistische Regime als eine die Staatsaufgaben ergänzend ausführende Institution war das Ergebnis der wirtschaftlichen Gegebenheiten dieser Zeit. Nur in unabhängige Organisationen konnten ausländische Geldgeber ihr Vertrauen setzen, nur ihnen wollten sie die erforderlichen finanziellen Mittel zur Verfügung stellen. Der polnische Staat hat diese Notwendigkeit letztendlich erkannt, auch wenn er die neue Organisationsform nur widerwillig zulassen wollte. Ihm war klar, dass aus dem Ausland nur dann Hilfe kommen konnte, wenn diese durch ver-

Inhaltlich gestattete das Stiftungsgesetz die Errichtung von Stiftungen zur Verwirklichung eines mit den Grundinteressen der Volksrepublik Polen in Einklang stehenden, gemeinnützigen oder wirtschaftlich nutzbringenden Zwecks, insbesondere zum Gesundheitsschutz, der Förderung von Wirtschaft und Wissenschaft, der Bildung und Erziehung, Sozialhilfe und Wohlfahrt, dem Umwelt- und Denkmalschutz (Art. 1). Als Stifter konnten sich inländische und ausländische juristische Personen sowie natürliche Personen, unabhängig von ihrer Nationalität oder ihrem Wohnort, betätigen (Art. 2). Die Errichtung war möglich unter Lebenden in notarieller Form und von Todes wegen durch Testament. Im Stiftungsakt war der Zweck und das der Stiftung zur Verfügung gestellte Vermögen anzugeben (Art. 3). Mit Eintragung in das für alle Stiftungen einheitliche Stiftungsregister bei dem Amtsgericht Warszawa-Praga erlangte die Stiftung Rechtspersönlichkeit (Art. 10).

Das Stiftungsgesetz ermöglichte dem Staat – in Übereinstimmung mit dem Stiftungsdekret von 1919[314] – eine weitreichende Überwachung der Stiftung und gab ihm hierzu die erforderlichen Kontrollmöglichkeiten. Zunächst bedurfte die Errichtung der Stiftung einer Genehmigung des zuständigen Ministers (Art. 4). Auch die vom Stifter angefertigte Stiftungssatzung bedurfte einer ministerialen Genehmigung (Art. 7). Mit Zustimmung des Stifters konnte das Ministerium die Satzung selbst anfertigen (Art. 8). Darüber hinaus übten die staatlichen Behörden die Aufsicht über die satzungs- und rechtsgemäße Tätigkeit der Stiftung, sowie die Finanz- und Wirtschaftsverfassung aus. Der zuständige Minister konnte Berichte über die Vorstandstätigkeit, die Stiftungstätigkeit sowie die ordnungsgemäße Verwendung von Finanzmitteln und anderer Vermögenswerte verlangen (Art. 15). Der Minister konnte Vorstandsbeschlüsse blockieren oder aufheben (Art. 16), den Vorstand zur Rückgängigmachung von Handlungen zwingen oder diesen durch einen Zwangsverwalter ersetzen (Art. 17).

Einerseits gab das Stiftungsgesetz dem Stifter aufgrund des allgemein gehaltenen Wortlauts hinsichtlich des Stiftungszwecks und der Ausgestaltung der Stiftung freie Hand, andererseits waren die Errichtung und die Tätigkeit der Stiftung der staatlichen Einflussnahme ausgesetzt.[315] Ein Novum war die Möglichkeit der unternehmerischen Betätigung durch die Stiftung.[316] Während das Stiftungsdekret von 1919 diesbezüglich keine Regelung traf, verwies das Stiftungsgesetz an einigen Stellen auf diese Betätigungsmöglichkeit (Art. 6 S. 2; Art. 7 Abs. 2 Satz 2; Art. 14; Art. 15 Abs. 2) und ermächtigte den Ministerrat diesbezüglich, eine entsprechende Regelung durch Rechtsverordnung zu treffen (Art.

---

trauensvolle und unabhängige Verwalter verteilt werden würde. Diese wirtschaftliche Notwendigkeit führte zu einer legislativen Reaktion und somit zum Stiftungsgesetz vom 06. April 1984, vgl. *Bichlarz*, S. 14 f.; *Frączak*, a.a.O.

314 *Izdebski*, (1998), S. 39.

315 *Izdebski*, (1998), S. 37 f.

316 *Cioch*, Prawo fundacyjne, S. 43 f.

14 Abs. 3). In der Rechtsverordnung vom 2. Dezember 1985[317] wurden dementsprechend die weiteren Punkte der unternehmerischen Betätigung geregelt. Demnach konnte sich die Stiftung selbst oder durch einen ihr untergliederten Gewerbebetrieb unternehmerisch betätigen. Die Ausübung einer unternehmerischen Betätigung bedurfte ebenfalls einer staatlichen Genehmigung. Die unternehmerischen Einnahmen, die für die Verwirklichung des Stiftungszwecks verwendet wurden, wurden mit einem Nachlass von bis zu zwanzig Prozent steuerlich bevorzugt behandelt.

2. Erste Stiftungen im kommunistischen Polen

Trotz der neu eingeführten Möglichkeit durch das Stiftungsgesetz fand ein Aufschwung bei den Stiftungserrichtungen nicht statt. Die Anzahl der neuen Stiftungen hielt sich in den Anfangsjahren stark in Grenzen: 1984 wurden ganze drei Stiftungen errichtet, im darauffolgenden Jahr sechs und 1986 zwölf. In den folgenden drei Jahren nahm die Zahl der Stiftungsneugründungen etwas zu. 1989, im Jahr des Systemwechsels, gab es in Polen insgesamt 287 Stiftungen.[318]

Die vorgenannte Landwirtschaftsstiftung (poln. *Fundacja Rolnicza*), die der eigentliche Auslöser für die Einführung des neuen Stiftungsrecht gewesen ist, konnte aufgrund unterschiedlicher Schwierigkeiten und anhaltender Streitigkeiten zwischen der Staatsmacht und der Kirche sowie einer mittlerweile skeptischen öffentlichen Haltung letztendlich erst 1991 errichtet werden.[319] An ihrer Stelle wurde 1987 die Stiftung „Versorgung des Dorfes mit Wasser“ unter dem Patronat des polnischen Primas *Glemp* errichtet, die nur einen Teil des Aufgabenkataloges der geplanten Landwirtschaftsstiftung erfüllen konnte, in erster Linie – wie ihr Name schon sagt – die Erschließung polnischer Dörfer mit Leitungswasser.[320] In den ersten Jahren des wiedergeborenen Stiftungswesens bis zur politischen Wende lagen die Hauptaufgaben der errichteten Stiftungen in der allgemeine Wohlfahrt und sozialen Fürsorge, der Förderung von Kunst und Kultur sowie Wissenschaft und Lehre. Zu ihren Stiftern gehörten neben ausländischen Organisationen Privatleute und Glaubensgemeinschaften. Kaum vertreten waren Stiftungen mit wirtschaftlicher, ideologischer, ökologischer oder nationalkonfessioneller Zielsetzung.[321]

Grundsätzlich kann für die ersten Stiftungen feststellend gesagt werden, dass diese keinen leichten Anfang hatten. Zwar erlaubte ihnen das Stiftungsgesetz ihr

317 Dz. U. Nr. 57, poz. 293.

318 *Wawrzyński*, S. 22.

319 *Siwek*, S. 293 ff.

320 *Frączak*, S. 8 f.; *Wawrzyński*, S. 21 f.; in tatsächlicher Hinsicht war diese Aufgabe jedoch sehr wichtig, da noch 1982 nur 25 % der Bauernhöfe über einen Leitungswasseranschluss verfügten, vgl. *Siwek*, S. 77.

321 *Balcerzak/Dyjas/Urbanowicz*, in: Supińska/Modzelewski, S. 172 ff.

Tätigwerden, doch fand das „demokratisch wirkende Stiftungsgesetz seine Anwendung in einer undemokratischen Umgebung“[322]. Das Stiftungswesen unterstand in seiner Gesamtheit der staatlichen Aufsicht, die insbesondere bei der Genehmigung des Stiftungsakts willkürlich handeln konnte. So war es nicht unüblich, dass zwischen dem Moment des Stiftungsakts und der Genehmigungserteilung ohne ersichtlichen Grund Verzögerungen von zwei Jahren liegen konnten. Aufgrund der niedrigen Anzahl der neuen Stiftungen wurden diese gesellschaftlich auch kaum bis gar nicht wahrgenommen. Insbesondere bildeten Stiftungen keinen spürbareren Teil der oppositionellen Struktur.[323]

Erst mit Beginn des Umbruchs zu einem neuen wirtschaftspolitischen System fand im Jahre 1989 auch eine deutliche Belebung bei den Stiftungserrichtungen statt. Mit 188 Stiftungen entstanden in diesem Jahr annähernd doppelt so viele Stiftungen wie insgesamt in den vier vorausgegangen Jahren zuvor.[324]

3. Novellierung 1991

Die Novellierung des Stiftungsgesetzes fand angesichts des bereits im Jahre 1989 erfolgten Systemwechsels relativ spät statt. Nach Verzögerungen im Gesetzgebungsverfahren[325] konnte der Sejm am 23. Februar 1991 eine Änderung des Stiftungsgesetztes beschließen.[326]

Die Novellierung im Jahre 1991 passte das bis dahin geltende Recht an die neue Wirklichkeit an. Das Stiftungsgesetz wurde in großen Teilen liberalisiert.

Die Genehmigungserfordernisse für die Errichtung der Stiftung sowie die Stiftungssatzung sind entfallen. An ihre Stelle ist eine materielle Prüfung des Errichtungsvorgangs und der Entstehungsvoraussetzungen durch ein zuständiges Registergericht getreten. Für die behördliche Aufhebung eines Vorstandsbeschlusses oder die Einsetzung eines Zwangsverwalters ist nun eine Gerichtsentscheidung notwendig; eine einseitig hoheitliche Durchsetzung dieser Maßnahmen durch die Aufsichtsbehörde ist nicht mehr möglich.

Die Berichterstattungspflichten des Stiftungsvorstandes und die Aufsichtsmöglichkeiten der Aufsichtsbehörden sind begrenzt worden. An die Stelle einer umfassenden Fachaufsicht ist eine reine Rechtmäßigkeitsaufsicht getreten.[327] Eingeführt wurde eine jährliche Rechenschaftspflicht über die Tätigkeit der Stiftung, die zur Vorlage und Bekanntmachung eines Jahresberichts verpflichtet (Art. 12).

---

322 *Frączak*, S. 9.
323 *Frączak*, a.a.O.
324 *Wawrzyński*, S. 22.
325 *Izdebski*, (1998), S. 38 f.
326 Dz.U. Nr. 46, poz. 203.
327 *Izdebski*, (1998), S. 39.

Neu eingeführt wurde die Möglichkeit der Gründung von Vertretungen ausländischer Stiftungen (Art. 19). Dieses Rechtsinstitut wurde deswegen geschaffen, weil ausländische Stiftungen nicht in das polnische Stiftungsregister eingetragen werden können. Das Tätigwerden einer Vertretung bedarf der staatlichen Genehmigung.

Gleichzeitig mit der Änderung des Stiftungsgesetzes wurde die Rechtsverordnung über die unternehmerische Betätigung von Stiftungen aufgehoben. Diese Betätigungsmöglichkeit wurde nun im Gesetz direkt geregelt. Es entfiel auch die Genehmigungspflicht für die unternehmerische Tätigkeit; die Absicht einer unternehmerischen Betätigung muss jedoch bereits in der Stiftungssatzung verankert sein. Nach Art. 5 Abs. 6 darf die Stiftung einer unternehmerischen Betätigung (lediglich) in einem der Verwirklichung ihrer Ziele dienendem Umfang nachgehen. Für diese unternehmerische Betätigung muss die Stiftung einen Vermögenswert von nicht weniger als 1.000 Zloty vorsehen. Diese Summe entsprach zum Zeitpunkt der Novellierung dem Mindestkapital einer Gesellschaft mit beschränkter Haftung.[328]

4. Stiftungswesen der Transformationszeit bis heute

Der Prozess der Demokratisierung und der Transformierung des realsozialistischen Staates zu einer pluralistischen Demokratie und einem der Marktwirtschaft verschriebenen Rechtsstaat war auch für das polnische Stiftungswesen ein neuer Abschnitt in seiner Entwicklung.

Während jenes in den ersten Jahren seit Einführung des Stiftungsgesetzes einen noch stiefmütterlichen Aufschwung erlebte, konnte es in der letzten Dekade des 20. Jahrhunderts ein zahlenmäßig beachtliches Wachstum aufweisen. Bereits 1990 waren in Polen 958 Stiftungen registriert, ein Jahr später verdoppelte sich diese Zahl auf 1954. Der höchste Zuwachs, mit 1343 neuen Stiftungen, wurde im Jahr 1992 verzeichnet. Ende des Jahres 1996 führten die Stiftungsregister insgesamt 5025 Stiftungen. Zwar nahm die Zahl der Neuanmeldungen in den folgenden Jahren ab, doch wuchs der Gesamtbestand an Stiftungen kontinuierlich an,[329] so dass im Jahre 2009 in Polen mehr als 9.000 selbständige Stiftungen gezählt werden konnten. Im Jahr 2010 waren in Polen weit über 10.000 Stiftungen aktiv.[330]

328 *Izdebski*, (1998), S. 40.

329 *Wawrzyński*, S. 22 f.

330 Datenbestand der Vereinigung *Stowarzyszenie Klon/Jawor*, Warschau, 2010, http://bazy.ngo.pl/.

a) Dritter Sektor und Vielschichtigkeit

Die neu entstandenen Stiftungen fanden nur selten ihre Zweckbestimmung in der Tradition der Zwischenkriegszeit.[331] Zwar wurden einige traditionelle Stiftungen, die vor dem Zweiten Weltkrieg aktiv gewesen sind, durch Neuerrichtung wiederbelebt;[332] der Großteil der neuen Stiftungen orientierte sich jedoch an den Gegebenheiten der Gegenwart. Schnell bildete sich auch in Polen ein eigener Dritter Sektor heraus, der teils originär staatliche Aufgaben der Sozialfürsorge mit übernahm und somit zu einer festen Säule der Wohlfahrt wurde.[333] Nach rechtsfähigen Vereinen und anderen gemeinnützigen Vereinigungen ohne Rechtspersönlichkeit wurden Stiftungen zu den häufigsten Vertretern des über 50.000 Organisationen zählenden Non-Profit-Bereichs der neunziger Jahre.[334] Im Allgemeinen wurden die Stiftungszwecke liberaler und moderner, als sie es noch bei den traditionellen Stiftungen zu Beginn des Jahrhunderts gewesen sind. Die Stiftungen wurden vielschichtiger, ihre Tätigkeit weitete sich auf alle Belange und Aspekte des gesellschaftlichen Lebens aus, Stiftungen entdeckten neue Nischen für sich: Genauso wie es in Deutschland Stiftungen „zur Behandlung von Erdnussallergien“ oder zum „Erhalt von Gebäuden deutscher Bauart in China“ gibt[335], existiert in Polen die „Stiftung polnischer Schmalspurbahnen“ (*Fundacja Polskich Kolei Wąskotorowych*) oder solche Stiftungen, die sich der Katzenfürsorge angenommen haben - z.B. die „*Fundacja koty otoczone troską*“, zu Deutsch: „Von Sorge umgebene Katzen-Stiftung“[336].

Ungeachtet dieser spezifischen Stiftungen betätigt sich ein Viertel aller Stiftungen hauptsächlich wohltätig im Bereich der Sozialfürsorge oder bietet Nächstenhilfe an. Ein Fünftel aller Stiftungen engagiert sich in der Jugend- und Erwachsenenbildung, etwa jeweils vierzehn Prozent sind im Bereich der Kunst und Kultur bzw. des Gesundheitsschutzes tätig, etwa jede zwanzigste Stiftung ist im Bereich der Menschenrechte, der Rechte allgemein oder der Politik aktiv. Gleich dahinter folgen Stiftungen zum Umweltschutz und Sportstiftungen, Stiftungen zum Arbeitsmarkt, zur regionalen Entwicklung und Stiftungen zur Unterstützung anderer Nichtregierungsorganisationen. Alle übrigen Stiftungen, darunter religiöse Stiftungen, oder Wissenschafts- und Forschungsstiftungen, bilden insgesamt einen Anteil von unter fünf Prozent.[337]

Die Stiftung in Polen ist eine „städtische“ Institution. Nur etwa sieben Prozent aller Stiftungen haben ihren Sitz in dörflichen Gebieten, vierundfünfzig Prozent

331 *Frączak*, S. 8 ff.

332 So etwa die *Kórnicki*- und *Ossoliński*-Stiftungen.

333 *Stowarzyszenie Klon/Jawor*, elementarz III sektora, S. 11 ff., 15 ff., 23 ff.

334 *Leś*, S. 121 f.

335 „Rekord bei Neugründungen“, in: DIE WELT vom 29.01.2010, S. 13.

336 Auszug aus *Stowarzyszenie Klon/Jawor*, Warschau, 2010, http://bazy.ngo.pl/.

337 *Gumkowska*, Fundacje w Polsce 2008, S. 10 f.

sind in großen Städten mit einer Bevölkerung von über 500.000 Einwohnern lokalisiert[338], allein dreißig Prozent haben ihren Sitz in Warschau. Über die Hälfte aller Stiftungen ist landesweit tätig, mehr als jede Zehnte sogar international. Fast jede fünfte Stiftung verfügt über ein jährliches Fördervolumen von über 1.000.000 Zloty.[339]

Neben den großen, landesweit agierenden und teilweise mit erheblichem Kapital ausgestatteten Stiftungen entstanden auch viele kleinere lokale Stiftungen, die insgesamt einen Drittel aller Stiftungen ausmachen[340]. Stifter sind bei diesen Stiftungen zumeist ortsansässige Bürger, Selbstverwaltungseinheiten und Gemeinden. Der Stiftungszweck konzentriert sich auf die Förderung eines oder mehrerer regional relevanter Aspekte.[341]

Darüber hinaus betätigt sich auch der Staat selbst aktiv im Stiftungswesen. Nachdem staatliche Stellen bereits mehrfach als Stifter in Erscheinung getreten waren und Stiftungen entsprechend den Erfordernissen des Stiftungsgesetzes errichtet hatten, erfolgte am 05. Januar 1995 die erste Errichtung einer Stiftung des öffentlichen Rechts per Gesetz. Sie betraf die Wiederbelebung der Ossoliński-Stiftung[342], welche bereits in den zwanziger Jahren tätig gewesen ist, damals jedoch als privatrechtliche Stiftung mit „öffentlichem Charakter"[343]. Dieser Stiftung folgten bis heute zwei weitere per Gesetz errichtete Stiftungen des öffentlichen Rechts.[344]

b) Ausländische Stiftungen und Repräsentanzen

Neben den zahlreichen polnischen Stiftungen spielten auch ausländische Stiftungen bzw. deren Vertretungen eine entscheidende Rolle beim Aufbau des Dritten Sektors. Durchgehend mit erheblich größeren finanziellen Möglichkeiten ausgestattet, leisteten sie einen nicht unbedeutenden Beitrag zur gelungenen Transformation in Polen. Insbesondere nordamerikanische und westeuropäische Stiftungen taten sich als mittelbare und unmittelbare Förderer unterschiedlicher Zwecke zum Wiederaufbau einer bürgerlichen Gesellschaft hervor.

338 Dazu gehören die Städte Warschau, Lodz, Krakau, Breslau und Posen. Danzig und Stettin haben über 400.000 Einwohner.

339 *Gumkowska*, Fundacje w Polsce 2008, S. 8.

340 *Gumkowska*, a.a.O.

341 *Leś*, S. 122 f.; im Jahre 2006 betrug die Zahl der Nichtregierungsorganisationen 120.000, davon 55.016 Vereine und 8.212 Stiftung, vgl. *Gumkowska/Herbst*, S. 11; aktuell werden in Polen 145.509 Nichtregierungsorganisationen notiert, *Stowarzyszenie Klon/Jawor*, Warschau, 2010, http://bazy.ngo.pl/.

342 Dz.U. Nr. 23, poz. 121.

343 *Bichlarz*, S. 15.

344 *Fundacja Centrum Badania Opinii Społecznej*, errichtet mit Gesetz vom 20.02.1997 (Dz.U. Nr. 30, poz. 163) und *Fundacja Zakłady Kórnickie*, errichtet mit Gesetz vom 18.09.2001 (Dz.U. Nr. 130, poz. 1451).

Amerikanische Stiftungen betätigten sich bereits in den achtziger Jahren des 20. Jahrhunderts in osteuropäischen Staaten, darunter auch in Polen. Sie unterstützen überwiegend die sich entwickelnden ökonomischen und politischen Strukturen sowie die wirtschaftliche Modernisierung der Betriebe. Die in Polen erst seit 1989 aktiven europäischen Stiftungen konzentrieren sich hingegen zumeist auf wohltätige, humanitäre und bildende Zwecke.[345]

Daneben sind alle parteinahen Stiftungen aus Deutschland in Polen vertreten.[346]

c) Deutsch-Polnische Stiftungen

Eine besondere Stellung im Bereich der deutsch-polnischen Annäherung nehmen die Stiftung Polnisch-Deutsche Aussöhnung (*Fundacja Polsko-Niemieckie Pojednanie*) sowie die Stiftung für deutsch-polnische Zusammenarbeit *(Fundacja Współpracy Polsko-Niemieckiej)* ein. Erstere wurde in Folge eines am 16. Oktober 1991 zwischen den Regierungen Deutschlands und Polens geschlossenen Vertrages am 24. Februar 1992 errichtet. Aufgabe der Stiftung war die Koordinierung finanzieller Leistungen aus Deutschland an ehemalige Häftlinge der Konzentrationslager und Zwangsarbeiter des Dritten Reichs, die Gewährung von Unterstützung, sowie die Bewahrung der Erinnerung und Annäherung zwischen Polen und Deutschen.[347] Zu diesem Zweck stellte die Regierung der Bundesrepublik der Stiftung fünfhundert Millionen Deutsche Mark zur Verfügung.[348]

---

345 In den ersten vier Jahren des demokratischen Polens erhielten polnische Nichtregierungsorganisationen von ausländischen Stiftungen ca. 30 Millionen US-Dollar. Große Zuwender waren: die Ford und die Rockefeller Foundation, das George Soros′ Open Society Institute, die Charles Stewart Mott Foundation, die britischen Organisationen Charity Know How und Pew Cheritable Trust, die Fondation de France sowie die Robert Bosch Stiftung und die Volkswagen Stiftung, *Leś*, S. 114; *Wawrzyński*, S. 24.

346 Die erste von ihnen war die Konrad Adenauer Stiftung, welche am 10. November 1989 – einen Tag nach dem Fall der Berliner Mauer – ihr Büro in Warschau eröffnete. Ihr folgten Repräsentanzen der Friedrich Ebert Stiftung, der Friedrich Naumann Stiftung, der Hans Seidel Stiftung und der Rosa Luxemburg Stiftung. Diese Stiftungen betätigen sich als Herausgeber unterschiedlicher Publikationen, Veranstalter von Seminaren, Kunst- und Kulturförderer, Stipendiengeber und unterstützen polnische Organisationen bei der Realisierung ihrer eigenen Programme, *Wawrzyński*, S. 9 f.

347 Selbstdarstellung der Stiftung und §§ 5 ff. der Satzung, www.fpnp.pl.

348 *Suski*, S. 445; weitere Unterstützung erhielt die Stiftung von Stiftungen aus dem Ausland, in erster Linie von der Bundesstiftung "Erinnerung, Verantwortung, Zukunft", dem Österreichischen Fonds für "Versöhnung, Frieden und Zusammenarbeit", dem als "Fonds des Londoner Raubgoldes" bekannten Fonds für Holocaustüberlebende und dem Schweizer Fonds zugunsten bedürftiger Opfer des Holocausts. In über 15-jähriger Tätigkeit konnten an über 700.000 betroffene Personen Finanzileistungen in einer Höhe von mehr als 4,7 Mrd. PLN (1,3 Mrd. Euro) ausgezahlt werden.

Die Stiftung für Deutsch-Polnische Zusammenarbeit wurde ebenfalls nach einer Vereinbarung beider Regierungen vom 07. November 1990 errichtet. Dem polnischen Staat sollte geholfen werden, einen 1975 von der Bundesrepublik gewährten Kredit in Höhe von über einer Milliarde DM zu tilgen. Ein Großteil der Zahlungsverpflichtungen wurde Polen erlassen, der Rest in Höhe von fünfhundertsiebzig Millionen DM sollte in Zloty zurückgezahlt werden und in einen Fonds zur Finanzierung deutsch-polnischer Projekte fließen. Diesen Fonds übernahm die 1991 errichtete Stiftung.[349] Die in Warschau ansässige Stiftung förderte bisher mit einem Gesamtbetrag von etwa zweihundertfünfzig Millionen Euro rund 8.000 Projekte, die im gemeinsamen Interesse der Bundesrepublik Deutschland und der Republik Polen lagen.[350]

d) Stiftungen als „neue Form der Wirtschaftskriminalität"

Ungeachtet dieser positiven Auswirkungen des Stiftungswesens auf das gesellschaftliche Leben, hatte es das Institut der Stiftung nicht leicht, als Betätigungsform gemeinnütziger Organisationen im Bewusstsein der Allgemeinheit Akzeptanz zu finden.

Ursache hierfür waren einige negative Beispiele des Missbrauchs der Rechtsform zu stiftungsfremden Zwecken.[351] Die zu Beginn der neunziger Jahre verliehene Liberalität im Stiftungsrecht führte nämlich nicht nur zu einer bereichernden Vielschichtigkeit der Stiftungszwecke, sondern leider auch zur Ausnutzung der rechtlichen Freiheiten und teilweisem „Wildwuchs innerhalb des Stiftungswesens"[352]. So galt für die damalige Zeit das Credo: „Die Stiftung ist in aller Munde, doch jeder hat etwas anderes im Sinn"[353].

Wie bereits in der Zwischenkriegszeit, entstanden auch während der Transformationszeit etliche Stiftungen, die aufgrund einer schlechten Finanzausstattung ihren Stiftungszweck nicht hinreichend realisieren konnten.[354] Neben finanziellen Unzulänglichkeiten kam nicht selten noch persönliches Unvermögen der handelnden Personen hinzu, was sich durch Unwirtschaftlichkeit, Unehrlichkeit und sogar durch kriminelle Energie kennzeichnete.[355] So wurden des Öfteren Stiftungen nur dazu errichtet, um in den Genuss staatlicher Beihilfen zu

349 Selbstdarstellung der Stiftung, www.fwpn.org.pl.

350 Bis 2001 förderte die Stiftung das deutsch-polnische Kulturerbe, es wurden u. a. Denkmäler, Kirchen und Schlösser vor dem Verfall bewahrt und Begegnungsstätten gebaut. Seit 2002 investiert sie gezielt in Projekte, die der Begegnung und Zusammenarbeit von Menschen aus Deutschland und Polen dienen und baut kontinuierlich die bilaterale Zusammenarbeit beider Länder aus, vgl. Selbstdarstellung, a.a.O.

351 *Frączak*, S. 17.

352 *Frączak*, S. 15.

353 *Frączak*, a.a.O.

354 *Frączak*, S. 11.

355 *Wawrzyński*, S. 4.

gelangen. Diese Gelder wurden dann jedoch nicht entsprechend des vermeintlichen Stiftungszwecks verwendet, sondern allein im Eigeninteresse der jeweils Handelnden.[356]

Diese kurzzeitige Entwicklung führte dazu, dass das Oberste Verwaltungsgericht Stiftungen im Jahre 1993 zu bloßen Vermögensmassen herabstufte. Der Status einer „gesellschaftlichen Organisation" wurden ihnen verweigert[357], welcher jedoch für den Bezug staatlicher Beihilfen erforderlich gewesen ist.[358] Selbst der Ministerrat bezeichnete Stiftungen als eine „moderne Betätigungsform der Wirtschaftskriminalität".[359] Die Regierung beabsichtigte daher, die Tätigkeit von Stiftungen zu beschränken und die Aufsicht wieder zu verschärfen. Nur aufgrund des Widerstandes zahlreicher Nichtregierungsorganisationen kam es hierzu nicht.[360] Das Registergericht ging für eine gewisse Zeit dennoch dazu über, die Eintragung neuer Stiftungen durch Überinterpretation und extensive Auslegung der stiftungsrechtlichen Eintragungsvoraussetzungen zu verzögern, was sich negativ auf die Zahl der Neuerrichtungen auswirken sollte. Diese Situation normalisierte sich erst wieder mit der Einführung des Landesgerichtsregistergesetzes im Jahre 1997 *(Ustawa o Krajowym Rejestrze Sądowym)*[361].

In der allgemeinen öffentlichen Meinung konnte sich das Ansehen der Stiftungen dadurch jedoch nicht wesentlich verbessern. Verursacht wurde dies nicht nur durch die teils kriminellen Machenschaften, sondern auch durch die Undurchsichtigkeit im Stiftungswesen.[362]

Es entstanden Stiftungen, die bis auf die Rechtsform nichts mit einer Stiftung gemeinsam hatten. So wurden Stiftungen als Ersatzform für Vereine errichtet, um das Erfordernis von 15 Gründungsmitgliedern sowie die demokratische Organisationsstruktur zu umgehen. Diese „Vereinsstiftungen" entstanden mit wesentlich weniger „Mitgliedern" und blieben stets unter der Kontrolle des Vorstandes. Das oft mangelnde Stiftungsvermögen wurde durch „Mitgliedsbeiträge" aufgebaut.[363]

Bis 1989 dienten Stiftungen oft als Ersatzformen für Gewerbe- oder Handelsunternehmen, da gesetzlich keine andere Betätigungsform vorgesehen war und das Stiftungsgesetz sowohl die wirtschaftliche Betätigung als auch die Förderung „wirtschaftlich nützlicher" Zwecke zuließ. Dennoch wurde nach der Wende - trotz bereits bestehender Alternativen in Form von Personen- und Kapital-

---

356 *Kulik-Bielińska/Frączak*, Instytucja fundacji w Polsce, S. 17.

357 I SA 1762/92, ONSA 1993, Nr. 3, poz. 75.

358 *Frączak*, S. 15.

359 Stellungnahme des Ministerrats vom 21. Juni 1994 zur „Sicherheit der Bürger und der öffentlichen Ordnung", Auszug abgedruckt in: *Frączak*, S. 14.

360 *Kulik-Bielińska/Frączak*, Instytucja fundacji w Polsce, S. 18.

361 Dz.U. 2007, nr. 168, poz. 1186; *Kulik-Bielińska/Frączak*, a.a.O.

362 *Kulik-Bielińska/Frączak*, Instytucja fundacji w Polsce, S. 21.

363 *Kulik-Bielińska/Frączak*, Instytucja fundacji w Polsce, S. 19.

gesellschaften - diese Rechtsform für den Gewerbebetrieb weiterbenutzt, um die steuerrelevanten Einnahmen zu verringern.[364]

Des Weiteren wurden teilweise bloße „Mantelstiftungen" errichtet - ähnlich den aus dem Kapitalgesellschaftsrecht bekannten Vorratsgesellschaften - die zunächst nur eine formale, zweckentleerte Rechtshülse darstellten. Die Absicht dieser Vorgehensweise lag darin, zunächst zu überprüfen, wo und auf welche Art und Weise - etwa durch Beihilfen oder Spenden - Einnahmen erzielt werden konnten. Erst mit der Aufdeckung einer realisierbaren Einnahmequelle wurde die Stiftung mit einem entsprechenden Stiftungszweck versehen.[365]

e) Verfassungsrechtliche Gewährleistung

Diese einzelnen vorgenannten Geschehnisse haben vorübergehend auf das gesamte Stiftungswesen Schatten geworfen; dennoch handelte es sich bei ihnen nicht um ein stiftungsspezifisches Phänomen. Sie waren die typischen negativen Begleiterscheinungen einer gewaltigen Systemumwälzung, die keine Sphäre des gesellschaftlichen und wirtschaftlichen Lebens verschonte.[366]

Mit dem Abklingen der Transformation und der legislativen und administrativen Justierung des Stiftungsrechts trat allmählich auch eine Normalisierung dieser Situation ein.

Diese ging zunächst vom Verfassungsgesetzgeber aus. In der neuen polnischen Verfassung vom 2. April 1997 wurde die Stiftung als eine Form der gesellschaftlich-bürgerlichen Betätigung anerkannt.

In Art. 12 der Verfassung heißt es dementsprechend:

> *„Die Republik Polen gewährleistet die Freiheit der Bildung und Tätigkeit der Gewerkschaften, der gesellschaftlich-beruflichen Bauernorganisationen, der Vereine, der Bürgerbewegungen, anderer freiwilliger Zusammenschlüsse sowie von Stiftungen."*

Die unmittelbare, wörtliche Bekundung der Stifter- und Stiftungsfreiheit ist nicht nur in der polnischen Verfassungsgesetzgebung ein Novum; auch im internationalen Vergleich ist die ausdrückliche Gewährung der Bildung und Tätigkeit von Stiftungen eine Seltenheit.[367]

Einfachgesetzlich erfolgte die Anerkennung der Stiftungen als gemeinnützig durch das Gesetz über die gemeinnützige Betätigung und das Ehrenamt *(Ustawa*

---

364 *Frączak*, S. 12.

365 *Kulik-Bielińska/Frączak*, a.a.O.

366 *Izdebski*, (2004), S. 12 ff.; *Frączak*, S. 23 ff.

367 *Izdebski*, (2004), S. 13; das Grundgesetz schützt die Stiftungen über Art. 19 Abs. 3 GG sowie kirchliche Stiftungen über Art. 140 GG i.V.m. Art. 138 Abs. 2 WRV, vgl. *v. Campenhausen*, in: Seifart/v. Campenhausen, Stiftungsrechts-Handbuch, 3. Aufl., § 3 Rn. 1.

o działalności pożytku publicznego i wolontariacie) vom 29. Juni 2003 (im Folgenden nur als „GemeinnützigkeitsG" bezeichnet)[368]. Demnach kann eine Stiftung bei Erfüllung bestimmter Voraussetzungen (u.a. gemeinnütziger Tätigkeit und entsprechender Berichterstattung) den Status einer „gemeinnützigen Organisation" erhalten.[369] Dieser Status ist mit der Möglichkeit verbunden, staatliche Zuwendungen zu erhalten sowie an dem so genannten 1%-Verfahren teilzunehmen.[370]

Schließlich zog auch die Rechtsprechung nach. Mit Beschluss vom 12. Dezember 2005[371] konnte sich das Oberste Verwaltungsgericht nun dazu überwinden, Stiftungen als gesellschaftliche Organisationen anzuerkennen.[372] Nachdem bereits das Schrifttum die Gleichstellung der Stiftung mit anderen gesellschaftlichen Organisationen gefordert hatte[373], begründete das Gericht seine Entscheidung mit Art. 12 der Verfassung und der dort getroffenen Gleichbehandlung der Stiftung mit anderen gesellschaftlichen Organisationen sowie der Freiheit zur gesellschaftlichen Tätigkeit, die nicht allein auf Organisationen beschränkt sei, die eine mitgliedschaftliche Struktur aufwiesen. Da die gesellschaftliche Organisationsfreiheit auch darin liege, die zu diesem Zweck geeignete Rechtsform zu wählen, stelle die Stiftung aufgrund ihrer Möglichkeit, einen gemeinsamen gesellschaftlichen Zweck durch mehrere Beteiligte zu verfolgen, gleichfalls eine gesellschaftliche Organisation dar.[374]

f) Gemeinnützige Korporationsstiftungen

Dass die Stiftung auch in tatsächlicher Hinsicht zur anerkannten philanthropischen Betätigungsform wurde, zeigen die in den letzten Jahren zahlreich entstandenen Korporationsstiftungen (poln. *fundacje korporacyjne*). Als Korporationsstiftungen werden gemeinnützige Stiftungen bezeichnet, die durch ein Unternehmen errichtet worden sind und meistens einen Firmenteil des Unternehmens in ihrem Namen tragen. Ihr Zweck liegt nicht in der Leitung oder Trägerschaft eines Unternehmens, sondern allein in der Realisierung wohltätiger Anliegen. Die Anzahl der Stiftungen, die sich dem Prinzip der *Corporate Social Responsibilty (CSR)* verschrieben haben, wird derzeit in Polen auf etwa 200 be-

368 Dz. U. 03, nr 96, poz. 873.

369 *Kozioł*, Samorząd Terytorialny, 3/2006, S. 34 ff.

370 Bei dem 1%-Verfahren können natürliche Personen bestimmen, dass ein Prozent ihrer Einkommensteuer einer konkreten anerkannten gemeinnützigen Organisation zu Gute kommt. An diesem Verfahren nahmen im Jahr 2007 5.134.675 Steuerzahler teil und überwiesen zu Gunsten gemeinnütziger Organisationen einen Gesamtbetrag von 291.594.362,90 Zloty, *Bericht des Finanzministeriums* vom 29. August 2008.

371 II OPS 4/05; ONSAWA 2006, Nr. 2, poz. 37.

372 *Suski*, S. 340.

373 *Cioch*, Rejent 2000, Nr. 5, S. 19-21; *Tarno*, Art. 9.

374 Ausgeführt bei *Suski*, S. 341.

ziffert.[375] Zwar sind diese von ihrer Vermögensverfassung her weit entfernt von westeuropäischen CSR-Unternehmensstiftungen[376], jedoch förderte über die Hälfte der untersuchten Stiftungen wohltätige Zwecke jährlich mit jeweils über einer Million Zloty, jede Zehnte von ihnen sogar mit über zehn Millionen.[377]

Über 95% des Vermögens dieser Stiftungen bestand aus dem durch die Stifterunternehmen zur Verfügung gestellten Stiftungskapital. Auch die überwiegenden Einnahmen stammen aus Zuwendungen durch diese Unternehmen, gefolgt von Einkünften aus dem vorerwähnten 1%-Verfahren.[378]

Von ihren Stiftungszwecken her sind die Korporationsstiftungen genauso vielfältig wie die übrigen Stiftungen auch. Sie fördern Aspekte des gesellschaftlichen Lebens in all seinen unterschiedlichen Facetten. Im Vordergrund stehen jedoch Belange der Bildung, gefolgt vom Gesundheitsschutz, der Sozialfürsorge und sozialen Dienstleistungen, der Lehre und Wissenschaft, dem Arbeitsmarkt, der Kunst und Kultur, sowie der regionalen Entwicklung.[379]

B. Zusammenfassende Stellungnahme zur geschichtlichen Entwicklung

Das polnische Stiftungswesen kann auf eine lange, abwechslungsreiche, teils erfreuliche, teils jedoch tragische Tradition zurückblicken.

Die deutsche Stiftungstradition hatte einen großen Einfluss auf das polnische Stiftungswesen in seinen Anfängen. Auch an der Entstehung der ersten Stiftungen im sozialistischen Polen war die Deutsche Bischofskonferenz mittelbar wesentlich beteiligt. Dennoch war es Deutschland, das die schicksalhaftesten Zeiten im polnischen Stiftungswesen verursacht hat: Während Preußen in der Teilungszeit das polnische Stiftungswesen lediglich nicht gedeihen ließ, verschwanden die polnischen Stiftungen im Laufe des Zweiten Weltkrieges vollständig, und das unwiederbringlich.

Die polnischen Stiftungen haben, wie die deutschen, ihren Ursprung im römisch-christlichen Stiftungswesen. Auf beiden Territorien, in Polen und Deutschland, entwickelte sich das Stiftungswesen des Mittelalters nahezu identisch als kirchliches Spitalwesen. Mit zunehmender Verweltlichung des alltäglichen Lebens blieb auch das Stiftungswesen in Polen von Verweltlichungserscheinungen nicht unberührt, wenn auch zunächst wesentlich schwächer als in

375 *Forum Darczyńców*, Fundacje korporacyjne, S. 9.

376 Die spanische La Caixa-Stiftung stellte im Jahr 2005 303 Millionen Euro für wohltätige Zwecke zur Verfügung, wodurch sie den ersten Platz unter den europäischen Stiftungen einnahm. Die deutsche Else Kröner-Fresenius-Stiftung rangierte mit Zuwendungen im Umfang von 65 Millionen Euro auf dem siebten Platz, vgl. *Philanthropy In Europe*, Issue 25-12/2006.

377 *Forum Darczyńców*, Fundacje korporacyjne, S. 44.

378 *Forum Darczyńców*, Fundacje korporacyjne, a.a.O.

379 *Forum Darczyńców*, Fundacje korporacyjne, S. 61.

den deutschen Gebieten. Eine Verweltlichung des kanonischen Stiftungsrechts erfolgte in der polnisch-litauischen Adelsrepublik nicht.

Während der Teilungszeit verlor Polen zwar seine Unabhängigkeit, jedoch konnte das Stiftungswesen überdauern und sich als „typisch polnisch“ herausbilden. Aufgrund ihrer national-konfessionellen Stiftungszwecke waren die Stiftungen ein wichtiger Rückhalt für die polnische Nation und das Fortbestehen der polnischen Kultur. Das Stiftungsrecht hingegen erfuhr eine Dreiteilung, welche bis in die Mitte des 20. Jahrhunderts fortwirkte. Noch bis 1947 galt im ehemaligen preußischen Teilungsgebiet deutsches Stiftungsrecht, im ehemaligen österreichischen Teil das AGBG. Nur im ehemaligen russischen Teilungsgebiet galt nach Wiedererlangung der Unabhängigkeit das Stiftungsdekret von 1919. Es stellte zugleich die erste Kodifikation eines polnischen - weltlichen - Stiftungsrechts dar.

Während des Zweiten Weltkriegs wurde das gesamte polnische Stiftungswesen durch die Sowjetunion und das Deutsche Reich vernichtet: In den durch Deutschland annektierten Gebieten passierte dies sofort, im Generalgouvernement aufgrund der *Frank'schen* Verordnung von 1940 zeitversetzt. Die wenigen Stiftungen, die nach dem Krieg reaktiviert werden konnten, wurden schließlich in der kommunistischen Zeit verboten und aufgelöst.

Von 1952 bis 1984 gab es in Polen weder Stiftungsrecht noch Stiftungswesen. Erst gegen Ende der kommunistischen Zeit konnte das polnische Stiftungswesen durch Einführung des Stiftungsgesetzes von 1984 allmählich wiederbelebt werden.

Nach der politischen Wende von 1989 erlebte das Stiftungswesen einen regelrechten Boom und stellt heute einen wichtigen Bestandteil des polnischen Non-Profit-Bereichs dar. Nach einer abwechslungsreichen Umbruchphase und den für eine Transformationszeit charakteristischen Problemen findet die Stiftung mittlerweile als gemeinnützige Organisation gesellschaftliche Akzeptanz.

TEIL II: Die Stiftung nach polnischem Recht

A. Grundlagen des polnischen Stiftungsrechts[380]

Dieser einleitende Abschnitt ist den Grundlagen des geltenden polnischen Stiftungsrechts gewidmet. In diesem Zusammenhang sollen zunächst die Rechtsquellen dargestellt werden, ihnen folgen die Bestimmung des Stiftungsbegriffs nach polnischem Rechtsverständnis, die Zusammenstellung der möglichen Erscheinungsformen einer Stiftung sowie die Herausarbeitung der zulässigen Stiftungszwecke. Neben der Möglichkeit der Betätigung als gemeinnützige Organisation soll auch der zulässige Umfang einer wirtschaftlichen Tätigkeit aufgezeigt werden.

I. Rechtsquellen

Geht man von der Normenhierarchie aus, so ist die ranghöchste den Stiftungsbereich betreffende Vorschrift in der polnischen Verfassung vom 2. April 1997 zu finden. Gemäß Art. 12 gewährleistet die Republik Polen *„die Freiheit der Bildung und Tätigkeit der Gewerkschaften, der gesellschaftlich-beruflichen Bauernorganisationen, der Vereine, der Bürgerbewegungen, anderer freiwilliger Zusammenschlüsse sowie von Stiftungen*".

Aufgrund dieser grundrechtlichen Regelung werden Stiftungen verfassungsrechtlich anerkannt und den Gewerkschaften, gesellschaftlich-beruflichen Bauerorganisationen, Vereinen, Bürgerbewegungen und freiwilligen Zusammenschlüssen als eine rechtliche Betätigungsart der bürgerlichen Selbstorganisation gleichgestellt.[381]

Das Recht auf Errichtung und Betätigung einer Stiftung wird somit verfassungsrechtlich gewährleistet.[382] Die Konkretisierung dieser Stifter- und Stiftungsfreiheit sowie die Ausgestaltung des polnischen Stiftungsrechts finden durch das bereits erwähnte Stiftungsgesetz statt. Es ist für das polnische Stiftungsrecht die wichtigste Rechtsquelle und damit von zentraler Bedeutung. Mangels Föderalismus gibt es in Polen keine regional subsidiären Stiftungsrechte.[383]

Seit seinem Inkrafttreten im Jahre 1984 wurde das Stiftungsgesetz sechsmal novelliert[384], die bedeutendste Änderung erfolgte im Jahre 1991. Ihr Ziel war die

380 Artikel ohne Gesetzesangabe sind solche des polnischen Stiftungsgesetzes von 1984.

381 *Izdebski,* (1998), S. 41.

382 *Musiałkiewicz*, S. 3; *Suski*, S. 329.

383 Zum Vorrang des Bundesstiftungsrechts in Deutschland vgl. etwa *Muscheler*, NJW 2004, 713 ff.

384 Die erste Novellierung erfolgte 1991, ihr folgten unterschiedliche kleinere Anpassungen in den Jahren 1997 (Dz.U. 2007, Nr. 168, poz. 1186), 2000 (Dz.U. 2000, Nr. 120, poz.

weitgehende Liberalisierung des polnischen Stiftungsrechts unter Berücksichtigung der neuen demokratischen und rechtsstaatlichen Rechtsordnung. Das vorerst letzte Novellierungsvorhaben fand im Jahr 2006 statt, als im polnischen Parlament ein Entwurf für die Neufassung des Stiftungsgesetzes ausgearbeitet wurde. In erster Linie sah dieser Gesetzesentwurf eine Verschärfung der staatlichen Aufsichtsmöglichkeiten vor, was einen Rückschritt in die Anfangsjahre des Stiftungsgesetzes bedeutet hätte. Die weit fortgeschrittenen Gesetzgebungsarbeiten konnten aufgrund einer Verkürzung der Legislaturperiode, die durch eine Auflösung des Parlaments im Jahre 2007 bedingt war, jedoch nicht mehr abgeschlossen werden. In der darauffolgenden Legislaturperiode sind die Arbeiten durch die neue - liberalere - Parlamentsmehrheit nicht mehr aufgegriffen worden.[385]

Das Stiftungsgesetz in seiner aktuell gültigen Fassung besteht aus 20 Artikeln, wobei ein Artikel (Art. 8) aufgehoben worden ist. In diesen sind der Stiftungszweck, die Errichtung der Stiftung sowie der Zeitpunkt der Erlangung der Rechtspersönlichkeit, die Anforderungen an die Stiftungssatzung und deren Aufstellung, die Tätigkeit der Stiftung, Aufgaben und Befugnisse des Registergerichts, die Stiftungsaufsicht, die Aufhebung von Stiftungen sowie die Errichtung von Vertretungen ausländischer Stiftungen in der Republik Polen geregelt. Aufgrund der Verordnungsermächtigung in Art. 12 Abs. 4 des Stiftungsgesetzes hat der Justizminister die „Rechtsverordnung über den Umfang der Berichterstattung über Stiftungstätigkeit vom 8. Mai 2001“[386] erlassen. In dieser Verordnung ist unter anderem die jährliche Berichterstattungspflicht der Stiftung geregelt.

Neben diesen stiftungsspezifischen Vorschriften finden auch allgemeingesetzliche Bestimmungen auf die Stiftungstätigkeit Anwendung. Relevant in diesem Zusammenhang sind daher auch die Regelungen des polnischen Zivilgesetzbuches (poln. *Kodeks Cywilny*) über die Testamentserrichtung oder die Vorschriften des Landesgerichtsregistergesetzes (poln. *Ustawa o Krajowym Rejestrze Sądowym*) sowie die Normen des Zivilprozessbuches (poln. *Kodeks Postępowania Cywilnego*) für das Eintragungsverfahren der Stiftung.

Die bisher drei bestehenden Stiftungen des öffentlichen Rechts werden durch Spezialgesetze geregelt. Aufgrund dieser Spezialgesetze sind diese auch errichtet worden.[387] Das Stiftungsgesetz findet auf sie subsidiäre Anwendung.[388]

1268), 2003 (Dz.U. 2003, Nr. 175, poz. 1462) und zweimal im Jahr 2005 (Dz.U. 2005, Nr. 167, poz. 1462 und Nr. 46, poz. 203), die z.B. Änderungen im Registerverfahren zum Gegenstand hatten.

385 *Musiałkiewicz*, S. 2; *Suski*, S. 329.

386 Dz. U. 2001, Nr. 50, poz. 529.

387 Stiftung *Zakład Narodowy imienia Ossolińskich* errichtet durch das Gesetz vom 05.01.1995 (Dz. U. 1995 Nr. 23, poz. 121), Stiftung *Centrum Badania Opinii Społecznej* errichtet durch das Gesetz vom 20.02.1997 (Dz. U. 1997 Nr. 30 poz. 163) und Stiftung *Zakłady Kórnickie* errichtet durch das Gesetz vom 18.09.2001 (Dz. U. 2001 Nr. 130 poz. 1451).

Eine entsprechende Anwendung des Vereins- oder Genossenschaftsrechts auf durch das Stiftungsgesetz nicht geregelte Sachverhalte ist gesetzlich nicht vorgesehen. In der Literatur wird die Möglichkeit einer solchen Analogie streitig diskutiert und in Teilen bejaht.[389] Die höchstrichterliche Rechtsprechung hat eine derartige Analogie aufgrund des fehlenden Körperschaftscharakters der Stiftung bisher abgelehnt.[390]

Durch das Gesetz vom 27. Juli 2005 über das Hochschulwesen[391] ist für die Errichtung sog. akademischer Denkfabriken sowie Technologietransferzentren (Art. 86 Abs. 3 Ziff. 2 und Art. 86 Abs. 5 Pkt. 2) auch die Rechtsform der Stiftung vorgesehen, weshalb die Tätigkeit derartiger Einrichtungen an den Vorgaben des Stiftungsgesetzes auszurichten ist.[392]

Das Stiftungsgesetz findet ebenfalls auf kirchliche Stiftungen Anwendung. Dies folgt aus - teilweise völkerrechtlichen - Verträgen zwischen der Republik Polen und den jeweiligen Glaubensgemeinschaften[393].

---

388 *Suski*, S. 331.

389 *Strzępka/Sagan*, S. 68 f., befürwortet ohne nähere Begründung die Anwendung des Genossenschaftsrechts auf die Liquidation der Stiftung; *Cioch*, Rejent 2000, Nr. 5, S. 20 f., spricht sich aufgrund der Vergleichbarkeit der Stiftung mit dem gemeinnützigen Verein für eine entsprechende Anwendung des Vereinsrechts aus; *Kruczalak*, in: Bączyk/Piszczek/Radomska/Wilke, S. 158 f., kritisiert derartige Analogiebestrebungen aufgrund der Gefahr der Verwischung der klaren Fronten zwischen der Stiftung einerseits und den Körperschaften andererseits.

390 Entscheidung des Obersten Verwaltungsgerichts vom 10. Juli 1994, SA/Po 3045/93.

391 Dz. U. 2005, Nr. 164, poz. 1365.

392 *Suski*, S. 332.

393 Zu den das Stiftungswesen betreffenden Vereinbarungen gehören Verträge zwischen der Republik Polen und: der Katholischen Kirche Polens sowie dem Heiligen Stuhl (Dz. U. 1989, Nr. 29, poz. 154 bzw. Dz. U. 1998, Nr. 51, poz. 318.), der Polnischen Autokephalen Orthodoxen Kirche Polens (Dz. U. 1991, Nr. 66, poz. 287), der Polnisch-Katholischen Kirche (Dz. U. 1995, Nr. 97, poz. 482), der Freikirche der Siebenten-Tags-Adventisten Polens (Dz. U. 1995, Nr. 97, poz. 481), dem Christlich-Baptistischen Bund Polens (Dz. U. 1995, 97, poz. 480), der Evangelisch-Methodistischen Kirche Polens (Dz. U. 1995, Nr. 97, poz. 479), der Pfingstkirche Polens (Dz. U. 1997, Nr. 41, poz. 254) und der polnischen Altkatholischen Kirche der Mariaviten (Dz. U. 1997, Nr. 41, poz. 252 und poz. 253).

II. Stiftungsbegriff

So wie das deutsche Recht[394] definiert auch das polnische Stiftungsrecht den Begriff der Stiftung nicht. Der polnische Gesetzgeber gab die Festlegung der Konturen des Stiftungsbegriffs in die Hände von Rechtslehre und Rechtsprechung. Anhand der polnischen Stiftungstradition und des geltenden Stiftungsrechts konnte die Stiftungsrechtsdogmatik die konstituierenden Elemente der Stiftung zusammenfassen und so zu einem allgemeingültigen[395] Stiftungsbegriff gelangen.[396] Demnach versteht man unter einer Stiftung im Rechtsinne[397]

> *eine durch Stiftungsakt einer oder mehrerer Personen (natürlichen oder juristischen Personen des öffentlichen oder Privatrechts) errichtete (zu Lebzeiten oder von Todes wegen) und durch diese mit einem Vermögen ausgestattete nicht verbandsmäßige juristische Person, deren Zweck es ist, mit Hilfe des ihr zur Verfügung stehenden Vermögens dauerhaft einen mit dem Willen des Stifters im Einklang stehenden, gemeinnützigen oder wirtschaftlich nutzbringenden Zweck zu fördern.*[398]

Dieser Definition ist zu entnehmen, dass für eine Stiftung fünf Elemente wesentlich sind. Dies sind

- der Stiftungszweck,
- das Stiftungsvermögen,
- die nicht verbandsmäßige Stiftungsorganisation,
- die Rechtspersönlichkeit sowie
- die Förderung des Gemeinwohls.

---

394 Weder das BGB noch die Stiftungsgesetze der Länder enthalten eine Definition des Stiftungsbegriffs, vgl. auch *v. Campenhausen*, in: Seifart/v. Campenhausen, Stiftungsrechts-Handbuch, 3. Aufl., § 1 Rn. 6; Gleiches trifft auch auf das schweizerische ZGB (Art. 80 ff.) sowie das österreichische AGBG (§ 646) zu, vgl. *Riemer*, in: Hopt/Reuter, Stiftungsrecht in Europa; S. 512 und *Doralt/Kalss*, in: Hopt/Reuter, Stiftungsrecht in Europa, S. 420.

395 Die Vorstellung über die konstitutiven Merkmale einer Stiftung, die zusammen den Stiftungsbegriff ausmachen, ist in der polnischen Stiftungsrechtdogmatik überwiegend homogen, vgl. *Bichlarz*, S. 17.

396 *Sagan/Strzępka*, S. 11; *Bugajna-Sporczyk/Dzbeńska/Janson/Sztekier-Łabuszewska*, S. 15; Die Evolution des Stiftungsbegriffs seit der ersten Hälfte des 20. Jahrhunderts bis heute ist dargestellt bei *Suski*, S. 333 ff.

397 Gesellschaftliche, soziologische oder wirtschaftliche Aspekte werden bei der vorliegenden juristischen Begriffsbestimmung ausgeblendet; zu soziokulturellen Aspekten der Stiftung in Polen: *Ćwierz*, Polityka społeczna 1984, Nr. 5-6, S. 7.

398 Oberstes Gericht, Beschluss vom 07.07.1993, III CZP 88/93, OSNC 1994, Nr. 1, poz. 14; Oberstes Gericht, Urteil vom 13.03.2002, III ZP 21/01, OSNP 2002, Nr. 12, poz. 280; *Wasilewski*, PiP 1984, Nr. 9, 27; *Brol*, S. 69; *Sagan/Strzępka*, S. 11 f.; *Izdebski*, (1998), S. 40; *Suski*, S. 336; *Cioch*, Prawo fundacyjne, S. 27 ff.; *Gibalska/Ogonowski*, S. 10; *Bugajna-Sporczyk/Dzbeńska/Janson/Sztekier-Łabuszewska*, S. 15 ff.

Zunächst ist der Stiftungszweck von zentraler Bedeutung für die innere Ausgestaltung und den Tätigkeitsbereich einer Stiftung; er bietet der Stiftung für ihr künftiges Wirken eine feste und verbindliche Leitlinie: Die Stiftung darf (und muss) nur ihren konkreten Zweck fördern, eine Tätigkeit, die nicht von diesem gedeckt ist, ist unzulässig. Der Stiftungszweck wird durch den Willen des Stifters im Stiftungsakt festgelegt und bestimmt den Charakter einer Stiftung dauerhaft. Nach Entstehung der Stiftung ist der Kern des Zweckes der Disposition des Stifters sowie der Stiftungsorgane entzogen. Lediglich Nebenbestimmungen zum Zweck sind veränderbar.[399]

Weiteres konstitutives Element einer Stiftung ist ihr Vermögen. Ohne Vermögen kann eine Stiftung ihren Zweck nicht realisieren und verliert daher ihre Daseinsberechtigung. Die Dauerhaftigkeit des Vermögensbestandes ist für das Wesen einer Stiftung elementar, um diese von einer bloßen Schenkung oder von einem zeitlich bestimmten Fonds abzugrenzen.[400]

Auch die nicht verbandsmäßige Organisation ist ein wesentliches Element einer Stiftung.[401] Die Stiftung ist anstaltsähnlich und hat in Abgrenzung zu gemeinnützigen Vereinen und anderen Körperschaften keine Mitglieder.[402] Im Gegensatz zu Körperschaften wird das Gefüge einer Stiftung durch ihre Vermögensmasse bestimmt.[403]

Die Stiftung ist eine juristische Person. Die ihr verliehene Rechtspersönlichkeit unterscheidet sie von unselbständigen oder fiduziarischen Stiftungen. Nach geltendem Rechtsverständnis fallen Letztere nicht unter den Stiftungsbegriff[404], auch wenn dies nach dem Stiftungsdekret von 1919 noch der Fall gewesen ist[405].

---

399 *Stecki*, Fundacje, Band 1, S. 180; *Suski*, S. 361; *Cioch*, Prawo fundacyjne, S. 27.

400 *Cioch*, Prawo fundacyjne, a.a.O.; *Wasilewski*, PiP 1984, Nr. 9, S. 26 f.; *Brol*, Gazeta Prawnicza 1988, Nr. 8, S. 3; wobei die polnische Literatur - soweit ersichtlich - nicht diskutiert, ab wann eine Dauerhaftigkeit anzunehmen ist. Auch das Registergericht prüft diesen Umstand mangels Kompetenz nicht. Da das Stiftungsgesetz auf ein Erfordernis der Dauerhaftigkeit ebenfalls nicht abstellt, handelt es sich bei diesem Merkmal des Stiftungsbegriffs um eine rein theoretische Voraussetzung; die Praxis fordert sie jedenfalls nicht.

401 *Grzybowski*, System prawa cywilnego, S. 407

402 Appellationsgericht Warschau, I ACa 500/98, OSA 1999, Nr. 7-8, S. 50-53; *Wolter/Ignatowicz/Stefaniuk*, S. 210; *Różański*, S. 95.

403 *Bugajna-Sporczyk/Dzbeńska/Janson/Sztekier-Łabuszewska*, S. 16.

404 *Grzybowski*, System prawa cywilnego, S. 408; *Klein*, Ewolucja, S. 41 f.; die unselbständige Stiftung zu Lebzeiten wird als eine Auftragsschenkung nach Art. 893 und Art. 894 ZGB aufgefasst, bei Errichtung von Todes wegen stellt sie ein Auftragsvermächtnis nach den Art. 982 bis 985 ZGB dar.

405 Nach Art. 16 galt das Dekret auch für Schenkungen sowie Vermächtnisse, die zu Gunsten bestehender juristischer Personen erfolgt sind. Mit der staatlichen Bestätigung einer solchen Zuwendung wurden diese zu selbständigen Rechtsträgern, *Cioch*, Prawo fundacyjne, S. 26; demzufolge war die Stiftungsdefinition der Vorkriegszeit weiter und umfasste auch die unselbständigen Stiftungen, *Longchamps de Berier*, S. 237 f.; *Bugajna-*

Für unselbständige Stiftungen ist allein das allgemeine Zivilrecht anwendbar, genauer: das Schuld- und Erbrecht. Das Stiftungsrecht ist hingegen ausschließliches Sonderrecht der rechtsfähigen Stiftungen.

Ein besonderes Wesensmerkmal des polnischen Stiftungsrechts ist das Erfordernis der Gemeinnützigkeit.[406] Es können nur solche Stiftungen errichtet werden, die entweder gesellschaftliche oder wirtschaftliche Anliegen fördern. Art. 1 des Stiftungsgesetzes (nachfolgend bei Artikelangaben als „SG" abgekürzt) nennt nicht abschließend Beispiele derartiger Anliegen. Mit dem Erfordernis der Gemeinnützigkeit im weiteren Sinne (gemeinnütziger oder wirtschaftlich nutzbringender Zweck) ist gleichzeitig das Verbot der Errichtung oder der Tätigkeit einer Stiftung mit Gewinnerzielungsabsicht verbunden.[407] Die Förderung des Stiftungszwecks darf weder für die Stiftung selbst noch für den Stifter oder für spezielle Gruppen gewinnbringend sein. Damit geht die Bedingung einher, dass sämtliche durch die Stiftung erzielten Einnahmen für die Förderung des Stiftungszwecks zu verwenden sind.[408]

Die Notwendigkeit eines gemeinnützigen Zwecks im weiteren Sinne hat also zur Folge, dass dem Stifter die Freiheit zur Errichtung einer Stiftung nicht uneingeschränkt zusteht. Aufgrund des Erfordernisses eines gemeinnützigen oder wirtschaftlich nutzbringenden[409] Zweckes ist dem Stifter die Befolgung einer egoistischen, nicht-philanthropischen Zielsetzung verwehrt: Die Errichtung einer Stiftung, die lediglich private Bedürfnisse berücksichtigt (z.B. eine Familienstiftung), ist nach dem polnischen Stiftungsrecht nicht möglich.[410] Stets muss der Stifter bei der Errichtung einer Stiftung die Belange der Allgemeinheit im Auge behalten und diese als ausschlaggebendes Leitmotiv in seinen Stiftungswillen einfließen lassen.[411]

III. Zulässige Stiftungszwecke

Der Zweck einer Stiftung bestimmt sich nach dem Willen des Stifters, den dieser im Stiftungsakt und in der Stiftungssatzung zum Ausdruck gebracht hat. Die dem Stifter zur Verfügung stehende, als „Grundelement des Verfassungssys-

---

Sporczyk/Dzbeńska/Janson/Sztekier-Łabuszewska, S. 14.

406 Oberstes Gericht, Beschluss vom 31.03.1998, III ZP 44/97, OSNP, Nr. 16, poz. 472.

407 *Gibalska/Ogonowski*, S. 10; *Bugajna-Sporczyk/Dzbeńska/Janson/Sztekier-Łabuszewska*, S. 16 f.; *Cioch*, Prawo fundacyjne, S. 29.

408 *Gibalska/Ogonowski*, a.a.O.

409 Zur Problematik des Tatbestandsmerkmals „wirtschaftlich nutzbringender Zweck" vgl. die Darstellung zu den zulässigen Stiftungszwecken weiter unten, Abschnitt III. 2. b).

410 Einhellige Meinung, *Cioch*, in: Cioch/Kidyba, S. 17; *Gibalska/Ogonowski*, S. 14; *Suski*, S. 361 ff.

411 *Suski*, S. 343; *Bugajna-Sporczyk/Dzbeńska/Janson/Sztekier-Łabuszewska*, S. 15 f.; *Cioch*, Prawo fundacyjne, S. 29 f.

tems“[412] gewährleistete Freiheit, den Stiftungszweck nach seinem Belieben zu bestimmen, kann allein durch das Gesetz beschränkt werden. Eine derartige Beschränkung des Stiftungszwecks findet sich in Art. 1 SG wieder. Demnach müssen die Ziele der Stiftung mit den *Grundinteressen der Republik Polen übereinstimmen* und *gemeinnützig* oder *wirtschaftlich nutzbringend* sein.

Der Stiftungszweck wird somit in zweifacher Hinsicht beschränkt, wobei die zweite Beschränkung zwei Alternativen vorsieht.

1. Übereinstimmung mit den Grundinteressen der Republik Polen

Die Beschränkung des zulässigen Stiftungszwecks auf die Übereinstimmung mit den Grundinteressen der Republik Polen[413] hat seinen Ursprung in dem generellen Misstrauen der kommunistischen Staatsmacht gegenüber allen nichtstaatlichen Organisationen; sie verlieh der zuständigen Genehmigungsbehörde eine weitgehende Kontrollmöglichkeit hinsichtlich „interessenwidriger“ Stiftungszwecke.[414] Diese beschränkende Formulierung ist in der aktuell geltenden Gesetzesfassung ein Relikt aus vergangenen Zeiten und könnte daher auch aufgehoben werden, da tatsächlich jeder Stiftungszweck zulässig ist, der im Einklang mit der Rechtsordnung steht.[415] Indem der demokratische Gesetzgeber jedoch auf diese Voraussetzung nicht verzichtet hat, ist diese weiterhin geltendes Recht und bedarf daher der verfassungskonformen Auslegung. Das Stiftungsgesetz selbst konkretisiert nicht, was unter den „Grundinteressen“ der Republik Polen zu verstehen ist. Nach allgemeinem Verständnis gehören zu den Grundinteressen der Republik Polen die in der Verfassung verankerten Werte und Güter, insbesondere die in dem I. Kapitel, „Republik“, enthaltenen Aussagen und Staatszielbestimmungen.[416]

Gemäß den Ausführungen des Gesetzes über den Schutz nichtöffentlicher Informationen vom 22. Januar 1999[417] gehören zu den Grundinteressen der Republik Polen die öffentliche Ordnung und Sicherheit, die Verteidigungsbereitschaft sowie grenzüberschreitende politische oder wirtschaftliche Beziehungen des Staates.

Das geltende Strafrecht[418] versteht in diesem Zusammenhang Straftaten gegen die Republik Polen als gegen die Grundinteressen verstoßende Verhaltensweisen. Das Oberste Verwaltungsgericht[419] hat als Grundinteressen die Unabhän-

412 *Suski*, S. 347.
413 In der Urfassung noch: Volksrepublik Polen.
414 *Trzaskowski*, S. 15; *Zaporowska/Mazurkiewicz*, Monitor Prawniczy 1994, S. 356.
415 *Suski*, S. 366.
416 *Suski*, a.a.O; *Trzaskowski*, a.a.O.
417 Dz. U. 2005, Nr. 196, poz. 1631, dort Art. 2 lit. 1.
418 XVII. Abschnitt des Strafgesetzbuches vom 6. Juni 1997, Dz.U. 1997, Nr. 88, poz. 553.
419 Entscheidung vom 02. Oktober 2001, II SA 1936/01.

gigkeit und die Unantastbarkeit des Staatsgebiets sowie die Sicherheit des Staates und der Staatsbürger angesehen.

Entsprechend den obigen Ausführungen gehören zu Grundinteressen der Republik Polen demnach alle Interessen von Verfassungsrang. Angesichts dieser hohen normativen Stellung wird ein Stiftungszweck erst dann gegen die Grundinteressen der Republik Polen verstoßen, wenn er verfassungswidrig ist.[420]

Aufgrund der verfassungsrechtlich gewährleisteten Stiftungsfreiheit muss daher gelten, dass ein Stiftungszweck stets dann mit den Grundinteressen der Republik Polen gemäß Art.1 des Stiftungsgesetzes übereinstimmt, wenn er nicht verfassungswidrig ist. Ein bloß verfassungsrechtlich irrelevanter Verstoß, etwa gegen die einfachgesetzliche Rechtsordnung oder gegen die guten Sitten ohne Verfassungsrang, genügt hingegen nicht.[421]

2. Erforderlichkeit der Gemeinwohlförderung

Die Erforderlichkeit der Gemeinwohlförderung ist das Grundelement des polnischen Stiftungsrechts. Der Zweck einer Stiftung muss darauf ausgerichtet sein, öffentliche Interessen zu fördern.[422] Die Errichtung einer Stiftung zur Realisierung von Individual- oder Partikularinteressen ist unzulässig.[423]

Das Stiftungsgesetz sieht in Art. 1 SG das Erfordernis eines gemeinnützigen oder wirtschaftlich nutzbringenden Zweckes vor. Diese beiden Merkmale können den Stiftungszweck alternativ oder kumulativ bestimmen.[424]

Als Regelbeispiele für zulässige, förderungswürdige Zwecke nennt das Gesetz den Umweltschutz, die Wirtschafts- und Wissenschaftsentwicklung, Bildung und Erziehung, Kunst und Kultur, Fürsorge und Sozialhilfe sowie den Denkmalschutz.

Diese Beispiele dienen als Orientierungshilfe für den konkret wählbaren Stiftungszweck.[425]

---

420 *Suski*, a.a.O; *Trzaskowski*, a.a.O.; *Zaporowska/Mazurkiewicz*, Monitor Prawniczy 1994, 356 f.

421 *Izdebski*, (1998), S. 41; *Suski*, S. 366; *Trzaskowski*, a.a.O.; *Zaporowska/Mazurkiewicz*, a.a.O.; gleichwohl ist nicht zu befürchten, dass das polnische Stiftungsrecht die Errichtung von Stiftungen mit illegalen Zwecken dulden würde. Im Rahmen des Registerverfahrens prüft das Registergericht den Zweck auch auf seine Rechtmäßigkeit; im Übrigen werden illegale Zwecksetzungen nicht als gemeinnützig erachtet.

422 *Cioch*, in: Cioch/Kidyba, a.a.O; *Trzaskowski*, S. 16; *Suski*, S. 366 f.; *Bugajna-Sporczyk/Dzbeńska/Janson/Sztekier-Łabuszewska*, S. 41.

423 *Gibalska/Ogonowski*, S. 14; *Kwiatkowska*, Jak założyć fundację?, S. 9.

424 *Trzaskowski*, S. 18; *Suski*, a.a.O; *Cioch*, in: Cioch/Kidyba, S. 18.

425 *Kwiatkowska*, a.a.O.; *Gibalska/Ogonowski*, a.a.O.; *Suski*, S. 367; *Bugajna-Sporczyk/Dzbeńska/Janson/Sztekier-Łabuszewska*, S. 15.

a) Gemeinnützigkeit

Unter Gemeinnützigkeit im Sinne des Stiftungsrechts wird jede Tätigkeit verstanden, die der Allgemeinheit Vorteile bringt.[426] Der Zweck der Stiftung muss demnach so angelegt sein, dass er dem gesellschaftlich-öffentlichen Interesse dient.[427] Daher sind - wie bereits angedeutet - weder Privatstiftungen[428] noch solche Stiftungen zulässig, die nur auf einen engen Kreis von Destinatären zugeschnitten sind[429]. Der Kreis der Zuwendungsempfänger darf nämlich nicht so gefasst sein, dass der Stiftungszweck mittelbar zum Ausfluss von Privatinteressen wird. Denn nicht die bestehenden Verbindungen zwischen Stifter und dritten Personen sollen den Kreis der Destinatäre bestimmen, vielmehr soll der Kreis der Destinatäre offen sein und diskriminierungsfrei aus dem in der Stiftungssatzung festgelegten Zweck hervorgehen.[430]

Dass die Errichtung einer reinen Privatstiftung unzulässig ist, wird von der Stiftungsrechtsdogmatik im Ansatz nicht angezweifelt.[431] Die Zulässigkeit der Errichtung einer Stiftung, die neben öffentlichen Interessen auch Privatinteressen fördert, wird von der herrschenden Lehre ebenfalls verneint.[432] Eine Stimme in der Literatur[433] hält einen solchen Mischzweck jedoch für zulässig, wenn das öffentliche Anliegen im Vordergrund steht. Die höchstrichterliche Rechtsprechung[434] hat sich bisher - soweit ersichtlich - in einem Fall dieser Mindermeinung angenähert: In einer Entscheidung stellte das Oberste Gericht nämlich fest, dass Art. 1 einer durch Testament errichteten Stiftung nicht entgegen stehe, deren Zweck es sei, finanzielle Unterstützung einer einzigen Familie zu gewähren, wenn gleichzeitig vom Stiftungszweck die materielle Förderung anderer, bestimmbarer Personen und die Erhaltung eines denkmalgeschützten Wohngebäudes ebenfalls umfasst sei. Aufgrund ihrer weiten Zwecksetzung sei die Stiftung nämlich gemeinnützig.[435]

---

426 *Kidyba*, Ustawa o fundacjach, S. 14; *Bugajna-Sporczyk*, in: *Bugajna-Sporczyk/Janson*, Zakładamy fundację, S. 31; *Sagan/Strzępka*, S. 15, 22 f.

427 *Trzaskowski*, S. 19.

428 *Cioch*, in: Cioch/Kidyba, Art. 1, S. 17.

429 *Kwiatkowska*, Jak założyć fundację?, S. 9 f.; *Bugajna-Sporczyk/Dzbeńska/Janson/Sztekier-Łabuszewska*, S. 41 f.

430 So wäre etwa ein Stiftungszweck, nach dem einem einzigen Waisenkind ein langjähriges Bildungsstipendium gewährt werden sollte, mangels eines öffentlichen Interesses unzulässig. Der Stiftungszweck müsste so gefasst sein, dass einem bestimmbaren Kreis von Waisenkindern finanzielle Hilfe zu Gute kommen kann, *Trzaskowski*, S. 39; *Kwiatkowska*, a.a.O.

431 *Cioch*, in: Cioch/Kidyba, Art. 1, S. 18.

432 *Bugajna-Sporczyk/Dzbeńska/Janson/Sztekier-Łabuszewska*, S. 42; *Trzaskowski*, S. 48 f.

433 *Stecki*, Fundacja, Band 2, S. 171.

434 Oberstes Gericht, Beschluss vom 7. Januar 1997, I CKN 16/96.

435 *Suski*, S. 367; weitere Rechtsprechung diesbezüglich hat es nicht gegeben. Die aus dem

Diese Argumentation erscheint aufgrund des eindeutigen Wortlauts in Art. 1 äußerst zweifelhaft. Indem die Vorschrift ausdrücklich einen gemeinnützigen Zweck voraussetzt, lässt sie im Umkehrschluss keinen Raum für die Errichtung einer Stiftung, die auch nur zum Teil private Zwecke befolgt. Die Möglichkeit der Errichtung einer Stiftung, die neben dem öffentlichen Interesse auch private Belange fördern soll, erscheint als mit dem Grundgedanken des Stiftungsgesetzes unvereinbar.[436]

Damit ein Stiftungszweck als gemeinnützig anerkannt wird, darf die durch ihn beabsichtigte Förderung des Allgemeinwohls nicht bloß auf einem Reflex anderer Zielrichtungen beruhen, sondern muss das überragende Leitmotiv darstellen.[437] Hierzu ist eine Beurteilung des Gesamtcharakters der Zwecksetzung notwendig. Zu den Elementen des Gesamtcharakters des Stiftungszwecks gehören etwa die Anzahl der Destinatäre, ihre Verbindungen untereinander bzw. zum Stifter, Offenheit oder Geschlossenheit des Kreises der Nutznießer sowie die dazugehörigen Austauschkriterien (diskriminierend/gleichbehandelnd), die Wirkungsdauer der Zuwendungen (einmalig/wiederholend), die Voraussetzungen für den Erhalt von Zuwendungen (zufällig/bestimmt), die Art der Vorteile (finanzielle/nichtfinanzielle) und Vorteile für den Stifter selbst. Keines der Elemente ist für sich ausschlaggebend, in der Zusammenschau können diese jedoch zur Bestimmung des Vorliegens oder Nichtvorliegens einer gemeinnützigen Zweckbestimmung herangezogen werden.[438]

In Einzelfällen hat sich auch die Rechtsprechung mit dem Merkmal der Gemeinnützigkeit befasst. Zu gemeinnützigen Zwecken gehören solche, die dem Allgemeinwohl dienen[439], namentlich sind dies Zwecke, die folgende Bereiche fördern: Wissenschaft und Lehre, Technik, Bildung, Kultur, Sport und körperliche Ertüchtigung, Umweltschutz, Wohltätigkeit, Gesundheitsschutz, Sozial- und Invalidenhilfe, Berufsförderung und Berufsrehabilitation sowie Religionskultus.[440]

Jahr 1997 stammende Entscheidung stellt einen Sonderfall dar. Eine grundsätzliche Abkehr zum lediglich überwiegenden Gemeinnützigkeitserfordernis hat es insoweit nicht gegeben.

436 So auch *Trzaskowski*, S. 49; *Bugajna-Sporczyk*, in: Bugajna-Sporczyk/Janson, S. 32.

437 *Trzaskowski*, S. 34.

438 *Trzaskowski*, S. 44; in der Praxis der Registergerichte wird das Erfordernis der Gemeinnützigkeit überwiegend in der Weise ausgelegt, dass Stiftungsziele einen allgemeinen, nicht auf bestimmte Private oder enge Personengruppen gerichteten Charakter haben müssen. Von der Formulierung der Stiftungsziele hängt entscheidend ab, ob eine Stiftung eingetragen wird, vgl. *Urbanek*, MAECENATA ACTUELL 2001, Nr. 28, S. 25.

439 Entscheidung des Obersten Verwaltungsgerichts vom 6. März 1992, SA/Wr 139/92, POP 1992, Nr. 3, poz. 68; POP 1993, Nr. 1, poz. 14.

440 Entscheidungen des Obersten Verwaltungsgerichts vom 19. März 1992, SA/Po 1902/91, ONSA 1993, Nr. 1, poz. 18 und vom 21. Mai 1993, SA/Po 246/93, POP 1994, Nr. 4,

b) Wirtschaftliche Nutzbringung

Daneben sieht Art. 1 auch die Möglichkeit einer wirtschaftlich nutzbringenden Zwecksetzung vor.[441] Das Erfordernis der wirtschaftlichen Nutzbringung kann den Stiftungszweck allein bestimmen, aber auch neben der Gemeinnützigkeit stehen.

Dem Merkmal der wirtschaftlichen Nutzbringung steht die polnische Stiftungsrechtsdogmatik misstrauisch gegenüber; seine Anwendung ist nicht unproblematisch.

Als „wirtschaftlich nutzbringend“ wird jede Tätigkeit verstanden, die der Wirtschaft zu Nutze kommt.[442] Aufgrund dieser weiten Auslegungsmöglichkeit steht das Merkmal der wirtschaftlichen Nutzbringung bei Vertretern der Literatur[443] in der Kritik: Wirtschaftlich nutzbringend könne nämlich jede unternehmerische, auf Gewinnerzielungsabsicht gerichtete Tätigkeit sein, da diese mittelbar ebenfalls der volkswirtschaftlichen Entwicklung nutze.[444] Daher sei diese Bestimmung ein Einfallstor für „Pseudostiftungen“[445] und ermögliche die Errichtung von Stiftungen als verkappte Handelsgesellschaften[446]. Deswegen, und aufgrund der Gefahr einer Verwischung des Non-Profit-Charakters von Stiftungen[447], sei diese Möglichkeit der Zwecksetzung aufzuheben.[448]

Eine derartige, sich allein am Wortlaut der Vorschrift orientierende Auslegung des Merkmals der wirtschaftlichen Nutzbringung verkennt jedoch den teleologischen Regelungsgehalt des Art. 1. Indem die Vorschrift Regelbeispiele sowohl für einen gemeinnützigen als auch einen wirtschaftlich nutzbringenden Zweck aufführt, wird klargestellt, dass sich auch der wirtschaftlich nutzbringende Zweck an den Regelbeispielen orientieren und somit im öffentlichen Interesse stehen muss.[449] Der wirtschaftlich nutzbringende Zweck unterscheidet sich vom gemeinnützigen Zweck allein dadurch, dass beim Ersteren wirtschaftliche

---

poz. 73.

441 Mit dem Zweck der wirtschaftlichen Nutzbringung ist nicht die wirtschaftliche Betätigungsmöglichkeit gleichzusetzen. Letztere wird weiter unten behandelt.

442 *Trzaskowski*, a.a.O.

443 *Konieczny/Wiśniewski*, Przegląd Podatkowy, 1992, Nr. 9, S. 19; *Zaporowska/Mazurkiewicz*, Monitor Prawniczy 1994, S. 355; *Cioch*, Prawo fundacyjne, S. 28.

444 *Niemirka*, Statut fundacji, 2. Aufl., S. 125; *Trzaskowski*, S. 17; aufgrund dieser weiten Begriffsbestimmung wäre jegliche unternehmerische Stiftungstätigkeit wirtschaftlich nutzbringend, weshalb die Spannweite, so *Trzaskowski*, „von der Ausbildung einer hochqualifizierten Führungsschicht bis zum Betrieb eines Gemüseeinzelhandels“ reichen könnte.

445 *Cioch*, Prawo fundacyjne, S. 29.

446 *Cioch*, in: Cioch/Kidyba, Art. 1, S. 19.

447 *Cioch*, Fundacyjne w ujęciu prawa polskiego, S. 25, *Bichlarz*, S. 18.

448 *Bichlarz*, S. 19, *Cioch*, Prawo fundacyjne, S. 30.

449 *Trzaskowski*, S. 17.

Elemente überwiegen, beim Letzteren hingegen soziokulturelle Aspekte dominieren.[450] Das Merkmal der wirtschaftlichen Nutzbringung ist demnach dem öffentlichen Interesse unterworfen und beinhaltet ebenfalls gemeinwohlfördernde Aspekte; allein das wirtschaftliche Element überwiegt im Vergleich zum Merkmal der Gemeinnützigkeit.[451]

Auch die historische Auslegung der Vorschrift zeigt, dass die wirtschaftliche Nutzbringung zwingend mit dem öffentlichen Interesse verbunden ist: Wie bereits oben dargestellt, führte der Gesetzgeber von 1984 das Stiftungsgesetz nur ein, um die Errichtung der geplanten Landwirtschaftsstiftung zu ermöglichen. Insoweit war das Stiftungsgesetz ein Einzelfallgesetz für diese Stiftung. Deren Zweck sollte die Unterstützung des privaten Landwirtschaftssektors mit Zuwendungen aus dem westlichen Ausland werden. Demzufolge sollte die Stiftung unmittelbar wirtschaftlich nutzbringend, mittelbar gemeinwohlfördernd tätig sein.

Infolgedessen erweist sich die Kritik, der Gesetzgeber biete mit dem Stiftungsgesetz eine weitere Rechtsform zur wirtschaftlichen Betätigung, etwa in Konkurrenz zu den Handelsgesellschaften, als nicht stichhaltig.[452]

Zu Beginn der 1990-er Jahre befasste sich die Rechtsprechung mit zahlreichen Privatisierungsverfahren staatlicher Betriebe, in die Stiftungen involviert waren. Häufig kam dort die Frage auf, ob der Zweck bzw. die Tätigkeit dieser Stiftungen wirtschaftlich nutzbringend im Sinne von Art. 1 sei. Das Oberste Gericht stellte zunächst in einer Entscheidung vom 26. Januar 1993[453] fest, dass die Unterstützung des Privatisierungsprozesses staatlicher Betriebe durch Stiftungen einen wirtschaftlich nutzbringenden Zweck darstelle. Dieser Grundaussage folgend stellte das Oberste Gericht in einer weiteren Entscheidung vom 7. Juli 1993[454] fest, dass die Gewährung von verzinsten Krediten durch eine Stiftung an Mitarbeiter eines zu privatisierenden staatlichen Betriebes zwecks Anteilserwerbs nicht zu beanstanden und darin ein wirtschaftlich nützlicher Zweck im Sinne von Art. 1 zu sehen sei.[455] Diesen Standpunkt bestätigte das Oberste Gericht im darauffolgenden Jahr in einer gleichgelagerten Entscheidung[456]. Dem durch die Zivilgerichte herausgearbeiteten Grundsatz, dass die Förderung des

450 Entscheidung des Obersten Gerichts vom 19.03.1992, SA/Po 1902/91, ONSA 1993, Nr. 1, poz. 18; *Trzaskowski*, a.a.O.; *Zaporowska/Mazurkiewicz*, Mon. Praw. 1994, Nr. 12, S. 356.

451 So auch *Trzaskowski*, S. 18.

452 *Trzaskowski*, S. 19.

453 OSNC 1993, Nr. 10, poz. 184.

454 OSNC 1994, Nr. 1, poz. 14.

455 Die Stiftung ist eigens zu diesem Zweck errichtet worden und sah in ihrer Satzung die Gewährung verzinslicher Darlehen an Mitarbeiter staatlicher Betriebe vor, damit diese sich durch den Erwerb von Anteilen am eigenen Unternehmen an dem Privatisierungsprozess beteiligen konnten, *Suski*, S. 369.

456 Entscheidung vom 2. Februar 1994, III CZP 183/93, OSNC 1994, Nr. 6, poz. 137.

Privatisierungsprozesses einen wirtschaftlich nutzbringenden Zweck darstelle, schloss sich später auch das Oberste Verwaltungsgericht an[457].

3. Möglichkeit einer wirtschaftlichen Betätigung

Erst mit Einführung des Stiftungsgesetzes wurde es polnischen Stiftungen ermöglicht, einer wirtschaftlichen, unternehmerischen Betätigung nachzugehen. Während das Dekret von 1919 dies noch nicht zuließ, bekennt sich das Stiftungsgesetz in den Art. 5 Abs. 1, 5 und 6, Art. 11 Abs. 1 SG ausdrücklich zur wirtschaftlichen Betätigungsmöglichkeit der Stiftung.

Unter einer wirtschaftlichen Betätigung wird gemäß der Definition in Art. 2 des Gesetzes über die Freiheit der Wirtschaftstätigkeit vom 2. Juli 2004[458] eine erwerbsmäßig ausgeübte Produktions-, Bau-, Handels- und Dienstleistungstätigkeit sowie die Schürfung, Erkundung und Gewinnung von Bodenschätzen wie auch die in organisierter und fortgesetzter Weise ausgeübte Berufstätigkeit verstanden. Stiftungsrechtliche Schlüsselvorschrift in diesem Zusammenhang ist Art. 5 Abs. 5 SG. Danach kann eine Stiftung einer wirtschaftlichen Tätigkeit lediglich in einem der Verwirklichung ihrer Zwecke dienendem Umfang nachgehen. Falls die Stiftung eine wirtschaftliche Tätigkeit betreiben will, darf der Wert der für die Wirtschaftstätigkeit vorgesehenen Wirtschaftsmittel nicht weniger als 1.000 Zloty betragen.

a) Wirtschaftliche Betätigung lediglich als Hilfstätigkeit

Bereits dem Wortlaut ist zu entnehmen, dass Stiftungen im Umfang der wirtschaftlichen Betätigung nicht frei sind, sondern dass dieser durch den Stiftungszweck beschränkt wird. Die wirtschaftliche Betätigung darf nicht zur Haupttätigkeit einer Stiftung werden, sondern lediglich eine Hilfstätigkeit sein.[459] Diese Einschränkung ist von großer Bedeutung. Denn aus ihr resultiert, dass die wirtschaftliche Betätigung nur dazu bestimmt ist, den Stiftungszweck zu fördern und für die eigentliche Stiftungstätigkeit Einnahmen zu generieren. Diese Einnahmen müssen vollständig der Satzungstätigkeit zu Gute kommen.[460]

---

457 Entscheidung vom 21. April 1994 SA/Po 3259/93, MPod 1994, Nr. 11, S. 341.

458 Ustawa z 2 lipca 2004 r. o swobodzie działalności gospodarczej, Dz.U. 2004, Nr. 173, poz. 1807.

459 Oberstes Gericht, Urteil vom 12.02.2002, I CKN 1568/99; *Cioch*, PiP 1988, Nr. 11, S. 78; *Sagan/Strzępka*, S. 39; *Niemirka*, S. 86; *Suski*, S. 393; *Gibalska/Ogonowski*, S. 29; *Cioch*, Prawo fundacyjne, S. 47 f.; *Kidyba*, in: Cioch/Kidyba, Art. 5, S. 121.

460 *Cioch*, a.a.O.; *Gibalska/Ogonowski*, S. 29 f.; *Kidyba*, PPH 1999, Nr. 10, S. 3.

Die wirtschaftliche Betätigung darf hingegen nicht einen der Stiftungszwecke darstellen.[461] Sie dient der Stiftung lediglich als Einnahmequelle, die das Stiftungsvermögen bereichern soll.[462] Auch wird die wirtschaftliche Betätigung grundsätzlich nur dann als zulässig erachtet, wenn sie zur Förderung der Stiftungszwecke unabdingbar ist, wenn die Stiftung also ihren Zweck nicht auf andere Art und Weise realisieren kann.[463] Der Umfang der wirtschaftlichen Betätigung hat sich darüber hinaus an dem Stiftungszweck zu orientieren. Je höher der Bedarf an finanziellen Mitteln ist, desto intensiver darf auch die wirtschaftliche Betätigung erfolgen. Umgekehrt gilt, dass je weniger finanzielle Unterstützung der Stiftungszweck erfordert, desto niedriger auch der Umfang der Wirtschaftstätigkeit zu sein hat.[464]

In diesem Zusammenhang führte das Oberste Verwaltungsgericht[465] aus, dass eine Stiftungstätigkeit karitativer Natur nicht mit der Erzielung von Gewinnen verbunden werden dürfe. Finanzielle Mittel zur Realisierung der Satzungszwecke könne die Stiftung aus dem eigenen Anfangsvermögen, aus Spenden, Lotterien, Erbfällen, Vermächtnissen oder Schenkungen generieren. Darüber hinaus könne die Stiftung zur Förderung ihrer Satzungszwecke einer wirtschaftlichen Betätigung nachgehen. Das Ziel einer wirtschaftlichen Betätigung liege jedoch ausschließlich in einer Herbeiführung der tatsächlichen Möglichkeit der Förderung des eigentlichen Stiftungszweckes sowie einer Zuführung finanzieller Mittel für die Stiftungstätigkeit.[466]

Zusammenfassend kann festgestellt werden, dass die wirtschaftliche Betätigung ausschließlich zur Förderung der Stiftungstätigkeit zulässig ist und im Umfang lediglich unterstützend erfolgen darf. Sie darf nicht darauf ausgerichtet sein, der Stiftung eigene Gewinne zu verschaffen (klassische *not-for-profit*-Tätigkeit).[467] Alle erzielten Erträge müssen für die Realisierung des eigentlichen Stiftungszwecks verwendet werden. Dies ist dem Umstand geschuldet, dass die Stiftungstätigkeit insgesamt nur gemeinnützig bzw. im öffentlichen Interesse erfolgen darf.[468] Die Erzielung von Gewinnen, die über den Bedarf des Stiftungszwecks hinausgehen, liegt jedoch nicht mehr im Interesse der Allgemeinheit.

---

461 *Stoczkiewicz*, S. 22; *Mazurkiewicz/Zaporowska*, Mon. Praw. 1994, Nr. 12, S. 356; *Sagan/Strzępka*, S. 39; *Gibalska/Ogonowski*, S. 30; *Sak*, S. 117.

462 *Bugajna-Sporczyk/Dzbeńska/Janson/Sztekier-Łabuszewska*, S. 76.

463 *Trzaskowski*, S. 116; *Kidyba*, in: Cioch/Kidyba, Art. 5, S. 121.

464 *Kidyba*, Prawo handlowe, S. 660; *ders.*, in: Cioch/Kidyba, Art. 5, S. 127 f.

465 Oberstes Verwaltungsgericht, Urteil vom 17.01.1989, I SA 1019/88, OSP 1990, poz. 252, S. 545.

466 So auch *Kidyba*, in: Cioch/Kidyba, Art. 5, S. 121.

467 *Bugajna-Sporczyk/Dzbeńska/Janson/Sztekier-Łabuszewska*, S. 80; *Trzaskowski*, S. 157 f.; *Kidyba*, in: Cioch/Kidyba, Art. 5, S. 126; *Suski*, S. 396.

468 *Bugajna-Sporczyk/Dzbeńska/Janson/Sztekier-Łabuszewska*, S. 79.

Gegenständlich können Stiftungen jeglicher Art von wirtschaftlicher Tätigkeit nachgehen, es sei denn, dass spezielle Gesetze etwas anderes bestimmen. Ausnahmen gibt es etwa im Banken-, Versicherungs- oder Glücksspielwesen. Diese Tätigkeiten sind Kapitalgesellschaften bzw. Vereinen vorbehalten. Auch weite Teile des Pharmabereichs sowie der Rechtsberatung bleiben Stiftungen vorenthalten.[469]

b) Formale Voraussetzungen

Die wirtschaftliche Betätigung ist lediglich fakultativ. Soll die Stiftung daher einer wirtschaftlichen Betätigung nachgehen, ist es gemäß Art. 5 Abs. 1 S. 2 SG zwingend erforderlich, dass dies in der Stiftungssatzung festgelegt wird. Fehlt eine solche Regelung, darf sich die Stiftung wirtschaftlich nicht betätigen. Im Falle einer nachträglichen Absicht zur wirtschaftlichen Betätigung ist gemäß Art. 11 Abs. 1 SG eine Satzungsänderung notwendig. Diese ist wiederum nur möglich, wenn eine Satzungsänderung in der Satzung selbst vorgesehen ist, Art. 5 Abs. 1 S. 2 SG.[470]

Die Konkretisierung der wirtschaftlichen Betätigungsmöglichkeit sowie die genaue Angabe des Umfangs in der Satzung ist von großer Bedeutung, da der Stiftung keine wirtschaftliche Betätigung erlaubt ist, die über den in der Satzung festgelegten Umfang hinausgeht.[471] Die Stiftungssatzung muss daher die Art und den Umfang der wirtschaftlichen Betätigung angeben. Auch ist es ratsam, weitere Voraussetzungen und Bedingungen der wirtschaftlichen Betätigung anzugeben sowie den Typus der wirtschaftlichen Betätigung, z.B. Handel, Dienstleistungen oder Produktion.[472]

Ebenfalls sollte die Satzung angeben, ob sich die Stiftung unmittelbar wirtschaftlich betätigen oder sich hierzu anderer Organisationsformen bedienen wird.[473] In der Praxis hat sich bei der Konkretisierung des Unternehmensgegenstandes eine Bezugnahme auf die Polnische Tätigkeitenqualifikation (poln. *Polska Klasyfikacja Działalności* - kurz: PKD)[474] durchgesetzt. Der Gegenstand der wirtschaftlichen Betätigung wird in das Stiftungsregister ebenfalls entsprechend dieser Qualifikation eingetragen.[475]

---

469 *Bugajna-Sporczyk/Dzbeńska/Janson/Sztekier-Łabuszewska*, S. 78; *Suski*, S. 394.

470 *Cioch*, Prawo fundacyjne, S. 44; *Kidyba*, in: Cioch/Kidyba, Art. 5, S. 120; *Bugajna-Sporczyk/Dzbeńska/Janson/Sztekier-Łabuszewska*, S. 76; *Suski*, a.a.O; *Gibalska/Ogonowski*, a.a.O.

471 *Gibalska/Ogonowski*, a.a.O.

472 *Kidyba*, in: Cioch/Kidyba, Art. 5 S. 126 f.

473 *Kidyba*, Prawo handlowe, S. 659.

474 Geregelt durch die Verordnung des Ministerrats vom 24. Dezember 2007 über die Polnische Tätigkeitenqualifikation, Dz. U. Nr. 251, poz. 1885.

475 *Gibalska/Ogonowski*, S. 29; *Suski*, S. 393; *Bugajna-Sporczyk/Dzbeńska/Janson/Sztekier-Łabuszewska*, S. 77.

Bei der Anfertigung der Satzung ist darauf zu achten, dass der bloße Hilfscharakter der wirtschaftlichen Betätigung und ihre Akzessorietät zur eigentlichen Stiftungstätigkeit eindeutig zum Ausdruck kommen.[476]

c) Bestimmung von Vermögensbestandteilen

Für den Fall, dass die Stiftung einer wirtschaftlichen Tätigkeit nachgehen soll, müssen in der Satzung für diese Tätigkeit gesonderte Vermögensbestandteile bestimmt werden, die vom übrigen Stiftungsvermögen abzugrenzen sind. Die dafür bestimmten Vermögenswerte dürfen einen Gesamtwert von 1.000 Zloty nicht unterschreiten. Dieser Betrag entsprach bei der Einführung dieser Vorschrift dem Mindeststammkapital einer *spółka z ograniczoną odpowiedzialnością* (kurz: Sp. z o.o.)[477], dem polnischen Pendant zur deutschen GmbH. Das Mindeststammkapital der Sp. z o.o. ist zwischenzeitlich jedoch auf 50.000 Zloty angehoben worden[478] und beträgt selbst nach der Novellierung des Kapitalgesellschaftsrechts von 2009 noch 5.000 Zloty.

Dieser Vergleich lässt keinen Zweifel daran, dass der Betrag von 1.000 Zloty keine ernstzunehmende Garantie für etwaige Gläubiger der Stiftung noch für diese selbst darstellt und somit in tatsächlicher Hinsicht lediglich die Funktion einer besseren Schutzgebühr darstellt.[479] Von der Literatur[480] wird vorgetragen, dass ein derart niedriger Betrag zum Missbrauch der Rechtsform der Stiftung bei Gelegenheit der wirtschaftlichen Betätigung führen kann, weswegen von ihr eine Anpassung des Betrages, etwa an das Mindestkapital der Sp. z o.o. - damals noch 50.000 Zloty -, gefordert wird.[481]

Dieser Forderung ist grundsätzlich zuzustimmen. Es ist mittlerweile nicht mehr nachvollziehbar, welche tatsächliche Funktion der Betrag von 1.000 Zloty - dies entspricht in etwa 250 Euro - erfüllen soll. Aufgrund seiner Höhe ist er als potentielle Absicherung für Gläubiger und für die Stiftung selbst ungeeignet. Mit dem jetzigen Betrag kann allenfalls eine einmonatige Büromiete beglichen werden. Der Gesetzgeber hat es schlichtweg versäumt, die Betragshöhe den veränderten Gegebenheiten anzupassen. Falls diese Norm nicht weiterhin eine

---

476 *Kidyba*, in: Cioch/Kidyba, Art. 5, S. 128; *ders.*, PPH 1999, Nr. 6, S. 4; *Bugajna-Sporczyk/Dzbeńska/Janson/Sztekier-Łabuszewska*, S. 76; *Gibalska/Ogonowski*, S. 30.

477 *Kidyba*, in: Cioch/Kidyba, Art. 5, S. 129.

478 Art. 254 des polnischen Handelsgesellschaftengesetzbuches.

479 *Trzaskowski*, S. 149; *Kidyba*, Prawo handlowe, S. 660; *ders.* in: Cioch/Kidyba, Art. 5, S. 129; *Niemirka*, 2. Aufl., S. 217; *Izdebski*, (1998) , S. 60 f.

480 *Cioch*, Gdańskie Studia Prawnicze 1999, Nr. 5, S. 73; *Kidyba*, in: Cioch/Kidyba, Art. 5, S. 130; *ders.*, PPH 1999, Nr. 6, S. 4; *Wiśniewski*, Glosa 1994, Nr. 4, S. 4.

481 *Bugajna-Sporczyk*, Gazeta Sądowa 1997, Nr. 9-10, S. 1 f.

Schutzvorschrift allein auf dem Papier bleiben soll, muss die Höhe des Betrages - nach oben - angepasst werden.[482]

Der Stifter ist jedoch nicht gehindert, den Betrag selbst anzuheben. Die Höhe der für die wirtschaftliche Betätigung vorgesehenen Mittel muss nicht bereits im Stiftungsakt angegeben werden. Das Gesetz sieht dies in Art. 3 Abs. 2 SG nicht vor. Es genügt, wenn dies in der Stiftungssatzung oder in einem gesonderten Akt getätigt wird.[483]

Falls bei einer bereits existierenden Stiftung, deren Stiftungssatzung keine wirtschaftliche Betätigungsmöglichkeit vorsieht, einer Wirtschaftstätigkeit nachgegangen werden soll, bedarf es neben der Satzungsänderung einer Bestimmung hinsichtlich der für die wirtschaftliche Betätigung vorgesehenen Vermögensmittel.[484]

d) Organisationsformen der wirtschaftlichen Betätigung

Die wirtschaftliche Betätigung kann durch die Stiftung selbst, eine ihr angeschlossene Einrichtung oder durch Beteiligung an einer Gesellschaft ausgeübt werden.[485]

Im ersten Fall bleibt die wirtschaftliche Tätigkeit ein unselbständiger Teil der Stiftungstätigkeit und wird durch den Stiftungsvorstand geleitet. In diesem Fall hat der Stiftungsvorstand eine Doppelfunktion: Neben der eigentlichen Stiftungstätigkeit ist er auch für die wirtschaftliche Betätigung verantwortlich. Da es bei der Erfüllung von zwei unterschiedlichen Aufgaben zu Interessenkollisionen, Überschneidungen der Aufgabengebiete und Unklarheiten kommen kann, fordert die Literatur zumindest eine getrennte Buchführung für die wirtschaftliche Betätigung.[486] In der Praxis ist diese Forderung bislang jedoch nicht einheitlich aufgenommen worden.

Bei der verselbständigten Betätigung durch eine Einrichtung wird diese durch einen in der Satzung oder durch Beschluss benannten Geschäftsführer geleitet und vertreten. Dieser ist dem Stiftungsvorstand - je nach Ausgestaltung im Einzelfall - untergeordnet und weisungsgebunden.[487] Diese Gestaltung wird als das

---

482 Auf der anderen Seite ist zu berücksichtigen, dass dieser niedrige Mindestbetrag es erleichtert, eine wirtschaftlich tätige Stiftung zu errichten, was auf weite Kreise von potentiellen Stiftern motivierend wirken kann.

483 Oberstes Gericht, Entscheidung vom 9. April 2003, I CKN 281/2001, OSNC 2004, Nr. 7-8, poz. 111; *Kidyba*, in: Cioch/Kidyba, Art. 5, S. 130.

484 *Kidyba*, PPH 1999, Nr. 6, S. 4.

485 *Gibalska/Ogonowski*, S. 30; *Cioch*, Prawo fundacyjne, S. 45 ff.; *Bugajna-Sporczyk/ Dzbeńska/Janson/Sztekier-Łabuszewska*, S. 78 f.; *Kidyba*, in: Cioch/Kidyba, Art. 5, S. 132.

486 *Cioch*, Prawo fundacyjne, S. 46; *Gibalska/Ogonowski*, a.a.O.; *Bugajna-Sporczyk/ Dzbeńska/Janson/Sztekier-Łabuszewska*, S. 79.

487 *Gibalska/Ogonowski*, a.a.O.; *Kidyba*, in: Cioch/Kidyba, Art. 5, S. 134.

klassische Modell der Verbindung eines Produktions-, Handels- oder Dienstleistungsbetriebes mit der Stiftung angesehen.[488] Der verselbständigte Betrieb ist rechtlich jedoch nicht eigenständig, da er nur einen Teil der Organisationsstruktur der Stiftung darstellt.[489]

Eine Stiftung, die lediglich an einer Gesellschaft beteiligt ist, betätigt sich als solche nicht direkt wirtschaftlich. Durch die Beteiligung an einer wirtschaftlich aktiven Gesellschaft wird die Stiftung jedoch mittelbar wirtschaftlich tätig[490]. Von einer wirtschaftlichen Betätigung bei einer Beteiligung an einer Personen- oder Kapitalgesellschaft wird jedoch erst dann die Rede sein können, wenn die Stiftung die Position des einzigen oder beherrschenden Gesellschafters inne hat[491], auch wenn sie dadurch selbst wohlmöglich nicht zum Unternehmer wird.[492]

e) Auswirkung der wirtschaftlichen Betätigung

Eine Stiftung, die der Wirtschaftstätigkeit nachgeht, ist Unternehmer[493] im Sinne des Gesetzes über die Freiheit der Wirtschaftstätigkeit.[494] Damit entsteht zunächst die Pflicht zur Eintragung in das Unternehmerregister. Auch sind alle gesetzlichen Vorschriften, die für Unternehmer gelten, auf die wirtschaftlich aktive Stiftung anwendbar. Als Unternehmer kann die Stiftung z.B. Prokura erteilen, ist andererseits aber auch insolvenzfähig.

Als Unternehmer kann die Stiftung an allen rechtlich-wirtschaftlichen Erscheinungen teilhaben: Sie kann Mitglied eines Konsortiums, Gesellschafter einer Personen- oder Kapitalgesellschaft und Mitglied einer Genossenschaft oder einer Holding sein.[495]

4. Die Stiftung als gemeinnützige Organisation

Den vorangehenden Ausführungen lässt sich entnehmen, dass jede in Polen errichtete Stiftung satzungsgemäß einen gemeinnützigen Zweck verfolgen muss. Dies bedeutet jedoch nicht gleichzeitig, dass jede Stiftung als eine gemeinnützige Organisation (poln. *organizacja pożytku publicznego*) im Sinne des Gesetzes

---

488 *Cioch*, Prawo fundacyjne, S. 45.

489 *Kidyba*, Prawo handlowe, S. 35 f.; *ders.*, in: Cioch/Kidyba, Art. 5, S. 134; *Cioch*, Prawo fundacyjne, S. 45.

490 *Cioch*, Prawo fundacyjne, S. 46; *Kidyba*, in: Cioch/Kidyba, Art. 5, S. 135.

491 *Cioch*, a.a.O.

492 *Kidyba*, in: Cioch/Kidyba, Art. 5, S. 135 f.

493 Entspricht sinngemäß dem Kaufmannsbegriff des HGB.

494 *Kidyba*, in: Cioch/Kidyba, Art. 5, S. 132; *Bugajna-Sporczyk/Dzbeńska/Janson/Sztekier-Łabuszewska*, S. 77.

495 *Stecki*, Fundacja, Band 2, S. 246 f.; *Kidyba*, in: Cioch/Kidyba, Art. 5, S. 136 f.

über die gemeinnützige Betätigung und das Ehrenamt vom 24.04.2003[496] - Gemeinnützigkeitsgesetz - eingestuft werden kann.

Am 24.04.2003 hat der Sejm der Republik Polen das oben genannte Gesetz mit überwiegender Mehrheit seiner Mitglieder beschlossen, die zweite Kammer und der Staatspräsident haben es widerspruchslos angenommen. Das Gemeinnützigkeitsgesetz stellt ein überaus bedeutendes Regelwerk sowohl für den Dritten Sektor als auch für den Öffentlichen Bereich, der durch den Staat und seine Selbstverwaltungseinheiten repräsentiert wird, dar.[497] Es ist Grundlage für die finanzielle Unterstützung von und die Gewährung diverser Vorteile für gemeinnützige Nichtregierungsorganisationen. In der Verabschiedung des Gesetzes spiegelt sich die Erkenntnis des polnischen Gesetzgebers wider, dass öffentliche Mittel für gemeinnützige Zwecke effektiver eingesetzt werden können, wenn diese durch gemeinnützige Organisationen selbst und nicht unmittelbar durch den Staat und seine Einheiten verwaltet werden.[498]

Der Status einer gemeinnützigen Organisation ist eine Besonderheit und bedarf der staatlichen Anerkennung.

a) Vorteile und Pflichten einer gemeinnützigen Organisation

Die Verleihung des Status einer gemeinnützigen Organisation bringt einer Stiftung erheblich Vorteile, auf die sie sonst verzichten müsste. Zu den wichtigsten Vorteilen einer gemeinnützigen Organisation gehört die Befreiung von bestimmten Steuern und Gebühren, u.a. der Einkommenssteuer für juristische Personen, der Grundstückssteuer, der Steuer für zivilrechtliche Handlungen sowie der Finanz- und Gerichtsgebühr. Eine gemeinnützige Organisation hat das Recht, Zivildienstleistende zu beschäftigen. Ihr wird ein unentgeltlicher, erleichterter Zugang zum öffentlich-rechtlichen Rundfunk und Fernsehen gewährt. Sie kann an dem 1-%-Verfahren teilnehmen, bei dem Einkommenssteuerpflichtige ein Prozent ihrer Jahreseinkommenssteuer für eine gemeinnützige Organisation bestimmen dürfen. Zuletzt hat eine gemeinnützige Organisation die Möglichkeit, die Hilfe minderjähriger ehrenamtlicher Helfer (unterhalb des 16. Lebensjahres) bei öffentlichen Sammlungen in Anspruch zu nehmen.[499]

Mit Erlangung des Status einer gemeinnützigen Organisation lasten auf der Stiftung auch zahlreiche zusätzliche Pflichten. In erster Linie betrifft dies unterschiedliche Berichterstattungspflichten. Die gemeinnützige Organisation muss jährlich einen Tätigkeitsbericht erstellen und diesen bekanntmachen; ferner muss diese einen jährlichen Finanzbericht erstellen und ebenfalls veröffentlichen.

496 Dz. U. 2003 Nr. 96 Pos. 873.

497 *Cioch*, Prawo fundacyjne, S. 215.

498 *Cioch*, a.a.O.

499 *Gibalska/Ogonowski*, S. 63 f.; *Skiba*, Organizacja, S. 7 f.

Beide Berichte sind darüber hinaus sowohl dem Arbeits- und Sozialminister als auch dem Registergericht zur Prüfung vorzulegen.[500]

b) Begriff einer gemeinnützigen Organisation

Gemäß Art. 3 Abs. 1 des Gemeinnützigkeitsgesetzes versteht man unter einer gemeinnützigen Betätigung eine dem Allgemeinwohl dienende Tätigkeit, die durch Nichtregierungsorganisationen im Bereich der öffentlichen Aufgaben ausgeführt wird. Gemäß Art. 3 Abs. 2 GemeinnützigkeitsG sind derartige Nichtregierungsorganisationen u.a. juristische Personen oder Einheiten ohne Rechtspersönlichkeit, die auf Grundlage von Gesetzesvorschriften errichtet worden sind. Demnach gehören Stiftungen in diesen Anwendungsbereich.

c) Voraussetzungen der Anerkennung als gemeinnützige Organisation

Grundsätzlich sind Stiftungen damit fähig, den Status einer gemeinnützigen Organisation zu erlangen. Diesbezüglich müssen sie nachfolgende Voraussatzungen kumulativ erfüllen.

aa) Tätigkeit zugunsten der Allgemeinheit oder einer besonderen Gruppe

Den Status der gemeinnützigen Organisation kann eine Stiftung nur dann erhalten, wenn sie gemäß Art. 20 Abs. 1 GemeinnützigkeitsG eine Tätigkeit im Dienste der Allgemeinheit oder einer Gruppe ausübt, die aufgrund ihrer besonderen schwierigen Lebens- oder materiellen Situation im Vergleich zur übrigen Gesellschaft abgesondert ist.

bb) Bereich der öffentlichen Aufgaben

Ferner muss die Tätigkeit ausschließlich einen oder mehrere in Art. 4 Abs. 1 GemeinnützigkeitsG genannten Bereiche betreffen. Die Liste der Tätigkeitsbereiche umfasst 24 öffentliche Aufgaben und ist abschließend. Entspricht nur einer der Stiftungszwecke nicht der in Art. 4 Abs. 1 enumerativ genannten öffentlichen Aufgaben, so bleibt der Stiftung die Anerkennung als gemeinnützige Organisation verwehrt.[501] Die zu fördernde öffentliche Aufgabe muss in der Satzung ausdrücklich niedergelegt sein.

---

500 *Gibalska/Ogonowski*, a.a.O.; *Skiba*, Organizacja, S. 8 ff.

501 *Gibalska/Ogonowski*, S. 60; *Cioch*, Prawo fundacyjne, S. 216 f.; *Skiba*, Organizacja, S. 13; *Bugajna-Sporczyk/Dzbeńska/Janson/Sztekier-Łabuszewska*, S. 74.

Zu den anerkannten öffentlichen Aufgaben gehören:

(1) Soziale Hilfe, darin die Unterstützung für Familien sowie Personen in einer schwierigen Lebenslage und die Chancenerhöhung dieser Familien und Personen;
(2) Gewährleistung einer organisierten Fürsorge für ehemalige Berufssoldaten, die zum Bezug einer Soldatenpansion oder Soldateninvalidenrente berechtigt sind, für Kriegs- und Militärinvaliden sowie Kombattanten;
(3) Karitative Tätigkeit;
(4) Aufrechterhaltung der Nationaltradition, Pflege der Polonität sowie Förderung der nationalen, staatsbürgerlichen und kulturellen Identität;
(5) Tätigkeit zugunsten nationaler Minderheiten;
(6) Schutz und Förderung der Gesundheit;
(7) Tätigkeit zugunsten behinderter Menschen;
(8) Förderung der Anstellung sowie der beruflichen Aktivierung Arbeitsloser und von der Arbeitslosigkeit bedrohter Personen;
(9) Verbreitung und Schutz der Frauenrechte sowie Tätigkeit zugunsten der rechtlichen Gleichstellung von Frauen und Männern;
(10) Tätigkeit zugunsten der Wirtschaftsförderung, einschließlich der Entwicklung des Unternehmertums;
(11) Tätigkeit zugunsten der Entwicklung von Gemeinschaften und lokalen Gesellschaften;
(12) Lehre, Ausbildung, Bildung und Erziehung;
(13) Landeskunde sowie Erholung von Kindern und Jugendlichen;
(14) Verbreitung der Kultur der körperlichen Ertüchtigung und des Sports;
(15) Ökologie, Tier- und Naturschutz;
(16) Öffentliche Ordnung und Sicherheit sowie Abwehr von pathologischen Zuständen in der Gesellschaft;
(17) Verbreitung von Wissen und Fähigkeiten im Dienste der Wehrfähigkeit des Staates;
(18) Verbreitung und Schutz der Menschenrechte und der Bürgerfreiheiten sowie Hilftätigkeiten zur Förderung der Demokratie;
(19) Rettungswesen und Personenschutz;
(20) Hilfe für Opfer von Katastrophen, Naturkatastrophen, bewaffneten Konflikten sowie Kriegen im In- und Ausland;
(21) Verbreitung und Schutz von Verbraucherrechten;
(22) Tätigkeiten zugunsten der europäischen Integration sowie die Entwicklung von Kontakten und der Zusammenarbeit zwischen den Gesellschaften;
(23) Bewerbung und Organisation des Ehrenamtes und
(24) Tätigkeit, die technisch, bildend und informativ ist oder finanziell Nichtregierungsorganisationen und kirchliche Einheiten (falls ihre Satzungsziele die Betätigung als gemeinnützige Organisation vorsehen) im Rahmen der oben erwähnten öffentlichen Aufgaben unterstützt.

In Art. 4 Abs. 2 GemeinnützigkeitsG ist dem Ministerrat die Ermächtigung eingeräumt worden, die obige Liste zu ergänzen. Von dieser Möglichkeit hat dieser bisher keinen Gebrauch gemacht.

Durch die Betätigung als gemeinnützige Organisation wird die Möglichkeit einer wirtschaftlichen Betätigung nicht ausgeschlossen, solange diese im Verhältnis zur öffentlichen Aufgabe nur eine Hilfstätigkeit ist.[502] Dies ist explizit in Art. 20 Abs. 4 GemeinnützigkeitsG geregelt. Sämtliche Einnahmen müssen jedoch gemäß Art. 20 Abs. 5 GemeinnützigkeitsG dem Satzungsziel, d.h. der Förderung einer öffentlichen Aufgabe, zur Verfügung gestellt werden.

cc) Kollegiales Aufsichtsorgan

Zu einer weiteren wichtigen Voraussetzung zwecks Anerkennung als gemeinnützige Organisation gehört gemäß Art. 20 Abs. 6 GemeinnützigkeitsG das satzungsmäßige Vorhandensein eines kollegialen Aufsichtsorgans. Für die Stiftung bedeutet dies, dass neben dem Vorstand ein weiteres Organ notwendig ist, das die Tätigkeit des Vorstands kontrolliert. Die Mitglieder dieses Aufsichtsorgans dürfen nicht gleichzeitig Mitglieder des Vorstands sein oder mit dessen Mitgliedern aufgrund von Verwandtschaft, Schwägerschaft oder einer untergeordneten Angestelltenstellung im Verhältnis stehen. Auch dürfen sie nicht rechtskräftig wegen einer vorsätzlich begangenen Tat verurteilt worden sein.

IV. Erscheinungsformen und Typen

Wie im deutschen Recht gibt es die Unterscheidung zwischen Stiftungen des Privat- und des öffentlichen Rechts. Erstere werden entsprechend den Vorschriften des Stiftungsgesetzes errichtet, Letztere durch staatlichen Rechtsakt – durch Gesetz oder Administrativentscheidung. Momentan gibt es in Polen nur drei Stiftungen des öffentlichen Rechts. Dies sind die bereits erwähnten Stiftungen: *Zakład Narodowy imienia Ossolińskich*, *Centrum Badania Opinii Społecznej* sowie *Zakłady Kórnickie*. Eine vierte Stiftung – die Stiftung zur Unterstützung der Zusammenarbeit im Bereich der Demokratie und bürgerlichen Gesellschaft in Mittel- und Osteuropa (poln. *Fundacja Wspierania Współpracy na Rzecz Demokracji i Społeczeństwa Obywatelskiego w Europie środkowej i Wschodniej*)[503], konnte im Jahre 2006 aufgrund der Verkürzung der Legislaturperiode nicht mehr errichtet werden.

Daneben werden private und öffentliche Stiftungen unterschieden. Das Unterscheidungskriterium bei diesen Stiftungen ist der Stiftungszweck sowie der

502 *Gibalska/Ogonowski*, S. 61; *Cioch*, Prawo fundacyjne, S. 217; *Skiba*, Organizacja, S. 15; *Bugajna-Sporczyk/Dzbeńska/Janson/Sztekier-Łabuszewska*, S. 75.

503 Gesetzentwurf vom 9. Juni 2006, Druck-Nr. 676, 5. Legislaturperiode.

Kreis der Destinatäre.[504] Private Stiftungen dienen einem bestimmten Personenkreis, wohingegen öffentliche Stiftungen einem öffentlichen Zweck dienen und der Kreis ihrer Nutznießer nicht geschlossen ist.[505] Wie bereits ausgeführt, ist die Errichtung einer rein privaten Stiftung nach polnischem Recht nicht möglich.[506]

Neben selbständigen rechtsfähigen Stiftungen kommen in Polen auch unselbständige Stiftungen vor. Diese gelten jedoch nicht als Stiftungen im Rechtssinne[507] und unterfallen nicht den Regelungen des Stiftungsrechts. Als unselbständiger Bestandteil eines anderen Rechtsträgers werden sie durch das Zivilgesetzbuch geregelt. Nach Art. 893 bis 895 ZGB[508] ist die Errichtung als eine mit einer Auflage verbundene Schenkung unter Lebenden möglich. Von Todes wegen erfolgt diese Errichtung durch Testament oder Vermächtnis und ist ebenfalls mit einer Auflage verbunden (Art. 982 bis 985, 993, 1003 bis 1007, 1033 ZGB). Seit Inkrafttreten des Stiftungsgesetzes wird vertreten[509], anstelle der Vorschriften des allgemeinen Zivilrechts die Vorschriften des Stiftungsgesetzes über die Errichtung und Tätigkeit von Stiftungen, mit Ausnahme der Vorschriften über die Eintragung und Aufsicht, auf unselbständige Stiftungen analog anzuwenden. Es sei nämlich nicht mehr erforderlich, die unselbständigen Stiftungen mit Hilfe des Zivilgesetzbuches zu konstruieren, da mit dem Stiftungsgesetz speziellere Regelungen vorhanden seien. Der Rückgriff auf zivilrechtliche Vorschriften sei (nur) zu einer Zeit notwendig gewesen, als die selbständige Stiftung noch keine rechtliche Grundlage hatte. Jetzt könnte das Stiftungsrecht aber auch den Interessen der unselbständigen Stiftungen und dessen Stifter mehr Schutz bieten, als dies die Vorschriften über die Auflagenschenkung, das Testament oder das Vermächtnis täten.[510]

Die dargestellte Ansicht konnte sich bisher nicht durchsetzen. Auf unselbständige Stiftungen findet weiterhin das Zivilgesetzbuch Anwendung.

Kirchliche Stiftungen werden durch Kirchen oder juristische Personen der Kirche errichtet. Neben dem Stiftungsgesetz sind auf diese einige Sondervor-

---

504 *Suski*, S. 343.

505 *Sagan/Strzępka*, S. 11 f., 15; *Bichlarz*, S. 25; *Kidyba*, Ustawa o fundacjach, S. 15; *Cioch*, PiP 1987, S. 70 f.

506 Wie bereits dargestellt, erachtet eine durch die Rechtsprechung gestützte Mindermeinung die Errichtung einer Mischzweckstiftung, die neben Privatinteressen auch Gemeinwohlbelange im Sinne des Art. 1 SG berücksichtigt, für zulässig. Ob dieser Einzelfall verallgemeinerungsfähig ist, bleibt fraglich.

507 Teilweise wird es abgelehnt, sie überhaupt mit Stiftungen in Verbindung zu bringen, da seit der Einführung des Stiftungsgesetzes keine Erforderlichkeit mehr für eine Unterscheidung bestehe, *Stecki*, Fundacja, Band 1, S. 365 f.

508 Vgl. ZGB in deutscher Fassung: *Handbuch WiRO*, PL, ZGB 200.

509 *Cioch*, Prawo fundacyjne, S. 41.

510 *Cioch*, a.a.O.

schriften anwendbar, etwa in Bezug auf die Aufsicht oder die Liquidation.[511]

Ausländische Stiftungen können in Polen gemäß Art. 19 SG eigene Vertretungen errichten. Bei diesen Vertretungen handelt es sich um ein eigenes Rechtsinstitut des polnischen Stiftungsrechts.

V. Rechtsvergleichende Stellungnahme

Das polnische Stiftungsrecht ist in einem Stiftungsgesetz geregelt, welches sowohl zivilrechtliche als auch verwaltungsrechtliche Vorschriften enthält.

Das Stiftungsgesetz regelt die Errichtung, die Tätigkeit, die Aufsicht und die Beendigung der Stiftung; es ist für das Stiftungsrecht abschließend, insbesondere findet keine analoge Anwendung des Vereins- oder Genossenschaftsrechts statt. Andere Gesetze, etwa das Zivilgesetzbuch und das Landesgerichtsregistergesetz, haben nur ergänzende Funktion. Diese Einheitsregelung hat nicht nur den Vorzug eines erleichterten ersten Zugangs zum Stiftungsrecht; das Stiftungsrecht hat in Polen auch landesweit einheitliche Geltung. Etwaige regionale Unterschiede sind nicht vorhanden. Das polnische Stiftungsrecht besteht aus „einem Guss".

Die Stiftung bürgerlichen Rechts in Deutschland findet sich im BGB sowie in 16 einzelnen Landesstiftungsgesetzen wieder; sie hat in den §§ 80 ff. BGB mit Verweisen auf das Vereinsrecht ihre grundlegende Kodifikation erfahren. Dieses „gesetzliche Grundgerüst"[512] wird durch Regelungen der Länder ergänzt. Die landesrechtlichen Kodifikationen regeln ihren Inhalten nach öffentlichrechtliche Fragen des Stiftungsrechts, d.h. vor allem Stiftungsgenehmigungen und Stiftungsaufsicht. Unbeschadet der Vielzahl landesgesetzlicher Regelungen wird der stiftungsrechtliche Normbestand in Deutschland als relativ einheitlich bezeichnet.[513]

Wie in Polen ist auch in Deutschland keine gesetzliche Definition des Stiftungsbegriffs vorhanden. In Polen schweigt das Stiftungsgesetz, in Deutschland geben weder BGB noch die Ländergesetze eine Antwort. In beiden Fällen ist die Begriffsfindung der Rechtspraxis überlassen worden.

Nach deutschem Verständnis ist eine Stiftung im Rechtssinne die vom Stifter geschaffene Institution, nämlich die rechtsfähige Organisation, die die Aufgabe hat, mit Hilfe des der Stiftung gewidmeten Vermögens den festgelegten Stiftungszweck dauernd zu verfolgen.[514]

---

511 *Stecki*, Fundacja, Band 2, S. 183; *Cioch*, Prawo fundacjyne, S. 175 ff.; *Radecki*, Rejent 2004, Nr. 11, S. 122-137.

512 *V. Campenhausen*, in: Seifart/v. Campenhausen, Stiftungsrechts-Handbuch, 3. Aufl., § 3 Rn. 2.

513 *V. Campenhausen*, in: Seifart/v. Campenhausen, Stiftungsrechts-Handbuch, 3. Aufl., § 3 Rn. 8.

514 BayObLG NJW 1973, 249; BVerwGE 106, 177 = NJW 1998, 2545, 2546; *Palandt/*

Die drei wesentlichen Elemente des Stiftungsbegriffs sind demzufolge Stiftungszweck, Stiftungsvermögen und die nichtverbandsmäßige Stiftungsorganisation.[515]

Wie im polnischen Recht verlangt auch der deutsche Stiftungsbegriff zur Abgrenzung von den fiduziarischen Rechtsverhältnissen die Rechtspersönlichkeit der Stiftung.[516]

Der entscheidende Unterschied liegt jedoch in einem zusätzlichen Kernelement des polnischen Stiftungsbegriffs: Eine Stiftung kann nur für den Fall errichtet werden, dass sie einen gemeinnützigen oder wirtschaftlich nutzbringenden Zweck verfolgt. Während gemäß § 80 Abs. 2 a.E. BGB für die Anerkennung der Stiftung eine Gemeinwohlgefährdung des Stiftungszwecks zur Hürde werden kann[517], genügt für die Versagung der Eintragung einer Stiftung nach polnischem Recht bereits die fehlende Gemeinnützigkeit des Stiftungszwecks. Die polnische Stiftung muss zwingend gemeinnützig bzw. wirtschaftlich nutzbringend sein.

Damit weicht das polnische Leitbild der selbständigen Stiftung wesentlich von der selbständigen Stiftung des Privatrechts nach deutschem Recht ab, die als gemeinwohlkonforme Allzweckstiftung[518] aufgefasst wird - bei ihr ist der Stifter weder auf positive Zweckvorgaben noch auf die Förderung des Gemeinwohls festgelegt. Die selbständige Stiftung des bürgerlichen Rechts ist in Deutschland zweckneutral. Der Stifter kann seiner Stiftung jeden Zweck gegeben, den die Rechtsordnung nicht verbietet.

Das polnische Stiftungsrecht ist insoweit enger und kann hinsichtlich der Zwecksetzungsmöglichkeit als weniger liberal bezeichnet werden; die Stiftungsfreiheit nach deutschem Recht ist indes weiter und ermöglicht es dem potentiellen Stifter - im Rahmen des Zulässigen[519] - auch private Zwecke zu verfolgen.

Ellenberger, Vor § 80 Rn. 5; *Staudinger/Rawert*, 1995, Vor §§ 80 ff. Rn. 4; *v. Campenhausen*, in: Seifart/v. Campenhausen, Stiftungsrechts-Handbuch, 3. Aufl., § 1 Rn. 6; *MüKo/Reuter*, Vor § 80 Rn. 46; *Bamberger/Roth/Schwarz*, Vor § 80 Rn. 3; *Ebersbach*, S. 15; *Larenz/Wolf*, AT, § 12, Rn. 1; *Enneccerus/Nipperdey*, AT, § 117 I, RegE, BT-Drs. 14/8765 S. 10.

515 *Ebersbach*, S. 15 ff.; *Rawert*, in: Hopt/Reuter, S. 109 ff.; *Staudinger/Rawert*, 1995, Vor §§ 80 ff. Rn. 5; *Bamberger/Roth/Schwarz*, Vor § 80 Rn. 3; *Erman/Werner*, Vor § 80 Rn. 7; *Palandt/Ellenberger*, Vor § 80 Rn. 5 ff.; *v. Campenhausen*, in: Seifart/v. Campenhausen, Stiftungsrechts-Handbuch, 3. Aufl., § 1 Rn. 6.

516 *Rawert*, in: Hopt/Reuter, S. 110; *Staudinger/Rawert*, 1995, Vor §§ 80 ff. Rn. 151; *Staudinger/Hüttemann/Rawert*, 2011, Vor §§ 80 ff. Rn. 2; *v. Campenhausen*, in: Seifart/v. Campenhausen, 3. Aufl., § 1 Rn. 6.

517 Vgl. *Muscheler*, NJW 2003, 3161.

518 *Staudinger/Hüttemann/Rawert*, 2011, Vor §§ 80 ff. Rn. 7; *Hof*, in: Seifart/v. Campenhausen, 3. Aufl., § 7 Rn. 61; *Burgard*, Gestaltungsfreiheit, S. 117 ff.; *Schmidt*, Stiftungswesen, S. 17 f.; *Andrick/Suerbaum*, § 2, Rn. 7 ff.; *Riehmer*, S. 21; *Saenger*, in: Werner/Saenger, S. 102.

519 Die Anerkennungsfähigkeit unternehmensverbundener Stiftungen sowie privater Unter-

Die Gemeinnützigkeit ist im deutschen Recht ausschließlich von steuerlicher Bedeutung.[520]

Der kardinale Unterschied der beiden Stiftungsrechte liegt demnach in den zulässigen Zwecken der Stiftung. Während diese nach deutschem Recht grundsätzlich frei gewählt werden können, sind sie nach polnischem Recht auf solche Zwecke beschränkt, die dem Gemeinwohl dienen. Dies können letztere ausschließlich gemeinnützige oder wirtschaftlich nutzbringende Zwecke sein.

Auch die Regelung zur wirtschaftlichen Betätigung ist im polnischen Stiftungsrecht abweichend. Zwar wird diese grundsätzlich gestattet, doch darf sie nur in einem Umfang erfolgen, der der Verwirklichung des eigentlichen Stiftungszwecks dienlich ist. Die wirtschaftliche Betätigung ist als reine Hilfstätigkeit konstruiert. Sie darf nicht dazu dienen, der Stiftung finanzielle Gewinne zu verschaffen, die über das für die Zweckrealisierung Erforderliche hinausgehen; die Einnahmen aus der wirtschaftlichen Betätigung sind dazu gedacht, die Aufwendungen der satzungsgemäßen Tätigkeit der Stiftung zu decken.

Die unternehmerische Betätigung einer Stiftung wird zwar in der deutschen Rechtslehre ebenfalls kritisch diskutiert[521], ihre grundsätzliche Zulässigkeit wird jedoch nicht bezweifelt. Ihre Variationsmöglichkeiten sind indes vielfältig[522] und gehen über die engen Grenzen, die das polnische Stiftungsrecht setzt, weit hinaus.

---

haltsstiftungen ist umstritten, im Grunde jedoch möglich, vgl. nur *Staudinger/Hüttemann/Rawert*, 2011, Vor §§ 80 ff. Rn. 8; als unzulässig wird jedoch die Stiftung für den Stifter erachtet, weil die Stiftung auch nach deutschem Recht zumindest aus der Sicht des Stifters einen uneigennützigen Charakter haben muss, *Rawert*, in: Hopt/Reuter, S. 109, 116 f.; *Hüttemann*, ZHR 167, 35, 58; *Staudinger/Hüttemann/Rawert,* a.a.O.; *MüKo/Reuter*, Vor § 80 Rn. 52; *Burgard*, Gestaltungsfreiheit, S. 132 ff.

520 *Staudinger/Hüttemann/Rawert*, 2011, Vor §§ 80 ff. Rn. 320 ff.; *Hof*, in: Seifart/v. Campenhausen, 3. Aufl., § 7 Rn. 87 ff.

521 Siehe nur *Pöllath/Richter*, in: Seifart/v. Campenhausen, 3. Aufl., § 12 Rn. 1 ff.

522 *Pöllath/Richter*, in: Seifart/v. Campenhausen, 3. Aufl., § 12 Rn. 48 ff.

B. Entstehung der Stiftung

Die Errichtung einer rechtsfähigen Stiftung nach polnischem Recht stellt ein mehrgliedriges Verfahren dar, das in drei aufeinanderfolgenden Schritten erfolgt. Zunächst ist der Stiftungsakt einer stiftungsfähigen Person notwendig. Zweitens ist die Anfertigung einer Stiftungssatzung erforderlich. Zuletzt muss ein Eintragungsverfahren erfolgreich durchgeführt werden.

Demgegenüber ist gemäß § 80 Abs. 1 BGB zur Entstehung einer rechtsfähigen Stiftung das Stiftungsgeschäft und die Anerkennung durch die zuständige Behörde erforderlich. Den Begriff des Stiftungsgeschäfts kennt das polnische Stiftungsrecht nicht. Stiftungsakt und Stiftungssatzung sind miteinander nicht verbunden, ihre Anfertigung erfolgt systematisch getrennt - ein § 81 Abs. 1 Satz 3 BGB entsprechendes Erfordernis besteht nicht. Gleichwohl ist eine Stiftungserrichtung ohne Anfertigung einer Satzung nicht möglich.

Eine behördliche Anerkennung ist dem polnischen Stiftungsrecht ebenfalls fremd. Den staatlichen Teil des Entstehungsverfahrens bildet ein gerichtliches Registerverfahren, das mit dem deutschen handelsrechtlichen Registerverfahren verglichen werden kann.

I. Der Stiftungsakt

1. Bedeutung und Wesen des Stiftungsakts

Der Stiftungsakt (poln. *akt fundacyjny*)[523] ist der erste und unumgängliche Schritt bei der Errichtung einer Stiftung. Der Stiftungsakt stellt eine Willenserklärung des Stifters dar, die auf die Errichtung einer rechtsfähigen Stiftung gerichtet ist.[524] Durch den Stiftungsakt entsteht die Stiftung als solche nicht, jedoch bildet er eine der drei Voraussetzungen, die zur Entstehung der Stiftung notwendig sind.[525]

In Anlehnung an Art. 3 Abs. 2 SG wird unter dem Stiftungsakt eine Willenserklärung des Stifters verstanden, die auf die Errichtung einer Stiftung gerichtet ist und sowohl den Zweck der Stiftung als auch das zur Realisierung des Zwecks bestimmte Vermögen angibt.[526] Rechtsdogmatisch wird der Stiftungsakt als auf-

---

523 Teilweise taucht in der älteren polnischen Literatur noch die Bezeichnung „Stiftungsbrief" (poln. *list fundacyjny*) auf, *Rappé*, Fundacje, S. 152, wird aber heute nicht mehr verwendet.

524 *Cioch*, Prawo fundacyjne, S. 54.

525 *Cioch*, Prawo fundacyjne, S. 56.

526 *Cioch*, NP 1986, Nr. 10, S. 17 f.; *ders.*, Prawo fundacyjne, S. 55 f.; *Sagan/Strzępka*, S. 20 f., *Bichlarz*, S. 28; *Dłużak*, Rejent 1992, Nr. 2, S. 65; *Kełpińska*, Rejent 1993, Nr. 6, S. 62; *Stecki*, S. 355.

schiebend bedingtes[527], nicht empfangsbedürftiges[528], einseitiges Rechtsgeschäft mit verpflichtendem Charakter[529] aufgefasst. Damit ist diese Einordnung mit der des Stiftungsgeschäfts unter Lebenden des BGB vergleichbar, mit dieser jedoch nicht identisch. Bei dem Stiftungsgeschäft handelt es sich um eine einseitige, nicht empfangsbedürftige Willenserklärung.[530]

Durch den Stiftungsakt verpflichtet sich der Stifter gegenüber der Stiftung, ihr ein bestimmtes Vermögen zu übertragen. Einen verfügenden Charakter hat der Stiftungsakt nicht. Die Leistungspflicht des Stifters ist durch die Eintragung der Stiftung in das Stiftungsregister aufschiebend bedingt. Mit Eintragung der Stiftung entsteht, vergleichbar § 82 BGB, die Vermögensübertragungspflicht des Stifters. Der Anspruch der Stiftung wird in diesem Moment fällig. Falls der Stifter seiner Leistungspflicht bei Fälligkeit nicht nachkommt, kann die Stiftung ihren Vermögensübertragungsanspruch gegen den eigenen Stifter zivilrechtlich geltend machen.[531]

Aufgrund seiner elementaren Funktion für die Errichtung einer Stiftung ist der Stiftungsakt nach erfolgter Eintragung der Stiftung unabänderlich.[532] Lediglich die Stiftungssatzung kann - im Rahmen des Zulässigen - geändert werden.

2. Inhalt des Stiftungsakts

Art. 3 Abs. 2 SG regelt den Mindestinhalt des Stiftungsakts. Demnach muss der Stifter im Stiftungsakt den Zweck der Stiftung sowie die für die Zweckerreichung vorgesehenen Vermögensmittel angeben. Falls der Stiftungsakt diese beiden Elemente nicht enthält, gilt er als nicht errichtet.[533] Das Registergericht wird in einem solchen Fall die Eintragung aufgrund eines fehlenden Stiftungsakts verweigern.[534]

Neben diesen beiden obligatorischen Angaben ist es zulässig, in den Stiftungsakt weiteren Inhalt aufzunehmen[535]. Notwendig ist dies allerdings nicht, da

---

527 *Cioch*, NP 1986, Nr. 10, S. 19 f; *ders.*, Prawo fundacyjne, S. 57 f.; *Kidyba*, Ustawa o fundacjach, S. 17 f.; *Strzępka/Sagan*, S. 20 f.

528 *Bugajna-Sporczyk*, in: Bugajna-Sporczyk/Janson, S. 33.

529 *Stecki*, Fundacja, Band 1, S. 80 f.; *Bichlarz*, S. 28; *Dłużak*, Rejent 1992, Nr. 2, S. 68 f.; *Kełpińska*, Rejent 1993, Nr. 6, S. 66.

530 *Staudinger/Hüttemann/Rawert*, 2011, § 81 Rn. 2; *Hof*, in: Seifart/v. Campenhausen, 3. Aufl., § 6 Rn. 11.

531 *Suski*, S. 356 f.; *Cioch*, Prawo fundacyjne, S. 57; damit ist der Stiftungsakt auch ein einaktiges Rechtsgeschäft.

532 Oberstes Gericht, Beschluss vom 12. April 2007, III CZP 26/07, OSNC 2008, Nr. 3, poz. 32; *Suski*, S. 358.

533 *Suski*, S. 360.

534 *Cioch*, in: Cioch/Kidyba, Art. 3, S. 32.

535 *Cioch*, Prawo fundacyjne, S. 64; *Dłużak*, Rejent 1992, S. 70; *Kełpińska*, Rejent 1993, Nr. 6, S. 66 f.

für fakultative Inhaltsbestimmungen grundsätzlich die Stiftungssatzung vorgesehen ist.[536]

Eine Pflicht, den Stiftungsakt mit einer Stiftungssatzung zu versehen, besteht nicht. Eine gewichtige Ansicht vertritt sogar die Auffassung, dass die Verbindung von Stiftungsakt und Stiftungssatzung unzulässig sei und den Stiftungsakt unwirksam mache[537]. Sie argumentiert mit den rechtlich unterschiedlichen Charakterzügen von Akt und Satzung, der unterschiedlichen Zielrichtung - Errichtung einer Stiftung durch den Akt, Regelung der Organisation durch die Satzung - sowie den unterschiedlichen Formvorschriften (notarielle Form für den Stiftungsakt, kein Formerfordernis für die Stiftungssatzung).[538] Selbst wenn man mit der Gegenansicht[539] die Verbindung von Satzung und Stiftungsakt zulassen will, ist zu beachten, dass die Stiftungssatzung nach Errichtung der Stiftung durchaus geändert werden kann, während der Stiftungsakt unabänderlich bleibt.[540] Bei einer Verbindung von Satzung und Stiftungsakt wird die Erstere zum Inhalt des Letzteren, weshalb auch der Satzungsinhalt per se unveränderbar wird. Dieser Umstand kann sich in der späteren Stiftungspraxis nachteilig auswirken.[541]

a) Stiftungszweck

aa) Bedeutung

Die genaue Bestimmung des Stiftungszwecks ist von erheblicher Bedeutung. Denn auch im polnischen Recht hat die Aussage, wonach dem Stiftungszweck als „Seele der Stiftung“ die Zentralfunktion zukommt[542], seine volle Berechtigung: Durch den Stiftungszweck wird der Rahmen abgesteckt, innerhalb dessen die Stiftung tätig werden kann und werden darf. Der Kreis der Destinatäre wird anhand des Stiftungszwecks bestimmt.[543]

536 *Cioch*, Prawo fundacyjne, S. 62.

537 Zweifelnd das Oberste Gericht, Entscheidung vom 8. Dezember 1992, I CRN 182/92, OSNCP 1993, S. 7 f., poz. 139; ebenfalls: *Drożdżewicz*, Nowy Przegląd Notarialny 2004, Nr. 2, S. 36; *Cioch*, Prawo fundacyjne, S. 62.

538 Oberstes Gericht, Beschluss vom 12. April 2007, III CZP 26/07, OSNC 2008, Nr. 3, poz. 32.

539 *Suski*, S. 361.

540 Siehe hierzu nächsten Abschnitt.

541 *Cioch*, a.a.O.

542 *Liermann*, Deutsches Stiftungswesen 1948-1966, S. 154; *Rawert*, in: Hopt/Reuter, S. 115 ff.; *v. Campenhausen*, in: Seifart/v. Campenhausen, 3. Aufl., § 1 Rn. 9; *Ebersbach*, S. 16; *Strickrodt*, S. 26; *Staudinger/Hüttemann/Rawert*, 2011, Vor §§ 80 ff. Rn. 5.

543 *Suski*, S. 361; *Stecki*, Fundacja, Band 1, S. 180.

Daneben entscheidet der Stiftungszweck darüber, in welchem Umfang eine wirtschaftliche Tätigkeit ausgeübt werden darf (Art. 5 Abs. 5 SG), welche Aufsichtsbehörde für die Stiftung zuständig (Art. 5 Abs. 2, Art. 9 Abs. 2 und 3, Art. 13 und 14 SG) und ob die Stiftung überhaupt eintragungsfähig ist (Art. 9 Abs. 1 SG) - bei der Bestimmung des Zwecks sind nämlich die Vorgaben und Beschränkungen des Art. 1 SG zu beachten. Sollte die Stiftung ihren Zweck, für den sie errichtet worden ist, tatsächlich erreichen, unterliegt sie der Liquidation (Art. 15 Abs. 1 SG). Für die Entscheidung über die Verwendung der verbleibenden Vermögensbestandteile kann ebenfalls der Stiftungszweck maßgeblich sein (Art. 15 Abs. 4 SG).

Der Stiftungszweck ist auch dafür ausschlaggebend, ob einer Stiftung steuerliche oder andere staatliche Privilegien zustehen.[544]

bb) Bestimmtheitsvoraussetzungen

Aufgrund dieser hervorgehobenen Bedeutung des Stiftungszwecks ist es von entscheidender Bedeutung, dass dieser im Stiftungsakt so konkret, eindeutig, unmissverständlich und erschöpfend wie nur möglich angegeben wird.[545] Aus dem Stiftungsakt sollte sich idealerweise der tatsächlich gewollte Stiftungszweck zweifelsfrei ergeben.[546]

Das Oberste Verwaltungsgericht[547] verlangte sogar ausdrücklich, dass ein Stiftungszweck derart klar gefasst sein müsse, dass sich eine Auslegung durch Behörden erübrige.

Fraglich blieb daraufhin, ob diese strengen Voraussetzungen in der Praxis stets eingehalten werden können. In diesem Zusammenhang zeigte das Oberste Gericht später eine liberalere Auffassung, indem es nur die Eindeutigkeit des Stiftungszwecks forderte; die einzelnen Spezifikationen des Zwecks könnten der Stiftungssatzung vorbehalten bleiben.[548]

Es besteht jedoch Einigkeit, dass sich die Konkretisierung des Stiftungszwecks auf keinen Fall auf die bloße Wiederholung eines oder mehrerer in Art. 1 SG enthaltener Regelbeispiele beschränken darf.[549] Da es sich bei der Stiftung

544 *Suski*, S. 362; insbesondere bestimmt sich nach dem Stiftungszweck, ob einer Stiftung der Status einer gemeinnützigen Organisation verliehen werden kann; zur steuerrechtlichen Behandlung der Stiftung vgl. Kapitel zur Vermögensverwaltung.

545 *Bichlarz*, S. 29; *Sagan/Strzępka*, S. 24 ff.; *Suski*, a.a.O.; *Bugajna-Sporczyk/Dzbeńska/Janson/Sztekier-Łabuszewska*, S. 44.

546 *Karpowicz*, Palestra 1996, Nr. 3-4, S. 93 ff.; *Mazurkiewicz/Zaporowska*, Mon. Praw 1994, Nr. 12, S. 357 f.; *Cioch*, Gdańskie Studia Prawnicze 1999, Nr. 5, S. 68 f.

547 Oberstes Verwaltungsgericht, Urteil vom 8. Februar 1994. SA/Lu 1321/93, MPod 1994, Nr. 8, S. 240.

548 Oberstes Gericht, Entscheidung vom 20. Januar 1998, I CKN 417/97, OSNC 1998, Nr. 10, poz. 157.

549 *Izdebski*, (1998), S. 42.

um ein für „öffentliche Zwecke bestimmtes, personifiziertes Vermögen“ handelt, muss die Zweckkonkretisierung im Stiftungsakt als „Festlegung von Aufgaben aufgefasst werden, zu deren Realisierung das gestiftete Vermögen verwendet werden soll“[550].

Als nicht hinreichend bestimmt wurden von den Registergerichten folgende Zwecke angesehen: „Zivilisatorische Entwicklung des Menschen“, „Erzeugung neuer Arbeitsplätze“, „Proökologische Tätigkeit“, „Förderung der Elektrotechnikindustrie“, „Informationstätigkeit auf dem Gebiet der Kultur“ und „Gesundheitsschutz“.[551] Hingegen hat das Oberste Gericht die „Hilfe für Bedürftige durch gutmütige Menschen“ als einen ausreichend konkretisierten Stiftungszweck angesehen: Aufgrund der Regelung in Art. 1 SG werde verdeutlicht, dass auch die Sozialhilfe ein zulässiger Stiftungszweck sein könne und eine Hilfe durch „gutmütige Menschen“ für Bedürftige gerade im Rahmen dieser Sozialhilfe erfolge[552].

Soll die Stiftung zur Unterstützung der Haupttätigkeit einer wirtschaftlichen Betätigung nachgehen, so muss diese Absicht nicht bereits im Stiftungsakt deklariert werden.[553] Folgt eine Erklärung diesbezüglich bereits im Stiftungsakt, muss der akzessorische Hilfscharakter der wirtschaftlichen Betätigung zweifelsfrei zum Vorschein kommen. Unklarheiten diesbezüglich können zur Verweigerung der Eintragung führen.[554]

b) Stiftungsvermögen

Die zweite notwendige Angabe betrifft die Zurverfügungstellung der für die Zweckerreichung bestimmten Vermögensmittel - die Widmung des Vermögens. Denn gerade im Stiftungsrecht gilt der goldene Grundsatz, dass „ohne Geld selbst der nützlichste edle Zweck nicht gefördert werden kann“[555].

Die für die Zweckerreichung vorgesehenen Vermögensmittel können gemäß Art. 3 Abs. 3 SG Geld, Wertpapiere, bewegliche Sachen oder Grundstücke sein. Die Vorschrift stellt klar, dass der Stiftung das Eigentum an diesen zu übertragen ist („*Vermögensbestandteile können Geld, Wertpapiere sowie der Stiftung übereignete bewegliche Sachen und Grundstücke sein*“). Die bloße Besitzverschaffung genügt insoweit nicht.

Die aufgezählten Vermögensbestandteile werden von der herrschenden Meinung als nicht abschließend angesehen[556], obwohl der Wortlaut darauf schließen

---

550 So *Bugajna-Sporczyk/Dzbeńska/Janson/Sztekier-Łabuszewska*, S. 44.
551 *Bugajna-Sporczyk/Dzbeńska/Janson/Sztekier-Łabuszewska*, a.a.O.
552 Oberstes Gericht, Entscheidung vom 14. März 1997, I CKN 78/96.
553 Oberstes Gericht, Entscheidung vom 7. Mai 2002, I CKN 162/00.
554 *Suski*, S. 363 f.
555 *Cioch*, Prawo fundacyjne, S. 61.
556 *Suski*, S. 369.

lassen kann. In der Literatur[557] wird darauf hingewiesen, dass sämtliche Gegenstände und Vermögensrechte des Zivilrechts im Stiftungsakt als Vermögensbestandteile benannt werden können, die einen Vermögenswert haben, Eigentum des Stifters darstellen und verwertbar sind.

Das im Stiftungsakt konkretisierte Vermögen wird als Fonds (poln. *fundusz*), Gründungskapital (poln. *kapitał założycielski*) oder als Anfangsvermögen (poln. *majątek początkowy*) bezeichnet. Das Anfangsvermögen darf ausschließlich für die Realisierung des Stiftungszwecks verwendet werden.[558] Soll daneben eine wirtschaftliche Betätigung erfolgen, bedarf es einer gesonderten Zuweisung von Vermögensmitteln in Höhe von mindestens 1.000 Zloty für diesen Zweck.[559] Wie vorerwähnt, ist dies an dieser Stelle noch nicht zwingend und kann auch erst in der Satzung erfolgen.

Ein Mindestvermögen sieht das polnische Stiftungsrecht - außer bei einer wirtschaftlichen Betätigung - nicht vor. Das Vermögen muss jedoch so gewählt sein, dass die Realisierung des Stiftungszwecks realistisch erscheint.[560] Insbesondere ist zu beachten, dass eine vermögenslose Stiftung nicht weiterbestehen darf und gemäß Art. 15 Abs. 1 SG der Liquidation unterliegt. Zumindest muss das Anfangskapital der Stiftung so bemessen sein, dass sie ihre erste Tätigkeit aufnehmen kann.[561] In der Praxis beträgt das durchschnittliche Anfangsvermögen der eingetragenen Stiftungen zwischen 500 und 1.000 Zloty.[562] Da der Gesetzgeber hinsichtlich der Höhe der Kapitalausstattung keine Mindestanforderungen stellt, gehört auch die Frage, ob die finanzielle Ausstattung einer (zu errichtenden) Stiftung zur Erfüllung ihres satzungsgemäßen Zwecks angemessen ist, nicht zum Prüfungsumfang des Registergerichts.[563] Eine Stiftungserrichtung nach polnischem Recht ist von daher - im Gegensatz zur Errichtung nach deutschem Recht[564] - bereits mit sehr geringen finanziellen Mitteln möglich.

---

557 *Kidyba*, Ustawa o fundacjach, S. 25; *Sagan/Strzępka*, S. 26; *Cioch*, Prawo fundacyjne, S. 64; *Mazur*, Palestra 1991, Nr. 5-7, S. 48; *Dudzik*, Rejent 1993, Nr. 9, S. 75 f.

558 *Musiałkiewicz*, S. 4 f.

559 *Bugajna-Sporczyk/Dzbeńska/Janson/Sztekier-Łabuszewska*, S. 46.

560 *Cioch*, in: Cioch/Kidyba, Art. 4, S. 32 f.; *Suski*, S. 372; gleichwohl hat das Registergericht diesbezüglich keine Prüfungskompetenz und ist nicht befugt, die Eintragung einer Stiftung wegen zu geringen Vermögens - bis zur Grenze der Vermögenslosigkeit - abzulehnen.

561 *Kwiatkowska*, S. 10.

562 *Kwiatkowska*, S. 11 f.

563 *Suski*, a.a.O.

564 Zu den materiellen Anerkennungsvoraussetzungen gehört im deutschen Stiftungsrecht u.a., dass gemäß § 80 Abs. 2 BGB die dauernde und nachhaltige Erfüllung des Stiftungszwecks gesichert erscheint. Nach der Gesetzesbegründung betrifft das Erfordernis der nachhaltigen Erfüllung besonders die Vermögensausstattung, BT-Drucks 14/8765, 8. Daraus folgt die Berechtigung der Anerkennungsbehörden zur Prognoseprüfung hinsichtlich der Angemessenheit der Finanzausstattung der zu errichtenden Stiftung in Relation zum Stiftungszweck, *Hof*, in: Seifart/v. Campenhausen, 3. Aufl., § 6 Rn. 292 ff.;

Sind an der Stiftungserrichtung mehrere Stifter beteiligt, muss der Anteil jedes Stifters im Stiftungsakt konkret bezeichnet werden.[565] Die Vermögensbestandteile müssen im Umfang und Wert konkret angegeben werden, da mit Errichtung der Stiftung - diese Rechtsfolge entspricht § 82 BGB - die Verpflichtung des Stifters zur Übertragung der im Stiftungsakt bezeichneten Vermögensgüter entsteht.[566]

c) Fakultativer Inhalt

Neben den beiden unabdingbaren Elementen können im Stiftungsakt bereits weitere Regelungen, wie der Sitz der Stiftung, ihr Name, ihre Organe, der Gegenstand der wirtschaftlichen Betätigung sowie der für die Tätigkeit der Stiftung zuständige Minister, getroffen werden.[567]

3. Anfertigung und Form

Art. 3 Abs. 1 SG sieht für die Errichtung einer Stiftung die Form des notariellen Akts vor. Das Stiftungsgesetz ist somit strenger als das BGB, das gemäß § 81 Abs. 1 Satz 1 BGB die Schriftform genügen lässt.[568]

Diese Form ist nicht erforderlich bei einer Stiftungserrichtung durch Testament - dort wahrt das wirksame Testament die Form. Dies entspricht insoweit den deutschen Formvorschriften für Stiftungsgeschäfte von Todes wegen, die durch Testament errichtet werden.[569]

Die folgende Darstellung behandelt zunächst die Anfertigung des Stiftungsakts unter Lebenden (*inter vivos*). Ihr schließt sich sodann die Stiftungserrichtung von Todes wegen (*mortis causa*) an.

Staudinger/Hüttemann/Rawert, 2011, § 80 Rn. 18 ff., - ein dem polnischen Stiftungsrecht unbekanntes Vorgehen.

565 *Gibalska/Ogonowski*, S. 12.

566 *Cioch*, Prawo fundacyjne, S. 62.; *ders.*, in: Cioch/Kidyba, Art. 3, S. 32 f., bei Geldbeträgen ist die konkrete Höhe sowie ggf. die Währung anzugeben, *Suski*, S. 373.

567 *Bugajna-Sporczyk/Dzbeńska/Janson/Sztekier-Łabuszewska*, S. 38; *Gibalska/Ogonowski*, S. 12.

568 Gemäß § 126 Abs. 1 und 4 BGB muss die Stiftungsurkunde vom Stifter eigenhändig durch Namensunterschrift oder mittels notariell beglaubigten Handzeichens unterzeichnet oder von einem Notar beurkundet werden. Sie kann sogar durch die elektronische Form gemäß § 126 a BGB ersetzt werden (§ 126 Abs. 3 BGB). Wird die Schriftform nicht eingehalten, so ist das Stiftungsgeschäft nach § 125 BGB nichtig.

569 Vgl. nur *Hof*, in: Seifart/v. Campenhausen, 3. Aufl., § 6 Rn. 103.

a) Stiftungserrichtung unter Lebenden (*inter vivos*)

Für die Errichtung einer Stiftung unter Lebenden ist zunächst die Stifterfähigkeit erforderlich.

aa) Stifterfähigkeit

Gemäß Art. 2 Abs. 1 SG kann eine Stiftung durch natürliche Personen unabhängig von ihrer Staatsangehörigkeit und ihrem Wohnsitz oder durch juristische Personen mit Sitz in Polen oder im Ausland errichtet werden. Von diesem Stifterkreis ist die Zivilgesellschaft, die polnische Schwester der GbR, ausgeschlossen, nicht hingegen die Personenhandelsgesellschaften.[570] Die Errichtung kann durch mehrere natürliche, mehrere juristische oder durch natürliche und juristische Personen erfolgen.[571]

(1) Natürliche Personen als Stifter

Das Gesetz behandelt alle natürlichen Personen gleich, so dass diese unabhängig von ihrer Staatsangehörigkeit oder ihrem Wohnsitz eine Stiftung in Polen errichten können. Der potentielle Stifter muss unbeschränkt geschäftsfähig sein.[572] Bei im Ausland lebenden natürlichen Personen bestimmt sich das Vorliegen der Geschäftsfähigkeit gemäß Art. 9 § 1 des polnischen Gesetzes über das internationale Privatrecht[573] nach dem Heimatrecht dieser Personen.

(i) Handeln durch gesetzliche Vertreter

Beschränkt Geschäftsfähige und Geschäftsunfähige sind von einer Stiftungserrichtung folglich ausgeschlossen. Ihnen ist nach ganz herrschender Meinung[574] auch die Möglichkeit einer Errichtung durch gesetzliche Vertreter verwehrt.

570 Dies wurde durch das Oberste Gericht in einer Entscheidung vom 08. Dezember 1992 bestätigt, I CRN 182/92, OSNCP 1993, Nr. 7, Pos. 139; zur Stifterfähigkeit von juristischen Personen vgl. Ausführungen weiter unten.

571 *Suski*, S. 349; *Cioch*, in: Cioch/Kidyba, Art. 3, S. 26; *Kwiatkowska*, S. 7.

572 *Bugajna-Sporczyk*, in: Bugajna-Sporczyk/Janson, S. 23; *Cioch*, in: Cioch/Kidyba, Art. 2, S. 21; *ders.*, Prawo fundacyjne, S. 63; *Suski*, S. 352; *Gibalska/Ogonowski*, S. 11.

573 Vgl. deutsche Fassung des IPRG: *Handbuch WiRO*, PL, IPRG 210.

574 *Cioch*, NP 1986, Nr. 10, S. 23, *ders.*, Rejent 1994, Nr. 10, S. 114 f.; *ders.*, Prawo fundacyjne, S. 65 f.; *ders.*, in: Cioch/Kidyba, Art. 2, S. 21 ff.; *Sagan/Strzępka*, S. 17; *Bichlarz*, S. 29; *Bugajna-Sporczyk*, in: Bugajna-Sporczyk/Janson, S. 12 f.; *Bugajna-Sporczyk/Dzbeńska/Janson/Sztekier-Łabuszewska*, S. 23 f.; gemäß Art. 11 ZGB tritt volle Geschäftsfähigkeit im Zeitpunkt der Erreichung der Volljährigkeit ein. Diese ist nach Art. 10 § 1 ZGB mit Vollendung des achtzehnten Lebensjahres erreicht.

Diese beruft sich in erster Linie auf den einseitig verpflichtenden und persönlichen Charakter des Stiftungsakts.[575]

Diese Rechtslage entspricht der Situation im deutschen Stiftungsrecht. Denn die von Geschäftsunfähigen oder beschränkt Geschäftsfähigen getätigten Stiftungsgeschäfte sind gemäß §§ 105, 111 BGB unwirksam; auch können deren gesetzliche Vertreter wegen entsprechender Anwendung der §§ 1641, 1804 BGB für sie keine Stiftungen errichten.[576]

(ii) Handeln durch Bevollmächtigte

Auch die Vertretung eines unbeschränkt Geschäftsfähigen bei der Errichtung eines Stiftungsakts wurde jahrelang als unzulässig erachtet.[577] Die Praxis des damals einzigen Registergerichts ging dahin, durch Bevollmächtigte errichtete Stiftungsakte als unwirksam anzusehen und solchen Stiftungen die Eintragung zu verwehren. Das Gericht berief sich stets darauf, dass Stiftungsakte persönlicher Natur seien und daher durch den Stifter persönlich errichtet werden müssten.[578]

Dieser Rechtsauffassung erteilte das Oberste Gericht[579] eine Absage, indem es ausdrücklich entschied, dass der Stifter die Errichtung des Stiftungsakts durch einen Bevollmächtigten bewirken kann. Das Gericht führte zur Begründung aus, dass gemäß Art. 95 § 1 und 2 ZGB Rechtsgeschäfte grundsätzlich in Vertretung erfolgen dürfen, es sei denn, dass das Gesetz oder das Wesen des Rechtsgeschäfts dies nicht zulassen. Den Bestimmungen des Stiftungsgesetzes sei ein solches Verbot nicht zu entnehmen. Auch das Wesen des Stiftungsakts widerspreche nicht seiner Anfertigung durch einen Bevollmächtigten. Der Stiftungsakt sei zwar ein Rechtsgeschäft mit persönlichem Charakter, jedoch nicht

---

575 Eine Mindermeinung hält eine Errichtung durch gesetzliche Vertreter indes für zulässig und beruft sich darauf, dass der Umfang der gesetzlichen Vertretung nicht bloß auf die Führung gewöhnlicher Geschäfte beschränkt sei. Ein eventuelles Handeln gegen die Interessen oder zum Nachteil des Vertretenen könnte durch das Zustimmungserfordernis des Vormundschaftsgerichts zum Stiftungsakt unterbunden werden, *Stecki*, Fundacja, Band 1, S. 59 ff.; *Kidyba*, Ustawa o fundacjach, S. 20; *Dłużak*, Rejent 1992, Nr. 2, S. 65; in der Stiftungspraxis hat diese Ansicht jedoch keinen Anklang gefunden, *Suski*, S. 350.

576 *Hof*, in: Seifart/v. Campenhausen, Stiftungsrechts-Handbuch, 3. Aufl., § 6 Rn. 7; *MüKo/Reuter*, § 81 Rn. 8; *Staudinger/Rawert*, 1995, § 80 Rn. 3.

577 *Cioch*, NP 1986, Nr. 10, S. 23, *ders.*, Rejent 1994, Nr. 10, S. 114 f.; *ders.*, Prawo fundacyjne, S. 65 f.; *ders.*, in: Cioch/Kidyba, Art. 2, S. 21 ff.; *Sagan/Strzępka*, S. 17; *Bichlarz*, S. 29.

578 *Izdebski*, (1998), S. 42.

579 Oberstes Gericht, Entscheidung vom 8. Dezember 1992, I CRN 182/92, OSNC 1993, poz. 139.

*höchst*persönlicher Natur.[580] Die Angabe von Stiftungszweck und Stiftungsvermögen schließe ein Handeln durch Vertreter nicht aus.[581]

Diese Auffassung dominiert auch in der Rechtslehre.[582]

(2) Juristische Personen als Stifter

Stifter können auch inländische oder ausländische juristische Personen sein, Art. 2 Abs. 1 SG. Gemäß Art. 33 ZGB sind juristische Personen der Fiskus und die Organisationseinheiten, denen besondere Rechtsvorschriften Rechtspersönlichkeit zuerkennen.

Zu diesen gehören neben dem Staat und den Selbstverwaltungsorganisationen auch Kirchen und Glaubensorganisationen, Genossenschaften, Aktiengesellschaften (poln. *spółka akcyjna*) und Gesellschaften mit beschränkter Haftung (poln. *spółka z ograniczoną odpowiedzialnością*), eingetragene Vereine sowie rechtsfähige Stiftungen.[583]

Organisationseinheiten, die keine juristischen Personen sind, werden gemäß Art. 33[1] ZGB wie juristische Personen behandelt. Zu diesen gehören u.a. die Personenhandelsgesellschaften - die Offene Handelsgesellschaft (poln. *spółka jawna*), die Kommanditgesellschaft (poln. *spółka komandytowa*), die Partnerschaftsgesellschaft (poln. *spółka partnerska*) und, im polnischen Gesellschaftsrecht als Besonderheit, die Kommanditgesellschaft auf Aktien (poln. *spółka komandytowo-akcyjna*). Die Zivilgesellschaft (poln. *spółka cywilna*) wird nicht zu den Organisationseinheiten mit Rechtspersönlichkeit gezählt und kann daher nicht Stifterin sein.[584]

---

580 Entsprechendes gilt für das Stiftungsgeschäft des BGB, vgl. *Ebersbach*, S. 49 f.; *Palandt/Ellenberger*, § 81 Rn. 2; *Hof*, in: Seifart/v. Campenhausen, Stiftungsrechts-Handbuch, 3. Aufl., § 6 Rn. 9.

581 *Suski*, S. 351.

582 *Kidyba*, Ustawa o fundacjach, S. 20; *Stecki*, Fundacja, Band 1, S. 57 ff.; *Izdebski*, (2004), S. 51; *Mazur*, Palestra 1991, Nr. 5-7, S. 47; *Dłużak*, Rejent 1992, Nr. 2, S. 65; *Bugajna-Sporczyk/Dzbeńska/Janson/Sztekier-Łabuszewska*, S. 23 u. 26 f.; in diesem Zusammenhang wird darauf hingewiesen, dass die auf die Errichtung einer Stiftung bezogene Willenserklärung über den Umfang einer gewöhnlichen Geschäftsführung hinausgeht, weshalb die Erteilung einer Generalvollmacht nicht genüge. Notwendig sei eine zwecks Errichtung der Stiftung ausgestellte Spezialvollmacht, in der bereits sowohl der Zweck der Stiftung als auch die ihr zur Verfügung gestellten Vermögensbestandteile angegeben sind. Gemäß Art. 99 § 1 ZGB muss eine solche Vollmacht in notarieller Form erteilt werden, da auch das Hauptgeschäft, der Stiftungsakt, in notarieller Form erfolgt, *Suski*, a.a.O.; *Izdebski*, (1998), S. 42; *Bugajna-Sporczyk/Dzbeńska/Janson/Sztekier-Łabuszewska*, S. 24.

583 *Cioch*, in: Cioch/Kidyba, Art. 2, S. 24; *ders.*, Prawo fundacyjne, S. 65.

584 *Pietrzykowski/Pazdan*, S. 10; *Radwański*, Przegląd Sądowy 2003, Nr. 7-8, S. 11; *Frąckowiak*, Rejent 2003, S. 23; *Tereszkiewicz*, in: Liebscher/Zoll, S. 391.

Dies ist im deutschen Stiftungsrecht anders. Nachdem der BGH in BGHZ 146, 341 ff. die Rechtsfähigkeit der GbR grundsätzlich bejaht hat, kommt auch sie als Stifterin in Betracht.

Ob eine ausländische Organisationseinheit als juristische Person oder quasi-juristische Person anzuerkennen ist, bestimmt sich gemäß Art. 9 § 2 des Gesetzes über das Internationale Privatrecht nach dem Recht des Staates, in dem die Organisationseinheit ihren Sitz hat. Infolgedessen dürfte sich neben deutschen juristischen Personen und Personenhandelsgesellschaften auch die deutsche GbR als Stifterin in Polen betätigen. Selbstverständlich dürfte sich auch eine deutsche rechtsfähige Stiftung als Stifterin in Polen betätigen.

bb) Verfahren und Form

Wie bereits weiter oben angedeutet, ist für die lebzeitige Stiftungserrichtung, d.h. die Anfertigung des Stiftungsakts unter Lebenden, die notarielle Form, der sog. notarielle Akt (poln. *akt notarialny*) erforderlich. Dies ist unmittelbar in Art. 3 Abs. 1 SG geregelt. Die Anfertigung des Stiftungsakts in einer anderen Form ist gemäß Art. 58 § 1 ZGB unwirksam.

Der notarielle Akt wird in den Art. 79 bis 95 des Gesetzes über das Notariat vom 14.02.1991[585] geregelt. Der notarielle Akt kann nur vor einem inländischen Notar oder einem Konsul, der zur Anfertigung notarieller Akte befugt ist, angefertigt werden (Art. 91 ff.).[586] Ein im Ausland angefertigter Stiftungsakt hat die gleiche Wirkung wie ein in Polen angefertigter Stiftungsakt, wenn er zuvor durch einen polnischen Konsul legalisiert worden ist.[587] Gemäß Art. 8 Abs. 1 SG a. F. wurde für die Anfertigung eines notariellen Akts, der lediglich auf die Errichtung einer Stiftung gerichtet war, keine Notargebühr erhoben. Diese Bestimmung wurde durch eine Neuordnung des Kostenrechts im Jahr 2005[588] aufgehoben. Die notarielle Anfertigung des Stiftungsakts ist nun gebührenpflichtig.[589]

b) Stiftungserrichtung von Todes wegen (*mortis causa*)

Art. 3 Abs. 1 S. 2 SG ist zu entnehmen, dass die auf die Errichtung einer Stiftung bezogene Willenserklärung auch im Testament erfolgen kann.

---

585 Dz. U. 2002, Nr. 42, poz. 369.

586 *Suski*, S. 358; *Cioch*, in: Cioch/Kidyba, Art. 3, S. 26; *ders.*, Prawo fundacyjne, S. 67.

587 *Suski*, a.a.O.; zur Gleichwertigkeit von Auslandsbeurkundungen siehe *MüKoIntGesR/Kindler*, Rn. 554 ff.

588 Gesetz vom 28.07.2005, Dz. U. 2005, Nr. 167, poz. 1398.

589 *Suski*, S. 358 f.

aa) Grundsätzliches

Das Zivilgesetzbuch schließt die Erbfähigkeit noch nicht existenter juristischer Personen im Zeitpunkt des Erbfalls grundsätzlich aus. Die einzige Ausnahme von diesem Grundsatz bildet die Erbfähigkeit der noch nicht bestehenden Stiftung.[590] Gemäß Art. 927 § 3 ZGB kann eine im Testament durch den Erblasser errichtete Stiftung Erbe sein, falls sie innerhalb von zwei Jahren seit Testamentsverkündung in das Stiftungsregister eingetragen wird. Diese Vorschrift entspricht, abgesehen von der Fristvorgabe, dem „Städelparagraphen" des Bürgerlichen Gesetzbuches in § 84 BGB[591], der ebenfalls die Erbfähigkeit noch nicht existenter Stiftungen regelt.

Eine im Testament errichtete Stiftung wird erst mit ihrer Eintragung rechts- und somit erbfähig.[592] Zum Zeitpunkt der Nachlasseröffnung existiert sie noch nicht, doch schafft Art. 927 § 3 ZGB die rechtliche Fiktion, wonach die Stiftung bereits zum Zeitpunkt der gerichtlichen Testamentsverkündung bestanden hat.[593] Wird die Stiftung außerhalb der Frist von zwei Jahren eingetragen, so verliert die Fiktion ihre Wirkung, die vorverlagerte Erbfähigkeit der Stiftung entfällt rückwirkend.[594] Die zeitliche Beschränkung der Erbfähigkeit der Stiftung dient dem Schutz der anderen Erben, den Nachlassgläubigern sowie den Interessen anderer Rechtsverkehrsteilnehmer.[595] Wird die Stiftung nicht innerhalb von zwei Jahren eingetragen, werden die gesetzlichen Erben bei der Nachlassverteilung berücksichtigt (Art. 926 § 2 i.V.m. Art 927 § 3 ZGB).

Bei rechtzeitiger Eintragung kann die Stiftung den Nachlass vollständig oder unter dem Vorbehalt der Inventarerrichtung - Annahme mit Beschränkung der Haftung für die Nachlassverbindlichkeiten nur bis zu dem im Inventar festgestellten Guthabenwert des Nachlasses - annehmen oder diesen ausschlagen. Schlägt die Stiftung den Nachlass nicht innerhalb der in Art. 1015 § 1 ZGB bestimmten Frist von 6 Monaten aus, geht dieser gemäß Art. 1015 § 2 Satz 2 ZGB unter dem Vorbehalt der Inventarerrichtung auf sie über.

Sofern die Stiftung den Nachlass ausschlägt oder dessen Passiva die Aktiva übersteigen, muss sie mangels Vermögen in analoger Anwendung des Art. 15 SG liquidiert werden.[596]

---

590 *Bugajna-Sporczyk/Dzbeńska/Janson/Sztekier-Łabuszewska*, S. 35.

591 *Cioch*, in: Cioch/Kidyba, Art. 3, S. 30; *ders.*, Prawo fundacyjne, S. 71; vgl. zum deutschen Recht *Muscheler*, DNotZ 2003, 661, 665 f. und 668 ff.

592 *Niezbecka*, Rejent 1992, Nr. 12, S. 26 f.; *Cioch*, in: Cioch/Kidyba, Art. 3, S. 31; *ders.*, Prawo fundacyjne, S. 72.

593 *Bugajna-Sporczyk/Dzbeńska/Janson/Sztekier-Łabuszewska*, a.a.O.; *Suski*, S. 359; *Cioch*, Prawo fundacyjne, a.a.O.; *ders.*, in: Cioch/Kidyba, a.a.O.

594 *Niezbecka*, a.a.O.; *Cioch*, Prawo fundacyjne, a.a.O.; *ders.*, in: Cioch/Kidyba, a.a.O.

595 *Wójcik*, PiP 1984, Nr. 9, S. 72; *Suski*, S. 359.

596 *Bugajna-Sporczyk*, in: Bugajna-Sporczyk/Janson, S. 23 f.; *Bugajna-Sporczyk/Dzbeńska/Janson/Sztekier-Łabuszewska*, 37; *Suski*, S. 360.

Bis zur Annahme des Nachlasses durch die Stiftung wird dieser durch das Nachlassgericht überwacht. Bei Erforderlichkeit kann das Gericht gemäß Art. 666 § 1 Zivilverfahrensgesetzbuch einen Nachlassverwalter bestimmen, der das Vermögen bis zur Annahme durch die Stiftung verwaltet.

Die Form der Übertragung der Vermögensbestandteile auf die Stiftung hängt davon ab, ob diese Erbin oder Vermächtnisnehmerin ist. Ist die Stiftung einzige Erbin, wird sie im Wege der Universalsukzession aufgrund der Entscheidung des Nachlassgerichts über die Feststellung des Nachlasses Eigentümerin der Vermögensbestandteile. Die Entscheidung des Nachlassgerichts ist die Grundlage für die Umschreibung der Grundstücke in den Grundbüchern.[597]

Ist die Stiftung nicht Alleinerbin, bildet sie mit den übrigen Erben eine Erbengemeinschaft. Zur Übertragung einzelner Vermögensbestandteile aus dem Nachlass ist die Durchführung des Verteilungsverfahrens notwendig.[598]

Falls die Stiftung Vermächtnisnehmerin ist, erfolgt der Erwerb der Vermögensbestandteile durch Übertragungsvertrag. Bei der Übertragung der Vermögensbestandteile ist die jeweils vorgesehene Form einzuhalten, etwa bei Grundstücken der notarielle Akt.[599]

bb) Stifterfähigkeit

Die Stifterfähigkeit für die Errichtung einer Stiftung von Todes wegen verlangt die unbeschränkte Geschäftsfähigkeit. Gemäß Art. 944 § 1 ZGB gehört die Anfertigung eines Testaments zu den höchstpersönlichen einseitigen Rechtsgeschäften. Infolgedessen ist eine Anfertigung durch einen gesetzlichen Vertreter ausgeschlossen. Darüber hinaus ist gemäß Art. 944 § 2 ZGB die Anfertigung durch einen Bevollmächtigten ebenfalls nicht möglich.[600]

cc) Verfahren und Form

Für die Errichtung des Testaments schreibt das Stiftungsgesetz keine besondere Form vor. Zulässig ist die Errichtung in jeder Form, in der Testamente errichtet werden können. Das polnische Erbrecht kennt gewöhnliche Testamente - das eigenhändige gemäß Art. 949 ZGB, das notarielle gemäß Art. 950 ZGB sowie das allographische gemäß Art. 951 ZGB[601] - und besondere Testamente.[602] Zu

597 *Bugajna-Sporczyk/Dzbeńska/Janson/Sztekier-Łabuszewska*, 37.
598 *Bugajna-Sporczyk/Dzbeńska/Janson/Sztekier-Łabuszewska*, a.a.O.
599 *Bugajna-Sporczyk/Dzbeńska/Janson/Sztekier-Łabuszewska*, 38.
600 *Suski*, S. 351; *Cioch*, in: Cioch/Kidyba, Art. 2, S. 22; *ders.*, Prawo fundacyjne, S. 64.
601 Nach dieser Vorschrift kann der Erblasser ein Testament in der Weise errichten, dass er in Gegenwart von zwei Zeugen seinen letzten Willen vor dem Vorsteher einer Einheit der territorialen Selbstverwaltung, dem Kreis- oder Gemeindesekretär oder dem Leiter des Standesamtes mündlich erklärt.

Letzteren gehören das Nottestament in Gegenwart von drei Zeugen, das Testament vor dem Kapitän eines See- oder Luftfahrzeugs sowie das Militärtestament (Art. 952 ff. ZGB).

Der Stiftungsakt muss im Testament enthalten sein, er darf kein zum Testament gesondertes Dokument, etwa eine Anlage, darstellen. In einem solchen Fall wäre der Stiftungsakt wegen Formverstoßes nichtig.[603] Während die lebzeitige Stiftungserrichtung durch mehrere Personen ohne Weiteres möglich ist, gestaltet sich dies bei der Stiftungserrichtung von Todes schwieriger: Das polnische Erbrecht kennt weder Erbverträge noch das gemeinsame Testament. Eine § 2265 BGB entsprechende Norm gibt es nicht; das Verbot eines gemeinsamen Testaments folgt aus Art. 942 ZGB.

Will ein Ehepaar eine gemeinsame Stiftung von Todes wegen errichten, ist dies nur möglich, wenn jeder Ehegatte ein eigenes Testament mit einem jeweils gleichlautenden Stiftungsakt anfertigt.[604] Die Stiftung wird dann aufgrund des Testaments des erstverstorbenen Ehegatten errichtet und kann später im Wege der gewillkürten Erbfolge die Vermögensbestandteile des zweitverstorbenen Ehegatten erben.[605]

Das Testament stellt die Grundlage für die Errichtung der Stiftung und ihre Eintragung in das Stiftungsregister dar. Da die Stiftungserrichtung durch Testament neben der Stiftungserrichtung durch notariellen Akt gleichberechtigt ist, muss der testamentarische Stiftungsakt über den gleichen Mindestinhalt verfügen. Dies bedeutet, dass das Testament neben der Willensbekundung hinsichtlich der Errichtung einer Stiftung auch deren Zweck sowie das ihr zur Verfügung gestellte Vermögen beinhalten muss.[606]

Je nach Ausgestaltung kann die Stiftung zum Erben oder zum Vermächtnisnehmer berufen werden. Ein Testament, das der Stiftung keine Vermögensbestandteile zuweist, kann nicht als wirksamer Stiftungsakt angesehen werden, weil das Vermögenselement die Grundvoraussetzung für die Errichtung der Stiftung ist.[607]

Aus Gründen der Klarheit sollte der im Testament enthaltene Stiftungsakt auch Regelungen bezüglich der Person des Testamentsvollstreckers treffen sowie Anhaltspunkte hinsichtlich der anzufertigenden Stiftungssatzung beinhalten.

---

602 *Stecki*, Fundacja, Band 1, S. 93 f.; *Cioch*, in: Cioch/Kidyba, Art. 3, S. 31; *ders.*, Prawo fundacyjne, S. 72; *Bugajna-Sporczyk/Dzbeńska/Janson/Sztekier-Łabuszewska*, 37; *Suski*, S. 359.

603 *Cioch*, in: Cioch/Kidyba, Art. 3, S. 31.

604 *Cioch*, Prawo fundacyjne, S. 67; *ders.*, in: Cioch/Kidyba, Art. 3, S. 29 f.

605 Es ist nicht ganz klar, ob es sich bei dieser Konstruktion um eine Zuwendung des letztverstorbenen Ehepartners oder um eine Zustiftung handeln soll. Die Rechtslehre problematisiert diese Frage nicht.

606 *Cioch*, in: Cioch/Kidyba, Art. 3, S. 31; *ders.*, Prawo fundacyjne, S. 72; *Suski*, S. 359.

607 *Bugajna-Sporczyk/Dzbeńska/Janson/Sztekier-Łabuszewska*, S. 36.

4. Widerrufbarkeit des Stiftungsakts

Wie bereits zum Wesen des Stiftungsakts ausgeführt, handelt es sich bei diesem um ein einseitig verpflichtendes Rechtsgeschäft, das unter der aufschiebenden Bedingung steht, dass es zur Eintragung der Stiftung in das Stiftungsregister kommt. Infolgedessen ist der Stiftungsakt gemäß Art. 61 § 1 ZGB bis zur Eintragung der Stiftung in das Stiftungsregister grundsätzlich veränderbar, ergänzbar oder widerrufbar.[608] Haben mehrere Personen den Stiftungsakt errichtet, so müssen sie ihn auch gemeinsam widerrufen.[609] Die Änderung, Ergänzung oder der Widerruf eines unter Lebenden angefertigten Stiftungsakts hat in notarieller Form zu erfolgen.[610]

Auch die Änderung oder der Widerruf eines im Testament enthaltenen Stiftungsakts ist möglich. Es finden die allgemeinen Regeln über den Widerruf von Testamenten Anwendung. Gemäß Art. 943 ZGB kann der Erblasser jederzeit sowohl das gesamte Testament als auch einzelne Anordnungen widerrufen. Art. 946 ZGB besagt, dass der Widerruf eines Testaments entweder durch die Errichtung eines neuen Testaments, durch seine Vernichtung oder durch die Unbrauchbarmachung der für die Gültigkeit des Testaments erforderlichen Teile geschehen kann. Schließlich kann der Erblasser solche Änderungen des Testaments vornehmen, aus denen der Wille zum Widerruf einzelner Anordnungen geschlossen werden kann.

Der Widerruf des Testaments hat den Widerruf des Stiftungsakts zur Folge, so dass ein gesonderter Widerruf des Stiftungsakts entbehrlich ist.[611] Zum Widerruf des Stiftungsakts ist nur der Erblasser berechtigt.[612]

Der Widerruf einer Stiftungserrichtung durch einen Erben ist dann möglich, wenn die Stiftung noch unter Lebenden - nicht im Testament - errichtet worden ist. Ausgeschlossen ist der Widerruf aber auch in diesem Fall, falls bei dem zuständigen Registergericht bereits ein ordnungsgemäßer Antrag auf Eintragung der Stiftung eingegangen ist.[613]

Da der Stiftungsakt das Wesen einer Stiftung bestimmt und ihr Verfassungsfundament bildet, ist eine Änderung des Stiftungsakts nach Eintragung der Stiftung, auch durch den Stifter selbst, ohne Ausnahme ausgeschlossen. Lediglich für die Stiftungssatzung kann etwas anderes gelten.[614]

---

608 *Kwiatkowska*, S. 9; *Cioch*, Prawo fundacyjne, S. 76; *Suski*, S. 357.

609 *Cioch*, Prawo fundacyjne, S. 76; *Suski*, S. 357.

610 *Bugajna-Sporczyk*, in: Bugajna-Sporczyk/Janson, S. 34; *Suski*, a.a.O.

611 *Suski*, a.a.O.

612 *Stecki*, Fundacja, Band 1, S. 324.

613 *Stecki*, Fundacja, Band 1, S. 319 f.

614 Oberstes Gericht, Beschluss vom 12. April 2007, III CZP 26/07, OSNC 2008, Nr. 3, poz. 32; *Suski*, S. 358.

5. Zusammenfassender Rechtsvergleich

Beide Rechtsordnungen kennen den Stiftungsakt. In der deutschen ist dieser Bestandteil des Stiftungsgeschäfts. Er wird in Anlehnung an § 81 Abs. 1 Satz 2 BGB als „verbindliche Erklärung des Stifters verstanden, ein bestimmtes Vermögen auf Dauer der Erfüllung von ihm vorgegebener Zwecke zu widmen“[615]. Das polnische Stiftungsrecht sieht den Stiftungsakt als eigenständiges Rechtsgeschäft an, das die erste von drei notwendigen Entstehungskomponenten darstellt. Definiert wird der Stiftungsakt als eine auf die Entstehung der rechtsfähigen Stiftung gerichtete Willenserklärung, die sowohl den Zweck der Stiftung als auch das zur Realisierung dieses Zwecks bestimmte Vermögen angibt.

Vom Wesen entspricht der polnische Stiftungsakt demnach dem deutschen Stiftungsgeschäft. Dieses wird nämlich nach Enneccerus[616] wie folgt definiert: „Das Stiftungsgeschäft ist eine Willenserklärung, die den Zweck der Stiftung angibt, in der Regel für diesen Zweck ein Vermögen zur Verfügung stellt und den Willen des Stifters erkennen lässt, die Stiftung als selbständiges Rechtssubjekt ins Leben zu rufen.“ Der Unterschied besteht allein darin, dass die Stiftung durch den Stiftungsakt noch keine Satzung erhält, wie dies § 81 Abs. 1 Satz 2 BGB für das Stiftungsgeschäft bestimmt. Die Erstellung einer Stiftungssatzung stellt im polnischen Stiftungsrecht die zweite notwendige Komponente bei der Errichtung einer Stiftung dar und ist aus dem Stiftungsakt ausgegliedert.

Stiftungsakt und Stiftungsgeschäft haben viele Gemeinsamkeiten: Sie können von - geschäftsfähigen - natürlichen Personen sowie juristischen Personen errichtet werden. Die Errichtung durch Personengesellschaften ist, bis auf die Errichtung durch eine Zivilgesellschaft im polnischen Recht, ebenfalls möglich. Beide Rechtsakte sind nicht höchstpersönlicher Natur, eine Stellvertretung ist nach allgemeinen Regeln zulässig.

Der Stiftungsakt ist erforderlich bei der Stiftungserrichtung unter Lebenden und von Todes wegen. Im ersten Fall bedarf er der notariellen Form, im zweiten Fall wahrt das Testament die Form. Das Stiftungsgeschäft unter Lebenden bedarf der schriftlichen Form, für Stiftungsgeschäfte von Todes wegen verweist § 83 BGB ebenfalls ins Erbrecht. Eine Stiftungserrichtung durch gemeinsames Testament oder Erbvertrag ist in Polen nicht möglich; das polnische Erbrecht kennt diese Möglichkeiten der letztwilligen Verfügungen nicht.

Inhaltlich werden an die Konkretisierung des Stiftungszwecks durch das polnische Stiftungsrecht hohe Anforderungen gestellt - dieser soll möglichst nicht auslegungsbedürftig sein. Umso niedriger sind die Anforderungen an die Finanzausstattung der Stiftung: Ein zwingende Mindestkapital ist nicht vorgeschrieben, die Registergerichte sind nicht berechtigt, eine Prognoseprüfung hinsichtlich der Mittel-Zweck-Relation durchzuführen. Das polnische Stiftungs-

---

615 *Hof*, in: Seifart/v. Campenhausen, Stiftungsrechts-Handbuch, 3. Aufl., § 6 Rn. 3, 20.

616 *Enneccerus/Nipperdey*, AT, § 117 II.

recht gestattet die Errichtung von Stiftungen mit minimalem Vermögensbestand. Der Stiftungsakt wird ebenfalls als ein aufschiebend bedingtes Rechtsgeschäft aufgefasst. Bis zur Eintragung der Stiftung im Stiftungsregister ist dieser widerrufbar. Diese Regelung entspricht § 81 Abs. 2 Satz 1 BGB. Für den Erben des Stifters gilt eine Widerrufsregelung, die § 81 Abs. 2 Satz 3, 1. Alt BGB entspricht: Sofern der Stifter den Antrag auf Eintragung der Stiftung beim Registergericht noch nicht gestellt hat, kann auch der Erbe den Stiftungsakt widerrufen.

II. Die Stiftungssatzung

Den zweiten Schritt zur Entstehung einer rechtsfähigen Stiftung stellt nach der Errichtung des Stiftungsakts die Errichtung der Stiftungssatzung dar. Während im Stiftungsakt die Fundamente einer Stiftung festgelegt werden, wird durch die Satzung ihr Organisationsgefüge bestimmt[617], „durch ihre Satzung erhält die Stiftung eine eigene Struktur“[618]. Die im Stiftungsakt getroffenen Grundentscheidungen werden durch die Satzung wiederaufgegriffen und konkretisiert.[619]

Gemäß Art. 4 SG ist neben den Vorschriften des Stiftungsgesetzes die Satzung Grundlage für die Tätigkeit der Stiftung. Da das Stiftungsgesetz nur aus wenigen Artikeln besteht und diese die Stiftungstätigkeit lediglich allgemein in ihren Grundzügen regeln, erfolgt die Konkretisierung der Wesensmerkmale einer Stiftung durch die Bestimmungen ihrer Satzung.[620] Der Inhalt der Stiftungssatzung ist entscheidend für die Rechtmäßigkeit sowie begrenzend für den Umfang der Stiftungstätigkeit.[621] Als innerer Kodex ist sie maßgeblich für die Beziehungen der Stiftung zu Dritten.[622]

Die Satzung unterliegt der formellen und inhaltlichen Prüfung durch das Registergericht. Diese beschränkt sich nicht allein auf den gesetzlich vorgeschriebenen Mindestinhalt[623], sondern erstreckt sich auf sämtliche Bestimmungen der Satzung.[624] Die Satzung darf weder gegen gesetzliche Bestimmungen verstoßen noch zu den im Stiftungsakt niedergelegten Maximen im Widerspruch stehen.[625]

---

617 *Bugajna-Sporczyk/Dzbeńska/Janson/Sztekier-Łabuszewska*, S. 55.
618 *Kidyba*, in: Cioch/Kidyba, (2010), Art. 4, S. 49.
619 Oberstes Gericht, Entscheidung vom 20. Januar 1998, I CKN 417/97, OSNC 1998, Nr. 10, S. 157.
620 *Cioch*, Prawo fundacyjne, S. 77; *Kidyba*, in: Cioch/Kidyba, (2010), Art. 4, S. 44 f.
621 *Kidyba*, in: Cioch/Kidyba, (2010), Art. 4, S. 45.
622 Oberstes Gericht, Beschluss vom 6. August 1996, III CZP 88/96, OSNC 1996/11/151; *Bugajna-Sporczyk/Dzbeńska/Janson/Sztekier-Łabuszewska*, S. 57.
623 Zum Mindestinhalt der Stiftungssatzung siehe Ausführungen weiter unten.
624 *Bugajna-Sporczyk/Dzbeńska/Janson/Sztekier-Łabuszewska*, a.a.O.
625 *Cioch*, Prawo fundacyjne, S. 78.

1. Rechtscharakter

Nach polnischer Stiftungsrechtsdoktrin stellt die Stiftungssatzung, im Gegensatz zu Korporationssatzungen, keinen Vertrag dar. Da die Stiftung als juristische Person mit Anstaltscharakter nicht durch Gründungsmitglieder oder durch Gesellschafter errichtet werde, fehle es der Stiftungssatzung an einem vertraglich-normativen Charakter.[626] In Deutschland wird dies hingegen anders gesehen: Weil die Satzung nicht nur für einen Einzelfall gelte, sondern für die inneren und äußeren Rechtsbeziehungen der Stiftung in der Gegenwart und Zukunft Grundlage sei[627], müsse sie nach objektiv-einheitlichen Gesichtspunkten interpretiert werden, damit ihre einheitliche Handhabung gesichert sei.[628] Auf einen mutmaßlichen Stifterwillen komme es bei der Auslegung der Stiftungssatzung - im Gegensatz zu der Auslegung des Stiftungsgeschäfts - nicht an.[629] Infolgedessen wird der Stiftungssatzung, wie der Satzung eines Vereins, der Charakter einer Rechtsnorm zugesprochen.[630] Daraus folgt, dass die Auslegung durch die Tatsachengerichte revisibel ist, die Revisionsinstanz ist nicht lediglich auf eine Nachprüfung der Beachtung anerkannter Auslegungsgrundsätze beschränkt.[631]

In Polen sehen sowohl die Rechtsprechung[632] als auch die Literatur[633] in der Stiftungssatzung einen privatrechtlichen Akt, der eine einseitige Willenserklärung des Stifters darstellt. Auch bei der Satzung handele es sich, wie beim Stiftungsakt, um ein - einseitiges - Rechtsgeschäft. Folglich seien auch auf die Stiftungssatzung die allgemeinen Vorschriften über Rechtsgeschäfte, insbesondere betreffend die Auslegung von Rechtsgeschäften, anwendbar.

2. Anfertigung der Stiftungssatzung

a) Persönliche Voraussetzungen

Die Errichtung der Stiftungssatzung erfolgt grundsätzlich durch den Stifter selbst, wie dies Art. 5 Abs. 1 Satz 1 SG als Normalfall vorsieht. Die persönliche

626 *Niemirka*, S. 6; *Suski*, S. 375; *Cioch*, Prawo fundacyjne, S. 77; *Kidyba*, in: Cioch/Kidyba, (2010), Art. 4, S. 45; *ders.*, Ustawa o fundacjach, S. 28.

627 RGZ 86, 283, 284; BGH StiftRspr I 33, 34 f.

628 *Ebersbach*, S. 89; *Werner*, in: v. Campenhausen/Kronke/Werner, S. 249 f.; *Jakob*, S. 138 f.

629 *Ebersbach*, S. 88 f.

630 Vgl. nur *Hof*, in: Seifart/v. Campenhausen, Stiftungsrechts-Handbuch, 3. Aufl., § 6 Rn. 123.

631 *Palandt/Ellenberger*, § 85 Rn. 2; *Staudinger/Rawert*, 1995, § 85 Rn. 3; *Hof*, a.a.O.

632 Oberstes Gericht, Beschluss vom 12. April 2007, III CZP 26/07, OSNC 2008, Nr. 3, Pos. 32.

633 *Stecki*, Fundacja, Band 1, S. 217 f.; *Suski*, S. 376; *Radwański*, in: System Prawa Prywatnego, Band 2, S. 86 f.

Anfertigung durch den Stifter ist jedoch nicht zwingend. Dies folgt unmittelbar aus Art. 6 Abs. 1 SG. Demnach kann der Stifter zur Anfertigung der Stiftungssatzung eine andere natürliche oder juristische Person bevollmächtigen. Dies gilt sowohl bei der Stiftungserrichtung unter Lebenden als auch bei der von Todes wegen.[634]

Hat der Stifter bei einer Errichtung von Todes wegen keine Satzung angefertigt und diesbezüglich im Testament auch keine Person bestimmt, finden gemäß Art. 6 Abs. 3 SG die Vorschriften über die Auflage (Art. 982-985 ZGB) entsprechende Anwendung. Daraus folgt, dass der Erbe bzw. Vermächtnisnehmer so behandelt werden, als sei ihnen im Testament die Verpflichtung zur Vornahme einer bestimmten Handlung - der Errichtung der Stiftungssatzung - auferlegt worden. Der Testamentsvollstrecker kann von dem Erben und der Erbe von dem Vermächtnisnehmer die Vollziehung dieser Auflage verlangen. Liegt die Auflage im gesellschaftlichen Interesse, so kann auch das zuständige Staatsorgan die Vollziehung der Auflage verlangen.[635]

Ist die Stiftung hingegen alleinige Erbin und hat der Stifter im Testament weder eine Satzung angefertigt, noch eine Person hierzu bestimmt, ist keine zur Satzungsanfertigung befugte Person vorhanden. Das Stiftungsgesetz sieht für diese Fälle keine Lösung vor, weshalb in Teilen der Literatur von einer unwirksamen Stiftungserrichtung ausgegangen wird.[636]

Andere Teile der Literatur präsentieren für dieses Problem zwei Lösungswege: Nach dem ersten Lösungsvorschlag könnte der für die Aufsicht zuständige Minister aufgrund einer Annexkompetenz die Satzung anfertigen.[637] Die andere Ansicht[638] weist auf die Möglichkeit der Anwendung der Vorschrift über die Verwaltung des nicht angenommenen Nachlasses (poln. *zarządzanie spadkiem nieobjętym*) gemäß Art. 666 § 1 des Zivilverfahrensgesetzbuches (poln. *kodeks postępowania cywilnego* - kurz „*k.p.c.*“) hin. In einer derartigen Situation müsste das Nachlassgericht einen Nachlassverwalter (poln. *kurator spadku*) bestellen, der die Befugnis zur Anfertigung der Stiftungssatzung sowie Beantragung der Eintragung hätte.

Wenn man einer Auffassung den Vorzug gewähren möchte, um die Stiftungserrichtung nicht als unwirksam gelten zu lassen, dann doch der Zweiten. Sie schöpft die gesetzlich vorgesehenen Lösungsmöglichkeiten des Erbrechts aus und verzichtet auf eine Analogie oder Überdehnung der Kompetenzen der Aufsichtsbehörden. Die erste Ansicht scheint mit dem aktuell geltenden Stiftungsrecht nicht vereinbar zu sein, insbesondere unter Berücksichtigung der 1991 erfolgten Novellierung: Während das Stiftungsgesetz in seiner Erstfassung noch

634 *Cioch*, Prawo fundacyjne, S. 78.
635 *Cioch*, Prawo fundacyjne, S. 79; *Sagan/Strzępka*, S. 55; *Suski*, S. 377.
636 *Suski*, a.a.O.
637 *Wąsowicz*, S. 81.
638 *Cioch*, Prawo fundacyjne, a.a.O; *Niemirka*, S. 8.

die Möglichkeit der Anfertigung der Satzung durch den zuständigen Minister vorsah, ist diese im Zuge der Novellierung des Stiftungsrechts entfallen. Das polnische Stiftungsrecht verzichtet bewusst auf eine aufsichtsbehördliche Ergänzungsbefugnis, wie sie etwa in § 83 Satz 2 BGB geregelt ist.

Stiftungsakt und Stiftungssatzung stellen privatrechtliche Rechtsgeschäfte dar, weshalb eine Anfertigung der Satzung durch beaufsichtigende Organe nur schwer mit ihrem zivilrechtlichen Charakter zu vereinbaren wäre. Der erbrechtliche Vorschlag scheint in diesem Zusammenhang die einzig zulässige Lösung zu sein.

b) Formale Voraussetzungen

Das Stiftungsgesetz stellt keine besonderen formalen Voraussetzungen an die Stiftungssatzung. Aus dem Umstand, dass dem Registergericht zur Eintragung der Stiftung gemäß Art. 9 Abs. 2 KRS neben dem schriftlichen Antrag auch die Stiftungssatzung vorzulegen ist, hat die Anfertigung der Satzung zumindest in Textform zu erfolgen.[639]

Bei einer Satzungserrichtung im Testament gelten die für das Testament maßgeblichen Formerfordernisse.[640]

3. Satzungsinhalt

a) Grundlegendes

Die Stiftungssatzung muss über den Mindestinhalt verfügen, den Art. 5 Abs. 1 SG vorsieht. Zu den Mindestangaben gehören

(1) der Name der Stiftung,
(2) der Sitz der Stiftung,
(3) das Vermögen der Stiftung,
(4) die Ziele,
(5) die Prinzipien, die Formen und der Umfang der Stiftungstätigkeit sowie
(6) die Zusammensetzung und die Organisation des Vorstandes, die Art der Berufung der Vorstandsmitglieder sowie die Pflichten und Befugnisse des Vorstandes und seiner Mitglieder.

Demnach sind in diesen Mindestangaben alle Punkte des § 81 Abs. 1 Satz 2 BGB enthalten. Der Mindestinhalt einer polnischen Stiftungssatzung geht über den Mindestinhalt einer BGB-Stiftungssatzung sogar geringfügig, jedoch nicht entscheidend, hinaus. Der Unterschied besteht in dem Erfordernis zur ausführli-

639 *Kidyba*, in: Cioch/Kidyba, (2010), Art. 4, S. 46; *Suski*, S. 377.
640 *Bugajna-Sporczyk/Dzbeńska/Janson/Sztekier-Łabuszewska*, S. 55.

cheren Angabe hinsichtlich der Vorstandsorganisation sowie den Angaben zu den Zielen, Prinzipien, Formen und dem Umfang der Stiftungstätigkeit.

Art. 5 Abs. 1 SG stellt den absoluten Mindestinhalt dar. Verfügt die Stiftungssatzung nur über eine dieser Mindestangaben nicht, fehlt der Stiftung die Eintragungsfähigkeit.[641] Gemäß Art. 5 Abs. 1 Satz 2 SG kann die Satzung über diesen Mindestinhalt hinaus noch weitere, fakultative Bestimmungen enthalten. Auf diese alternativen Gestaltungsmöglichkeiten soll weiter unten eingegangen werden; zunächst werden die obligatorischen Satzungsangaben behandelt.

b) Stiftungsbezeichnung

Art. 5 Abs. 1 SG verlangt, dass der Stiftung eine Bezeichnung, ein Name gegeben wird. In der Praxis erfolgt die Namensgebung oft bereits im Stiftungsakt, weshalb in der Satzung lediglich eine Wiederholung stattfindet.[642] Das Stiftungsgesetz regelt die Voraussetzungen für die Namensgebung nicht. Diesbezüglich findet das allgemeine zivilrechtliche Namensrecht Anwendung.[643] Erhöhte Anforderungen an den Namen der Stiftung werden dann gestellt, wenn diese einer wirtschaftlichen Tätigkeit nachgeht.

aa) Name

Auf Stiftungen ohne wirtschaftliche Betätigung findet allein das allgemeine Namensrecht Anwendung.[644]

Der Stifter ist in der Namensgebung grundsätzlich frei[645], es sei denn, dass spezielle gesetzliche Regelungen die Verwendung eines bestimmten Namens verbieten.[646] Der Name unterliegt dem Wahrheitsgrundsatz, er darf nicht über die Ziele der Stiftung täuschen oder auf eine andere Gesellschaftsform schließen lassen.[647] Eine Verpflichtung, den Rechtsformzusatz „fundacja“ zu führen, besteht nicht.[648]

Der Name der Stiftung kann persönliche Elemente, etwa den Vor- und Nachnamen des Stifters oder einer anderen Person enthalten. Das Namensrecht Drit-

---

641 *Izdesbki*, (1998), S. 43; *Bugajna-Sporczyk/Dzbeńska/Janson/Sztekier-Łabuszewska*, S. 57; *Cioch*, Prawo fundacyjne, a.a.O.

642 *Kidyba*, in: Cioch/Kidyba, (2010), Art. 5, S. 53.

643 *Kidyba*, in: Cioch/Kidyba, (2010), Art. 5, S. 54.

644 *Cioch*, Prawo fundacyjne, S. 81.

645 *Gibalska/Ogonowski*, S. 12; *Kwiatkowska*, S. 14; *Suski*, S. 379.

646 Eine Stiftung darf in ihrem Namen z.B. den Begriff „Bank“ nicht enthalten, da dieser bankenrechtlich nur Kreditinstituten vorbehalten ist, *Kidyba*, in: Cioch/Kidyba, (2010), Art. 5, S. 56.

647 *Bugajna-Sporczyk/Dzbeńska/Janson/Sztekier-Łabuszewska*, a.a.O.

648 *Kwiatkowska*, a.a.O.; *Bugajna-Sporczyk/Dzbeńska/Janson/Sztekier-Łabuszewska*, S. 58.

ter und fremde Persönlichkeitsrechte sind zu beachten.[649] Der Name kann auch sachliche Elemente enthalten, die den Tätigkeitsumfang oder die Ziele der Stiftung widerspiegeln. Neben persönlich-sachlichen Elementen sind auch abstrakte Namen und Phantasiebezeichnungen zulässig.[650] Die Verwendung einer Fremdsprache ist ebenfalls möglich; das dem Schutz der polnischen Sprache dienende Gesetz vom 7. Oktober 1999[651] schreibt für Eigennamen die Verwendung der polnischen Sprache nicht vor.[652]

Eine Namensänderung ist nur dann möglich, wenn dies in der Satzung vorgesehen ist.[653] Ist der Name im Stiftungsakt festgeschrieben, kann eine Namensänderung lediglich bis zum Zeitpunkt der Eintragung erfolgen.[654]

Das Stiftungsgesetz enthält keine besondere Namensschutzregelung; dem Stiftungsnamen gebührt ausschließlich der zivilrechtliche Namensschutz gemäß Art. 43 i.V.m. Art 23 f. ZGB. Dieser beinhaltet nach § 24 § 1 ZGB das Recht auf Unterlassung bei rechtswidriger Bedrohung und Beseitigung bei Verletzung des Namensrechts. Ferner kann aus einer Namensrechtsverletzung ein Schadensersatzanspruch resultieren.[655]

Der stiftungsrechtliche Namensschutz ist lückenhaft, da das Registergericht im Eintragungsverfahren nicht dazu verpflichtet ist, den gewählten Namen mit den Namen bereits bestehender Stiftungen abzugleichen. Selbst wenn das Registergericht eine Namenskollision feststellen würde, wäre es nicht befugt, die Eintragung zu verweigern oder eine Namensänderung zu verlangen. Infolgedessen kann grundsätzlich nicht ausgeschlossen werden, dass zwei oder mehrere Stiftungen innerhalb eines Gerichtsbezirks den gleichen Namen haben.[656] Der vorrangig eingetragenen Stiftung verbleibt nur die Möglichkeit, gegen die nachrangigen Stiftungen ihren namensrechtlichen Beseitigungsanspruchs geltend zu machen.[657]

---

649 So ist etwa der Name „*Fryderyk Chopin*“ mit Gesetz vom 3. Februar 2001 über den Schutz des Erbes von Frédéric Chopin (Dz. U. Nr. 16, poz. 168) rechtlich geschützt und dürfte ohne Zustimmung des Kultusministers nicht als Teil eines Stiftungsnamens verwendet werden, vgl. *Suski*, a.a.O.

650 *Stecki*, Fundacja, Band 1, S. 144 f.; *Suski*, S. 379; *Gibalska/Ogonowski*, a.a.O.

651 Dort Art. 11 Abs. 1, Dz.U. 1999, Nr. 90, poz. 999.

652 *Niemirka*, S. 94; *Suski*, S. a.a.O.; *Kidyba*, in: Cioch/Kidyba, (2010), Art. 5, S. 56.

653 *Stecki*, Fundacja, Band 1, S. 147; *Kidyba*, in: Cioch/Kidyba, (2010), Art. 5, S. 57.

654 *Kidyba*, in: Cioch/Kidyba, (2010), a.a.O.

655 *Kidyba*, in: Cioch/Kidyba, (2010), Art. 5, S. 54; Cioch, a.a.O.; *Gibalska/Ogonowski*, a.a.O.; *Suski*, a.a.O.; *Bugajna-Sporczyk/Dzbeńska/Janson/Sztekier-Łabuszewska*, S. 58.

656 Suski, S. 379 f.; *Gibalska/Ogonowski*, S. 13; *Kwiatkowska*, S. 14 f.; *Bugajna-Sporczyk/ Dzbeńska/Janson/Sztekier-Łabuszewska*, S. 58.

657 *Kwiatkowska*, S. 15.

bb) Firma

Soll die Stiftung zur Förderung ihrer Satzungsziele einer wirtschaftlichen Tätigkeit nachgehen, wird sie gemäß Art. 43^{1} ZGB als „Unternehmer“[658] eingestuft. Sie handelt gemäß Art. 43^{5} § 1 ZGB unter einer Firma. Als Unternehmer ist die Stiftung nach Art. 43^{5} § 2 ZGB verpflichtet, den Firmenzusatz „fundacja“ zu führen.[659]

Auf die Firma der Stiftung finden alle Grundsätze des Firmenrechts Anwendung.[660] So wird die Firmenfreiheit durch die Firmenwahrheit und die Firmeneinheit begrenzt (Art. 43^{2} § 2, Art. 43^{3} § 1 ZGB).[661] Der Firmenschutz geht weiter als der zivilrechtliche Namensschutz: Neben dem allgemeinen Firmenschutz vor jeglichen rechtswidrigen Handlungen gemäß Art. 43^{10} ZGB genießt die Firma der Stiftung Schutz vor unlauterem Wettbewerb[662] und stellt ein gewerbliches Schutzrecht[663] dar.[664]

c) Sitz

Die Satzung hat ferner den Sitz der Stiftung anzugeben. Dieser befindet sich an dem Ort, an dem der Stiftungsvorstand verwalterisch tätig werden soll.[665] Wie alle juristischen Personen darf auch die Stiftung nur über einen Sitz verfügen.[666]

Gemäß Art. 2 Abs. 2 SG muss sich der Sitz der Stiftung auf dem Territorium der Republik Polen befinden. Für ausländische Stiftungen besteht die Möglichkeit zur Errichtung einer Vertretung nach Art. 19 SG; sie können ebenfalls eine vollwertige (Zweit-)Stiftung nach polnischem Recht errichten.[667]

Wird die Stiftung auf dem Gebiet lediglich einer Woiwodschaft tätig, hat sich der Sitz auf dem Gebiet dieser Woiwodschaft zu befinden, Art. 5 Abs. 3 SG. Umfasst die Stiftungstätigkeit mehrere Woiwodschaften, ist der Stiftungssitz frei wählbar.[668]

---

658 Die polnische Bedeutung des „Unternehmers“ entspricht einem Handelsgewerbetreibenden des HGB.

659 *Suski*, S. 380.

660 *Cioch*, Prawo fundacyjne, a.a.O.; *Kidyba*, in: Cioch/Kidyba, (2010), Art. 5, S. 57.

661 *Kidyba*, in: Cioch/Kidyba, (2010), Art. 5, S. 58 ff.

662 Art. 18 des Gesetzes vom 16. April 1993 über die Bekämpfung der unlauteren Konkurrenz, Dz.U. 2003, Nr. 153, poz. 1503.

663 Art. 287 und Art. 296 des Gesetzes vom 30. Juni 2000 - Recht des gewerblichen Rechtsschutzes, Dz.U. 2003, Nr. 119, poz. 1117.

664 *Kidyba*, in: Cioch/Kidyba, (2010), Art. 5, S. 64; *Suski*, S. 379; *Bugajna-Sporczyk/Dzbeńska/Janson/Sztekier-Łabuszewska*, S. 58; *Gibalska/Ogonowski*, S. 12.

665 *Gibalska/Ogonowski*, S. 13; *Cioch*, Prawo fundacyjne, a.a.O.

666 *Cioch*, Prawo fundacyjne, a.a.O.

667 *Cioch*, Prawo fundacyjne, S. 82; *Kidyba*, in: Cioch/Kidyba, (2010), Art. 5, S. 66.

668 *Kidyba*, in: Cioch/Kidyba, (2010), Art. 5, S. 67.

Der Stiftungssitz bestimmt die örtliche Zuständigkeit des Registergerichts (Art. 694^2 des Zivilprozessgesetzbuches), des Starosts als Aufsichtsorgan (Art. 9 Abs. 2 SG) sowie der ordentlichen Gerichte (Art. 30, 40 des Zivilprozessgesetzbuches).[669]

Eine spätere Sitzverlegung ist möglich, wenn eine solche Möglichkeit in der Satzung vorgesehen ist.[670] Die Sitzverlegung bedarf keiner staatlichen Genehmigung.[671]

d) Stiftungsvermögen

Dritter obligatorischer Punkt sind die Angaben zum Stiftungsvermögen. Dieses Element ist nicht nur Bestandteil der Satzung, sondern bereits notwendiger Inhalt des Stiftungsakts. Wie im Stiftungsakt müssen auch in der Satzung diejenigen Vermögensgüter angegeben werden, die der Stifter der Stiftung übertragen soll. Die Angaben zu diesem Vermögen erschöpfen sich zunächst in einer wörtlichen Wiederholung des Inhalts aus dem Stiftungsakt. Insbesondere dürfen deswegen in der Satzung keine Widersprüche zum Stiftungsakt entstehen, um die Eintragung der Stiftung nicht zu gefährden.[672]

Soll die Stiftung einer wirtschaftlichen Tätigkeit nachgehen, muss spätestens in der Satzung der dafür vorgesehene Vermögensteil konkretisiert werden, wobei die erforderliche Mindesthöhe von 1.000 PLN zu berücksichtigen ist.

In der Satzung muss bestimmt werden, auf welche Art und Weise die Stiftung Erträge erwirtschaften darf und soll. Dies kann einerseits aus dem Grundstockvermögen erfolgen, andererseits können hierzu auch andere Quellen bezeichnet werden, etwa Schenkungen, Spenden, Subventionen, Beihilfen, Nachlässe, Vermächtnisse, öffentliche Sammlungen, Wertpapiere, Bankzinsen oder Einnahmen aus wirtschaftlicher Betätigung.[673]

Sofern die Stiftung die Anerkennung als gemeinnützige Organisation anstrebt, muss gemäß Art. 20 Abs. 5 GemeinnützigkeitsG in der Satzung ausdrücklich angegeben werden, dass das Vermögen ausschließlich zur Förderung der satzungsmäßigen öffentlichen Aufgaben verwendet werden soll.

---

669 *Suski*, S. 380; *Cioch*, a.a.O.; *Kidyba*, in: Cioch/Kidyba, (2010), Art. 5, S. 66.

670 *Kidyba*, in: Cioch/Kidyba, (2010), Art. 5, S. 67.

671 Nicht so im deutschen Recht: Die Sitzverlegung ist als Satzungsänderung genehmigungspflichtig, vgl. *Werner*, in: Werner/Saenger, S. 213; *Mecking*, in: Werner/Saenger, S. 59 f.; *Staudinger/Hüttemann/Rawert*, 2011, § 81 Rn. 38; *Hof*, in: Seifart/v. Campenhausen, Stiftungsrechts-Handbuch, 3. Aufl., § 6 Rn. 150.

672 *Bugajna-Sporczyk/Dzbeńska/Janson/Sztekier-Łabuszewska*, S. 60; *Gibalska/Ogonowski*, S. 13; *Suski*, S. 380; *Kidyba*, in: Cioch/Kidyba, (2010), Art. 5, S. 68.

673 *Kwiatkowska*, S. 15; *Bugajna-Sporczyk/Dzbeńska/Janson/Sztekier-Łabuszewska*, S. 61; *Gibalska/Ogonowski*, a.a.O.; *Suski*, S. 381.

e) Ziele

In der Satzung müssen auch die Ziele der Stiftung angegeben werden. Diese müssen dem im Stiftungsakt enthaltenen Zweck entsprechen[674] und können sich daher in einer wörtlichen Wiederholung erschöpfen[675]. Dennoch können die Ziele in der Satzung ausführlicher und genauer sein als die Zweckangabe im Stiftungsakt; die Ziele können den Zweck erweitern und ergänzen, soweit dies noch mit dem Willen des Stifters, den dieser im Stiftungsakt deklariert hat, vereinbar ist.[676]

Der Stiftungszweck darf nicht verfälscht oder geändert werden, unzulässig sind Widersprüche zwischen den Zielen der Satzung und dem Zweck des Stiftungsakts. Mit Hilfe der Zielangaben sollen der Stiftungszweck präzisiert und abstrakt gehaltene Motive konkretisiert werden.[677]

f) Prinzipien, Formen und Umfang der Tätigkeit

Über die Angabe von Zielen hinaus muss in der Satzung auch Stellung zu den Prinzipien, den Formen sowie dem Umfang der Stiftungstätigkeit genommen werden. Während die Ziele den Anlass und die Intention der Stiftungstätigkeit betreffen, bestimmen die Prinzipien, die Formen und der Umfang der Tätigkeit die Art und Weise der Zweckrealisierung.[678]

Die vom Stiftungsgesetz verwendeten Begriffe sind relativ unpräzise und nicht feststehend; zwischen ihnen kann es zu Überschneidungen kommen.[679] Sie können in die Satzung als allgemeine Programmpunkte aufgenommen werden. Ihre Konkretisierung kann in anderen Akten - z.B. in Geschäftsordnungen - erfolgen.[680]

Unter den Prinzipen der Stiftungstätigkeit werden die allgemeinen Regeln der Stiftungstätigkeit verstanden. Bei diesen handelt es sich hauptsächlich um Organisations-, Verfahrens- und Verhaltensregeln, die von den geschäftsführenden Organen als Leitlinien bei der Stiftungstätigkeit zu beachten sind.[681]

Als Formen der Stiftungstätigkeit werden Organisationsmethoden sowie strukturale Bestimmung aufgefasst. Diese können die Gründung von Niederlassungen, Filialen oder Betrieben betreffen. Im Falle der Führung einer wirtschaft-

---

674 *Suski*, S. 381.

675 *Cioch*, Prawo fundacyjne, S. 82.

676 *Cioch*, a.a.O.

677 Oberstes Gericht, Entscheidung vom 20. Januar 1998, I CKN 417/97, OSNC 1998/10/157; *Bugajna-Sporczyk/Dzbeńska/Janson/Sztekier-Łabuszewska*, S. 63.

678 *Kwiatkowska*, S. 15; *Bugajna-Sporczyk/Dzbeńska/Janson/Sztekier-Łabuszewska*, S. 64.

679 *Kidyba*, in: Cioch/Kidyba, (2010), Art. 5, S. 73.

680 *Kidyba*, in: Cioch/Kidyba, (2010), Art. 5, S. 74.

681 *Bugajna-Sporczyk/Dzbeńska/Janson/Sztekier-Łabuszewska*, a.a.O.; *Kidyba*, in: Cioch/ Kidyba, (2010), Art. 5, S. 73 f.

lichen Tätigkeit muss in der Satzung bestimmt werden, ob diese durch selbständige oder unselbständige Einheiten erfolgen soll.[682]

Der Umfang der Stiftungstätigkeit beinhaltet mehrere Faktoren. Zum Umfang der Tätigkeit gehört einerseits die räumliche Ausbreitung der Stiftungstätigkeit. Diese kann sich auf regionale Belange, eine oder mehrere Woiwodschaften beschränken, aber auch landesweit oder gar grenzüberschreitend erfolgen. Andererseits fällt unter diesen Begriff auch der sachliche Umfang der Stiftungstätigkeit; dieser darf über die niedergelegten Stiftungsziele jedoch nicht hinausgehen.

Der Umfang der Tätigkeit kann auch zeitlich aufgefasst werden, falls die Stiftung nur auf beschränkte Zeit tätig sein soll.

Auch kann der Umfang der Stiftungstätigkeit in persönlicher Hinsicht auf einen bestimmten Kreis von Destinatären beschränkt werden. Die Stiftungstätigkeit muss jedoch insgesamt noch im öffentlichen Interesse gemäß Art. 1 SG erfolgen.[683]

Der in der Satzung festgelegte Umfang bildet gleichzeitig die Grenze für die künftige Stiftungstätigkeit.[684]

g) Stiftungsvorstand

Die Stiftung muss über ein Organ verfügen, das ihre Geschäfte führt und sie nach außen vertritt. Das Stiftungsgesetz nennt in Art. 5 SG den Vorstand als einziges Organ der Stiftung. Die Stiftung kann über den Vorstand hinaus noch weitere - fakultative - Organe besitzen.

Gemäß Art. 5 Abs. 1 SG muss die Stiftungssatzung Regelungen bezüglich der Zusammensetzung und Organisation des Vorstandes, der Benennung seiner einzelnen Mitglieder sowie der Befugnisse dieses Organs und seiner Mitglieder enthalten.

aa) Bildung und Organisation des Vorstandes

Bereits in der Satzung muss ausdrücklich geregelt werden, wie der Vorstand gebildet werden soll, insbesondere auf welche Art und Weise seine Mitglieder benannt bzw. abberufen werden können.[685]

Das Stiftungsrecht macht keine Vorgaben hinsichtlich der Zusammensetzung des Vorstandes sowie der Frage, ob dieser aus einer Person bestehen kann oder kollegial aufgebaut sein muss.[686] Die gelegentlich in der Literatur[687] und der

---

682 *Kidyba*, in: Cioch/Kidyba, (2010), Art. 5, S. 74.

683 *Cioch*, Prawo fundacjyne, S. 83; *Bugajna-Sporczyk/Dzbeńska/Janson/Sztekier-Łabuszewska*, S. 63; *Kidyba*, a.a.O.

684 *Kwiatkowska*, S. 15.

685 *Chrzczonowicz*, S. 13.

686 *Suski*, S. 384; *Kwiatkowska*, S. 16; *Chrzczonowicz*, S. 14.

Rechtsprechung[688] vertretene Ansicht, der Vorstand einer Stiftung müsse im Hinblick auf die Fülle der ihm obliegenden Aufgaben und aus Gründen der Praktikabilität ein Kollegialorgan sein, entbehrt einer rechtlichen Grundlage[689]. Denn auch bei anderen juristischen Personen, wie etwa den Kapitalgesellschaften, muss der Vorstand keinesfalls kollegial gebildet werden.[690] Dass ein Kollegialorgan unter Umständen effizienter und transparenter als ein Einzelorgan arbeiten kann, soll freilich nicht bestritten werden.

Ungeachtet der obigen Ausführungen, hat die Satzung die Anzahl der Vorstandsmitglieder anzugeben. Vorstandsmitglieder dürfen nur natürliche Personen sein.[691] Die Anzahl der Vorstandsmitglieder kann feststehend sein oder durch die Festlegung einer Unter- und Obergrenze erfolgen. Letzteres hat den Vorteil, dass bei Vakanzen das Vorstandsorgan handlungsfähig bleibt.[692] Falls die Zahl der Vorstandsmitglieder starr gewählt wird, sollte diese ungerade sein oder dem Vorstandsvorsitzenden ein stärkeres Stimmrecht eingeräumt werden, um Patt-Situationen zu vermeiden.[693]

Eine Benennung zum Vorstandsmitglied entfaltet lediglich organisationsrechtliche Wirkungen. Zur Begründung eines zivilrechtlichen oder arbeitsrechtlichen Verhältnisses führt sie nicht.[694] Das Anstellungsverhältnis ist von der Organstellung unabhängig und muss gesondert geregelt werden. Die Verpflichtung eines Vorstandsmitglieds zur Wahrnehmung seiner Vorstandstätigkeit wird regelmäßig auch auf einem zivilrechtlichen oder arbeitsrechtlichen Vertrag beruhen.[695]

In der Satzung sind die Modalitäten und Voraussetzungen einer (vorzeitigen) Abberufung zu regeln. Dem Satzungsgeber steht diesbezüglich - im Rahmen des rechtlich Zulässigen - die volle Gestaltungsfreiheit zu.[696] Eine erneute Berufung

---

687 *Gibalska/Ogonowski*, S. 15; *Chrzczonowicz*, a.a.O; *Cioch*, NP 1988, Nr. 5-6, S. 66; *Sagan/Strzępka*, S. 66; *Bichlarz*, S. 33 und 40; *Niemirka*, S. 60, 71 f.; *Bugajna-Sporczyk*, in: Bugajna-Sporczyk/Janson, S. 49 f.; *Izdebski*, (2004) S. 49; *Suski*, S. 385.

688 Oberstes Gericht, Entscheidung vom 08.12.1992, I CRN 182/92, OSNC 1993, Nr. 7-8, poz. 139.

689 *Kidyba*, Ustawa o fundacjach, S. 35; *ders.*, in: Cioch/Kidyba, (2010), Art. 5, S. 75; *Stecki*, Fundacja, Band 1, S. 230; *Bugajna-Sporczyk/Dzbeńska/Janson/Sztekier-Łabuszewska*, S. 66.

690 *Kidyba*, in: Cioch/Kidyba, (2010), a.a.O.; *Bugajna-Sporczyk/Dzbeńska/Janson/Sztekier-Łabuszewska*, a.a.O.

691 *Kidyba*, in: Cioch/Kidyba, (2010), Art. 5, S. 74; *Dudzik*, Rejent 1993, Nr. 9, S. 83; *Niemirka*, S. 157.

692 *Chrzczonowicz*, S. 14; *Kidyba*, in: Cioch/Kidyba, (2010), Art. 5, S. 75.

693 *Gibalska/Ogonowski*, a.a.O.; *Chrzczonowicz*, S. 15; *Kidyba*, in: Cioch/Kidyba, (2010), Art. 5, S. 76.

694 Appellationsgericht in Warschau, Entscheidung vom 08.03.2005, I ACa 419/04; *Kidyba*, in: Cioch/Kidyba, (2010), Art. 5, S. 80 ff.

695 *Suski*, S. 389; *Kidyba*, in: Cioch/Kidyba, (2010), Art. 5, S. 82 f.

696 *Gibalska/Ogonowski*, a.a.O.

eines Vorstandsmitglieds ist grundsätzlich möglich; die zulässige Anzahl der Amtszeiten kann in der Satzung geregelt werden.[697]

Die Festlegung eines Rotationsprinzips, nach dem die Vorstandsmitglieder zeitversetzt aus ihrer Organstellung ausscheiden und durch neue Mitglieder ersetzt werden, ist unproblematisch möglich.[698]

Die Stiftungssatzung muss das Berufungsverfahren der Vorstandsmitglieder präzise regeln. Die Berufung des ersten Vorstandes wird für gewöhnlich durch den Stifter erfolgen. Sie kann aber auch anderen Personen oder einem anderen Stiftungsorgan übertragen werden.[699] Die namentliche Konkretisierung der ersten Vorstandsmitglieder kann bereits in der Satzung erfolgen.[700] Der Satzungsgeber ist nicht gehindert, in die Satzung persönliche Voraussetzungen an die einzelnen Vorstandsmitglieder zu stellen. Ebenfalls können Voraussetzungen an die Qualifikation, das Alter sowie den Vermögensstatus der Vorstandsmitglieder gestellt werden.[701] Der Stifter kann auch selbst Vorstandsmitglied werden und bei einem Kollegialorgan diesem als Vorsitzender vorstehen.[702]

Regelungsbedürftig sind ferner die Benennungsmodalitäten der künftigen Vorstandsmitglieder. Insbesondere betrifft dies die Frage, wer zur Benennung befugt sein soll - der Stifter selbst bzw. seine Rechtsnachfolger, ein anderes Stiftungsorgan oder außenstehende Dritte.[703]

Auch bei den Abberufungsvoraussetzungen handelt es sich um eine regelungsbedürftige Materie. Relevant kann eine Abberufung etwa bei bestimmten Pflichtverletzungen oder einer unwirtschaftlichen Geschäftsführung sein. Aus der Satzung muss hervorgehen, wann, durch wen und auf welche Weise eine Abberufung erfolgen kann.[704]

bb) Pflichten und Befugnisse des Vorstandes und seiner Mitglieder

Gemäß Art. 10 SG leitet der Vorstand die Tätigkeit der Stiftung und vertritt diese nach außen. Aus dieser Vorschrift wird die Allgemeinzuständigkeit des Vorstandes abgeleitet. Besondere Beziehungen des Vorstandes und seiner Mitglieder zur Stiftung sowie zu Dritten müssen sich aus der Satzung ergeben.[705] Die -

697 *Chrzczonowicz*, a.a.O.

698 *Kidyba*, in: Cioch/Kidyba, (2010), Art. 5, S. 76; *Strzępka*, Prawo Spółek 2002, Nr. 6, S. 37 f.

699 *Kidyba*, in: Cioch/Kidyba, (2010), Art. 5, S. 78 ff.

700 *Kwiatkowska*, S. 16; *Chrzczonowicz*, S. 13; *Gibalska/Ogonowski*, S. 15.

701 *Kidyba*, in: Cioch/Kidyba, (2010), Art. 5, S. 75.

702 *Chrzczonowicz*, a.a.O.

703 *Chrzczonowicz*, S. 14; *Gibalska/Ogonowski*, a.a.O.; *Bugajna-Sporczyk/Dzbeńska/Janson/Sztekier-Łabuszewska*, S. 65

704 *Chrzczonowicz*, S. 14; *Suski*, a.a.O.

705 *Cioch*, Prawo fundacyjne, S. 84; *Bugajna-Sporczyk/Dzbeńska/Janson/Sztekier-Łabuszewska*, S. 65; *Gibalska/Ogonowski*, S. 16; *Chrzczonowicz*, a.a.O.; *Suski*, S. 389.

unbeschränkte - Befugnis des Vorstandes, alle Geschäfte der Stiftung zu führen und diese in allen Angelegenheiten zu vertreten, kann nur durch eine Übertragung von Kompetenzen auf andere Stiftungsorgane begrenzt werden.[706]

Die Satzung kann Regelungen zur Vertretungsmacht enthalten. Sie kann etwa bestimmen, dass jedes Vorstandsmitglied allein oder mit einem anderen Vorstandsmitglied oder einem Prokuristen vertretungsberechtigt ist.[707] Wird der Umfang der Vertretungsmacht nicht geregelt, kann die Stiftung nur von allen Vorstandsmitgliedern gemeinsam vertreten werden.[708]

Der Vorstand trifft seine Entscheidungen grundsätzlich durch Beschlüsse. Diese müssen mit dem Stiftungszweck, mit den Vorgaben der Satzung sowie mit den rechtlichen Bestimmungen im Einklang stehen.[709] Die Satzung kann regeln, durch wen und wie die Vorstandssitzungen einberufen werden sollen und wie oft der Vorstand tagen soll.[710] Ferner kann geregelt werden, welche Form und welcher Stimmanteil für die Beschlussfassung notwendig sein soll; in der Regel wird ein Vorstandsbeschluss mit einfacher Mehrheit seiner anwesenden Mitglieder gefasst.[711] Dem Vorstandsvorsitzenden können Sonderrechte bezüglich der Geschäftsführung sowie Vertretung erteilt werden.[712]

Bei einem kollegial organisierten Vorstand kann die Stiftungstätigkeit kategorisiert und einzelne Ressorts gebildet werden, die den einzelnen Vorstandsmitgliedern zugeordnet werden.[713]

Die Satzung muss die Vorstandstätigkeit nicht in allen Einzelheiten regeln; der Vorstand kann auch ermächtigt werden, sich selbst eine Organisations- oder Geschäftsordnung zu geben.[714]

h) Fakultativer Satzungsinhalt

Wie bereits erwähnt, kann die Satzung über den obligatorischen Teil hinaus auch fakultative Elemente enthalten. Schon aus praktischen Gründen bietet sich die Regelung zusätzlicher Satzungsinhalte an, um für die laufende Stiftungstätigkeit eine rechtlich konkrete Handlungsgrundlage zu haben.[715]

---

706 *Niemirka*, S. 73; *Suski*, a.a.O.; *Kidyba*, in: Cioch/Kidyba, (2010), Art. 5, S. 83.

707 *Gibalska/Ogonowski*, a.a.O.

708 *Suski*, a.a.O.; *Bugajna-Sporczyk/Dzbeńska/Janson/Sztekier-Łabuszewska*, S. 65.

709 *Suski*, a.a.O.; *Bugajna-Sporczyk/Dzbeńska/Janson/Sztekier-Łabuszewska*, a.a.O.

710 *Bugajna-Sporczyk/Dzbeńska/Janson/Sztekier-Łabuszewska*, a.a.O.

711 *Gibalska/Ogonowski*, S. 15.

712 *Chrzczonowicz*, a.a.O.; *Bugajna-Sporczyk/Dzbeńska/Janson/Sztekier-Łabuszewska*, S. 66.

713 *Kidyba*, in: Cioch/Kidyba, (2010), Art. 5, S. 84.

714 *Kidyba*, in: Cioch/Kidyba, (2010), Art. 5, S. 76.

715 *Chrzczonowicz*, S. 18.

Nachfolgend werden nur die wichtigsten zusätzlichen Regelungsmöglichkeiten in der Stiftungssatzung dargestellt.[716]

aa) Sonstige Stiftungsorgane

Der Vorstand ist das einzige gesetzlich vorgeschriebene Organ der Stiftung. In der Praxis bleibt dieser regelmäßig nicht alleiniges Stiftungsorgan.[717] Je nach Funktion können weitere Organe errichtet werden, denen z.B. überwachende Aufgaben zugeordnet werden.[718] Bei der Errichtung weiterer Organe ist es erforderlich, deren Kompetenzen und Pflichten hinreichend konkret festzulegen, da diese Organe - im Gegensatz zum Vorstand - gesetzlich nicht geregelt sind; in Zweifelsfällen ist kein Rückgriff auf die Bestimmungen des Stiftungsgesetzes möglich.[719] Die Anzahl weiterer Organe sollte im Verhältnis zur Größe der Stiftung sowie zu ihrem Tätigkeitsumfang angemessen sein. Sie sollen die Stiftungstätigkeit unterstützen, diese jedoch nicht erschweren.[720]

Die übrigen Organe haben sich ebenfalls am Stifterwillen, dem Stiftungszweck und dem Wohl der Destinatäre zu orientieren.[721] Die Ausgestaltung der einzelnen Stiftungsorgane ist dem Satzungsgeber überlassen. Die Grenzen dieser Freiheit liegen allein in den gesetzlichen Bestimmungen, den Grundsätzen der Praxeologie sowie der allgemeinen Zweckmäßigkeit.[722] Die Satzung sollte das jeweilige Organ genau bezeichnen, dessen Kompetenzen und Funktionsweise, die innere Struktur, die Anzahl der Mitglieder sowie das Berufungs- und Abberufungsverfahren, die Amtszeit sowie die Rechte und Pflichten dieser Mitglieder bestimmen.[723]

Die konkrete Organbezeichnung[724] steht zur Disposition des Satzungsgebers, geschützte Organnamen bestehen nicht. Die nachfolgend aufgeführten Organe sind lediglich exemplarisch. Unterscheiden kann man diese nach ihrer Funktion. Diese kann in der Zustimmung, Ergänzung, Beratung oder Beaufsichtigung lie-

716 *Kidyba*, in: Cioch/Kidyba, 2. Aufl. (2010), Art. 5, S. 84.

717 *Cioch*, Prawo fundacyjne, S. 84.

718 *Chrzczonowicz*, S. 12.

719 *Kidyba*, in: Cioch/Kidyba, 2. Aufl. (2010), Art. 5, S. 104.

720 *Niemirka*, S. 156.

721 *Stecki*, Fundacja, Band 1, S. 371.

722 *Suski*, S. 338; *Chrzczonowicz*, S. 18 ff.; *Bugajna-Sporczyk/Dzbeńska/Janson/Sztekier-Łabuszewska*, S. 68.

723 *Cioch*, NP 1998, Nr. 5-6, S. 69; *Chrzczonowicz*, a.a.O.; *Suski*, a.a.O.; *Kidyba*, in: Cioch/Kidyba, 2. Aufl. (2010), Art. 5, S. 104.

724 *Suski*, S. 381: Anzutreffen sind Stifterrat (poln. *rada fundatorów)*, Stiftungsrat (poln. *rada fundacyjna*), Programmrat (poln. *rada programowa*), Sponsorenrat (poln. *rada sponsorów*), Revisionskommission (poln. *komisja rewizyjna*), Kuratorium (poln. *kuratorium*), Komitee (poln. *komitet*) und Stiftungsdirektor (poln. *dyrektor fundacji*).

gen.[725] Die jeweiligen Funktionen können sich bei den Organen allerdings auch überschneiden.

(1) Stifterversammlung/Stifterrat

Der Stifterrat bzw. die Stifterversammlung besteht in der Regel aus den Stiftern. Zu ihrem Kreis können aber auch andere Personen gehören, die z.B. über besonderen Sachverstand verfügen oder sich um die Stiftung verdient gemacht haben.[726]

Zu den Kompetenzen des Stifterrats kann die Wahl der Mitglieder anderer Organe, insbesondere des Aufsichtsrats und des Vorstands gehören. Zu seinen weiteren Aufgaben zählen in der Regel die Aufstellung von Leitlinien für die Stiftungstätigkeit sowie Entscheidungen über Satzungsänderungen.[727]

(2) Aufsichtsrat

Der Aufsichtsrat ist ein Organ der inneren Kontrolle. Zu seinen Kompetenzen gehören in der Regel die Aufsicht und Kontrolle über die satzungsgemäße und wirtschaftliche Betätigung der Stiftung, die Bewertung der Vorstandstätigkeit sowie die Benennung und Abberufung der Vorstandsmitglieder, die Vertretung der Stiftung in Rechtsverhältnissen zwischen der Stiftung und dem Vorstand, die Bestimmung der Vergütung der Vorstandsmitglieder und die Überprüfung der Realisierung unterschiedlicher Programmvorgaben.[728]

Mitglieder dieses Organs können durch die Stifter oder den Stifterrat benannt werden. Unvereinbar mit der Mitgliedschaft im Aufsichtsrat ist die gleichzeitige Mitgliedschaft in einem anderen, vom Aufsichtsrat zu beaufsichtigenden Organ, auch dürfen Mitglieder des Aufsichtsrats nicht durch ein zu beaufsichtigendes Organ benannt oder abberufen werden.[729]

Der Aufsichtsrat ist als typisches Organ der inneren Kontrolle bei solchen Stiftungen notwendig, die den Status einer gemeinnützigen Organisation im Sinne des Gemeinnützigkeitsgesetzes anstreben.[730] Der Aufsichtsrat einer solchen Organisation muss gemäß Art. 20 Ziff. 6 GemeinnützigkeitsG folgende

---

725 *Suski*, S. 381; *Gibalska/Ogonowski*, S. 16; *Chrzczonowicz*, S. 18.

726 *Chrzczonowicz*, S. 19; *Bugajna-Sporczyk/Dzbeńska/Janson/Sztekier-Łabuszewska*, S. 67; *Gibalska/Ogonowski*, S. 16.

727 *Chrzczonowicz*, S. 19; *Kidyba*, in: Cioch/Kidyba, (2010), Art. 5, S. 105; *Bugajna-Sporczyk/Dzbeńska/Janson/Sztekier-Łabuszewska*, S. 68; *Gibalska/Ogonowski*, a.a.O.

728 *Bugajna-Sporczyk/Dzbeńska/Janson/Sztekier-Łabuszewska*, S. 69; *Kidyba*, a.a.O.; *Chrzczonowicz*, S. 19.

729 *Bugajna-Sporczyk/Dzbeńska/Janson/Sztekier-Łabuszewska*, S. 68; *Kidyba*, a.a.O.

730 *Kidyba*, in: Cioch/Kidyba, (2010), Art. 5, S. 106; *Kwiatkowska*, S. 16 f.; *Gibalska/Ogonowski*, S. 16; *Bugajna-Sporczyk/Dzbeńska/Janson/Sztekier-Łabuszewska*, S. 69; *Chrzczonowicz*, S. 19.

Voraussetzungen erfüllen: Bei ihm muss es sich um ein satzungsgemäß bestelltes Kollegialorgan der inneren Kontrolle bzw. Aufsicht handeln, das vom geschäftsführenden Organ abgesondert ist und nicht dessen Kontrolle oder Aufsicht unterliegt. Die Mitglieder dieses Aufsichtsorgans dürfen nicht gleichzeitig Vorstandsmitglieder oder mit diesen verwandt oder verschwägert sein. Ferner dürfen die Mitglieder dieses Organs nicht mit den Vorstandsmitgliedern in einem abhängigen Anstellungsverhältnis stehen. Sie dürfen auch nicht rechtskräftig wegen einer vorsätzlich begangenen Straftat verurteilt worden sein.

Die Aufwandsentschädigung oder Vergütung der Mitglieder des Aufsichtsrats einer gemeinnützigen Organisation ist der Höhe nach beschränkt[731].

(3) Revisionskommission

Ein weiteres Organ stellt die Revisionskommission dar. Auch sie ist ein Organ der inneren Kontrolle; sollte diese neben dem Aufsichtsrat errichtet werden, ist es notwendig, die Kompetenzen der beiden Organe streng voneinander zu trennen, um Zuständigkeitsstreitigkeiten zu vermeiden.[732]

Zu den überwiegenden Aufgaben einer Revisionskommission gehören die Kontrolle des Vermögensbestandes, der Bilanz und der wirtschaftlichen Ergebnisse der Stiftung, die Bewertung der Tätigkeit der Stiftungsorgane sowie die Berichterstattung gegenüber der Stifterversammlung.[733]

Für Mitglieder der Revisionskommission gelten die vorgenannten Unvereinbarkeitsgrundsätze entsprechend.[734]

Alternativ zum Aufsichtsrat kann auch die Revisionskommission ein Organ der inneren Kontrolle einer gemeinnützigen Organisation sein.[735]

(4) Programmrat

Der Programmrat ist ein beratendes Organ, das der Stiftung - unverbindliche - Ratschläge hinsichtlich ihrer Tätigkeit erteilt. Zu Mitgliedern des Programmrats werden durch den Stifter meistens Personen ernannt, die von gehobener Autorität sind oder sich um die Stiftungstätigkeit verdient gemacht haben. Die konkrete Ausgestaltung des Organs hinsichtlich seiner Zusammensetzung, der Benennung und Abberufung seiner Mitglieder, der Häufigkeit seiner Sitzungen, der

731 Geregelt in Art. 8 Ziff. 8 des Gesetzes vom 03.03.2000 über die Vergütung von Personen, die Rechtssubjekte leiten.

732 *Chrzczonowicz*, a.a.O.; *Bugajna-Sporczyk/Dzbeńska/Janson/Sztekier-Łabuszewska*, a.a.O.; *Kidyba*, a.a.O.

733 *Bugajna-Sporczyk/Dzbeńska/Janson/Sztekier-Łabuszewska*, a.a.O.; *Kidyba*, a.a.O.; *Gibalska/Ogonowski*, S. 17.

734 *Gibalska/Ogonowski*, a.a.O.

735 *Kwiatkowska*, S. 17; *Gibalska/Ogonowski*, S. 15; *Chrzczonowicz*, S. 13.

Beschlussfassung sowie der Gewichtung seiner Ratschläge ist dem Satzungsgeber freigestellt.[736]

bb) Wirtschaftliche Betätigung

Wie bereits einleitend ausgeführt, bedarf die Absicht einer wirtschaftlichen Betätigung einer ausdrücklichen und konkreten Regelung in der Stiftungssatzung. Hierzu bedarf es zunächst einer Zuweisung der Vermögensmittel für die wirtschaftliche Betätigung, die mindestens einen Umfang von 1.000 Zloty haben müssen. Bereits in der Satzung kann bestimmt werden, welche konkrete Tätigkeit ausgeübt werden soll. Dies kann durch Angabe eines bestimmten Unternehmensgegenstandes gemäß der Polnischen Tätigkeitenklassifikation (*Polska Kwalifikacja Działalności* - PKD) erfolgen. Bereits in der Satzung kann niedergelegt werden, ob die Stiftung die wirtschaftliche Tätigkeit mittelbar oder unmittelbar ausführen soll, d.h. eigenständig, durch angeschlossene Betriebe oder Beteiligung an Gesellschaften. Aus der Regelung muss ausdrücklich hervorgehen, dass die wirtschaftliche Betätigung nur eine Hilfstätigkeit zur Satzungstätigkeit darstellt und sämtliche Erträge aus der wirtschaftlichen Betätigung der Förderung der Stiftungszwecke zur Verfügung gestellt werden.[737]

cc) Zulässigkeit der Verbindung mit einer anderen Stiftung

Art. 5 Abs. 1 Satz 2 SG lässt die Möglichkeit der Verbindung mit einer anderen Stiftung zu. Eine Verbindung kann derart stattfinden, dass das Vermögen einer Stiftung als Ganzes auf eine andere Stiftung übergeht, was die Beendigung der übertragenden Stiftung zur Folge hat (sog. Inkorporation) oder derart, dass zwei oder mehrere Stiftungen ihr Vermögen zusammenlegen um eine neue Stiftung zu errichten, während sie selbst der Beendigung unterliegen (sog. Fusion).[738] Im ersten Fall bleibt die übernehmende Stiftung unter ihrem Namen bestehen und tritt im Wege der Universalsukzession in die Rechte und Pflichten der übertragenden Stiftung ein. In beiden Fällen tritt die Rechtsänderung im Zeitpunkt der Eintragung dieser Tatsache in das Stiftungsregister ein.[739]

Eine Verbindung ist nur möglich, wenn diese in der Satzung vorgesehen ist.[740] Die Satzungsbestimmungen müssen die Voraussetzungen einer Verbindung mit

736 *Stecki*, Fundacja, Band 1, S. 244 ff.; *Niemirka*, S. 187; *Bugajna-Sporczyk/Dzbeńska/Janson/Sztekier-Łabuszewska*, S. 70; *Kidyba*, in: Cioch/Kidyba, (2010), Art. 5, S. 106; *Gibalska/Ogonowski*, S. 17.

737 *Gibalska/Ogonowski*, S. 30 f.; *Chrzczonowicz*, S. 26 f.; *Kidyba*, in: Cioch/Kidyba, Art. 5, S. 85.

738 *Kidyba*, Ustawa o fundacjach, S. 53 f.; *Niemirka*, MoP 2000, Nr. 1, S. 44; *Suski*, S. 440.

739 *Chrzczonowicz*, S. 23; *Suski*, S. 440; *Kidyba*, in: Cioch/Kidyba, (2010), Art. 5, S. 85 ff.

740 *Gibalska/Ogonowski*, S. 17; *Suski*, a.a.O.; *Chrzczonowicz*, a.a.O.

einer anderen Stiftung regeln. Sie können etwa vorsehen, dass für eine Verbindung die Identität oder Vergleichbarkeit der Stiftungszwecke der beiden Stiftungen, die Einstimmigkeit bei der Beschlussfassung des Vorstandes oder ein Zustimmungserfordernis der Stifterversammlung erforderlich ist.[741]

dd) Voraussetzungen einer Zweck- oder Satzungsänderung

Die Veränderungen von rechtlichen, politischen und wirtschaftlichen Umständen können eine Anpassung der Stiftungssatzung notwendig machen.

Bis zur Eintragung der Stiftung ist es jederzeit möglich, die Satzung oder die Stiftungsziele zu ändern oder anzupassen. Nach erfolgter Eintragung ist eine Zweck- oder Satzungsänderung hingegen nur noch dann zulässig, wenn eine solche Möglichkeit in der Satzung verankert worden ist.[742]

Wie Art. 5 Abs. 1 Satz 2 SG zu entnehmen ist, sind sowohl die Satzung als auch der Stiftungszweck - im Gegensatz zum Stiftungsakt - keine unabänderlichen Elemente.[743] Eine Satzungsänderung ist jedoch - ohne Ausnahme - ausgeschlossen, falls diese Möglichkeit nicht in der Satzung selbst vorgesehen ist. Diese strenge Rechtsfolge ist Ausfluss des Systemgedankens des Stiftungsrechts, wonach der Stiftung als einem formal personalisierten Vermögen durch den Stifter lediglich ein zweckgebundenes Vermögen zur Verfügung gestellt wird und dieses nicht für Zwecke verwendet werden darf, die nicht im Einklang mit dem Stifterwillen stehen. Eine alternative Zweckverwendung ist nur dann möglich, wenn der Stifter diese Möglichkeit bereits bei Stiftungserrichtung vorgesehen hat und diese folglich mit seinem Willen vereinbar ist.[744] Diese Einschränkung gilt auch für den Stifter selbst. Nach der Eintragung der Stiftung ist es ihm nicht mehr möglich, auf die Stiftungssatzung oder den Stiftungszweck einzuwirken, wenn er dies nicht in der Satzung vorgesehen hat. Denn im Zeitpunkt der Entstehung einer juristischen Person wird die Stiftung selbständig und vom Stifter unabhängig. Sie ist ein eigenständiges Rechtssubjekt, für das allein die Stiftungssatzung zum Zeitpunkt der Eintragung und nicht der (spätere) Stifterwille maßgeblich ist.[745]

Will sich der Stifter auch nach Eintragung der Stiftung eine entsprechende Einwirkungsmöglichkeit auf die Stiftungssatzung und die Anpassung der Stif-

---

741 *Bugajna-Sporczyk/Dzbeńska/Janson/Sztekier-Łabuszewska*, S. 70 f.; *Gibalska/Ogonowski*, a.a.O.

742 *Kidyba*, in: Cioch/Kidyba, (2010), Art. 5, S. 87 f.; *Gibalska/Ogonowski*, S. 17; *Chrzczonowicz*, S. 22; *Bugajna-Sporczyk/Dzbeńska/Janson/Sztekier-Łabuszewska*, S. 71; *Cioch*, Prawo fundacyjne, S. 84.

743 *Kidyba*, in: Cioch/Kidyba, (2010), Art. 5, S. 87.

744 Oberstes Gericht, Beschluss vom 07.07.1993, III CZP 88/93, OSNC 94/1/14; Oberstes Gericht, Beschluss vom 31.03.1998, III ZP 44/97, OSNP 1998, Nr. 16, Pos. 472.

745 Oberstes Gericht, Beschluss vom 24.11.2006, III CZP 114/06, OSNC 2007, Nr. 7-8, Pos. 109.

tungszwecke vorbehalten, so muss er diese Absicht in der Satzung ausdrücklich niederlegen.[746]

Dem Stiftungsgesetz selbst sind die Voraussetzungen der Zulässigkeit einer Zweck- bzw. Satzungsänderung nicht zu entnehmen; auch bleibt offen, wer zur Durchführung einer Satzungsänderung befugt ist und welches Verfahren für eine solche Änderung Anwendung finden soll. Umso wichtiger ist es daher, die Voraussetzungen, den zulässigen Umfang, das befugte Organ sowie das Verfahren einer Satzungsänderung in der Satzung zu regeln.[747]

Wenn die Zulässigkeit einer Zweck- und Satzungsänderung niedergelegt ist, nicht jedoch die Zuständigkeit und das Verfahren, bedarf es einer Ermittlung dieser Bedingungen im Wege der Satzungsauslegung.[748] Ist der Vorstand das einzige Stiftungsorgan und bestehen keine Hinweise darauf, dass zur Satzungsänderung ausschließlich der Stifter befugt sein soll, wird regelmäßig der Stiftungsvorstand das zur Satzungsänderung befugte Organ sein. Besteht hingegen ein Aufsichtsorgan, dem der Vorstand rechenschaftspflichtig ist, wird dieses zur Zweck- oder Satzungsänderung grundsätzlich seine Zustimmung erteilen, jedoch zumindest gehört werden müssen. Formal wird das zuständige Organ durch schriftlichen Beschluss handeln müssen. Einer strengeren Form bedarf es nicht, sofern die Satzung diesbezüglich keine Anhaltspunkte enthält.[749]

Inhaltlich darf die Zweck- und Satzungsänderung nicht dem Stifterwillen widersprechen. Durch die Änderung darf die Stiftung kein neues Gesicht erhalten, in ihrer Kernausrichtung darf diese nicht angetastet werden. Auch darf durch die Zweckänderung der gesetzliche Rahmen der zulässigen Stiftungszwecke nicht verlassen werden.[750]

ee) Verwendung des Stiftungsvermögens nach der Liquidation

Vom Grundverständnis wird die Stiftung zwar auf unbestimmte Zeit errichtet, doch kann nicht ausgeschlossen werden, dass auch sie beendet werden muss. Zumindest bei Zweckerreichung oder bei Vermögenslosigkeit muss die Stiftung gemäß Art. 15 SG liquidiert werden.[751] In der Stiftungspraxis taucht der erste Fall, die Zweckerreichung, aufgrund einer weichen und weiten Formulierung

---

746 *Suski*, S. 399; *Bugajna-Sporczyk/Dzbeńska/Janson/Sztekier-Łabuszewska*, S. 72; *Kidyba*, in: Cioch/Kidyba, (2010), Art. 5, S. 90.

747 *Gibalska/Ogonowski*, a.a.O.; *Bugajna-Sporczyk/Dzbeńska/Janson/Sztekier-Łabuszewska*, a.a.O.; *Chrzczonowicz*, S. 23;

748 *Kidyba*, in: Cioch/Kidyba, (2010), Art. 5, S. 91; *Suski*, S. 399; *Bugajna-Sporczyk/Dzbeńska/Janson/Sztekier-Łabuszewska*, a.a.O.

749 *Kidyba*, in: Cioch/Kidyba, (2010), Art. 5, S. 91 ff.; *Suski*, a.a.O.; *Bugajna-Sporczyk/Dzbeńska/Janson/Sztekier-Łabuszewska*, a.a.O.

750 Oberstes Gericht, Beschluss vom 12.04.2007, III CZP 26/07, OSNC 2008, Nr. 3, Pos. 32.

751 Siehe in diesem Zusammenhang Kapitel zur Beendigung der Stiftung.

der Stiftungszwecke grundsätzlich nicht auf, es sei denn, dass die Stiftung zur Realisierung eines konkreten, punktuellen Zwecks errichtet wird. Relevanter ist die Liquidation aufgrund Vermögenslosigkeit.[752] Das Verfahren der Beendigung kann in der Satzung geregelt werden. Findet dies nicht statt, wird das Liquidationsverfahren durch das zuständige Gericht bestimmt. Ferner kann in der Stiftungssatzung vorgesehen werden, für welche Zwecke ein noch verbleibendes Vermögen nach der Liquidation verwendet werden soll. Nicht zulässig ist eine Bestimmung, wonach dieses Vermögen zurück an den Stifter ausgekehrt wird. Der Satzungsgeber ist jedoch auch nicht gezwungen, sich bei der Verwendung des Restvermögens ausschließlich an den Zwecken der eigenen Stiftung zu orientieren. Ihm steht es frei, auch andere Zwecke zu berücksichtigen. Findet sich in der Satzung keine Regelung über die Verwendung des Liquidationsvermögens, entscheidet hierüber das zuständige Gericht. Im Gegensatz zum Satzungsgeber muss sich dieses an den Zwecken der bisherigen Stiftung orientieren.[753]

ff) Bestimmung des zuständigen Ministers

In der Satzung kann der aufgrund des Stiftungszwecks zuständige Minister benannt werden. Diese Angabe ist für den Stifter nicht verpflichtend und hat auch für das Registergericht keinen bindenden Charakter. Das Gericht entscheidet anhand des Stiftungszwecks nach eigenem Ermessen, welchem Minister die Stiftung zur Aufsicht zuzuordnen ist. Die Bestimmung des zuständigen Ministers in der Satzung dient dem Registergericht lediglich als unverbindliche Orientierungshilfe. Sie kann aus tatsächlichen Gründen dann relevant werden, wenn die Stiftung mehrere Stiftungszwecke verfolgt und demnach in die Ressortzuständigkeit mehrerer Minister fällt. Doch auch in diesem Fall entscheidet das Registergericht eigenständig über die verbindliche Zuweisung.[754]

752 *Kidyba*, in: Cioch/Kidyba, (2010), Art. 5, S. 110 ff.; *Gibalska/Ognowski*, S. 18; *Chrzczonowicz*, S. 24.

753 *Kidyba*, in: Cioch/Kidyba, (2010), Art. 5, S. 111.

754 *Kidyba*, in: Cioch/Kidyba, (2010), Art. 5, S. 107 f.; *Gibalska/Ogonowski*, S. 18; *Chrzczonowicz*, S. 24.

4. Zusammenfassender Rechtsvergleich

Nach § 81 Abs. 1 S. 3 BGB muss die Stiftung eine Satzung erhalten. § 83 S. 2 BGB verlangt, dass das letztwillige Stiftungsgeschäft grundsätzlich den Erfordernissen des § 81 Abs. 1 S. 3 BGB genügen muss. Durch die gesetzliche Formulierung, dass die Stiftung die Satzung *durch* das Stiftungsgeschäft erhält, wird verdeutlicht, dass die Satzung wesentlicher Bestandteil des Stiftungsgeschäfts ist.[755] Das polnische Stiftungsrecht behandelt die Satzung als ein vom Stiftungsakt unabhängiges Rechtsgeschäft. Auch wenn gegen die Beifügung der Satzung als Anlage zum Stiftungsakt im Wesentlichen keine Bedenken bestehen, ist die Errichtung einer Satzung keine Wirksamkeitsvoraussetzung des Stiftungsakts; die Errichtung der Stiftungssatzung stellt nach polnischem Rechtsverständnis den zweiten Schritt auf dem Weg zur Entstehung der Stiftung dar - nach Stiftungsakt und vor Registereintragung.

Nach § 85 BGB wird die Verfassung einer Stiftung durch das einschlägige Bundes- und Landesrecht und das Stiftungsgeschäft bestimmt, wobei das Kernstück der Verfassung einer Stiftung die im Stiftungsgeschäft enthaltene Satzung ist.[756] Gemäß Art. 4 SG ist die Satzung neben dem Stiftungsgesetz Grundlage für die Tätigkeit der Stiftung. In beiden Stiftungsrechtsordnungen stellt die Satzung demnach das wesentliche rechtliche Gerüst, die Grundordnung[757] der Stiftung sowie ihren Aufgaben- und Organisationsplan[758] dar.

Der Stiftungssatzung wird im polnischen Recht kein Normcharakter zugesprochen. Bei ihr handelt es sich um ein einseitiges Rechtsgeschäft, auf das die Bestimmungen der Rechtsgeschäftslehre - insbesondere zur Stellvertretung und Auslegung - Anwendung finden.[759]

Das Stiftungsgesetz sieht für die Satzung keine bestimmte Form vor, auch muss sie nicht im Testament enthalten sein - ihre nachträgliche Errichtung, etwa durch den Erben des Stifters, ist zulässig. Aus praktischen Gesichtspunkten muss die Satzung jedoch zumindest in Textform errichtet werden, da sie dem Registergericht als Anlage zum Eintragungsantrag vorzulegen ist. Da das BGB für das Stiftungsgeschäft unter Lebenden die Schriftform vorsieht, bedarf auch die Satzung als dessen Bestandteil grundsätzlich der schriftlichen Form, es sei denn, dass die Satzung eine Anlage zum Stiftungsgeschäft bildet.[760] Eine formwirksame letztwillige Verfügung wahrt auch die für Stiftungssatzungen von Todes wegen erforderliche Form.

---

755 *Schlüter/Stolte*, S. 55; *Schewe*, S. 123; *Beckmann*, S. 70; *Ko*, S. 78 f.

756 *Schewe*, S. 122 ff.

757 *Staudinger/Hüttemann/Rawert*, 2011, § 81, Rn. 31.

758 *Hof*, in: Seifart/v. Campenhausen, Stiftungsrechts-Handbuch, 3. Aufl., § 6 Rn. 117.

759 Die Satzung der BGB-Stiftung hat hingegen Normcharakter; zum Charakter und zur Auslegung der Satzung im deutschen Recht vgl. *Beckmann*, S. 72 ff.

760 *Hof*, in: Seifart/v. Campenhausen, Stiftungsrechts-Handbuch, 3. Aufl., § 6 Rn. 136.

Die gesetzlich vorgeschriebenen Mindestinhalte einer Stiftungssatzung nach polnischem und deutschem Recht sind im Wesentlichen deckungsgleich: Die Mindestanforderungen an eine Stiftungssatzung werden in § 81 Abs. 1 S. 3 BGB bundeseinheitlich festgelegt. Die Satzung muss Regelungen über den Namen, den Sitz, den Zweck, das Vermögen und die Bildung des Vorstandes der Stiftung enthalten. Nach Art. 5 Abs. 1 SG müssen in der Satzung der Name, der Sitz, das Vermögen, die Zwecke und Grundsätze, die Formen und der Umfang der Stiftungstätigkeit, die Zusammensetzung und Organisation des Vorstandes, die Art der Berufung sowie die Pflichten und Rechte des Vorstandes sowie seiner Mitglieder festgelegt sein. Sowohl in Deutschland als auch in Polen gilt, dass das Fehlen einer oder mehrerer obligatorischer Angaben zur Versagung der Anerkennung[761] bzw. der Eintragung der Stiftung führt. Dem polnischen Stiftungsrecht ist eine § 81 Abs. 1 S. 4 BGB entsprechende Ergänzungsbefugnis des Registergerichts unbekannt.[762]

In beiden Ländern hat der Stifter die Möglichkeit, über den obligatorischen Inhalt hinaus fakultative Angaben in die Satzung aufzunehmen. Dadurch wird seinem privatautonomen Gestaltungsspielraum und der verfassungsrechtlich verbürgten Stifterfreiheit Rechnung getragen. Die Zusatzregelungen können etwa weitere Organe, die Zulässigkeit der Zusammenlegung bzw. Zulegung oder die Anfallberechtigung nach Beendigung der Stiftung betreffen. Eine teilweise Zweck- oder Satzungsänderung ist im polnischen Recht nur möglich, wenn deren Voraussetzungen in der Satzung geregelt sind.[763]

Schweigt die Satzung zur Änderungsmöglichkeit, sind weder Stifter noch Dritte zur Änderung der Satzung befugt. Die Aufsichtsbehörden sind in keinem Fall zur Satzungsänderung berechtigt - eine behördliche Änderungsbefugnis gibt es im polnischen Stiftungsrecht nicht.

761 *Schlüter/Stolte*, a.a.O.

762 Zur Ergänzungsbefugnis der Anerkennungsbehörden vgl. *Staudinger/Hüttemann/Rawert*, 2011, § 81, Rn. 68; *Müko/Reuter*, § 81, Rn. 35.

763 Zur hoheitlichen Satzungsänderung und der Satzungsänderung durch Stiftungsorgane vgl. *Reuter*, Die Änderung der Stiftungssatzung, in: Andrick/Hellmig/Janitzki/Muscheler/Schewe, Die Stiftung, 4. Jahrgang, S. 49 ff.

III. Die Eintragung

1. Bedeutung der Eintragung

Art. 7 Abs. 1 SG ordnet an, dass die Stiftung in das Landesgerichtsregister eingetragen werden muss. Erst mit der Eintragung erlangt die Stiftung Rechtsfähigkeit. Die Eintragung ist für das Entstehen der Stiftung, wie die Anerkennung im deutschen Recht, konstitutiver Natur. Eine Vor-Stiftung vor der Eintragung kennt das polnische Recht nicht.[764] Dies entspricht auch der (noch) herrschenden Auffassung im deutschen Recht.[765]

Dementsprechend wird die Stiftung durch die Eintragung zum eigenständigen Rechtssubjekt, zum Träger von eigenen Rechten und Pflichten, partei- und prozessfähig. Die Eintragung hat auch vermögensrechtliche Bedeutung: Die Stiftung wird zu einer von dem Stifter unabhängigen Vermögensmasse. Neben der konstitutiven Wirkung stellt die Eintragung den entscheidenden Zeitpunkt für die Zuordnung von Vermögensbestandteilen dar; mit ihr gehen auf die Stiftung die für sie bestimmten Rechte über, sie wird Rechtsinhaberin an dem ihr gewidmeten Vermögen. Ab Eintragung kann sie von ihr gegenüber Herausgabepflichtigen die Besitzverschaffung verlangen oder zu ihren Gunsten eine grundbuchliche Umschreibung bewirken.[766]

Auch hat der Stifter ab diesem Moment auf die Stiftung Einfluss nur noch in dem Umfang, der ihm laut Satzung zusteht.

Da das Registergericht im Eintragungsverfahren eine vollständige formelle und materielle Prüfung der Entstehungsvoraussetzungen durchführt, kommt der Eintragung ebenfalls Legalisierungswirkung zu.[767]

2. Stiftungsregister und Landesgerichtsregister

Die Eintragung muss im Landesgerichtsregister (poln. *Krajowy Rejestr Sądowy* - kurz: KRS) erfolgen. Das Landesgerichtsregister wurde aufgrund des Gesetzes

764 Oberstes Gericht, Beschluss vom 30. April 2003, III SW 1/03, OSNAP 2003, Nr. 17, poz. 394; *Kidyba*, in: Cioch/Kidyba, (2010), Art. 7, S. 187 ff.; *Marszałkowska-Krześ*, S. 26; *Cioch*, Prawo fundacyjne, S. 87; *Suski*, S. 411.

765 *MüKo/Reuter*, §§ 80, 81 Rn. 55 ff.; *Hof*, in: Seifart/v. Campenhausen, Stiftungsrechts-Handbuch, 3. Aufl., § 6 Rn. 238, 244; *Staudinger/Hüttemann/Rawert*, § 80 Rn. 38 ff.; *Schlüter/Stolte*, S. 64; *Schiffer*, S. 125 f. m.w.N.; a.A. *Schewe*, S. 99 f., der darauf hinweist, dass Anerkennung in zahlreichen anderen Lebenssachverhalten rechtlich die Feststellung eines schon bestehenden Zustandes bedeute, woraus die Existenz einer Vor-Stiftung gefolgert werden könne.

766 *Cioch*, Prawo fundacyjne, S. 93; *Gibalska/Ogonowski*, S. 27 f.

767 *Suski*, S. 401; *Krawczyk*, S. 4.

über das Landesgerichtsregister vom 20. August 1997[768] eingeführt und besteht seit dem 01. Januar 2001.[769]

Das Landesgerichtsregister stellt einen öffentlich zugänglichen, zentralisierten, im EDV-System geführten Datenbestand dar. Seine Aufgabe ist die allgemeine und schnelle Zugänglichmachung verlässlicher Informationen über die finanzielle und vertretungsrechtliche Situation bestimmter Rechtsverkehrsteilnehmer - das Landesgerichtsregister soll der Sicherheit des Rechts- und Geschäftsverkehrs dienen.[770] Das Register ist öffentlich, es herrschen das Prinzip der Wahrheitsvermutung sowie die Grundsätze der positiven und negativen Publizität.[771]

Der Ausfluss und der Umfang des Öffentlichkeitsprinzips sind in Art. 8 LGRegG niedergelegt. Demnach hat gemäß Art. 8 Abs. 2 LGRegG jeder ein Recht auf Zugang zu den im Register enthaltenen Angaben unter Vermittlung durch die Zentrale Informationsstelle des Landesgerichtsregisters[772]. Ferner hat nach Abs. 3 jeder das Recht, auch auf elektronischem Wege beglaubigte Abschriften, Auszüge, Bescheinigungen und Informationen aus dem Register zu

---

768 *Ustawa z dnia 20 sierpnia 1997 r. o Krajowym Rejestrze Sądowym*, Dz. U. 2001, Nr. 17, Pos. 209; eine deutsche Fassung des Gesetzes (Auszug) befindet sich im Anhang. Für die weitere Bearbeitung werden die Artikel des Landesgerichtsregistergesetzes mit der Abkürzung „LGRegG" gekennzeichnet.

769 *Gibalska/Ogonowski*, S. 19; *Cioch*, Prawo fundacyjne, S. 87 f.: bis zum 31. Dezember 2000 wurde das Stiftungsregister ausschließlich durch das Rayonsgericht für die Hauptstadt Warschau in Form eines Registerbuches geführt. Für alle Stiftungen in Polen war dieses Gericht ausschließlich zuständig. Zwischen 1984 und 1991 war ausschließliches Registergericht für alle Stiftungen das Rayonsgericht für Warschau-Praga. Während die Konstruktion des Gesetzgebers von 1984 mit nur einem Registergericht aufgrund der zu erwartenden niedrigen Anzahl an Stiftungen noch zu vertreten war, war die Fortführung dieses Modells durch den novellierenden Gesetzgeber im Jahre 1991 nicht mehr angemessen. Bereits zu diesem Zeitpunkt gab es in Polen weit über 2.000 Stiftungen, *Cioch*, a.a.O.; ebenfalls kritisch zur vorhergehenden Rechtslage: *Kidyba*, in Cioch/Kidyba, (2010), Art. 9, S. 192.

770 *Krawczyk*, a.a.O.; Gibalska/Ogonowski, a.a.O.; *Suski*, a.a.O.

771 *Suski*, a.a.O. und S. 151 ff.; *Gibalska/Ogonowski*, a.a.O. und S. 27 f.; siehe hierzu im Anhang die Art. 14, 15, 16 und 17 des Landesgerichtsregistergesetzes.

772 Die Zentrale Informationsstelle des Landesgerichtsregisters ist eine gemäß Art. 4 LGRegG durch den Justizminister bei den Registergerichten errichtete Informationsstelle. Zu ihren Aufgaben gehören die Führung einer Informationssammlung des Registers sowie eines elektronischen Kataloges der Dokumente, die Erteilung von Informationen aus dem Register sowie die Aufbewahrung und Zugänglichmachung von Kopien der Dokumente aus dem Katalog, die Errichtung und Nutzung der Vernetzung des Registers und des Katalogs im EDV-System. Die Zentrale Informationsstelle erteilt Abschriften, Auszüge und Bescheinigungen und Informationen aus dem Register, welche die Wirkung amtlicher Dokumente haben, wenn sie in Papierform ausgegeben wurden. Sie gibt auch in elektronischer Form Kopien von Dokumenten aus, deren Übereinstimmung mit den sich in den Registerakten befindlichen Dokumenten beglaubigt ist.

erhalten. Für ein in das Register eingetragenes Rechtssubjekt werden eigene Registerakten geführt, die insbesondere die Urkunden umfassen, die die Grundlage für die Eintragung bilden (Art. 9 Abs. 1 LGRegG). Bei der Stiftung sind dies insbesondere der Stiftungsakt, die Stiftungssatzung und die Unterschriftenmuster der Vorstandsmitglieder. Die Registerakten sind gemäß Art. 10 Abs. 1 LGRegG ebenfalls von jedermann einsehbar.

Das Landesgerichtsregister besteht aus drei eigenständigen Registern. Gemäß Art. 1 Abs. 2 LGRegG sind dies (1.) das Unternehmerregister, (2.) das Register für Vereine, andere gesellschaftliche und berufsständische Organisationen, Stiftungen sowie öffentliche Anstalten der Gesundheitsfürsorge sowie (3.) das Register für zahlungsunfähige Schuldner. Das Landesgerichtsregister wird durch Wirtschaftsabteilungen bestimmter Rayonsgerichte[773] (im weiteren Verlauf nur als „Registergerichte" bezeichnet)[774] geführt. Die Sitze der 27 Wirtschaftsabteilungen des Landesgerichtsregisters befinden sich in 21 Städten, wobei fünf Registergerichte (Breslau, Danzig, Krakau, Posen und Warschau) über mehr als nur eine Wirtschaftsabteilung verfügen. Jede Woiwodschaft verfügt dementsprechend über mindestens ein Registergericht.[775] Für die Eintragung der Stiftung ist dasjenige Registergericht zuständig, in dessen Gebiet die Stiftung ihren Sitz hat.[776]

Gemäß Art. 49 Abs. 1 LGRegG unterliegt die Stiftung der Eintragung in das Register für Vereine, andere gesellschaftliche und berufsständische Organisationen, Stiftungen sowie öffentliche Anstalten der Gesundheitsfürsorge - nachfolgend aus Vereinfachungsgründen als „Stiftungsregister" bezeichnet. Eine Stiftung, die auch einer Wirtschaftstätigkeit nachgehen soll, unterliegt gemäß Art. 50 i.V.m. 36 Nr. 13 LGRegG als eine „andere juristische Person, die eine Wirt-

773 Ein Rayonsgericht (poln. *sąd rejonowy*) ist in der polnischen ordentlichen Gerichtsbarkeit grundsätzlich das Gericht erster Instanz und daher mit dem Amtsgericht vergleichbar.

774 *Kwiatkowska*, S. 19; *Krawczyk*, 4 f.; *Gibalska/Ogonowski*, S. 19.

775 Die Verteilung der 27 Wirtschaftsabteilungen gestaltet sich wie folgt: XII. KRS-Abteilung in *Białystok*, VIII. KRS-Abteilung in *Bielsko-Biała*, XIII. KRS-Abteilung in *Bydgoszcz* (Bromberg), XVII. KRS-Abteilung in *Częstochowa* (Tschenstochau), VII. und VIII. KRS-Abteilung in *Gdańsk* (Danzig), X. KRS-Abteilung in *Gliwice* (Gleiwitz), VIII. KRS-Abteilung *Katowice* (Kattowitz), X. KRS-Abteilung in *Kielce*, IX. KRS-Abteilung in *Koszalin* (Köslin), XI. und XII. KRS-Abteilung in *Kraków* (Krakau), XI. KRS-Abteilung in *Lublin*, XX. KRS-Abteilung in *Łódź* (Lodz), VIII. KRS-Abteilung in *Olsztyn* (Allenstein), VIII. KRS-Abteilung in *Opole* (Oppeln), VIII. und IX. KRS-Abteilung in *Poznań* (Posen), XII. KRS-Abteilung in *Rzeszów*, XIII. KRS-Abteilung in *Szczecin* (Stettin), VII. KRS-Abteilung in *Toruń* (Thorn), XII., XIII. und XIV. KRS-Abteilung in *Warszawa* (Warschau), VI. und IX. KRS-Abteilung in *Wrocław* (Breslau) und VIII. KRS-Abteilung in *Zielona Góra* (Grünberg); die entsprechenden Adressen der jeweiligen Registergerichte sind auf der Internetseite des Justizministeriums (www.ms.gov.pl) zu finden.

776 Gemäß Art. 6942 des Zivilverfahrensgesetzbuches.

schaftstätigkeit ausübt" darüber hinaus der Eintragung in das Unternehmerregister. Im Eintragungsverfahren können somit zwei der drei Register des Landesgerichtsregisters relevant werden. Das Register für zahlungsunfähige Schuldner spielt im Rahmen der Entstehung der Stiftung indes keine Rolle.

3. Das Eintragungsverfahren

Die Eintragung erfolgt gemäß Art. 7 LGRegG im „nichtstreitigen Verfahren" (Verfahren der Freiwilligen Gerichtsbarkeit), welches mit Stellung des Antrags auf Eintragung der Stiftung eingeleitet wird (Art. 19 Abs. 1 LGRegG).

a) Antrag

Ohne Antragstellung wird das Eintragungsverfahren nicht eingeleitet. Ein Tätigwerden des Registergerichts von Amts wegen ist nicht zulässig - dies gilt selbst bei der Stiftungserrichtung von Todes wegen.[777]

Das Landesgerichtsregistergesetz regelt die Antragsbefugnis nicht. Es besteht jedoch die einheitliche Auffassung, dass den Antrag sowohl der Stifter selbst - bzw. dessen Bevollmächtigter, Erbe oder Testamentsvollstrecker -, als auch ein bereits berufener Vorstand stellen kann.[778] Die Antragstellung erfolgt bei dem für die Stiftung örtlich zuständigen Gericht.[779]

Der Antrag kann nicht formlos gestellt werden. Dieser muss gemäß Art. 19 Abs. 2 LGRegG auf einem amtlichen Vordruck erfolgen.[780] Für die Eintragung der Stiftung in das Stiftungsregister ist das Formular KRS-W20 zu verwenden[781], in welchem Angaben zu machen sind über den Namen der Stiftung, den

---

777 In einem anderen Zusammenhang kann das Registergericht gemäß Art. 12 Abs. 2 LGRegG eine Berichtigung von Amts wegen durchführen, wenn sich herausstellt, dass sich im Register eine Eintragung befindet, die offensichtliche Fehler oder Diskrepanzen mit dem Inhalt von Beschlüssen des Gerichts enthält. Ferner kann das Gericht gemäß Art. 12 Abs. 3 LGRegG, wenn sich im Register im Hinblick auf geltende rechtliche Bestimmungen unzulässige Angaben befinden, diese von Amts wegen nach Anhörung oder Aufforderung zur Abgabe einer schriftlichen Erklärung löschen.

778 *Gibalska/Ogonowski*, S. 22; *Kwiatkowska*, S. 19; *Cioch*, Prawo fundacyjne, S. 89; *Suski*, S. 403; in der Praxis obliegt diese Aufgabe dem regelmäßig zu diesem Zeitpunkt bereits berufenen Vorstand, *Kidyba*, in: Cioch/Kidyba, (2010), Art. 7, S. 172.

779 Die Antragstellung erfolgt schriftlich durch persönliche Übergabe bzw. auf dem Postweg oder elektronisch unter Verwendung einer qualifizierten elektronischen Signatur.

780 Die amtlichen Vordrucke sind bei den Registergerichten oder auf der Internetseite des Justizministeriums (www.ms.gov.pl) erhältlich.

781 Aufgrund der gesetzlichen Ermächtigung in Art. 19 Abs. 6 LGRegG hat der Justizminister durch Verordnung vom 21.12.2000 über die Bestimmung der Muster der amtlichen Antragsformulare für die Eintragung in das Landesgerichtsregister sowie die Art und die Orte ihrer Zurverfügungstellung (Dz. U. 2000, Nr. 118, Pos. 1247) das Aussehen und die Inhalte der einzelnen Formulare konkretisiert.

Sitz und die Adresse, den Satzungsinhalt, das Vertretungsorgan, insbesondere seine Mitglieder und die Vertretungsverhältnisse sowie ggf. das Aufsichtsorgan. Dem Antrag sind der Stiftungsakt (als Testament oder in notarieller Form), die Stiftungssatzung, eventuell bereits ergangene Bestellungsbeschlüsse sowie Unterschriftsmuster der Vorstandsmitglieder[782] als Anlagen beizufügen. Dem Stifter steht es frei, in einer Zusatzerklärung den zuständigen Minister zu benennen, falls er von diesem Recht nicht bereits in der Satzung Gebrauch gemacht hat.[783] Die in diesem Zusammenhang abgegebene Erklärung wird mit der Satzung verbunden und dem Registergericht übergeben.

Desweiteren ist in der Registrierungspraxis die Vorlage eines Nachweises über das Nutzungsrecht an einem Geschäftslokal am Sitz der Stiftung üblich, etwa eines Mietvertrages. Zwar ist dies keine notwendige Voraussetzung im Eintragungsverfahren, doch kann das Gericht bei begründeten Zweifeln die Vorlage eines solchen Nachweises gemäß Art. 23 Abs. 2 LGRegG fordern.[784] Die jeweiligen Anlagen müssen im Original oder in beglaubigter Fassung vorgelegt werden.[785]

Dem Antrag auf Eintragung der Stiftung ist ebenfalls der Nachweis über die Entrichtung der Gerichtsgebühr beizufügen. Das Eintragungsverfahren ist nämlich grundsätzlich gebührenpflichtig. Während Art. 8 SG a.F. die Eintragung einer Stiftung noch gebührenfrei zuließ, wurde dies zum 02.03.2006 durch das Gesetz vom 28.07.2005 über Gerichtskosten in Zivilsachen[786] geändert. Demnach beträgt die Gebühr für die Einleitung des Registrierungsverfahrens gemäß Art. 53 Abs. 2 dieses Gesetzes 250,00 PLN.[787] Härtefälle und bestimmte gemeinnützige Zwecke berechtigen zur Gebührenbefreiung.[788]

b) Gerichtlicher Prüfungsumfang

Das Registergericht führt sowohl eine formelle als auch materielle Prüfung des Antrags auf Eintragung der Stiftung durch. Nach Art. 23 LGRegG hat es zu prüfen, ob die dem Antrag beigefügten Urkunden hinsichtlich der *Form* und des *Inhalts* den rechtlichen Vorschriften entsprechen.

---

782 Vgl. Art. 19 a LGRegG.

783 *Kwiatkowska*, S. 21.

784 *Kwiatkowska*, S. 22; *Cioch*, Prawo fundacyjne, S. 89.

785 Dies resultiert aus Art. 6944 Zivilverfahrensgesetzbuch.

786 Ustawa z 28 lipca 2005 r. o kosztach sądowych w sprawach cywilnych, Dz. U. 2005, Nr. 167, Pos. 1398.

787 Eine (gebührenpflichtige) Bekanntmachung der Eintragung im Gerichts- und Wirtschaftsanzeiger (poln. *Monitor Sądowy i Gospodarczy*) ist bei einer Stiftung, die sich wirtschaftlich nicht betätigt, nicht erforderlich. Eine Bekanntmachungspflicht obliegt gemäß Art. 13 des LGRegG allein Unternehmern.

788 *Krawczyk*, S. 17 ff.

aa) Formelle Prüfung

In formeller Hinsicht orientiert sich das Registergericht an den für alle Rechtssubjekte geltenden Vorgaben des Registrierungsverfahrens, die sich aus dem Landesgerichtsregistergesetz und subsidiär aus den Bestimmungen über das nichtstreitge Verfahren sowie über das Registerverfahren des Zivilverfahrensgesetzbuches ergeben.[789]

Das Gericht prüft zunächst, ob es zuständig ist, der Antrag formgerecht gestellt und die Gerichtsgebühr entrichtet worden ist.[790] Desweiteren prüft es die Antragsbefugnis des Antragstellers sowie die dem Antrag beigefügten Anlagen auf ihre Vollständigkeit.[791] Treten bereits bei dieser Prüfung Mängel hervor, wird der Antrag zur Bearbeitung nicht angenommen und gemäß Art. 19 Abs. 3 LGRegG zurückgewiesen. Der zurückgewiesene Antrag kann nach Behebung dieser formellen Mängel innerhalb von sieben Tagen ab Zustellung erneut gestellt werden.[792] Ist der korrigierte Antrag mangelfrei, wird fingiert, dass er bereits zum Zeitpunkt der Ersteinreichung formgerecht gewesen ist.[793]

Gemäß Art. 20a LGRegG entscheidet das Registergericht über einen Eintragungsantrag nicht später als innerhalb einer Frist von sieben Tagen ab dem Tag der Antragstellung. Erfordert die Entscheidung über den Antrag eine Aufforderung zur Behebung eines Eintragungshindernisses so soll über den Antrag innerhalb von sieben Tagen nach Behebung des Hindernisses entschieden werden. Falls die Entscheidung über den Antrag eine Anhörung von Verfahrensbeteiligten oder die Durchführung einer Verhandlung erfordert, so ist über den Antrag nicht später als innerhalb eines Monats zu entscheiden. Der Gesetzgeber hat mit Art. 20a LGRegG ein Disziplinierungsmittel in das Registrierungsverfahren eingeführt, mit dem das Registergericht angehalten werden soll, zügig zu arbeiten. Für die Einhaltung des Beschleunigungsgebotes steht jedoch keine entsprechende Sanktionsmöglichkeit für den Fall zur Verfügung, dass das Gericht diese Fristen nicht einhält. Insoweit kommt Art. 20a LGRegG lediglich ein gewisser Instruktionscharakter zu.[794]

---

789 *Cioch*, Prawo fundacyjne, S. 89; *Suski*, S. 137 ff.; *Kidyba*, Prawo handlowe, S. 62 f.; *ders.*, in: Cioch/Kidyba, (2010), Art. 9, S. 193.

790 *Krawczyk*, S. 12; *Suski*, S. 138.

791 *Suski*, S. 337.

792 Eine Antragstellung zu einem späteren Zeitpunkt gilt als Einleitung eines neuen Verfahrens; die Gerichtsgebühr muss erneut entrichtet werden.

793 Folgt unmittelbar aus Art. 19 Abs. 4 LGRegG. Gegen die gerichtliche Verfügung der Zurückweisung aus Formgründen ist die Beschwerde statthaft.

794 *Tarska,* S. 507; *Suski*, S. 138.

bb) Materielle Prüfung

Während sich die formelle Prüfung hauptsächlich an den Vorgaben des Landesgerichtsregistergesetzes und des Zivilverfahrensgesetzbuches orientiert, treten für den materiellen Prüfungsumfang auch die Bestimmungen des Stiftungsgesetzes als *lex specialis* hinzu.[795]

Das Gericht trägt gemäß Art. 9 Abs. 1 SG die Stiftung in das Landesgerichtsregister ein, nachdem es festgestellt hat, dass (1.) die zur Eintragung erforderlichen Rechtshandlungen durch eine berechtigte Person oder ein berechtigtes Organ durchgeführt worden sind und (2.) diese gültig sind, insbesondere ob Stiftungszweck und Stiftungssatzung rechtmäßig sind. Dementsprechend führt das Registergericht eine vollständige inhaltliche Prüfung des Entstehungsvorgangs anhand der beigefügten Unterlagen durch.[796] Bei dieser zweigliedrigen Prüfung geht es zunächst um die formalen Errichtungsvoraussetzungen wie Stifterfähigkeit und die Form von Stiftungsakts und Satzung; in einem zweiten Schritt prüft das Gericht Stiftungsakt und Satzung auf ihren Inhalt, insbesondere ob der Stiftungszweck den Vorgaben des Art. 1 SG entspricht.[797]

Die Prüfung des Satzungsinhalts orientiert sich an Art. 2 Abs. 2, Art. 5 und Art. 11 SG. Das Gericht muss positiv feststellen, dass die Satzung über den gesetzlich vorgeschriebenen Mindestinhalt verfügt. Auch prüft das Registergericht die Vereinbarkeit der Stiftungssatzung mit Rechtsvorschriften außerhalb des Stiftungsgesetzes; insoweit wird sichergestellt, dass die neugeschaffene Stiftung insgesamt nicht im Widerspruch zur geltenden Rechtsordnung steht.[798]

Der Prüfungsumfang des Registergerichts ist auf die vorerwähnten Gegenstände beschränkt. Eine weitergehende, etwa den Sinn, die Zweckmäßigkeit, die Vermögensausstattung der Stiftung beurteilende oder den Willen des Stifters hinterfragende Prüfung ist dem Gericht verwehrt.[799]

---

795 *Kidyba*, in: Cioch/Kidyba, (2010), Art. 9, S. 193; *Cioch*, Prawo fundacyjne, S. 91 f.; *Suski*, S. 407.

796 *Cioch*, a.a.O.; *Kidyba*, in: Cioch/Kidyba, (2010), Art. 9, S. 196; *Krawczyk*, S. 13; gemäß Art. 23 Abs. 2 LGRegG prüft das Registergericht, ob die im Antrag auf Eintragung gemachten Angaben in dem in Art. 35 bestimmten Bereich (Name bzw. Firma und Statistiknummer) wahr sind. Außerhalb dieses Bereichs prüft das Registergericht nur, ob die angemeldeten Angaben mit der wirklichen Sachlage übereinstimmen, wenn diesbezüglich begründete Zweifel vorliegen. Bei Zweifeln über die Richtigkeit einzelner Angaben ist das prüfende Gericht verpflichtet, diese (im Freibeweisverfahren) auszuräumen, Oberstes Gericht, Entscheidung vom 3. April 1992, I CR 10/92; *Suski*, S. 141 f.

797 *Suski*, S. 407; *Kidyba*, in: Cioch/Kidyba, (2010), Art. 9, S. 201.

798 Oberstes Gericht, Beschluss vom 6. August 1996, III CZP 88/96, OSNC 1996, Nr. 11, Pos. 151; *Kidyba*, in: Cioch/Kidyba, (2010), Art. 9, S. 201; *Suski*, S. 408.

799 *Cioch*, Rejent 1999, Nr. 12, S. 116; *Suski*, S. 407; *Kidyba*, in: Cioch/Kidyba, (2010), Art. 9, S. 202.

Im Zusammenhang mit dem materiellen Prüfungsumfang der Registergerichte hat das Oberste Gericht in einer Entscheidung vom 12. Februar 2002[800] ausgeführt, dass der Gesetzgeber weder im Stiftungsgesetz noch in anderen Rechtsvorschriften ein Mindestanfangsvermögen geregelt hat; daraus folge, dass die Überprüfung der Kapitalausstattung einer Stiftung im Registrierungsverfahren außerhalb des materiellen Prüfungsumfangs des Registergerichts steht. Das Gericht habe daher nicht zu beurteilen, ob das der Stiftung gewidmete Vermögen zur Realisierung des Stiftungszwecks ausreichend sei.

Die Entscheidung des Obersten Gerichts ist zutreffend, weil das polnische Stiftungsrecht eindeutig ist und das Registergericht zu einer Prüfung der Vermögensausstattung nicht befähigt wird. Eine Prognose hinsichtlich einer „dauernden und nachhaltigen Erfüllung des Stiftungszweck" entsprechend § 80 Abs. 2 BGB sieht das Stiftungsgesetz nicht vor.

In einer weiteren Entscheidung hat das Oberste Gericht zur Einheitlichkeit des Eintragungsverfahrens Stellung genommen. Im Beschluss vom 6. Juni 1996[801] hat es entschieden, dass das Registergericht eine Stiftung, die eine wirtschaftliche Betätigung anstrebt, nicht einerseits in das Stiftungsregister eintragen, ihr aber gleichzeitig die Eintragung in das Unternehmerregister - aufgrund eines tatsächlich vorhandenen Eintragungshindernisses - verwehren darf. Gemäß Art. 9 Abs. 1 SG dürfe das Gericht nämlich nur entscheiden, ob die Entstehungsvoraussetzungen insgesamt eingehalten worden sind. Dem Gericht werde kein Weg eröffnet, aufgrund der teilweisen Einhaltung von Entstehungsvoraussetzungen eine Eintragung lediglich in das Stiftungsregister vorzunehmen und im Übrigen die Eintragung in das Unternehmerregister wegen Mängeln abzulehnen. Denn bei der Prüfung muss das Gericht ebenfalls berücksichtigen, dass sich fehlerhafte Satzungsinhalte, wie hier die anvisierte wirtschaftliche Betätigung, auf die im Übrigen zulässigen Stiftungszwecke und die Stiftungssatzung insgesamt nachteilig auswirken, weshalb die Mangelhaftigkeit der Satzung zum absoluten Eintragungshindernis wird. Zwar kann die Satzung gemäß Art. 5 Abs. 1 Satz 2 SG über fakultative Angaben verfügen, doch stellen diese ebenfalls einen integralen und wesentlichen Bestandteil dar; die Gesamtheit aller Satzungsbestimmungen erzeugt ein einheitliches rechtliches Gebilde, da gemäß Art. 4 SG die Stiftung aufgrund ihrer (gesamten) Satzung tätig wird.[802]

---

800 Oberstes Gericht, Entscheidung vom 12. Februar 2002, I CKN 1388/99, Gazeta Prawna 2003, Nr. 112, S. 21.

801 Oberstes Gericht, Beschluss vom 6. Juni 1996, III CZP 88/96, OSNC 1996, Nr. 11, Pos. 151.

802 In dem konkreten Fall hätte das Registergericht auch die Eintragung in das Stiftungsregister verweigern müssen.

In einer dritten Entscheidung vom 4. September 2002[803] hat das Oberste Gericht unterstrichen, dass das Registergericht den Antragsteller bei der Feststellung materieller Mängel in der als Anlage beigefügten Stiftungssatzung zur Beseitigung der Mängel auffordern muss.[804] Zur Sache hat das Oberste Gericht ausgeführt, dass die für die wirtschaftliche Betätigung bestimmten Vermögensmittel nicht Bestandteil des Stiftungsvermögens sein dürften. Insoweit bedürfe es einer organisatorischen Trennung, da gemäß Art. 5 Abs. 5 SG die wirtschaftliche Betätigung der Stiftung eine von der eigentlichen Stiftungstätigkeit abgesonderte Nebentätigkeit darstelle und daraus die Notwendigkeit zur Trennung der finanziellen Mittel hervorgehe. Eine Stiftung, die dies in ihrer Satzung nicht ausdrücklich vorsehe, könne nicht eingetragen werden. Insoweit sei es Aufgabe des Registergerichts, auf derartige Mängel im Eintragungsverfahren zu achten.

c) Entscheidung über die Eintragung

Wenn die formellen und materiellen Voraussetzungen erfüllt sind, entscheidet das Gericht über die Eintragung der Stiftung durch Beschluss. Der Beschluss enthält den Inhalt der vorzunehmenden Eintragung, stellt jedoch noch nicht die Eintragung im Sinne des Stiftungsgesetzes dar.[805] Die eigentliche Eintragung in das Landesgerichtsregister folgt dem Beschluss unverzüglich; die Eintragung ist im Moment der Aufnahme der Angaben in das Register abgeschlossen, Art. 20 Abs. 1 LGRegG.

Ab dem Zeitpunkt der Eintragung ist die Stiftung gemäß Art. 34 Abs. 1 LGRegG verpflichtet, in schriftlichen Erklärungen, die sie im Rahmen ihrer Tätigkeit an bestimmte Personen und Behörden richtet, folgende Angaben aufzunehmen: Firma oder Name, Bezeichnung der Rechtsform der durchgeführten Tätigkeit (*fundacja*), Sitz und Adresse, Steuernummer und Registergericht, bei dem die Registerakten aufbewahrt werden, sowie Registernummer.

Das Gericht muss gemäß Art. 9 Abs. 2 SG den aufgrund des Stiftungszwecks sachlich zuständigen Minister sowie den aufgrund des Stiftungssitzes örtlich zu-

803 Oberstes Gericht, Entscheidung vom 4. September 2002, I CKN 1023/00, Gazeta Prawna 2003, Nr. 112, S. 21.

804 Auch die Literatur hat sich dieser Rechtsprechung angeschlossen: Bei behebbaren Mängeln, die sich aus den als Anlagen beigefügten Unterlagen ergeben, muss das Gericht den Antragsteller zunächst zur Behebung dieser Mängel auffordern. Sind die Mängel nicht behebbar oder kommt der Antragsteller der Aufforderung des Registergerichts nicht (vollständig) nach, darf der Antrag abgewiesen werden, *Norek*, S. 107 f.; *Krawczyk*, S. 14; *Suski*, S. 408.

805 Oberstes Gericht, Beschluss vom 15.03.1991, III CZP 13/91, OSNC 1991, Nr. 7, Pos. 77; ebenfalls *Kidyba*, in: Cioch/Kidyba, (2010), Art. 9, S. 190, a.A. *Krawczyk*, S. 13, die bereits auf den Beschluss als Eintragung im Rechtssinne abstellt. Dieser Annahme widersprechen jedoch die eindeutigen Regelungen des Registerrechts, die stets von der Eintragung sprechen, siehe etwa Art. 20 LGRegG.

ständigen Starost über die Eintragung der Stiftung in das Landesgerichtsregister unter gleichzeitiger Übersendung der Stiftungssatzung benachrichtigen.[806] Falls die Stiftungszwecke den Tätigkeitsbereich zweier oder mehrerer Minister betreffen, benachrichtigt das Gericht gemäß Art. 9 Abs. 3 SG denjenigen Minister über die Eintragung, mit dessen Ressortzuständigkeit die Hauptzwecke der Stiftung am engsten in Verbindung stehen.[807]

d) Rechtsmittel

Der Antrag auf Eintragung kann aufgrund formeller Mängel zurückgewiesen oder die Eintragung wegen materieller Unzulänglichkeiten abgelehnt werden. Gegen die Zurückweisung wegen formeller Mängel steht die Beschwerde (poln. *zażalenie*) zur Verfügung, die bei dem zuständigen Kreisgericht (poln. *sąd okręgowy*) einzulegen ist.

Gegen eine die Eintragung aus materiellen Gründen abweisende Entscheidung des Registergerichts[808] steht dem Antragsteller die Klage (poln. *skarga*) zu, die innerhalb von sieben Tagen ab Zustellung der Entscheidung des Registergerichts bei dem Rayonsgericht zu erheben ist. Gegen die Entscheidung des Rayonsgerichts (Gericht I. Instanz) kann innerhalb von sieben Tagen ab Zustellung der Entscheidung Beschwerde zum Kreisgericht eingelegt (Gericht II. Instanz) werden. Gegen die Entscheidung des Kreisgerichts kann die Kassation zum Obersten Gericht innerhalb von zwei Monaten ab Entscheidung des Kreisgerichts eingelegt werden. Ein Anwaltszwang ist allein für das Kassationsverfahren vorgesehen.[809]

4. Sonstige Registrierungspflichten

a) Eintragung in das Unternehmerregister

Bei einer wirtschaftlichen Betätigung muss die Stiftung zusätzlich in das Unternehmerregister des Landesgerichtsregisters eingetragen werden (Art. 50 i.V.m.

806 Insoweit dient die vom Stifter gemäß Art. 5 Abs. 2 SG abgegebene Erklärung bezüglich des zuständigen Ministers dem Registergericht lediglich als unverbindliche Orientierungshilfe. Das Gericht hat diesbezüglich ein eigenes Ermessen, *Kidyba*, in: Cioch/Kidyba, (2010), Art. 9, S. 206; *Sagan/Strzępka*, S. 90.

807 Der angerufene Minister ist an die Entscheidung des Gerichts nicht gebunden. Sollte dieser feststellen, dass die Aufsicht über die Stiftung aufgrund des Stiftungszwecks nicht in sein Ressort fällt, kann dieser den seiner Ansicht nach zuständigen Minister benachrichtigen. Bei eventuellen Streitigkeiten über die Zuständigkeit entscheidet der Premierminister, *Suski*, S. 410.

808 Institutionell entscheidet der Gerichtsreferendar (poln. *referendariusz sądowy*) über die Eintragung.

809 *Krawczyk*, S. 13 f.; *Suski*, S. 146 ff.; *Kwiatkowska*, S. 24; *Gibalska/Ogonowski*, S. 27.

Art. 36 Punkt 13 LGRegG). Die Antragstellung erfolgt auf dem amtlichen Vordruck KRS-W9 und kann gleichzeitig mit der Anmeldung der Stiftung zum Stiftungsregister erfolgen. Dem Antrag ist als Anlage insbesondere das Formular KRS-WM beizufügen, in dem der Unternehmensgegenstand gemäß der Polnischen Tätigkeitenklassifikation (kurz: *PKD*) anzugeben ist.

Die Gebühr für den Antrag auf Eintragung der Stiftung in das Unternehmerregister beträgt gemäß Art. 52 des Gesetzes über Gerichtskosten in Zivilsachen 1.000,00 Zloty. Diese Gebühr beinhaltet bereits die Gebühr für die Eintragung der Stiftung in das Stiftungsregister für den Fall, dass beide Anträge gleichzeitig gestellt werden.[810] Zusätzlich fällt eine Gebühr in Höhe von 500,00 Zloty für die erforderliche Bekanntmachung des Unternehmers im Gerichts- und Wirtschaftsanzeiger (poln. *Monitor Sądowy i Gospodarczy*)[811] an.

b) REGON- und NIP-Nummer

Jede Stiftung muss über eine REGON- und eine NIP-Nummer verfügen.[812]

Die REGON[813]-Nummer ist eine vom Hauptstatistikamt (poln. *Główny Urząd Statystyczny*) für unterschiedliche wirtschaftsrelevante Rechtssubjekte vergebene Statistiknummer, die in das Landesgerichtsregister eingetragen werden muss. Der Antrag auf Erteilung einer REGON-Nummer muss von der Stiftung innerhalb von 14 Tagen ab ihrer Eintragung bei dem für sie örtlich zuständigen Statistikamt gestellt werden.[814] Die REGON-Nummer wird innerhalb von sieben Tagen ab Antragstellung erteilt und ist zum Landesgerichtsregister zwecks Eintragung anzumelden.[815]

Bei der NIP[816]-Nummer handelt es sich um die Steueridentifikationsnummer. Diese ist bei dem örtlich zuständigen Finanzamt noch vor der ersten steuerrelevanten Tätigkeit anzufordern. Die Beantragung dieser Nummer erfolgt mittels

810 *Kwiatkowska*, S. 22; *Gibalska/Ogonowski*, S. 29.

811 Vgl. deutsche Fassung des Gesetzes über die Herausgabe des Gerichts- und Wirtschaftsanzeigers: *Handbuch WiRO*, PL, 305.

812 *Kidyba*, in: Cioch/Kidyba, (2010), Art. 9, S. 191; *Gibalska/Ogonowski*, S. 26; *Krawczyk*, S. 31.

813 Hierbei handelt es sich um die Abkürzung für „*Krajowy **re**jestr urzędowy podmiotów **go**spodarki **n**arodowej*", was als „Amtliches Landesregister der Subjekte der nationalen Wirtschaft" übersetzt werden kann.

814 Für diesen Antrag ist das amtliche Formular RG-1 zu verwenden, diesem ist ein die Eintragung bestätigender Ausdruck aus dem Landesgerichtsregisters beizufügen.

815 *Krawczyk*, S. 31; *Kwiatkowska*, S. 27; *Gibalska/Ogonowski*, S. 26.

816 Abkürzung für „***N**umer **I**dentyfikacji **P**odatkowej*", zu Deutsch: Steueridentifikationsnummer.

eines amtlichen Vordrucks[817]; nach ihrer Erteilung ist diese ebenfalls zum Landesgerichtsregister anzumelden.[818]

Die Anmeldung der Nummern zum Landesgerichtsregister ist nach Art. 19a Abs. 3 und 3a LGRegG von einer Gebühr befreit.

c) Die Eintragung einer gemeinnützigen Organisation

Nichtregierungsorganisationen erwerben den Status einer gemeinnützigen Organisation[819] mit der Eintragung in das Landesgerichtsregister. Über die Verleihung des Status der gemeinnützigen Organisation entscheidet folglich das Registergericht.[820]

Die Eintragung erfolgt gemäß Art. 49a LGRegG in das Register für Vereine, andere gesellschaftliche oder berufsständische Organisationen, Stiftungen sowie öffentliche Anstalten der Gesundheitsfürsorge.

Die Antragstellung erfolgt auf einem amtlichen Vordruck[821] unter Beifügung unterschiedlicher Anlagen[822], insbesondere der Stiftungssatzung. Das Registergericht prüft anhand der ihm vorgelegten Unterlagen, ob die Voraussetzungen gemäß Art. 20 f. GemeinnützigkeitsG erfüllt sind.

Die Eintragung der gemeinnützigen Organisation ist gemäß Art. 49 Abs. 2 LGRegG im Gerichts- und Wirtschaftsanzeiger bekanntzumachen. Falls die gemeinnützige Organisation die Voraussetzungen ihres besonderen Status nicht mehr erfüllt, insbesondere die in Art. 20 und 21 GemeinnützigkeitsG genannten, löscht sie das Registergericht *von Amts wegen* aus dem Register (Art. 49a Abs. 3 LGRegG). Die Löschung kann nach Art. 22 Abs. 3 GemeinnützigkeitsG auch auf Antrag erfolgen. Mit der Löschung verliert die Stiftung lediglich den Status einer gemeinnützigen Organisation. Die Stiftung als solche bleibt bestehen.

---

817 Amtlicher Vordruck NIP-2; diesem sind die Entscheidung über die Zuteilung der REGON-Nummer, ein Ausdruck aus dem Landesgerichtsregister, ein Nachweis über das Nutzungsrecht an dem Geschäftslokal, in dem die Stiftung ihren Sitz hat, sowie die Angabe der Bankverbindung beizufügen.

818 *Krawczyk*, a.a.O.; *Kwiatkowska*, S. 28; *Gibalska/Ogonowski*, a.a.O.

819 Vgl. in diesem Zusammenhang die allgemeinen Ausführungen zur gemeinnützigen Organisation im Sinne des GemeinnützigkeitsG weiter oben.

820 *Skiba*, S. 20; *Suski*, S. 412; *Kidyba*, in: Cioch/Kidyba, (2010), Art. 9, S. 203.

821 Formular KRS-W20 nebst Anlagenformular KRS-W-OPP.

822 Etwa einer Erklärung des Vorstands, dass die Voraussetzungen gemäß Art. 20 Pkt. 4-6 GemeinnützigkeitsG eingehalten wurden, eines polizeilichen Führungszeugnisses der Vorstandsmitglieder sowie von Nachweisen, die eine gemeinnützige Tätigkeit glaubhaft machen, *Suski*, S. 413; *Skiba*, S. 21.

5. Rechtsvergleichende Zusammenfassung

Der Eintragung nach polnischem Recht fällt die gleiche Aufgabe zu wie der Anerkennung nach BGB: Beide Akte schließen die Errichtung einer Stiftung ab, sie stellen den notwendigen letzten Schritt dar. An ihrem Ende steht im Regelfall die Verleihung der Rechtsfähigkeit, sie sind in beiden Rechtsordnungen für die Entstehung einer rechtsfähigen Stiftung des Zivilrechts zwingend und konstitutiv.

Eintragung und Anerkennung haben Legalisierungswirkung, der Anerkennung kommt zusätzlich eine „Filterfunktion“[823] zu. Letztere soll nur solche Stiftungen in den Rechtsverkehr eintreten lassen, die auf Dauer und nachhaltig funktionsfähig sind. Rechtsverkehr und Gemeinwohl sollen vor Schäden geschützt werden. Der Zweck des Eintragungsverfahrens liegt ebenfalls in der Überprüfung der formellen und materiellen Entstehungsvoraussetzungen. Eine Prüfung der Vermögensausstattung im Hinblick auf eine dauernde und nachhaltige Erfüllung des Stiftungszwecks führt das polnische Registergericht hingegen nicht durch. Eine § 80 Abs. 2 BGB entsprechende Formulierung kennt das polnische Stiftungsrecht nicht. Indem die Registergerichte feststellen müssen, dass eine Stiftung gemäß Art. 1 SG „mit den Grundinteressen der Republik Polen in Einklang“ steht, führen sie eine Prüfung durch, die mit der Prüfung des Gemeinwohlvorbehalts[824] vergleichbar ist.

Ungeachtet der seit 2002 gesetzlich verwendeten Terminologie[825] handelt es sich bei der Anerkennung um eine für ein Konzessionssystem typische Genehmigung. Als privatrechtsgestaltender Verwaltungsakt[826] schließt sie das Verwaltungsverfahren ab.

Das polnische Recht sieht für die staatliche Mitwirkung an der Entstehung einer Stiftung das gerichtliche Registerverfahren vor, an dessen Ende der Eintragungsbeschluss nebst Registereintragung im Stiftungsregister steht. Sofern die formellen und materiellen Entstehungsvoraussetzungen eingehalten wurden, be-

---

823 *Hof*, in: Seifart/v. Campenhausen, Stiftungsrechts-Handbuch, 3. Aufl., § 6 Rn. 237.

824 Eine Gemeinwohlgefährdung wird angenommen, wenn die Stiftung den Zweck verfolgen soll, gegen ein gesetzliches Verbot oder die guten Sitten zu verstoßen oder Verfassungsgüter zu gefährden, OVG Münster NVwZ 1996, 913; BVerwG NJW 1998, 2545.

825 Seit der Modernisierung des Stiftungsrechts wird die Genehmigung als Anerkennung bezeichnet. Dem Begriff der Genehmigung wohnte „ein dem gemeinwohlorientierten Stiftungswesen an sich fremder Hauch eines Relikts aus Zeiten eines Obrigkeitsstaates inne“, Fraktionsentwurf, BT-Drs. 14/8277, S. 5.

826 *Andrick/Suerbaum*, NWVBL 9/1999, S. 329; *Schlüter/Stolte*, S. 64, Rn.73.

steht in beiden Stiftungsrechten ein Anspruch auf Eintragung bzw. Anerkennung. Weder Eintragungsbehörden noch Registergerichte haben diesbezüglich einen Ermessensspielraum; ihre Entscheidungen sind bedingungsfeindlich.[827]

Eingeleitet werden beide Verfahren durch einen entsprechenden Antrag; im deutschen Recht ist dieser bei Stiftungserrichtungen von Todes wegen gemäß § 83 BGB nicht zwingend notwendig.[828] Antragsberechtigt sind der Stifter selbst, sein Bevollmächtigter, sein Erbe, ebenfalls ein Testamentsvollstrecker, ein Nachlasspfleger oder ein gesetzlicher Vertreter.[829] Das polnische Registerrecht hält für die Antragstellung verbindliche amtliche Formulare vor; der Anerkennungsantrag kann formlos gestellt werden[830].

Nach § 80 Abs. 1 BGB werden die Voraussetzungen des § 81 Abs. 2 BGB durch die zuständige Behörde des Landes, in dem die Stiftung ihren Sitz haben soll, geprüft und beschieden. Auch das aufgrund des künftigen Stiftungssitzes örtlich zuständige Registergericht prüft gemäß Art. 9 Abs. 1 SG in einem zweigliedrigen Verfahren, ob die formellen und materiellen Voraussetzungen der Stiftungserrichtung beachtet wurden.

Die Anerkennung der Stiftung wird gemäß § 41 Abs. 1 Satz 1 VwVfG mit Bekanntgabe an den Stiftungsvorsand oder den Antragsteller wirksam[831], die polnische Stiftung entsteht im Zeitpunkt der Eintragung im Stiftungsregister.

Dem geltenden deutschen Stiftungsrecht ist eine allgemeine bundesweite Publizitätsvorschrift oder ein entsprechendes Stiftungsregister fremd. Auch wenn die Stiftungsgesetze der Länder die Eintragung in öffentlich zugängliche Stiftungsverzeichnisse vorsehen, in dem etwa Angaben über den Stiftungszweck, den Vorstand oder die Adresse der Geschäftsstelle enthalten sein können, begründen diese Register nicht die Vermutung der Richtigkeit und dienen nicht dem Vertrauensschutz, sondern lediglich der Information.[832] Rechtlich haben sie

---

827 *Staudinger/Hüttemann/Rawert*, 2011, § 80 Rn. 13; *MüKo/Reuter*, §§ 80, 81 Rn. 59; *Hof*, in: Seifart/v. Campenhausen, Stiftungsrechts-Handbuch, 3. Aufl., § 6 Rn. 248; *Burgard*, Gestaltungsfreiheit, S. 176; *Strickrodt*, S. 40, 616.

828 *Staudinger/Hüttemann/Rawert*, 2011, § 80 Rn. 10; *Schlüter/Stolte*, S. 74, Rn. 116; *Schiffer*, S. 125; *Hof*, in: Seifart/v. Campenhausen, Stiftungsrechts-Handbuch, 3. Aufl., § 6 Rn. 262 f.

829 *Hof*, in: Seifart/v. Campenhausen, Stiftungsrechts-Handbuch, 3. Aufl., § 6 Rn. 265; *Staudinger/Hüttemann/Rawert*, a.a.O.

830 *Schlüter/Stolte*, S. 65, Rn. 75.

831 *MüKo/Reuter*, §§ 80, 81 Rn. 60; *Staudinger/Rawert*, 1995, § 80 Rn. 36; *Hof*, in: Seifart/v. Campenhausen, Stiftungsrechts-Handbuch, 3. Aufl., § 6 Rn. 326 f.

832 *Schlüter/Stolte*, S. 65 f., Rn. 77; *Burgard*, Gestaltungsfreiheit, S. 572. Die Einführung eines Stiftungsverzeichnisses war ein wichtiger Gegenstand der stiftungsrechtlichen Reformdiskussion. Insbesondere beschäftigte sich der Bericht der Bund-Länder-Arbeitsgruppe Stiftungsrecht intensiv mit den Fragen eines Stiftungsregisters mit Publizitätswirkung, verneinte jedoch letztendlich dessen Notwendigkeit, vgl. *Bund-Länder-Arbeitsgruppe*, S. 31 ff.

nicht die Qualität des polnischen Stiftungsregisters: Ungeachtet dessen, dass sie für die Entstehung einer Stiftung keine Bedeutung haben, können sie nicht mit einem Handelsregister oder Grundbuch verglichen werden; dem polnischen Stiftungsregister hingegen kommen Wahrheitsvermutung, öffentlicher Glaube und Publizitätswirkung zu.[833]

C. Stiftungstätigkeit

I. Stiftungsstruktur und Stiftungsorganisation

Jede Stiftung verfügt über eine eigene Struktur, die ihr in der Satzung verliehen wurde. Von ausschlaggebender Bedeutung ist für diese das Zusammenspiel der Stiftungsorgane sowie deren Kompetenz- und Aufgabenverteilung. Die vorzufindende Stiftungsstruktur stellt im Idealfall die organisationsrechtliche Umsetzung des Stifterwillens dar, der im Stiftungsakt zum Ausdruck gekommen ist.

Das Stiftungsrecht gibt Stiftern bei der Bildung der Stiftungsstruktur nahezu grenzenlose Gestaltungsfreiheit, die Satzungsstrenge beschränkt sich lediglich auf den Mindestinhalt der Stiftungssatzung. Die Stiftung ist, im Gegensatz zu anderen juristischen Personen, nicht verbandsmäßig strukturiert - der Stifterwille wird durch die Organe realisiert. Für die Stiftung ist gemäß Art. 10 SG der Vorstand als geschäftsführendes und vertretendes Stiftungsorgan ausreichend, anderer Organe bedarf sie grundsätzlich nicht. Im Vergleich zu anderen juristischen Personen stellt diese Rechtslage eine Ausnahme und gleichzeitig eine Besonderheit dar; alle anderen juristischen Personen müssen über mindestens zwei Organe verfügen.[834]

Gleichwohl bedeutet diese stiftungsrechtliche Besonderheit nicht, dass es neben dem Vorstand keine weiteren geschäftsführenden, vertretungsbefugten, kontrollierenden oder beratenden Organe geben dürfte. Die Grenze bei der Schaffung weiterer Organe und der Zuweisung von Befugnissen wird jedoch dort zu ziehen sein, wo Beeinträchtigungen der Kernkompetenzen des Vorstands, insbesondere im Zusammenhang mit Geschäftsführung und Vertretung, nicht ausgeschlossen werden können. Im polnischen Stiftungsrecht gilt das Gebot, dass der Vorstand das zentrale Entscheidungsorgan einer Stiftung darstellt und seine Tätigkeit durch andere Organe lediglich ergänzt, überwacht oder legitimiert werden darf.[835]

---

833 Dementsprechend kennt das polnische Stiftungsrecht auch keine Vertretungsbescheinigungen, die in den meisten Landesstiftungsgesetzen vorgesehen sind, vgl. nur *Schlüter/Stolte*, S. 67 f., Rn. 86.

834 *Kidyba*, in: Cioch/Kidyba, (2010), Art. 10, S. 207; *Cioch*, Fundacje w ujęciu prawa polskiego, S. 82; *ders.*, Prawo fundacyjne, S. 95 f.

835 *Cioch*, Prawo fundacyjne, S. 96; im Hinblick auf die Organstruktur lässt die polnische Stiftungspraxis überwiegend eine Dreiteilung erkennen, bestehend aus einer Stifterver-

Unabhängig von der Ausgestaltung der Struktur und Organisation der Stiftung im Einzelfall stehen für die Stiftungstätigkeit stets eine zweckgerechte Geschäftsleitung, eine zweckorientierte Verwaltung des Stiftungsvermögens sowie schließlich die Förderung des Stiftungszwecks im Vordergrund. Für das Handeln der Stiftungsorgane ist das Interesse der Stiftung maßgeblich. Dieses liegt in der Realisierung des im Stiftungsakt und der Satzung niedergelegten Stifterwillens.

II. Handeln durch Organe

Die Stiftung handelt durch ihre Organe. Das zentrale Organ der Stiftung ist der Stiftungsvorstand. Dieser ist grundsätzlich allgemeinzuständig.

Den fakultativen Organen kommt überwiegend beratende oder überwachende Funktion zu.

1. Stiftungsvorstand

a) Allgemeine Grundsätze

Als Zentralorgan und oberste Entscheidungsinstanz handelt der Stiftungsvorstand im Rahmen von Stiftungszweck und Satzung für die Stiftung in eigener Verantwortung.[836] Die Bildung des Vorstands erfolgt für gewöhnlich bereits vor Anmeldung der Stiftung zur Eintragung in das Stiftungsregister. Die Berufung von Vorstandsmitgliedern in einer bereits bestehenden Stiftung erfolgt durch ein anderes Organ oder durch den Stifter selbst, soweit dies in der Satzung vorgesehen ist. Das Oberste Gericht hat ausdrücklich entschieden, dass der Stifter Organmitglieder weder bestellen noch abberufen kann, soweit er hierzu aufgrund des Satzungsinhalts nicht ausdrücklich befugt ist.[837]

Die Berufung erfolgt für die Dauer der jeweiligen Kadenz. Findet sich hierzu in der Satzung keine Regelung, erfolgt die Bestellung der Vorstandsmitglieder auf unbestimmte Zeit und steht nur unter dem Vorbehalt der Abberufung durch das zuständige Organ. Einer Bestellung von Vorstandsmitgliedern auf Lebenszeit steht grundsätzlich nichts entgegen.[838]

Der Bestellungsakt begründet für sich kein zivilrechtliches Verhältnis zwischen der Stiftung und dem jeweiligen Vorstandsmitglied. Er hat allein Auswirkung auf die organisationsrechtliche Stellung der berufenen Person. Die zivilrechtlichen Beziehungen zwischen der Stiftung und dem Vorstandsmitglied

---

sammlung, einem Stiftungsrat und dem Stiftungsvorstand.

836 *Niemirka*, S. 73; *Suski*, S. 389.

837 Oberstes Gericht, Urteil vom 13.12.2000, III CZP 42/00, OSNC 67/5/2001.

838 *Strzępka*, Prawo Spółek 2002, Nr. 6, S. 37 f.; *Kidyba*, in: Cioch/Kidyba, (2010), Art. 10, S. 213.

müssen durch einen gesonderten Vertrag, etwa einen Dienstleistungs- oder Arbeitsvertrag, geregelt werden.[839] In einer Entscheidung vom 08.03.2005[840] hatte sich das Appellationsgericht[841] Warschau mit dem rechtlichen Charakter der Verbindung eines Vorstandsmitglieds mit der Stiftung auseinanderzusetzen. Das Gericht führte hierzu aus, dass die Berufung einer Person in den Vorstand einer juristischen Person durch ein zuständiges Organ nicht zur gleichzeitigen Eingehung eines Arbeitsverhältnisses führe, sondern lediglich die Zuweisung der Organstellung zur Folge habe. Die Verpflichtung des Organmitglieds zum Handeln für und gegen die Stiftung könne (zusätzlich) aus einem zivilrechtlichen - auch unentgeltlichen - Anstellungsverhältnis hervorgehen. Die bloße Berufung in den Stiftungsvorstand begründe ein solches Verhältnis jedoch nicht.

Wie nach §§ 86, 26 Abs. 2 BGB der deutsche Vorstand hat auch der polnische Stiftungsvorstand die Stellung eines gesetzlichen Vertreters. Auf ihn finden daher die Grundsätze der Organtheorie Anwendung.[842] Danach vertritt er die Stiftung gerichtlich und außergerichtlich, er bildet einen integralen Bestandteil der Stiftungsstruktur. Seine Vertretungsmacht reicht prinzipiell so weit wie die Rechtsfähigkeit der Stiftung. Träger von Rechten und Pflichten im Verhältnis zu Dritten ist nur die Stiftung. Handeln und Wissen des Vorstands in Stiftungsangelegenheiten wird der Stiftung zugerechnet. Dies betrifft auch eine Schadensverursachung durch den Vorstand.[843]

Wie bereits vorerwähnt, besteht im polnischen Stiftungsrecht Uneinigkeit, ob es sich bei dem Stiftungsvorstand um ein Kollegialorgan handelt oder dieser auch als Einzelorgan konstituiert werden kann. Diesbezüglich macht das Stif-

---

839 Diese Unterscheidung ist für das Recht der juristischen Personen typisch. Von der Bestellung bzw. Abbestellung als organisationsrechtlichen Akten ist auch im Stiftungsrecht der Abschluss bzw. die Kündigung eines Anstellungsvertrages zu unterscheiden, vgl. für das deutsche Recht: *Staudinger/Hüttemann/Rawert*, 2011, § 81 Rn. 66; *Lunk/Rawert*, Non Profit Law Yearbook 2001, S. 91; *Schwintek*, S. 375; *MüKo/Reuter*, § 86 Rn. 6; *Burgard*, Gestaltungsfreiheit, S. 405.

840 Appellationsgericht Warschau, Entscheidung vom 08.03.2005, I ACa419/04, *LexPolonica* Nr. 3794861.

841 Als „Appellationsgericht" wird die Berufungsinstanz bezeichnet.

842 *Kidyba*, Prawo handlowe, S. 108 f.; *ders.*, in: Cioch/Kidyba, (2010), Art. 10, S. 208.

843 Die Verursachung eines Schadens durch den Vorstand nach der Eintragung der Stiftung wird wie ein durch die Stiftung verursachter Schaden behandelt und führt zu einem Schadensersatzanspruch gegen die Stiftung gemäß Art. 416 ZGB, unter Umständen gemäß Art. 471 ZGB; im Falle der Übernahme der Verpflichtungen durch die Stiftung nach Eintragung in das Stiftungsregister gilt dies ebenfalls für den Vorstand, der bereits vor Eintragung tätig geworden ist. Übernimmt die Stiftung die Verantwortung jedoch nicht, wird die Verantwortung des Vorstands der Stiftung eventuell als Fremdverhalten gemäß Art. 415 ZGB und Art. 474 ZGB zugerechnet, *Kidyba*, a.a.O.

tungsrecht keine Vorgaben. In der Literatur überwiegt die Ansicht[844], dass der Stiftungsvorstand ein Kollegialorgan ist. Begründet wird diese Auffassung damit, dass ein kollegial organisiertes Leitorgan größere Gewähr für die Realisierung des Stiftungszwecks bietet und einem eventuellen Missbrauch der Befugnisse durch einzelne Vorstandsmitglieder effektiver entgegenwirken kann. Die Gegenansicht[845] zieht einen Vergleich zu anderen juristischen Personen und weist daraufhin, dass deren Vorstände keineswegs kollegial organisiert sein müssen. Da bei Kapitalgesellschaften ein Ein-Personen-Vorstand unproblematisch zulässig sei, der seine Entscheidungen ebenfalls durch Beschlüsse treffe, dürfe für die Stiftung nichts anderes gelten. Dieser Argumentation wird entgegengehalten, dass ein kollegial organisierter Vorstand der Grundfall sei, von dem der Gesetzgeber in bestimmten Fällen ausdrückliche Ausnahmen vorsehen könne[846]. Dies sei bei der Stiftung gerade nicht der Fall. Darüber hinaus stützt sich die herrschende Ansicht auf eine Entscheidung des Obersten Gerichts aus dem Jahre 1992[847], in der das Gericht ausgeführt hat, dass einige Anhaltspunkte für eine Behandlung des Vorstands als Kollegialorgan sprächen. So habe der Stifter nach Art. 5 Abs. 1 SG „die Zusammensetzung und Organisation des Vorstandes, die Art der Berufung sowie Pflichten und Rechte dieses Organs und seiner *Mitglieder*“ zu bestimmen. Ferner könnte das zuständige Aufsichtsorgan gemäß Art. 13 SG die Aufhebung von Beschlüssen des Vorstands gerichtlich beantragen. Der Begriff „Beschluss“ (poln. *uchwała*) bedeute nach polnischem Sprachverständnis eine „durch mehrere Personen gebildete Willensentscheidung“[848], weshalb Vorstandsbeschlüsse zwingend kollegial gefasst sein müssten. Die Wortlautauslegung der beiden Vorschriften führe dazu, den Stiftungsvorstand als kollegiales Organ aufzufassen. Des Weiteren begründen funktionale Aspekte das Erfordernis der Kollegialität: Das breite Aufgabenspektrum eines Stiftungsvorstands mache es nicht möglich, seine Tätigkeit nur von einer Person verrichten zu lassen.

Die Ansicht der herrschenden Lehre sowie die Ausführungen des Obersten Gerichts überzeugen nicht. Einerseits ist die ausschließliche Orientierung an dem recht knappen Wortlaut der beiden Vorschriften als fraglich zu bewerten, die gezogenen Schlussfolgerungen sind nicht zwingend. Ein Erfordernis zur Besetzung des Vorstands durch mindestens zwei Mitglieder lässt sich dem Wort-

---

844 *Gibalska/Ogonowski*, S. 15; *Chrzczonowicz*, a.a.O.; *Cioch*, NP 1988, Nr. 5-6, S. 66; *Sagan/Strzępka*, S. 66; *Bichlarz*, S. 33 und 40; *Niemirka*, S. 60, 71 f.; *Bugajna-Sporczyk*, in: Bugajna-Sporczyk/Janson, S. 49 und 199; *Izdebski*, (2004), S. 49; *Suski*, S. 385.

845 *Kidyba*, in: Cioch/Kidyba, a.a.O., *ders.*, Ustawa o fundacjach, S. 35; *Stecki*, Fundacja, Band 1, S. 230; *Bugajna-Sporczyk/Dzbeńska/Janson/Sztekier-Łabuszewska*, a.a.O.

846 *Suski*, S. 384.

847 Oberstes Gericht, Urteil vom 8. Dezember 1992, I CRN 182/92, OSNC 1993, Nr. 7 f., Pos. 139.

848 Eingehend *Suski*, S. 385, m.w.N. zur Etymologie.

laut nicht entnehmen. Ferner orientiert sich die Auslegung des Begriffs „Beschluss“ zu stark an dessen etymologischer Bedeutung. Allein das Beispiel der Kapitalgesellschaften zeigt, dass Beschlüsse auch durch ein Einzelorgan gefasst werden können.[849] Schließlich findet das Argument der Funktionalität keine gesetzliche Grundlage. Insbesondere kann es bei kleineren Stiftungen[850] oder bei Verteilung der Kompetenzen zwischen mehreren Organen[851] geboten und zweckmäßig sein, den Stiftungsvorstand, auch aus Kostengründen, nur mit einem Mitglied zu besetzen. Dass ein kollegial organisierter Vorstand bei größeren Stiftungen durchaus angemessen sein kann, ist nicht eine Frage der gesetzlichen Voraussetzungen, sondern der Effektivität und Praktikabilität der Stiftungsleitung. Aus Gründen der tatsächlichen Notwendigkeit kann jedoch nicht auf eine rechtliche Erforderlichkeit geschlossen werden.

Im Übrigen scheint dieses Rechtsproblem - soweit ersichtlich - überwiegend akademischer Natur zu sein. Dass eine Einzelorganregelung grundsätzlich nicht ausgeschlossen ist, zeigt die Eintragungspraxis der polnischen Registergerichte. Nicht selten ist es anzutreffen, dass polnische Stiftungen, auch die jüngeren, nur über einen Ein-Personen-Vorstand verfügen.

Eine weitere Unsicherheit besteht dahingehend, ob eine juristische Person Vorstandsmitglied sein kann. Im deutschen Recht wird diese Frage unproblematisch bejaht.[852] Das polnische Stiftungsrecht regelt die Frage nicht. Im Kapitalgesellschaftsrecht wird eine derartige Möglichkeit ausdrücklich durch Art. 18 § 1 HGG[853] ausgeschlossen. Bei den Personengesellschaften besteht hingegen anerkanntermaßen die Gestaltungsvariante der Einsetzung einer Kapitalgesellschaft als geschäftsführenden Gesellschafter, etwa als Komplementär einer Kommanditgesellschaft.[854]

In der kapitalgesellschaftsrechtlichen Regelung spiegelt sich der in der polnischen Doktrin vorherrschende Grundsatz wider, dass Vorstandsmitglieder von juristischen Personen ausschließlich natürliche Personen sein dürfen, sofern keine gesetzliche Ausnahme vorhanden ist. Aus diesem Grund dürfen die Vorstandsmitglieder der Stiftung ebenfalls nur natürliche Personen sein.[855] Zwar

---

849 *Pabis*, Art. 201 Rn. 1 ff.; *Bugajna-Sporczyk/Dzbeńska/Janson/Sztekier-Łabuszewska*, S. 66.

850 *Cioch*, Prawo fundacyjne, S. 105; *Bugajna-Sporczyk/Dzbeńska/Janson/Sztekier-Łabuszewska*, a.a.O.

851 *Izdebski*, (1998), S. 45.

852 *Strickrodt*, S. 80; *Ebersbach*, S. 44; *Burgard*, Gestaltungsfreiheit, S. 223; *Hof*, in: Seifart/v. Campenhausen, Stiftungsrechts-Handbuch, 3. Aufl., § 8 Rn. 10; *Staudinger/Hüttemann/Rawert*, 2011, § 86 Rn. 5.

853 Art. 18 § 1 HGG: „Ein Mitglied des Vorstands, Aufsichtsrats, der Revisionskommission oder ein Liquidator darf nur eine voll geschäftsfähige natürliche Person sein.“; vgl. auch *Pabis*, Art. 210 Rn. 21.

854 *Tereszkiewicz*, in: Liebscher/Zoll, S. 390 ff.

855 *Kidyba*, in: Cioch/Kidyba, (2010), Art. 10, S. 208.

hält es *Cioch*[856] für möglich, dass auch juristische Personen den Vorstand bilden, die wiederum durch ihre Vorstandsmitglieder vertreten werden, führt für seine Ansicht jedoch keine Begründung an. Allein der Umstand, dass diese Lösung in anderen Stiftungsrechtsordnungen zulässig ist, genügt grundsätzlich nicht.

Aufgrund des dargestellten Grundsatzes in Bezug auf Vorstandsmitglieder juristischer Personen sowie der Regelung in Art. 18 § 1 HGG scheint die zuerst genannte Ansicht vorzugswürdig zu sein: Demnach dürfen die Mitglieder eines Stiftungsvorstands in Polen ausschließlich natürliche Personen sein.

b) Ausschluss von der Organmitgliedschaft

Grundsätzlich sind der Stifter oder die jeweiligen bestellungsbefugten Organe in der Auswahl der Vorstandsmitglieder frei. Unproblematisch kann sich auch der Stifter selbst zum Vorstandsmitglied bestellen oder bestellen lassen.

Unzulässig ist jedoch die gleichzeitige Mitgliedschaft im Vorstand und einem Aufsichtsorgan der Stiftung. Neben diesem allgemeinen Tätigkeitsverbot aufgrund zu vermutender Interessenkollision bestehen gesetzliche Vorbehalte, die die Aufgabenwahrnehmung in einem Stiftungsvorstand durch besondere Personen ausschließen. In erster Linie betrifft dies Personen, die öffentliche Ämter bekleiden: Öffentliche Funktionsträger dürfen Mitglieder eines Stiftungsvorstands nicht sein, falls sich die Stiftung (auch) wirtschaftlich betätigt. Bei einer wirtschaftlich nicht tätigen Stiftung ist die Organzugehörigkeit indes möglich.[857] Vergleichbare Tätigkeitsverbote können sich für bestimmte Mitglieder von kommunalen Selbstverwaltungseinheiten und deren Angehörige aufgrund der Gesetze über die kommunale Selbstverwaltung[858], die Kreisverwaltung[859] und die Woiwodschaftsverwaltung[860] ergeben. Diese können von der Tätigkeit in einer kommunalen Stiftung bei zu befürchtenden Interessenwidersprüchen ausgeschlossen sein.[861]

Des Weiteren sind per Gesetz[862] von der Mitgliedschaft im Vorstand einer wirtschaftlich tätigen Stiftung ausgeschlossen: Zollbeamte, bestimmte Beamte von Sicherheitsbehörden, bestimmte Beamte der Vergabebehörde, Beamte in

---

856 *Cioch*, Prawo fundacyjne, S. 105.

857 Gesetz vom 21.08.1997 über die Beschränkung der Ausübung einer Wirtschaftstätigkeit durch öffentliche Funktionen erfüllende Personen, Dz. U. 2006, Nr. 216, Pos. 1584.

858 *Ustawa o samorządzie gminnym,* Gesetz vom 08.03.1990, Dz. U. 2001, Nr. 142, Pos. 1591.

859 *Ustawa o samorządzie powiatowym*, Gesetz vom 05.06.1998, Dz. U. 2001, Nr. 142, Pos. 1592.

860 *Ustawa o samorządzie województwa,* Gesetz vom 05.06.1998, Dz. U. 2001, Nr. 142, Pos. 1590.

861 *Kidyba*, in: Cioch/Kidyba, (2010), Art. 10, S. 209; *Suski*, S. 385 ff.

862 Nachweis der einzelnen gesetzlichen Bestimmungen bei: *Kidyba*, in: Cioch/Kidyba, (2010), Art. 10, S. 210 f.; *Suski*, a.a.O.

Führungspositionen sowie Staatsanwälte und Richter. Berufssoldaten und Berufssoldatenanwärter dürfen einem Stiftungsvorstand in keinem Fall angehören, unabhängig von einer eventuellen wirtschaftlichen Betätigung der Stiftung.

Die Berufung der vorgenannten Personen ist gemäß Art. 58 § 1 ZGB[863] unwirksam, das Registergericht hat die Eintragung zu versagen.[864]

Darüber hinaus können gerichtlich ausgesprochene Auflagen die Tätigkeit als Vorstandsmitglied untersagen. Gemäß Art. 373 des Insolvenzgesetzes[865] kann

---

863 Art. 58 § 1 ZGB: „Ein Rechtsgeschäft, das dem Gesetz widerspricht oder die Umgehung des Gesetzes zum Ziele hat, ist unwirksam, es sei denn, dass eine einschlägige Vorschrift eine andere Rechtsfolge, insbesondere diejenige vorsieht, dass die entsprechenden Gesetzesvorschriften an die Stelle der unwirksamen Bestimmungen des Rechtsgeschäfts treten.“

864 *Kidyba*, in: Cioch/Kidyba, (2010), Art. 10, S. 210; *Suski*, S. 387.

865 *Prawo upadłościowe i naprawcze*, Gesetz vom 28.02.2003, Dz. U. 2009, Nr. 175, Pos. 1361; Art. 373 InsG:
„(1) Das Gericht kann für einen Zeitraum von drei bis zu zehn Jahren den Entzug des Rechts einer Person zur Ausübung einer Wirtschaftstätigkeit auf eigene Rechnung sowie zur Ausübung der Funktion eines Mitglieds des Aufsichtsrates, eines Repräsentanten oder eines Bevollmächtigten in einer Handelsgesellschaft, einem staatlichen Unternehmen, einer Genossenschaft, einer Stiftung oder einem Verein aussprechen, die schuldhaft:
1. obwohl sie hierzu von Gesetzes wegen verpflichtet war, nicht innerhalb einer Frist von zwei Wochen seit dem Tag des Eintritts des Grundes für die Konkurseröffnung einen Antrag auf Eröffnung des Konkurses gestellt hat, oder
2. nach der Konkurseröffnung nicht das Vermögen, die Geschäftsbücher, die Korrespondenz oder andere Urkunden des Gemeinschuldners herausgegeben oder angegeben hat, zu deren Herausgabe oder Angabe sie von Gesetzes wegen verpflichtet war, oder
3. nach Konkurseröffnung in die Konkursmasse fallendes Vermögen verborgen, zerstört oder belastet hat, oder
4. als Gemeinschuldner im Verlaufe des Konkursverfahrens andere von Gesetzes wegen oder auf Grund einer Entscheidung eines Gerichts oder des Richter-Kommissars auf ihm lastende Verpflichtungen nicht erfüllt hat oder auch auf andere Weise das Verfahren erschwert hat.
(2) Bei der Entscheidung über das in Abs. 1 genannte Verbot berücksichtigt das Gericht den Grad der Schuld sowie die Folgen der vorgenommenen Handlungen, insbesondere die Verringerung des wirtschaftlichen Wertes des gemeinschuldnerischen Unternehmens und das Ausmaß der Gläubigerschädigung. Das Gericht kann vom Ausspruch eines Verbotes absehen, wenn das Konkursgericht einen Antrag auf Konkurseröffnung auf der Grundlage von Art. 12 abgewiesen und die Einleitung eines Reorganisationsverfahrens zugelassen hat.
(3) Das Gericht kann für einen Zeitraum von drei bis zu zehn Jahren den Entzug des Rechts einer Person zur Ausübung einer Wirtschaftstätigkeit auf eigene Rechnung oder zur Ausübung einer Wirtschaftstätigkeit auf eigene Rechnung oder zur Ausübung der Funktion eines Mitglieds des Aufsichtsrates, eines Repräsentanten oder eines Bevollmächtigten in einer Handelsgesellschaft, einem staatlichen Unternehmen, einer Genossenschaft, einer Stiftung oder einem Verein aussprechen, gegenüber der:

das zuständige Gericht bei schuldhaften Verstößen gegen bestimmte insolvenzrechtliche Bestimmungen ein Verbot zur Ausübung der Funktion in einem Stiftungsorgan für den Zeitraum von drei bis zu zehn Jahren aussprechen. Es ist streitig, ob die Berufung einer solchen Person in den Stiftungsvorstand ebenfalls gemäß Art. 58 § 1 ZGB unwirksam ist, jedoch besteht Einigkeit dahingehend, dass der Antrag auf Eintragung einer solchen Person als Vorstandsmitglied durch das Registergericht abgelehnt werden kann.[866] Im Übrigen stellt die Missachtung der gerichtlichen Auflage gemäß Art. 244 des polnischen Strafgesetzbuches ein Vergehen dar, das mit Freiheitsstrafe von bis zu drei Jahren bestraft wird.[867]

c) Geschäftsführung

Die Führung der Geschäfte einer Stiftung ist eine weitgefasste Aufgabe des Vorstandes, die aus unterschiedlichen Tätigkeiten besteht. Zu ihr gehören Beschlussfassungen, das Treffen von Entscheidungen sowie die gesamte Organisation der Stiftungstätigkeit im Einklang mit dem satzungsmäßigen Zweck. Ist der Vorstand das einzige Organ der Stiftung, obliegt ihm auch die Aufsicht über alle Prozesse innerhalb und außerhalb der Stiftung. Die vorgenommenen Handlungen sind nicht nur zivilrechtlicher Natur (Beschlüsse), sondern können auch arbeitsrechtlichen, finanzrechtlichen oder verwaltungsrechtlichen Charakter haben. Obwohl die Geschäftsführung das Innenverhältnis zwischen Stiftung und Vorstand betrifft, kommt ihr zumeist auch mittelbare Außenwirkung zu.[868] Die Aufgaben der Geschäftsführung und Vertretung können in Teilen deckungsgleich sein.

Art. 10 SG konkretisiert die einzelnen Geschäftsführungstätigkeiten nicht. Der Vorstand besitzt dementsprechend - bei Fehlen anderslautender Bestimmungen in der Stiftungssatzung - die allumfassende Geschäftsführungsbefugnis.[869] Zu den wichtigsten Geschäftsführungsaufgaben des Stiftungsvorstands gehört die Beschlussfassung über die jährlichen Finanzpläne, die Verwaltung und Erhaltung des Stiftungsvermögens, die Anfertigung von Tätigkeitsberichten, die Entgegennahme von Geldern, Spenden, Schenkungen, Nachlässen und Vermächtnissen, die Gründung und Auflösung von Organisationseinheiten der Stif-

---

1. bereits mindestens einmal ein Konkurs eröffnet wurde mit dem Erlass ihrer Schulden nach Beendigung des Konkursverfahrens;
2. ein Konkurs nicht früher als fünf Jahre vor der erneuten Konkurseröffnung eröffnet worden war."

866 *Suski*, S. 388.

867 Bestätigt durch das Oberstes Gericht, Entscheidung vom 26.02.2004, I KZP 47/03, OSNK 2004, Nr. 3, Pos. 35.

868 *Kidyba*, in: Cioch/Kidyba, (2010), Art. 10, S. 220.

869 *Niemirka*, S. 73; *Suski*, S. 389.

tung sowie die Aufstellung einer Geschäftsordnung, die Organisation und Beaufsichtigung der Wirtschaftstätigkeit sowie „der ständige Abgleich der Stiftungstätigkeit mit dem Willen des Stifters“.[870]

Bei einem kollegial organisierten Vorstand ergeben sich die Kompetenzen jedes einzelnen Organmitglieds aus der Satzung oder aus einer eigenen Geschäftsordnung. Diese kann der Vorstand grundsätzlich selbst aufstellen, soweit aus der Satzung nichts Gegenteiliges folgt.[871]

Der Vorstand entscheidet durch Beschlüsse. Mangels einer gesetzlichen Regelung ergibt sich die Art und Weise des Zustandekommens der Beschlüsse aus der Satzung. Eine Verweisung in das Vereinsrecht gibt es im polnischen Stiftungsrecht nicht.[872] Folglich können die Gestaltungsalternativen diesbezüglich sehr unterschiedlich ausfallen: Zunächst kann die Satzung vorsehen, dass für die Wirksamkeit der Beschlussfassung ein bestimmtes Anwesenheitsquorum erreicht werden muss; für das Erreichen einer Einigung kann die einfache Mehrheit genügen, es kann aber auch eine absolute, qualifizierte oder einstimmige Entscheidung erforderlich sein. Bestimmten Personen, zumeist dem Vorstandsvorsitzenden, kann eine erhöhte Stimmkraft zukommen. Regelungen zu Pattsituationen sind nicht unüblich. Ferner kann vorgesehen werden, dass der Vorstand für bestimmte Geschäftsführungshandlungen, die etwa über die gewöhnliche Leitung der Stiftung hinaus gehen, einer Zustimmung anderer Organe oder des Stifters bedarf.[873]

Grundsätzlich ist der Vorstand in der Erledigung der Geschäfte jedoch frei. Die Grenze liegt bei solchen Handlungen, die die Aufsichtsbehörden zu Maßnahmen gemäß Art. 13 SG berechtigen würden. Demnach können der zuständige Minister oder der Starost eine gerichtliche Aufhebung eines Beschlusses beantragen, wenn dieser in einem krassen Widerspruch zum Stiftungszweck, den Bestimmungen der Stiftungssatzung oder den allgemeinen Rechtsvorschriften steht. Desweiteren können die Aufsichtsbehörden einstweilen die Suspendierung der Ausführung eines Vorstandsbeschlusses beantragen. Bei erheblichen Rechtsverletzungen kann der Vorstand unter den Voraussetzungen des Art. 14 Abs. 2 und 3 SG enthoben und für diesen ein Zwangsverwalter bestellt werden.[874]

870 *Niemirka*, S. 158; *Sagan/Strzępka*, S. 60 f.; *Suski*, S. 373; *Kidyba*, a.a.O.

871 *Kidyba*, in: Cioch/Kidyba, (2010), Art. 10, S. 222.

872 Für die Willensbildung in einem mehrgliedrigen Stiftungsvorstand gilt im deutschen Recht § 28 BGB. Vorbehaltlich abweichender Regelungen in der Satzung erfolgt die Beschlussfassung nach den für die Beschlüsse der Mitglieder eines Vereins geltenden Vorschriften der §§ 32, 34 BGB, *Hof*, in: Seifart/v. Campenhausen, Stiftungsrechts-Handbuch, 3. Aufl., § 8 Rn. 188 ff.; *Staudinger/Hüttemann/Rawert*, 2011, § 86 Rn. 30.

873 *Niemirka*, S. 159; *Izdebski*, (1998), S. 45 ff.; *Kidyba*, in: Cioch/Kidyba, (2010), Art. 10, S. 223 ff.; *ders.*, Prawo handlowe, S. 92 f.; *Cioch*, Prawo fundacyjne, S. 105 ff.

874 Zur Stiftungsaufsicht vgl. die Ausführungen im nächsten Kapitel.

In dem weiter oben zitierten Gerichtsurteil hatte sich das Appellationsgericht Warschau ebenfalls mit dem zulässigen Umfang von Vorstandsbeschlüssen auseinanderzusetzen. Streitgegenständlich waren Beschlüsse eines Stiftungsvorstandes, mit denen sich dieser selbst eine Vergütung zugesprochen hatte. Durch diese Beschlüsse gab die durch den Vorstand vertretene Stiftung Erklärungen über die Zuteilung von Prämien an die Vorstandsmitglieder ab. Gleichzeitig wurde durch den Beschluss die Berechtigung zum Bezug der Gelder dem Grunde und der Höhe nach entsprechend einer internen Vergütungsordnung bestätigt. Im Raum stand die Frage, ob die Vorstandsmitglieder sich nicht (unzulässigerweise) an einer sie selbst betreffenden Abstimmung beteiligt haben.[875]

Das angerufene Gericht hat die Rechtmäßigkeit der getroffenen Beschlüsse nicht beanstandet und sie nicht aufgehoben. Zur Begründung seiner Entscheidung verwies das Gericht auf die Regelung des Art. 10 SG, der dem Stiftungsvorstand eine allumfassende Befugnis zur Führung der Geschäfte verleihe, die ebenfalls die Vereinbarung der Vergütung und Zuteilung von Sonderzahlungen umfasse; als Organ einer juristischen Person im Sinne von Art. 38 ZGB[876] und gleichzeitig als leitendes Organ im Sinne von Art. 3^1 § 1 des Arbeitsgesetzbuches[877] war der Vorstand befugt, arbeitsrechtliche und zivilrechtliche Verhältnisse zu begründen, die der Erreichung des Stiftungszwecks förderlich waren. Im Lichte der genannten Vorschriften und Bestimmungen der Satzung sei der Vorstand ohne Zweifel berechtigt gewesen, Arbeitsverhältnisse zu begründen und deren Inhalt zu bestimmen, insbesondere hinsichtlich der Vergütung und der Zuteilung von Sonderzahlungen.

Dieses liberale Gesetzesverständnis des Appellationsgericht ist in der Literatur[878] auf Unmut gestoßen, insbesondere wurde vorgetragen, dass die gerichtliche Auffassung unvermeidlich Interessenkonflikte hervorrufe und sogar Interessenverletzungen zu Lasten der Stiftung begünstige. Die vorliegende Situation sei mit einem Insichgeschäft vergleichbar, das das Zivilrecht grundsätzlich verbiete.

Der Literaturmeinung ist zwar zu Gute zu halten, dass sie in der beschriebenen Sachverhaltslage die Interessenverteilung berücksichtigen will, dennoch scheint die gerichtliche Entscheidung bezüglich der Geschäftsführungsbefugnis des Vorstandes die rechtlich zutreffende Lösung darzustellen. Art. 10 SG gewährt dem Vorstand eine grundsätzlich unbeschränkte Allgemeinzuständigkeit,

875 Im deutschen Recht ist entsprechend § 34 BGB ein Vorstandsmitglied nicht stimmberechtigt, wenn die Beschlussfassung die Vornahme eines Rechtsgeschäfts mit ihm oder die Einleitung oder Erledigung eines Rechtsstreits zwischen ihm und der Stiftung betrifft.

876 Art. 38 ZGB: „Die juristische Person handelt durch ihre Organe in der im Gesetz und der auf diesem beruhenden Satzung vorgesehenen Art und Weise."

877 Art. 31 § 1 ArbGB: „An Stelle des Arbeitgebers, der eine organisatorische Einheit ist, nimmt eine diese Einheit leitende Person oder Organ bzw. eine hierzu bestimmte Person die Handlungen in Angelegenheiten des Arbeitsrechts vor."

878 *Suski*, S. 390.

die allein durch die Satzung begrenzt werden kann. Soweit dies nicht der Fall ist, findet die Tätigkeit des Vorstands erst dort ihre Beschränkung, wo eine aufzuhebende gerichtliche Entscheidung begründet wäre - das polnische Stiftungsrecht kennt keine Verweisung in das Vereinsrecht. Gemäß Art. 13 SG ist dies erst dann der Fall, wenn der jeweilige Beschluss in einem krassen Widerspruch zum Stiftungszweck, den Bestimmungen der Stiftungssatzung oder den Rechtsvorschriften steht. Ein Beschluss, durch den sich die Vorstandsmitglieder finanzielle Vorzüge gewähren, wird ohne besondere Anhaltspunkte nicht per se in einem krassen Widerspruch zum Stiftungszweck oder den Bestimmungen der Stiftungssatzung stehen. Vielmehr muss zunächst die Vermutung gelten, dass diese Zahlungen eine angemessene Gegenleistung für erbrachte oder noch zu erbringende Leistungen darstellen. Allein die Frage der Angemessenheit dieser Leistungen kann einer gerichtlichen Überprüfung unterliegen, nicht jedoch die Leistungen als solche.[879]

d) Vertretung

Der Vorstand vertritt die Stiftung nach außen in allen Bereichen ihrer Tätigkeit. Soweit der Vorstand das alleinige Vertretungsorgan ist, kommt ihm die unbeschränkte Vertretungsbefugnis zu. Diese betrifft alle rechtlichen Verhältnisse der Stiftung, insbesondere die zivilrechtlichen, verwaltungsrechtlichen und arbeitsrechtlichen; sie umfasst insbesondere die Abgabe und Entgegennahme von Willenserklärungen.[880]

Das Stiftungsgesetz gibt keine Vorgaben für die Ausgestaltung der Vertretungsbefugnis der einzelnen Vorstandsmitglieder untereinander. Diese richtet sich nach den entsprechenden Satzungsbestimmungen. Bei der passiven Vertretungsbefugnis ist jedes Vorstandsmitglied alleinvertretungsberechtigt.[881] Bei der Aktivvertretung kann sowohl eine Allein-, als auch eine Gesamtvertretungsbefugnis[882] vorgesehen sein. Für einen Vertragspartner der Stiftung sind die Ver-

879 Dennoch kann es sich bei einem solchen Beschluss um ein unzulässiges Insichgeschäft handeln, sofern die Vorstandsmitglieder Verträge mit sich selbst abschließen. Vgl. diesbezüglich den nächsten Abschnitt.

880 *Kidyba,* in: Cioch/Kidyba, (2010), Art. 10, S. 226 f.

881 *Suski*, S. 389; *Kidyba,* in: Cioch/Kidyba, (2010), Art. 10, S. 227.

882 Die Gestaltungsfreiheit des Satzungsgebers ist dabei mannigfaltig: Er kann z.B. eine Gesamtvertretung durch zwei, mehrere oder alle Vorstandsmitglieder regeln, die Gesamtvertretung eines Vorstandsmitglieds mit einem oder mehreren Prokuristen oder eine Gesamtvertretung nur in bestimmten Fällen oder ab einem gewissen Wert des Rechtsgeschäfts vorsehen, Oberstes Gericht, Beschluss vom 24.11.1996, CZP 112/96, OSN 1997, Nr. 2, Pos. 20; Beschluss vom 26.08.1996, III AZP 2/96, PG 1997, Nr. 1, S. 6 f.

tretungsverhältnisse aus dem Stiftungsregister ersichtlich.[883] Soweit die Satzung keine besondere Vertretungsregelung trifft, herrscht Gesamtvertretung durch alle Vorstandsmitglieder.[884] Die Vertretungsmacht kann im Innenverhältnis durch die Zustimmungspflicht eines Aufsichtsorgans oder des Stifters für bestimmte Handlungen beschränkt sein. Eine ohne entsprechende Zustimmung vorgenommene Handlung ist gegenüber gutgläubigen Dritten wirksam, kann jedoch zu Schadensersatzansprüchen der Stiftung gegen die handelnden Vertreter führen. Bei Kenntnis oder Kennenmüssen durch den Dritten wird das getätigte Geschäft analog Art. 103 ZGB[885] als schwebend unwirksam *(negotium claudicans)* behandelt und ist von der Genehmigung des zustimmungsbefugten Organs abhängig; die nachträgliche Genehmigung führt zum Zustandekommen des Geschäfts.[886]

Hängt die Wirksamkeit des Geschäfts jedoch von der Handlung einer Person ab, die außerhalb der Stiftungsorganisation steht - etwa der Zustimmung des Stifters -, findet Art. 63 ZGB[887] Anwendung. Das Rechtsgeschäft ist ebenfalls

---

883 Mangels eines bundeseinheitlichen Stiftungsregisters in Deutschland sind Beschränkungen der Vertretungsmacht für den Rechtsverkehr in aller Regel nicht erkennbar. Dennoch will die herrschende Meinung gegenüber dem gutgläubigen Geschäftspartner der Stiftung diese Vertretungsbeschränkung gelten lassen, vgl. *MüKo/Reuter*, § 86, Rn. 11; *Palandt/Ellenberger*, § 86 Rn. 1; *Bamberger/Roth/Schwarz/Backert*, § 86 Rn. 4; *Burgard*, Gestaltungsfreiheit, S. 249; a.A. jedoch ohne Begründung: *Hof*, in: Seifart/v. Campenhausen, Stiftungsrechts-Handbuch, 3. Aufl., § 8 Rn. 34.

884 *Suski*, S. 389; a.A. *Kidyba*, in: Cioch/Kidyba, (2010), Art. 10, S. 229, der auf die Einzelvertretung abstellt. Die erste Ansicht dürfte zutreffend sein, da sowohl im polnischen Kapitalgesellschaftsrecht als auch im Genossenschaftsrecht die Einzelvertretung nicht der Grundfall ist und explizit in der Satzung vorgesehen sein muss.

885 Art. 103 ZGB:
„§ 1. Besitzt ein Vertragsschließender als Bevollmächtigter keine Vollmacht oder überschreitet er sie, so hängt die Wirksamkeit des Vertrages von seiner Bestätigung durch denjenigen ab, in dessen Namen er geschlossen worden ist.
§ 2. Die andere Partei kann der Person, in deren Namen der Vertrag geschlossen worden ist, eine angemessene Frist zur Bestätigung des Vertrages setzen; nach dem fruchtlosen Ablauf der Frist wird sie frei.
§ 3. Fehlt die Bestätigung, so ist derjenige, der den Vertrag im fremden Namen abgeschlossen hat, zur Rückgewähr dessen, was er von der anderen Partei in Erfüllung des Vertrages erhalten hat, sowie zum Ersatz desjenigen Schadens verpflichtet, den die andere Partei dadurch erlitten hat, dass sie den Vertrag in Unkenntnis des Fehlens oder der Überschreitung der Vollmacht abgeschlossen hat."

886 *Kidyba*, in: Cioch/Kidyba, (2010), Art. 10, S. 228; damit weicht diese Regelung vom deutschen Recht ab. Soweit es für den Geschäftspartner nach den Umständen evident ist, dass der Stiftungsvorstand seine durch den Stiftungszweck vorgegebene Geschäftsführungsbefugnis überschreitet, ist das Geschäft unwirksam, *Jakob*, S. 203; *Schwintek*, S. 179 f.; *Staudinger/Hüttemann/Rawert*, 2011, § 86, Rn. 14.

887 Art. 63 ZGB:

schwebend unwirksam und kann rückwirkend genehmigt werden. Eine Verweigerung der Zustimmung führt zur Unwirksamkeit des Geschäfts.[888]

Wird hingegen das Erfordernis der Gesamtvertretungsmacht durch die Vorstandsmitglieder missachtet und eine Handlung in Einzelvertretung vorgenommen, ist die Handlung als Umgehungsgeschäft gemäß Art. 58 ZGB von vornherein unwirksam und kann auch nicht mehr geheilt werden.[889]

Ein weiteres Problem im Zusammenhang mit der Vertretung der Stiftung sind mögliche Insichgeschäfte oder eine Doppelvertretung durch den Stiftungsvorstand. Im ersten Fall schließen die Vorstandsmitglieder Verträge mit sich und als Vertreter der Stiftung ab. Bei der Doppel- oder Mehrvertretung treten die Vorstandsmitglieder als Vertreter beider bzw. aller Vertragsparteien auf. Gerade bei solchen Geschäften ist die Gefahr einer Interessenkollision groß und die Möglichkeit der Verletzung der Interessen der Vertretenen hoch. Das polnische Zivilrecht verbietet daher grundsätzlich Insichgeschäfte des Bevollmächtigten. Der Abschluss eines solchen Rechtsgeschäfts ist aber in dem Fall zulässig, wenn sich dies aus dem Inhalt der Vollmacht ergibt, oder wenn im Hinblick auf den Inhalt des Rechtsgeschäfts die Verletzung von Interessen des Vertretenen ausgeschlossen ist, Art. 108 ZGB[890]; dies gilt auch, wenn beide Parteien von nur einem Bevollmächtigten vertreten werden.

Ob die Möglichkeit der Verletzung von Interessen des Vertretenen ausgeschlossen ist, ist abstrakt *ex-ante* zu beurteilen; es spielt also keine Rolle, ob die Interessen des Bevollmächtigten im konkreten Fall nicht verletzt wurden, sondern ob diesbezüglich eine potentielle Gefahr bestand. Für synallagmatische Verträge, bei denen die Interessen der Parteien *ex definitione* gegenläufig sind, bedeutet dies, dass ein Insichgeschäft nur dann zulässig ist, wenn sich dies aus dem Inhalt der Vollmacht ergibt.[891]

„§ 1. Ist zur Vornahme eines Rechtsgeschäfts die Zustimmung eines Dritten erforderlich, so kann dieser sie sowohl vor als auch nach der Abgabe der Erklärung durch die das Geschäft Vornehmenden erteilen. Die nach Abgabe der Erklärung erteilte Genehmigung wirkt auf das Datum der Erklärungsabgabe zurück.

§ 2. Ist zur Wirksamkeit eines Rechtsgeschäfts eine besondere Form erforderlich, so muss die Erklärung, die die Zustimmung des Dritten enthält, in der gleichen Form abgegeben werden.“

888 *Kidyba*, a.a.O.; *ders.*, Ustawa o fundacjach, S. 36.

889 *Kidyba*, in: Cioch/Kidyba, (2010), Art. 10, S. 230.

890 Art. 108 ZGB:

„Der Bevollmächtigte kann nicht Partei eines Rechtsgeschäfts sein, das er im Namen des Vollmachtgebers vornimmt, es sei denn, dass sich aus dem Inhalt der Vollmacht etwas anderes ergibt oder dass unter Berücksichtigung des Inhalts des Rechtsgeschäfts die Möglichkeit einer Verletzung der Interessen des Vollmachtgebers ausgeschlossen ist. Die Vorschrift findet entsprechende Anwendung, wenn der Bevollmächtigte beide Parteien vertritt.”

891 *Liebscher/Zoll*, in: Liebscher/Zoll, S. 155, Rn. 123.

Art. 108 ZGB gilt zwar nur für rechtsgeschäftliche Vertretungsgeschäfte, mangels einer entsprechenden Regelung im Stiftungsrecht findet dieser auch auf die Vertretung durch den Stiftungsvorstand Anwendung.[892] Die Befreiung von der Beschränkung des Art. 108 ZGB muss daher ausdrücklich der Satzung zu entnehmen sein oder aus der Natur des vorgenommenen Rechtsgeschäfts folgen. Diese Rechtslage entspricht insoweit den Fällen des Selbstkontrahierens und der Mehrvertretung gemäß § 181 BGB. Auch der deutsche Stifter kann durch Satzungsbestimmungen Ausnahmen von den Beschränkungen des § 181 BGB vorsehen, die von der Anerkennung der Stiftung mit umfasst werden. Grundsätzlich ist das Selbstkontrahieren des Stiftungsvorstands erlaubt, wenn das Rechtsgeschäft nur in der Erfüllung einer Verbindlichkeit besteht.[893] Die entsprechende Möglichkeit, bei dem Fehlen einer satzungsmäßigen Befreiung für das abzuschließende Geschäft gemäß §§ 86, 29 BGB einen Notvorstand zu bestellen[894], wird im polnischen Stiftungsrecht nicht diskutiert.[895]

Soweit die Grenzen der zulässigen Doppelvertretung überschritten werden, liegt ein Fall des *falsus procurator* vor; bei einem unzulässigen Insichgeschäft des Stiftungsvorstandes nimmt die Rechtsprechung[896] Unwirksamkeit an. Ein verbotenes Insichgeschäft kann insbesondere dann vorliegen, wenn sich der Vorstand zu Lasten der Stiftung Sonderzahlungen gewährt oder die Vergütungsmodalitäten zu seinen Gunsten ändert.[897] Der fragliche Vorstandsbeschluss kann daher - bei Vorliegen der entsprechenden Voraussetzungen - auf Grundlage von Art. 13 SG aufgehoben werden.[898]

---

892 Oberstes Gericht, Urteil vom 5.12.2007, I CNP 41/07, OSNC-ZD 2008, Nr. C, Pos. 92; *Suski*, S. 390 f.; *Kidyba*, in: Cioch/Kidyba, (2010), Art. 10, S. 231.

893 *Luth*, S. 144 ff.; *Hof*, in: Seifart/v. Campenhausen, Stiftungsrechts-Handbuch, 3. Aufl., § 8 Rn. 259.

894 *Hof*, in: Seifart/v. Campenhausen, Stiftungsrechts-Handbuch, 3. Aufl., § 8 Rn. 260; *Staudinger/Hüttemann/Rawert*, 2011, § 86 Rn. 16; *Muscheler*, in: FS Reuter, S. 225 ff.

895 Insbesondere nicht, ob in diesem Fall der „Pfleger für juristische Personen" gemäß Art. 42 ZGB zu bestellen wäre.

896 Oberstes Gericht, a.a.O.

897 Wie im vorhergehenden Abschnitt dargestellt, scheitert ein solcher Beschluss grundsätzlich nicht an der Geschäftsführungsbefugnis - der Stiftungsvorstand ist allgemeinzuständig. Allein die Grundsätze des Insichgeschäfts können diesen unwirksam machen.

898 Oberstes Gericht, Beschluss vom 30.05.1990, III CZP 8/90, ONSC 1990, Nr. 10-11, Pos. 124 sowie Beschluss vom 14.08.2007, III CZP 31/07, OSNC 2008, Nr. 2, Pos. 14.

e) Haftung

Das Stiftungsgesetz regelt die Verantwortung und Haftung der Vorstandsmitglieder für ihr Handeln nicht. Insoweit sind die allgemeinen Vorschriften anwendbar. Die Verantwortung und Haftung der Vorstandsmitglieder kann vielschichtig sein und beschränkt sich nicht allein auf die zivilrechtliche Ebene. Neben dieser kommt auch eine strafrechtliche, steuerrechtliche bzw. finanzrechtliche, insolvenzrechtliche, arbeitsrechtliche und buchhalterische Verantwortung in Betracht.

aa) Zivilrechtliche Innenhaftung

Der Stiftungsvorstand wird auf Rechnung und Gefahr der Stiftung tätig, weshalb die zivilrechtliche Haftung nach außen grundsätzlich die Stiftung selbst trifft. Gemäß Art. 416 ZGB ist eine juristische Person zum Ersatz des Schadens verpflichtet, den ihr Organ schuldhaft verursacht hat. Eine derartige Haftung kann auf einer deliktischen oder vertraglichen Pflichtverletzung beruhen. Eine vertragliche Haftung der Stiftung gegenüber Dritten kommt insbesondere bei Nichterfüllung von Schuldverhältnissen in Betracht: Gemäß Art. 471 ZGB ist ein Schuldner zum Ersatz des Schadens verpflichtet, der durch die Nichterfüllung oder durch die Schlechterfüllung des Schuldverhältnisses entstanden ist, es sei denn, dass die Nichterfüllung oder die Schlechterfüllung die Folge von Umständen ist, die der Schuldner nicht zu vertreten hat.

Die geschäftsführenden Organmitglieder des Stiftungsvorstands können gegenüber der Stiftung jedoch auch im Innenverhältnis für die schuldhafte Verletzung ihrer Pflichten gemäß Art. 415 ZGB aus Delikt und gemäß Art. 471 ZGB aus dem Anstellungsvertrag haften. Pflichtverletzungen der Vorstandsmitglieder sind denkbar bei einer nicht ordnungsgemäßen Vermögensverwaltung oder einer unzureichenden Erfüllung des Stiftungszwecks und der Eingehung wirtschaftlich nicht erfüllbarer Verbindlichkeiten. Das fahrlässige Übersehen von Zuwendungsmöglichkeiten sowie die Verursachung einer Rückgabeverpflichtung bereits erhaltener Zuwendungen sind ebenfalls schadensersatzbegründend. Dies gilt entsprechend für eine unerlaubte Handlung des Vorstandsmitglieds.

Die Haftungssituation ist mit derjenigen im deutschen Recht vergleichbar. Die Haftung der Stiftung für Organhandeln bestimmt sich nach §§ 86, 31 BGB. Sie haftet gegenüber Dritten zwingend für jeden Schaden, den ein Stiftungsorgan oder ein Organmitglied in Ausführung der ihm übertragenen Aufgaben verursacht.[899] Gegenüber der Stiftung haften die Vorstandsmitglieder für Pflichtverletzungen im Rahmen ihrer Geschäftsführungstätigkeit nach den § 280 Abs. 1 i.V.m. §§ 86, 27 Abs. 3, 664 ff. BGB. Auch der Rückgriff nach § 280 Abs. 1

---

899 *Ebersbach*, S. 71; *Jakob*, S. 315 ff.; *Pues/Scheerbarth*, S. 54; *Hof*, in: Seifart/v. Campenhausen, 3. Aufl., § 8 Rn. 283.

BGB aus positiver Forderungsverletzung des mit dem Vorstandsmitglied geschlossenen Anstellungsvertrages oder Auftrags ist möglich.[900]

Eine besondere Innenhaftung für Mitglieder von Organen einer gemeinnützigen Organisation sieht Art. 27b GemeinnützigkeitsG vor. Demnach haftet ein Mitglied eines geschäftsführenden oder beaufsichtigenden Organs sowie der Liquidator einer gemeinnützigen Organisation gegenüber der Organisation für den Schaden, der infolge einer gesetzes- oder satzungswidrigen Handlung oder eines Unterlassens entstanden ist, es sei denn, dass der Handelnde dies nicht zu vertreten hat.

Mehrere Schädiger haften, wie nach § 840 BGB im deutschen Recht, gesamtschuldnerisch.

bb) Haftungserleichterungen

Gemäß Art. 355 § 2 ZGB bestimmt sich die erforderliche Sorgfalt der Vorstandsmitglieder bei der Ausübung ihrer Tätigkeit an dem beruflichen Charakter der Tätigkeit eines Vorstands einer juristischen Person und ist im Vergleich zur allgemein erforderlichen Sorgfalt eines Schuldners gemäß Art. 355 § 1 ZGB[901] verschärft. Eine Beschränkung der Haftung kommt denjenigen Vorstandsmitgliedern zu Gute, die Arbeitnehmer im Sinne des Art. 2 des Arbeitsgesetzbuches[902] (nachfolgend „ArbGB“ genannt) sind. Gemäß Art. 119 ArbGB wird ein Schadensersatz in Höhe des verursachten Schadens festgelegt, darf jedoch nicht das Dreifache des Monatsentgelts überschreiten, das dem Arbeitnehmer am Tage der Schadensverursachung zustand. Fügt der Arbeitsnehmer während der Erfüllung seiner arbeitsrechtlichen Pflichten einem Dritten einen Schaden zu, so ist gemäß Art. 120 § 1 ArbGB ausschließlich der Arbeitgeber zum Schadensersatz verpflichtet; nach Art. 120 § 2 ArbGB haftet der Arbeitnehmer gegenüber dem Arbeitgeber ebenfalls nur unter Berücksichtigung der Beschränkung in Art. 119 ArbGB.

---

900 *Staudinger/Hüttemann/Rawert*, 2011, § 86 Rn. 33; *Hof*, in: Seifart/v. Campenhausen, 3. Aufl., § 8 Rn. 288; *Burgard*, Gestaltungsfreiheit, S. 593 ff.; *Jakob*, S. 214 ff.; *Hüttemann/Herzog*, Non Profit Yearbook 2006, S. 33 ff.

901 „§ 1. Der Schuldner hat die in Verhältnissen der gegebenen Art allgemein erforderliche Sorgfalt zu beachten (erforderliche Sorgfalt).
§ 2. Die erforderliche Sorgfalt des Schuldners im Bereich der von ihm ausgeübten wirtschaftlichen Tätigkeit bestimmt sich unter Berücksichtigung des beruflichen Charakters dieser Tätigkeit.“

902 Art. 2 ArbGB:
„Arbeitnehmer ist eine Person, die auf Grund eines Arbeitsvertrages, einer Berufung, Wahl, Ernennung oder eines genossenschaftlichen Arbeitsvertrages eingestellt wird.“

Im deutschen Stiftungsrecht kommen arbeitsrechtliche Haftungserleichterungen für Mitglieder von Stiftungsorganen hingegen nicht in Betracht.[903] Stiftungsvorstände haften grundsätzlich für jedes Verschulden im Sinne des § 276 BGB in voller Höhe. Das deutsche Recht lässt jedoch Beschränkungen der Innenhaftung auf Vorsatz und grobe Fahrlässigkeit durch Satzung zu[904]; entsprechendes ist auch in Polen möglich. Indes ist dem polnischen Stiftungsrecht eine Haftungsbeschränkung bei ehrenamtlich tätigen Organmitgliedern, wie sie in § 31a BGB vorgesehen ist, unbekannt.[905]

cc) Zivilrechtliche Außenhaftung

Eine unmittelbare Außenhaftung der Vorstandsmitglieder aufgrund ihrer Vorstandstätigkeit ist eine Ausnahme. Eine Haftung der Vorstandsmitglieder für nicht vollstreckbare Schulden der Stiftung gegenüber Stiftungsgläubigern ist ausgeschlossen. Weder im Vereins- noch im Stiftungsrecht findet sich eine Regelung, die dem dem Kapitalgesellschaftsrecht bekannten Art. 299 HGG[906] entsprechen würde.

Vorstandsmitglieder, die ihre Vertretungsbefugnis überschreiten oder Personen, die sich als Vorstandsmitglieder ausgeben, haften gegenüber Dritten unmittelbar nach Art. 39 § 1 ZGB: Wer als Organ einer juristischen Person in ihrem Namen, ohne ihr Organ zu sein, oder unter Überschreitung der ihm erteilten Vollmacht einen Vertrag geschlossen hat, ist zur Rückerstattung dessen, was er von der anderen Partei in Erfüllung des Vertrages erhalten hat, sowie zum Ersatz

---

903 *Hüttemann/Herzog*, Non Profit Yearbook 2006, S. 42 ff.; *Hof*, in: Seifart/v. Campenhausen, Stiftungsrechts-Handbuch, 3. Aufl., § 8 Rn. 289.

904 Vgl. zum deutschen Recht: *Schewe/Wixmerten*, Haftungsbeschränkung für Stiftungsvorstände, in: Andrick/Hellmig/Janitzki/ Muscheler/Schewe, Die Stiftung, 4. Jahrgang 2010, S. 79 ff.; *Staudinger/Hüttemann/Rawert*, 2011, § 86, Rn. 35; *Hüttemann/Herzog*, Non Profit Yearbook 2006, S. 33; *Schwintek*, ZSt 2005, 108 ff.; *Burgard*, Gestaltungsfreiheit, S. 596.

905 Über § 86 S. 1 BGB ist die Sonderregelung des § 31a BGB auch für ehrenamtlich tätige Stiftungsvorstände anwendbar. Danach beschränkt sich die Innenhaftung des Vorstandsmitglieds auf vorsätzliche und grob fahrlässige Pflichtverletzungen, wenn dieses entweder unentgeltlich tätig ist oder höchstens eine jährliche Vergütung von 500 Euro erhält.

906 Art. 299 HGG:
„§ 1. Erweist sich die Zwangsvollstreckung gegen die Gesellschaft als erfolglos, haften die Vorstandsmitglieder gesamtschuldnerisch für deren Verbindlichkeiten.
§ 2. Ein Vorstandsmitglied kann von der in § 1 genannten Haftung befreit werden, wenn es nachweist, dass rechtzeitig der Antrag auf Eröffnung des Konkurses gestellt oder das Vergleichsverfahren eingeleitet wurde, oder dass das Stellen des Antrags auf Eröffnung des Konkurses sowie die Einleitung des Vergleichsverfahrens nicht schuldhaft unterlassen wurde, oder dass trotz des Unterlassens der Antragstellung auf Bekanntmachung des Konkurses sowie der Einleitung des Vergleichsverfahrens dem Gläubiger kein Schaden entstanden ist. […]“

des Schadens verpflichtet, den die andere Partei dadurch erlitten hat, dass sie den Vertrag in Unkenntnis des Fehlens der Vollmacht geschlossen hat. Diese Haftungsregelung ist mit der *falsus-procurator*-Regelung in § 179 BGB vergleichbar.

Gemäß Art. 116a i.V.m. 116 der polnischen Abgabenordnung (poln. *Ordynacja podatkowa*) haften die Vorstandsmitglieder einer Stiftung für die nichteinbringlichen Steuerschulden der Stiftung gesamtschuldnerisch, falls sie nicht rechtzeitig entsprechende insolvenzrechtliche Maßnahmen eingeleitet oder kein Vermögen der Stiftung benannt haben, in das eine Zwangsvollstreckung aufgrund der Steuerverbindlichkeiten hätte erfolgreich durchgeführt werden können.[907] Die genannten Vorschriften finden entsprechende Anwendung bei Sozialversicherungsabgaben zur Arbeitslosen- und Krankenversicherung sowie an den Fonds garantierter Mitarbeiterleistungen.[908]

Zuletzt haftet der Vorstand gemäß Art. 21 des Insolvenzgesetzes[909] für den Schaden, der in Folge einer verspäteten Antragstellung auf Konkurseröffnung entstanden ist.[910]

Der Stiftungsvorstand einer deutschen Stiftung haftet gegenüber den Stiftungsgläubigern gemäß §§ 42 Abs. 2, 86 S. 1 BGB wegen Insolvenzverschleppung oder der Verletzung eines Schutzgesetzes, etwa im Zusammenhang mit der Nichtabführung von Sozialversicherungs- und Rentenbeiträgen (§§ 823 Abs. 2 BGB i.V.m. 266a StGB).[911] Eine persönliche Haftung von Organmitgliedern kommt nach § 69 AO und nach den Regeln zur Spendenhaftung nach §§ 10b EStG, 9 KStG und 9 GewStG in Betracht.[912]

---

907 *Mariański*, Monitor Podatkowy 2005, Nr. 2, S. 24 ff.

908 *Suski*, S. 392.

909 Gesetz vom 28.02.2003 - Konkurs- und Restrukturierungsrecht (poln. *Prawo upadłościowe i naprawcze*), Dz. U. 2003, Nr. 60, Pos. 535, deutsche Fassung: *Handbuch WiRO*, PL, InsG 920.
Art. 21 lautet:
„(1) Der Schuldner ist verpflichtet, nicht später als innerhalb einer Frist von zwei Wochen ab dem Tage, an dem ein Konkurseröffnungsgrund eingetreten ist, beim Gericht einen Antrag auf Konkurseröffnung zu stellen.
(2) Ist der Schuldner eine juristische Person oder eine anderweitige Organisationseinheit ohne Rechtspersönlichkeit, der ein besonderes Gesetz die Rechtsfähigkeit zuspricht, so lastet die in Abs. 1 genannte Pflicht auf jedem, der berechtigt ist, ihn allein oder zusammen mit anderen Personen zu vertreten.
(3) Die in Abs. 1 und 2 genannten Personen haften für den Schaden, der in Folge der nicht innerhalb der in Abs. 1 bestimmten Frist vorgenommenen Antragstellung entstanden ist. […].“

910 *Suski*, a.a.O.

911 *Staudinger/Hüttemann/Rawert*, 2011, § 86 Rn. 40.

912 *Hüttemann/Herzog*, Non Profit Law Year Book 2006, S. 51 ff.

dd) Strafrechtliche Verantwortlichkeit

Eine direkte strafrechtliche Verantwortung der Vorstandsmitglieder für Untreue, Missbrauch und Vertrauensbruch kann aus Art. 296 des polnischen Strafgesetzbuches (poln. *Kodeks Karny* - kurz: KK) resultieren, der den Tatbestand des Vertrauensmissbrauchs (poln. *nadużycie zaufania*) und der „Managerunwirtschaftlichkeit" (poln. *niegospodarność manadżera*) normiert. Der Untreuetatbestand des Art. 296 KK unterscheidet sich - bis auf das zusätzliche Merkmal des Eintritts „eines erheblichen Schadens" - nicht von § 266 StGB. In beiden Fällen werden sämtliche vorsätzliche Beeinträchtigungen fremder Vermögensinteressen durch die Verletzung von durch Gesetz, behördlichen Auftrag oder durch Vertrag übertragenen Betreuungspflichten unter Strafe gestellt. Einschlägige Tathandlungen sind somit nahezu alle Formen vermögensrelevanter Manipulationen und unerlaubte Vermögensverschiebungen. Durch das Merkmal der Betreuungspflichtverletzung ist die Feststellung der Strafbarkeitsgrenze im polnischen Recht erschwert. Der Grund liegt in der ohnehin schon an sich „gefahrgeneigten" Tätigkeit von Unternehmen auf vermögensbezogenen Geschäftsfeldern (Bank-, Versicherungs- und Investitionsgeschäfte).[913] Insbesondere können wirtschaftlich tätige Stiftungen mit dem Bereich der Wirtschaftskorruption in Berührung kommen; Bestechlichkeit und Bestechung sind in Art. 296a KK sanktioniert. Der Geldwäschetatbestand ist in Art. 299 KK geregelt.[914]

Darüber hinaus können die Vorstandsmitglieder einer Stiftung gemäß Art. 54, 56, 60 und 61 i.V.m. Art. 9 des Finanzstrafgesetzbuches (poln. *Kodeks Karny Skarbowy*) sowie gemäß Art. 4 Abs. 5, 77 und 79 des Gesetzes über die Buchführung wegen Steuerhinterziehung, Steuerbetruges bzw. einer Nichtführung oder nur nachlässigen Führung der Handelsbücher strafrechtlich zur Verantwortung gezogen werden[915]. Ferner haften die Vorstandsmitglieder im arbeitsrechtlichen Bereich - strafrechtlich - gemäß Art. 218 § 1 KK, falls sie die Rechte eines Arbeitnehmers aus dem Arbeits- oder Sozialversicherungsverhältnis böswillig oder hartnäckig missachten.[916]

2. Weitere Organe und Beteiligte

Tätigkeit und Kompetenzen der weiteren Organe bestimmen sich - mangels gesetzlicher Regelungen - nach den Festlegungen der Stiftungssatzung. Die Funktion der fakultativen Organe kann in der Beratung, Ergänzung, Kontrolle und

913 *Daszkowski/Leipert,* WiRO 2001, 332, 333.

914 Weitere Ausführungen bei *Daszkowski/Leipert,* a.a.O.

915 *Gibalska/Ogonowski*, S. 115 f.

916 Dies betrifft insbesondere den Abschluss eines *Dienst*vertrages trotz Vorliegens eines *Arbeits*verhältnisses, die Missachtung der Arbeitszeit- und Arbeitsschutzvorschriften und die Nichtzahlung der Vergütung.

Beaufsichtigung des Stiftungsvorstands liegen. Hinsichtlich der Gestaltungsmöglichkeiten sowie des Zusammenwirkens mit dem Vorstand gelten insoweit die entsprechenden Ausführungen weiter oben unter Teil II B. II. 3. g) und h) aa) sowie Teil II C. II. 1. a) und b).

a) Ehrenamtliche, Bevollmächtigte und Prokuristen

Neben den Stiftungsorganen können für die Stiftung auch Personen tätig werden, die außerhalb der satzungsmäßigen Stiftungsorganisation stehen. Dies können neben Arbeitnehmern der Stiftung ehrenamtliche Helfer sein, die für die Stiftung etwa bei öffentlichen Sammlungen[917] oder bei der allgemeinen Stiftungsarbeit und -organisation tätig werden.[918]

Die für die Stiftung tätigen Personen können mit Vollmacht und, bei wirtschaftlicher Betätigung, mit Prokura ausgestattet sein.[919]

b) Pfleger für juristische Personen

Neben diesen rechtsgeschäftlichen Vertretern können für die Stiftung in bestimmten Situationen auch besondere gesetzliche Vertreter tätig werden. Dies wird dann der Fall sein, wenn der Stiftungsvorstand sein Amt nicht ausüben kann oder darf.[920] In diesem Zusammenhang kommen drei unterschiedliche gesetzliche Vertreter in Betracht: Der Pfleger für juristische Personen gemäß Art. 42 ZGB[921] (poln. *kurator*), der Zwangsverwalter (poln. *zarządca przymusowy*) sowie der Liquidator (poln. *likwidator*).

Der Pfleger für juristische Personen wird für die Stiftung gerichtlich bestellt, falls diese ihre Angelegenheiten mangels hierzu berufener Organe nicht erledigen kann. Der Pfleger für juristische Personen ist mit dem Notvorstand gemäß §§ 86, 29 BGB vergleichbar: Voraussetzung für die Bestellung des Notvorstands

---

917 Zum Begriff der öffentlichen Sammlungen vgl. den nächsten Abschnitt zur Vermögensverwaltung.

918 Ausweislich einer Untersuchung der Vereinigung *Klon/Jawor* aus dem Jahr 2007 waren im November 2005 23,2 % und im November 2006 21,9 % aller erwachsenen Polen ehrenamtlich tätig. In den Folgejahren nahm dieser seit 2001 ansteigende Trend jedoch wieder ab und der Anteil betrug im Januar 2008 nur noch 13,0 %, *Baczko/Ogrocka*, S. 14.

919 Zu den Einzelheiten vgl. *Kidyba*, in: Cioch/Kidyba, (2010), Art. 10, S. 231 ff. und S. 236 ff.

920 *Kidyba*, in: Cioch/Kidyba, (2010), Art. 10, S. 250 f.

921 Art. 42 ZGB:
„§ 1. Kann eine juristische Person ihre Angelegenheiten mangels hierzu berufener Organe nicht erledigen, so bestellt das Gericht für sie einen Pfleger.
§ 2. Der Pfleger hat unverzüglich für die Berufung von Organen der juristischen Person und erforderlichenfalls für die Liquidation der juristischen Person zu sorgen.“

ist das ständige oder vorübergehende Fehlen der erforderlichen Mitglieder des Vorstands. Ein Vorstandsmitglied fehlt, wenn es tatsächlich oder rechtlich an der Wahrnehmung seiner Aufgaben gehindert ist.[922]

Der Pfleger handelt jedoch nicht als Ersatzorgan des Vorstands. Seine Aufgabe besteht vielmehr darin, einen neuen Vorstand unverzüglich zu berufen oder erforderlichenfalls für die Liquidation der Stiftung zu sorgen. Die Bestellung eines Pflegers wird bei der Stiftung nur dann stattfinden, wenn diese von sich aus nicht in der Lage ist, einen Vorstand zu bilden, und kein anderes Organ für sie die Geschäftsführung und Vertretung wahrnimmt; die Bestellung des Pflegers stellt daher die *ultima ratio* dar.[923] Zuständig für die Bestellung des Pflegers ist gemäß Art. 603 poln. ZPO[924] das Registergericht, in dessen Gerichtsbezirk die Stiftung ihren Sitz hat. Die Befugnisse des Pflegers ergeben sich aus der ihm durch das Gericht erteilten Bescheinigung.[925]

c) Zwangsverwalter

Gemäß Art. 14 SG kann die zuständige Aufsichtsbehörde bei erheblichen Verstößen des Stiftungsvorstandes gegen die Rechtsvorschriften oder die Satzungsbestimmungen die gerichtliche Einsetzung eines Zwangsverwalters beantragen, der anstelle des Stiftungsvorstandes tätig wird. Dieser vertritt gemäß Art. 14 Abs. 3 SG die Stiftung in allen Vorstandsangelegenheiten, darunter auch in Gerichtsverfahren; er ist verpflichtet, die zur ordnungsgemäßen Tätigkeit der Stiftung erforderlichen Handlungen auszuführen und wird erst dann abberufen, wenn ein ordnungsgemäßes Stiftungshandeln wieder zu erwarten ist. Während der Zeit der Zwangsverwaltung ist der Vorstand von seiner Tätigkeit suspendiert, der Zwangsverwalter übernimmt seine Aufgaben. Der Zwangsverwalter hat sich jedoch auf solche Handlungen zu konzentrieren, die zu einer Normalisierung der Stiftungsverfassung führen. Der Zwangsverwalter wird auf Antrag der Stiftung, vertreten durch ihren Vorstand, abgesetzt, soweit die Voraussetzungen hierfür vorliegen.[926]

---

922 *Muscheler*, in: FS Reuter, S. 225 ff.; *Staudinger/Hüttemann/Rawert*, 2011, § 86 Rn. 41.

923 *Kidyba*, in: Cioch/Kidyba, (2010), Art. 10, S. 253.

924 Art. 603 poln. ZPO:
„§ 1. Den Pfleger für eine juristische Person beruft das Registergericht, in dessen Bezirk die juristische Person ihren Sitz hat oder hatte.
§ 2. Das Gericht kann das Verfahren von Amts wegen einleiten.
§ 3. Die Entscheidung ist wirksam und ausführbar im Zeitpunkt ihrer Verkündung und, falls eine Verkündung nicht stattgefunden hat, im Zeitpunkt ihres Erlasses."

925 Art. 604 ZGB:
„In der Bescheinigung des Pflegers gibt das Gericht dessen Berechtigungsumfang an."

926 *Niemirka*, S. 186; *Sagan/Strzępka*, S. 66 f.; *Kidyba*, in: Cioch/Kidyba, (2010), Art. 10, S. 254; vgl. auch das Kapitel zur Stiftungsaufsicht.

d) Liquidatoren

Die Beendigung der Stiftung wird grundsätzlich durch einen oder mehrere Liquidatoren durchgeführt. Diese können mit den bisherigen Vorstandsmitgliedern identisch sein.[927] Der Umfang der Rechte und Pflicht der Liquidatoren entspricht denen des Vorstands, nur dass deren Handlungen auf die Vollbeendigung der Stiftung gerichtet sind.[928]

3. Zusammenfassung

Der Stiftungsvorstand ist als einzig vorgeschriebenes Organ die oberste Entscheidungsinstanz der Stiftung, ihm kommt Allgemeinzuständigkeit zu. Als gesetzlicher Vertreter der Stiftung leitet er die Geschäfte der Stiftung und vertritt sie nach außen, gerichtlich und außergerichtlich.

Weitere fakultative Organe haben grundsätzlich nur ergänzende oder kontrollierende Aufgaben. Sie dürfen zwar einige Kompetenzen des Stiftungsvorstands übernehmen, seine Kernbefugnisse jedoch nicht aushöhlen.

Der Vorstand einer polnischen Stiftung ist nach der hier vertretenen Ansicht nicht zwingend Kollegialorgan; Ein-Personen-Vorstände sind in der Praxis üblich. Das deutsche Stiftungsrecht sieht insoweit keine Probleme und lässt auch juristische Personen als Vorstandsmitglieder zu. Nach der hier als vorzugswürdig vorgestellten Rechtsauffassung können zum Vorstand einer polnischen Stiftung ausschließlich natürliche Personen bestellt werden.

Ausgeschlossen von der Organmitgliedschaft sind auch natürliche Personen, deren Bestellung eine Interessenkollision darstellen würde oder die kraft Gesetzes bzw. kraft Gerichtsentscheidung unzulässig wäre.

Da das polnische Stiftungsrecht hinsichtlich der Rechte und Pflichten nicht in das Vereinsrecht verweist, ergeben sich die Geschäftsführungs- und Vertretungsbefugnisse aus der Stiftungssatzung und den allgemein anerkannten Prinzipien. Eine spürbare Abweichung zum deutschen Recht ist jedoch nicht festzustellen.

Obwohl die Stiftung grundsätzlich für das Handeln des Vorstands haftet, ist Letzterer vor einer eigenen Innenhaftung gegenüber der Stiftung und einer Außenhaftung gegenüber Dritten nicht frei. Bei schuldhaften Pflichtverletzungen - der Maßstab ist in Polen im Vergleich zum § 276 BGB höher angesetzt - haften die Vorstandsmitglieder gegenüber der Stiftung. Ihnen können jedoch arbeitsrechtliche und satzungsimmanente Haftungserleichterungen zu Gute kommen. Eine direkte Außenhaftung ist bei deliktischen, insolvenzrechtlichen sowie steuer- und sozialrechtlichen Missachtungen denkbar. Die strafrechtliche Verantwortlichkeit betrifft die Vorstandsmitglieder unmittelbar.

---

927 *Kidyba*, a.a.O.

928 *Sagan/Strzępka*, S. 69; *Bugajna-Sporczyk*, Prawo Spółek 1998, Nr. 7-8, S. 94.

Für die Stiftung können auch Ehrenamtliche und Angestellte, Bevollmächtigte und Prokuristen tätig werden. Statt des Vorstands können als besondere gesetzliche Vertreter der Stiftung auch der Pfleger für juristische Personen, der Zwangsverwalter oder der Liquidator handeln.

III. Vermögensverwaltung

1. Allgemeine Grundsätze

Zur Förderung des Stiftungszwecks ist eine effiziente Vermögensverwaltung unumgänglich. Sie stellt neben der Zweckrealisierung die Kernaufgabe des Stiftungsvorstands dar. Sofern die Stiftung nicht bloß auf Zeit oder als eine Verbrauchsstiftung angelegt ist, liegt das Ziel der Vermögensverwaltung in der Erhaltung des Grundstockvermögens sowie der Erschließung neuer Ertragsquellen.[929] Mit Ausnahme der Verbrauchsstiftung gilt für die Vermögensverwaltung der oberste Grundsatz, dass der Vermögensgrundstock in seinem Bestand ungeschmälert erhalten bleiben muss. Ferner gilt der Grundsatz, dass die Verwaltung des Stiftungsvermögens streng an dem Stiftungszweck auszurichten ist: Die der Stiftung zur Verfügung stehenden Mittel dürfen nicht einmal im geringen Umfang zu stiftungsfremden Zwecken verwendet werden.[930] Trotz dieses eisernen Grundsatzes ist eine Stiftung zur Geldanlage und zum Wertpapierhandel berechtigt. Dies hat das Oberste Gericht in einem Beschluss vom 13. März 2002[931] ausdrücklich entschieden: Der Grundsatz der sorgsamen Vermögensverwaltung verbiete Investitionen in Wertpapiere grundsätzlich nicht, ein Hindernis diesbezüglich sei aus dem Stiftungsgesetz nicht abzuleiten.

Der Bestand des Vermögens ist nicht nur von entscheidender Bedeutung für die Fähigkeit zur Förderung des Stiftungszwecks, sondern hat auch unmittelbare Auswirkung auf die Existenz der Stiftung: Gemäß Art. 15 Abs. 1 SG unterliegt eine Stiftung, deren finanzielle Mittel erschöpft sind, der Liquidation. Eine sich wirtschaftlich betätigende Stiftung ist als Unternehmer gemäß Art. 5 Abs. 1 InsG insolvenzfähig, beim Vorliegen der Insolvenzvoraussetzungen ist das Konkursverfahren gemäß Art. 10 ff. InsG zu einzuleiten.[932]

929 *Izdebski*, (1998), S. 49 f.

930 *Cioch*, Prawo fundacyjne, S. 99.

931 Oberstes Gericht, Beschluss vom 13. März 2002, III ZP 21/01, OSNP 2002, Nr. 12, Pos. 280.

932 *Izdebski*, a.a.O.

2. Vermögensquellen

a) Grundstockvermögen und allgemeine Einnahmen

Die erste Vermögensquelle der Stiftung stellt das ihr durch den Stifter nach ihrer Eintragung zur Verfügung gestellte Grundstockvermögen dar. Dieses Anfangsvermögen soll wie vorerwähnt grundsätzlich nicht gemindert werden, sondern als originäre Ertragsquelle dienen. Die entsprechenden Erträge können etwa aus Zinseinnahmen, erzielten Dividenden, der Vermietung von Mobilien, Immobilien und Rechten sowie einer wirtschaftlichen Betätigung gezogen werden. Ebenfalls kann die Stiftung weitere Einnahmen aus Schenkungen, Spenden und Zustiftungen, Vermächtnissen und Nachlässen, Zuwendungen aus Lotterien und öffentlichen Sammlungen sowie staatlichen Leistungen und Beihilfen erhalten.[933] Eine besondere Ertragsquelle steht Stiftungen zu, denen der Status einer gemeinnützigen Organisation erteilt worden ist: Gemäß Art. 27 GemeinnützigkeitsG können natürliche Personen 1 % ihrer Jahreseinkommensteuer einer anerkannten gemeinnützigen Organisation spenden.

Für die erzielten Erträge und Einnahmen gilt wiederum der Grundsatz, dass diese ausschließlich zur Realisierung des Stiftungszwecks und zur Deckung der aufgrund der Zweckrealisierung notwendigen Aufwendungen verwendet werden dürfen.[934]

b) Besondere Einnahmequellen

Über die vorgestellten Möglichkeiten hinaus stehen polnischen Stiftungen einige besondere Einnahmequellen zur Verfügung, denen eine kurze Darstellung gebührt.

aa) Zuwendungen, Beihilfen und Erwerbsvorteile

Gemäß Art. 23 Abs. 3a des „Gesetzes vom 30.05.1996 über die Verwaltung einiger Bestandteile des Vermögens des Staatsschatzes und die Agentur für Militärvermögen“[935] ist vorgesehen, dass bewegliches Vermögen, welches zur Feuerabwehr, Beseitigung der Folgen von Naturkatastrophen und Gefahren für die Umwelt sowie zu anderen, mit dem Schutz des Staates verbundenen Zwecken,

933 Oberstes Verwaltungsgericht, Urteil vom 17.01.1989, I SA 1019/88, ONSA 1990, Nr. 1, Pos. 4; OSP 1990, Nr. 5-6, Pos. 252; *Suski*, S. 414; *Izdebski*, a.a.O.; *Cioch*, a.a.O.

934 *Cioch*, Prawo fundacyjne, S. 100.

935 Dz. U. 2004, Pos. 163, Nr. 1711, Ustawa z 30 maja 1996 r. o gospodarowaniu niektórymi składnikami mienia Skarbu Państwa oraz o Agencji Mienia Wojskowego.

bestimmt ist, durch die Agentur für Militärvermögen[936] im Rahmen einer geschlossenen Ausschreibung an (u.a.) bestimmte Stiftungen verkauft werden kann. Insoweit erhalten diese Stiftungen gegenüber Dritten einen Erwerbsvorteil, da Letztere an der Ausschreibung nur im offenen Verfahren teilnehmen können.[937]

Des Weiteren kann gemäß Art. 59 des Gesetzes vom 21. August 1997 über die Bewirtschaftung von Grundstücken[938] der für den Staatsschatz zuständige Minister aus dem Staatsvermögen einer Stiftung oder einer gemeinnützigen Organisation ein Grundstück zur Ausübung ihrer satzungsgemäßen Tätigkeit vorübergehend oder dauerhaft zur Verfügung stellen. Voraussetzung ist die Ausübung einer der in Art. 68 Abs. 1 Ziff. 2 des Gesetzes genannten Tätigkeiten. Hierzu zählen karitative, fürsorgliche, kulturelle, bildende, wissenschaftliche, forschende, erzieherische, sport- und touristikbezogene sowie nichtgewinnorientierte Tätigkeiten.

Schließlich gewährt der Staat auch finanzielle Unterstützung durch Fördermittel. Auf Grundlage des Gesetzes vom 30. Juni 2005 über die Staatsfinanzen[939] können Stiftungen aus dem Staatshaushalt Fördermittel zur teilweisen oder vollständigen Finanzierung solcher Aufgaben erhalten, zu deren Ausübung sie staatlicherseits beauftragt worden sind.

Ferner können Stiftungen Fördermittel für gesetzlich definierte Aufgaben erhalten - etwa in Bereichen der Kultur, über die der Staat die Schirmherrschaft hat. Die Fördermittel werden aufgrund eines Vertrages gewährt, der der Stiftung diverse Erfüllungspflichten auferlegt, insbesondere hinsichtlich der Aufzeichnung und Berichterstattung. In vergleichbarer Weise können Stiftungen Fördermittel von Selbstverwaltungseinheiten erhalten, sofern sie bestimmte kommunale Aufgaben erfüllen.[940]

bb) Öffentliche Sammlungen

Eine Besonderheit im polnischen Recht stellen sog. öffentliche Sammlungen (poln. *zbiórki publiczne*) dar, die der Stiftung zusätzliche Einnahmen bringen können.

---

936 Die Agentur für Militärvermögen (poln. *Agencja Mienia Wojskowego*) ist eine dem polnischen Verteidigungsministerium untergeordnete Abteilung und für Verwaltung, Veräußerung und Erweiterung des Militärbestandes zuständig.

937 *Suski*, S. 415.

938 Dz. U. 1997, Nr. 115, Pos. 741, Ustawa z dnia 21 sierpnia 1997 o gospodarce nieruchomościami.

939 Dz. U. 2005, Nr. 249, Pos. 2104, Ustawa z 30 czerwca 2005 o finansach publicznych.

940 *Suski*, S. 416 f.

Ihren rechtshistorischen Ursprung haben öffentliche Sammlungen in der Zwischenkriegszeit und sie werden heute noch auf Grundlage des Gesetzes vom 15. März 1933 über öffentliche Sammlungen[941] durchgeführt.

Die Durchführung öffentlicher Sammlungen ist genehmigungspflichtig. Die Genehmigung wird der Stiftung nur bei einem förderwürdigen (gesetzlich definierten) Zweck der Sammlung erteilt. Aufgrund der Genehmigung können für eine Stiftung im öffentlichen Raum Bargeld und Naturalien gesammelt werden. Über den aktuellen Stand der Sammlung hat die Genehmigungsbehörde ein jederzeitiges Auskunftsrecht. Nach Abschluss der öffentlichen Sammlung ist die Stiftung verpflichtet, die Genehmigungsbehörde durch Unterrichtung und die Öffentlichkeit durch Bekanntmachung über das Ergebnis der Sammlung sowie die weitere Verwendung der erhaltenen Mittel in Kenntnis zu setzen.[942]

cc) Strafrechtliche Entschädigungszahlungen

Eine relativ moderne Form der Finanzierung der Stiftungstätigkeit stellen Entschädigungszahlungen aus Strafverfahren dar, die einem gemeinnützigen Zweck zu Gute kommen sollen. Erst mit der Novellierung des Strafgesetzbuches im Jahr 2004 wurden diese eingeführt.

Strafgerichte können bei bestimmten Delikten Sanktionszahlungen zu Gunsten gemeinnütziger Institutionen, darunter Stiftungen, als eine besondere Form der Strafe verhängen. Die Stiftungen müssen als potentielle Leistungsempfänger auf dem Gebiet des Gesundheits- oder Umweltschutzes tätig sein oder sich hauptsächlich der Hilfe für Verkehrsunfallopfer annehmen.[943]

Aus dem Strafurteil geht explizit hervor, für welchen Zweck die Zahlung verwendet werden darf. Ein Abweichen von dieser Zwecksetzung ist nicht zulässig. Gemäß Art. 196a des Ausführungsgesetzes zum Strafgesetzbuch ist die Stiftung verpflichtet, die Sanktionszahlung von ihrem Stiftungsvermögen getrennt zu verbuchen und dem Justizminister über die Verwendung der erhaltenen Mittel jährlich Bericht zu erstatten.

Der Justizminister kann diese Berichte nicht nur inhaltlich prüfen, sondern auch die Verwendung der Mittel auf Zweckmäßigkeit und Wirtschaftlichkeit untersuchen.[944]

---

941 Dz. U. 1933, Nr. 22, Pos. 162, Ustawa z 15 marca 1933 r. o zbiórkach publicznych.

942 *Suski*, S. 420 f.; *Izdebski*, (1998), S. 50; die Einzelheiten zur Durchführung öffentlicher Sammlungen sind in der Rechtsverordnung des Innenministers vom 6. November 2003, Dz. U. 2003, Nr. 199, Pos. 1947, geregelt.

943 *Suski*, S. 421.

944 An der Zuteilung der gemeinnützigen Sanktionsleistungen können gemäß Art. 47 und 49 des Strafgesetzbuches nur Stiftungen teilnehmen, die in einem durch den Justizminister geführten Verzeichnis eingetragen sind. Die Eintragung erfolgt auf Antrag. Auf

3. Besonderheiten bei der Besteuerung

Zur ordnungsgemäßen Vermögensverwaltung gehört auch die Berücksichtigung der steuerrechtlichen Folgen des Handelns sowie des Vorhandenseins eventueller steuerlicher Privilegien.[945]

Als juristische Person unterliegt die Stiftung der allgemeinen Besteuerung - allein der besondere Rechtscharakters der Stiftung führt nicht zum Wegfall der Steuerpflichtigkeit.[946] Dies ist in Deutschland nicht anders. Stiftungen des bürgerlichen Rechts sind gemäß § 1 Abs. 1 Nr. 4 und 5 KStG mit ihrem gesamten Einkommen subjektiv steuerpflichtig. Die Besteuerung richtet sich in beiden Ländern nach den allgemeinen Steuergesetzen, ein eigenes Sondersteuergesetz für Stiftungen gibt es nicht.[947]

Gleichwohl gewährt das polnische Steuerrecht Stiftungen - wie auch anderen wohltätigen Organisationen - vielfach in unterschiedlichen Sphären ihrer Tätigkeit steuerliche Vorteile. Der Grund für diese Privilegierungen liegt in der gemeinnützigen Tätigkeit von Stiftungen, die im öffentlichen Interesse liegt. Weil Stiftungen teils originäre Aufgaben des Staates erledigen, sollen sie auch staatlicherseits bei ihren Bemühungen durch steuerliche Erleichterungen unterstützt werden.[948] Die steuerrechtlichen Vorzüge können sich unmittelbar aus dem Stiftungsgesetz oder anderen Rechtsquellen ergeben und entweder für die Stiftung selbst oder für außenstehende Dritte gelten.

Eine Unterscheidung zwischen Gemein- und Privatnützigkeit wird im polnischen Stiftungssteuerrecht nicht getroffen, weil es privatnützige Stiftungen nicht gibt. Insoweit wird unwiderleglich angenommen, dass jede Stiftung gemeinnützig ist. Dennoch verlangen einige Vorschriften für die Gewährung von Steuererleichterungen über die allgemeine stiftungsrechtliche Gemeinnützigkeit hinaus weitere Anhaltspunkte. Der Begriff der Gemeinnützigkeit wird im polnischen Stiftungsrecht für die Besteuerung von Stiftungen nur zweitrangig behandelt -

---

einer im Verzeichnis eingetragenen Stiftung ruht die Verpflichtung zur jährlichen Berichterstattung über ihre grundsätzlichen Satzungsziele sowie ihren Tätigkeitsumfang. Das Verzeichnis wird mindestens einmal im Jahr im Amtsblatt des Justizministeriums veröffentlicht. Falls die Stiftung die ihr zugewiesenen Leistungen nicht den Vorgaben - entsprechend verwendet, sie nicht getrennt verbucht oder ihrer Berichterstattungspflicht nicht ordnungsgemäß nachkommt, wird sie aus dem Verzeichnis von Amts wegen gelöscht. Gegen diese Entscheidung steht der Stiftung Klage zum Woiwodschaftsverwaltungsgericht zu.

945 *Trzaskowski*, S. 186.

946 *Gibalska/Ognowski*, S. 70.

947 *Staudinger/Hüttemann/Rawert*, 2011, Vor §§ 80 ff. Rn. 318; *Pöllath/Richter*, in: Seifart/ v. Campenhausen, Stiftungsrechts-Handbuch, 3. Aufl., § 39 Rn. 5 ff.

948 *Kidyba*, in: Cioch/Kidyba, (2010), Art. 5, S. 157; *Cioch*, in: Cioch/Kidyba, (2010), Art. 16, S. 316.

hingegen ist er im deutschen Recht als Oberbegriff für die Verfolgung aller steuerbegünstigen Zwecke rein steuerlicher Natur.[949]

a) Steuererleichterungen der Stiftung

aa) Befreiung von der Erbschafts- und Schenkungssteuer

Eine für die Stiftungstätigkeit erhebliche Steuererleichterung ist unmittelbar im Stiftungsgesetz geregelt. Gemäß Art. 16 SG ist der Erwerb von Geld, anderen beweglichen Sachen oder Vermögensrechten durch die Stiftung bei einer Erbschaft, einem Vermächtnis oder einer Schenkung von der Erbschafts- und Schenkungssteuer befreit. Diese Steuerbefreiung gilt für sämtliche Stiftungen, auch die wirtschaftlich tätigen. Zu den Vermögensrechten im Sinne der Vorschrift gehören auch Immaterialgüterrechte und Grundstücksrechte. Von dieser Privilegierung sind nur unentgeltliche Zuwendungen betroffen.[950] Zu einer solchen gehört auch die leihweise Überlassung von Geschäftsräumen an die Stiftung. Den dadurch erhaltenen Nutzungsvorteil hat die Stiftung nicht zu versteuern.[951]

Auch die gemeinnützige Stiftung des bürgerlichen Rechts ist gemäß § 13 Nr. 16b ErbStG von der Erbschafts- und Schenkungssteuer befreit.[952]

bb) Einkommensteuerrechtliche Befreiungen

Erhebliche Befreiungstatbestände für die Stiftung sind auch im Einkommensteuerrecht geregelt.

Aufgrund des Gesetzes vom 15.02.1992 über die Einkommensteuer bei juristischen Personen[953] (Körperschaftssteuer) unterliegt die Stiftung als juristische Person mit ihren Erträgen grundsätzlich der Besteuerung. Der Besteuerung unterliegen alle um die zur Ertragserzielung notwendigen Aufwendungen verringerten Einnahmen, unabhängig von ihrer Quelle und der Art ihrer Erzielung. Insoweit gilt der Grundsatz der allumfassenden Ertragsbesteuerung.[954]

---

949 Zur Unterscheidung im deutschen Recht vgl. *Staudinger/Hüttemann/Rawert*, 2011, Vor §§ 80 ff. Rn. 319 ff.; *Pöllath/Richter*, in: Seifart/v. Campenhausen, Stiftungsrechts-Handbuch, 3. Aufl., § 39 Rn. 49 und § 41 Rn. 1 ff; *Pues/Scheerbarth*, S. 111 ff.

950 *Cioch*, in: Cioch/Kidyba, (2010), Art. 16, S. 315.

951 *Gibalska/Ogonowski*, S. 69.

952 *Staudinger/Hüttemann/Rawert*, 2011, Vor §§ 80 ff. Rn. 320; *Pöllath/Richter*, in: Seifart/ v. Campenhausen, Stiftungsrechts-Handbuch, 3. Aufl., § 40 Rn. 13 ff.; *Pues/Scheerbarth*, S. 112.

953 Ustawa z 15 lutego 1992 r. o podatku dochodowym od osób prawnych, Dz. U. 1992, Nr. 21, Pos. 86.

954 *Kidyba*, in: Cioch/Kidyba, (2010), Art. 5, S. 157; *ders.*, Ustawa o fundacjach, S. 94; *Radecki*, Rejent 2004, Nr. 11, S. 131; *Gibalska/Ogonowski*, S. 70; *Cioch*, in: Cioch/Ki-

Das Einkommensteuergesetz sieht jedoch für Steuersubjekte, die eine gemeinnützige oder wirtschaftlich nutzbringende Tätigkeit ausüben, unter bestimmten Voraussetzungen Ausnahmen von der Steuerpflicht vor. Von diesen Ausnahmen können im großen Umfang Stiftungen profitieren. Art. 17 Abs. 1 Ziff. 4 schließt die Einkommensteuerpflicht derjenigen Steuerzahler aus, die ausweislich ihrer Satzung in einem wissenschaftlichen, wissenschaftlich-technischen oder bildenden Bereich tätig sind, die Ausbildung von Studenten, die Kultur oder den Sport fördern, gesellschaftliche Initiativen bezüglich des Straßen- und Verkehrsnetzausbaus und der Wasserversorgung in ländlichen Regionen unterstützen oder auf eine umweltschützende, wohltätige, gesundheitsschützende, soziale, die berufliche und gesellschaftliche Rehabilitation von Invaliden oder den Religionskultus betreffende Tätigkeit ausgerichtet sind. Die Einkünfte sind steuerbefreit, wenn sie für einen dieser Zwecke verwendet werden.

Die aufgezählten Tätigkeiten sind mit den in Art. 1 SG exemplarisch genannten Zwecken teilweise identisch, im Gegensatz zum Katalog des Art. 1 SG jedoch abschließend. Diese Rechtsfolge trifft dementsprechend solche Stiftungen hart, die zwar gemeinnützig tätig sind, jedoch nicht einen der in Art. 17 Abs. 1 Ziff. 4 des Einkommensteuergesetzes genannten Zwecke fördern. Eine Steuerprivilegierung steht ihnen nicht zu.[955]

Das deutsche Recht behandelt die Einnahmen gemeinnütziger Stiftungen indes weit großzügiger. Gemäß § 5 Abs. 1 Nr. 9 KStG sind gemeinnützige Stiftungen von der Körperschaftsteuer persönlich befreit. Allein die Einkünfte aus einem wirtschaftlichen Geschäftsbetrieb sind gemäß § 5 Abs. 1 Nr. 9 S. 2 BGB partiell körperschaftssteuerpflichtig.[956]

Formale Voraussetzung für die Erlangung der vorerwähnten Steuererleichterung im polnischen Recht ist eine konkrete Verankerung einer der aufgezählten Tätigkeiten in der Stiftungssatzung. Die Stiftung ist nicht verpflichtet, eine oder mehrere dieser Tätigkeiten vollumfänglich auszuüben. Sofern eine der privilegierten Tätigkeiten nur eine Teil- oder Nebenbetätigung der Stiftung darstellt, unterfällt nur der Anteil der erzielten Einnahmen der Steuerbefreiung, der zur Förderung des privilegierten Zwecks verwendet wird. Alle übrigen Einnahmen, die nicht für einen in Art. 17 Abs. 1 Ziff. 4 des Einkommensteuergesetzes genannten Zwecke verwendet werden, unterliegen der allgemeinen Besteuerung. Letzteres gilt sogar dann, wenn eine privilegierte Tätigkeit zwar ausgeübt wird,

---

dyba, (2010), Art. 16, S. 316.

955 *Cioch*, in: Cioch/Kidyba, (2010), Art. 16, S. 317; *Kidyba*, in: Cioch/Kidyba, (2010), Art. 5, S. 158; *ders.*, Ustawa o fundacjach, S. 95.

956 *Staudinger/Hüttemann/Rawert*, 2011, Vor §§ 80 ff. Rn. 335; *Pöllath/Richter*, in: Seifart/ v. Campenhausen, Stiftungsrechts-Handbuch, 3. Aufl., § 41 Rn. 11; *Pues/Scheerbarth*, a.a.O.

diese jedoch keinen Bestandteil der Stiftungssatzung darstellt.[957] Die Steuererleichterung wäre nur nach einer entsprechenden Anpassung der Stiftungssatzung möglich.

Eine weitere Steuerbefreiung ist in Art. 17 Abs. 1 Ziff. 23 des Einkommensteuergesetzes zu finden. Demnach sind von der Einkommensteuer, unabhängig von der Verwendung, solche Zuwendungen befreit, die von Regierungen anderer Staaten, internationalen Organisationen und internationalen Finanzinstituten gewährt werden, ferner Leistungen aus Mitteln der EU-Rahmenprogramme für Forschung, Technologische Entwicklung und Demonstration und Leistungen aus Programmen der NATO. Unerheblich ist, ob die Mittel von den genannten Institutionen unmittelbar oder mittelbar über eine nationale Verteilungsstelle gewährt werden. Entscheidend ist jedoch, dass die Finanzierung aufgrund einer einseitigen Erklärung der ausländischen Institution oder eines Vertrages zwischen dieser Institution und einer staatlichen Stelle in Polen erfolgt. Zuwendungen, die diese formalen Voraussetzungen nicht erfüllen, werden steuerlich nicht bevorzugt behandelt.[958]

cc) Umsatzsteuerrechtliche Befreiung

Soweit die Stiftung im Rahmen ihrer wirtschaftlichen Betätigung entgeltlich Dienstleistungen erbringt und Waren verkauft, unterliegt sie der Waren-, Dienstleistung- und Akzisesteuer (Umsatzsteuer) gemäß des Gesetzes vom 11.03.2004 über die Umsatzsteuer[959] und des Gesetzes vom 6.12.2008 über die Akzisesteuer[960]. Eine Ausnahme von dieser Steuerpflicht ist selbst für gemeinnützige Organisationen nicht vorgesehen.[961] Deutschen gemeinnützigen Stiftungen steht hingegen gemäß § 12 Abs. 2 Nr. 8 UStG der ermäßigte Umsatzsteuersatz bei vollem Vorsteuerabzug zu. Auch in diesem Bereich zeigt sich das deutsche Stiftungssteuerrecht großzügiger.

Wie jeder Umsatzsteuerpflichtige kann auch die Stiftung bei entsprechend niedrigen Umsätzen eine Befreiung von der Ausweisung und Abführung der Umsatzsteuer beantragen.[962] Insoweit entspricht diese Möglichkeit sinngemäß der Regelung in § 19 UStG (Kleinunternehmerregelung).

957 *Gibalska/Ogonowski*, a.a.O.

958 *Cioch*, a.a.O.; *Kidyba*, in: Cioch/Kidyba, (2010), Art. 5, S. 159. *Radecki*, S. 141; *Gibalska/Ogonowski*, S. 71 f.

959 *Ustawa z 11 marca 2004 o podatku od towarów i usług, Dz. U. 2004, Nr. 54, Pos. 535.*

960 *Ustawa z 6 grudnia 2008 o podatku akcyzowym, Dz. U. 2009, Nr. 3, Pos. 11.*

961 *Gibalska/Ogonowski*, S. 75 ff.; *Cioch*, in: Cioch/Kidyba, Art. 16, S. 318; *Kidyba*, a.a.O.

962 *Gibalska/Ogonowski*, S. 76 f.; im Jahr 2011 lag die Umsatzgrenze bei 150.000,00 PLN.

dd) Die Stiftung als gemeinnützige Organisation

Der Status einer gemeinnützigen Organisation verschafft der Stiftung erheblich weitergehende Möglichkeiten der Steuererleichterung.

Gemeinnützige Organisationen sind von der Einkommensteuer gänzlich befreit, soweit ihre Einnahmen für die satzungsmäßigen Ziele verwendet werden (Art. 17 Abs. 1 Ziff. 6c des Einkommensteuergesetzes). Die Verwendung der Einnahmen für die wirtschaftliche Betätigung der Stiftung hebt die Steuerprivilegierung für diesen Teil der Einnahmen auf. Insgesamt ist diese Steuererleichterung im Vergleich zur Befreiung durch das Einkommensteuergesetz dennoch wesentlich weiter, weil sie grundsätzlich sämtliche Einnahmen betrifft und nicht auf solche beschränkt ist, die für die in Art. 17 Abs. 1 Ziff. 4 genannten Zwecke verwenden werden.[963]

Die weiteren Steuerbefreiungen zugunsten der gemeinnützigen Organisation sind in Art. 24 Abs. 1 GemeinnützigkeitsG aufgeführt und werden in anderen Gesetzen konkretisiert: Neben der Befreiung von der Einkommensteuer bei juristischen Personen gebührt der gemeinnützigen Organisation im Rahmen der von ihr ausgeübten gemeinnützigen Tätigkeit ebenfalls die Befreiung von der Grundsteuer[964], der Steuer auf zivilrechtliche Handlungen[965], der Stempelsteuer[966] sowie von den Gerichtsgebühren. Damit reicht die gemeinnützige Organisation an die Steuerbefreiungen heran, die das deutsche Steuerrecht der gemeinnützigen Stiftung gewährt; gleichwohl sind die Privilegien der Letzteren größer.[967]

Der Grund für die erweiterten Steuererleichterungen bei der gemeinnützigen Organisation liegt in den erhöhten Voraussetzungen für die Erlangung dieses Status. Bei einer gemeinnützigen Organisationen ist die gemeinnützige Betätigung nicht lediglich Satzungsinhalt, sondern auch tatsächlich durch das Registergericht objektiv festgestellt und bestätigt worden. Bis zur Aberkennung ihres

963 *Kidyba*, a.a.O.

964 Konkretisiert im Gesetz vom 12.01.1991 über lokale Steuern und Abgaben (*Ustawa z 12 stycznia 1991 r. o podatku i opłatach lokalnych*), Dz. U. 2006, Nr. 121, Pos. 844.

965 Gesetz vom 09.08.2000 über die Steuer auf zivilrechtliche Handlungen *(Ustawa z 9 września 2000 r. o podatku od czynności cywilnoprawnych)*, Dz. U. 2007, Nr. 68, Pos. 450.

966 Gesetz vom 16.11.2006 über die Stempelsteuer (*Ustawa z 16 listopada 2006 r. o opłacie skarbowej)*, Dz. U. 2006, Nr. 225 Pos. 1635; gemäß Art. 7 Ziff. 4 dieses Gesetzes sind gemeinnützige Organisationen für die durch sie im Rahmen ihrer gemeinnützigen Tätigkeit eingeleiteten Verwaltungsverfahren von den üblichen Verwaltungsgebühren befreit.

967 Überblick bei *Pues/Scheerbarth*, S. 111 f.

Status gilt die Vermutung, dass sie ihre Einnahmen für anerkannte gemeinnützige Zwecke verwendet.[968]

b) Steuerrechtliche Privilegien Außenstehender

Steuerrechtliche Erleichterungen kommen nicht nur der Stiftung, sondern auch dritten Personen zu, die die Stiftungstätigkeit durch Zuwendungen unterstützen.

Seit dem 01.01.2004 können juristische Personen gemäß Art. 18 Abs. 1 Ziff. 1 bis 7 des Einkommensteuergesetzes Schenkungen für Zwecke, die im Bereich öffentlicher Aufgaben liegen, oder für Organisationen, die einer gemeinnützigen Tätigkeit im Bereich bestimmter öffentlicher Aufgaben nachgehen, sowie für religiöse Zwecke mit bis zu 10 Prozent der zu versteuernden Jahreseinnahmen verrechnen.[969] Diese Steuererleichterung kann auch die Stiftung selbst nutzen, sofern sie ihrerseits Zuwendungen zugunsten eines der genannten Zwecke oder einer gemeinnützigen Organisation leistet.

Einen entsprechenden Steuervorteil sieht auch das Gesetz vom 26. Juli 1991 über die Einkommensteuer natürlicher Personen[970] in Art. 26 Abs. 1 Ziff. 9 vor. Demnach können Schenkungen zugunsten wohltätiger Organisation in voller Höhe bei der Berechnung des zu versteuernden Einkommens berücksichtigt werden, höchstens jedoch in einer Höhe von 6 Prozent des Gesamtjahreseinkommens.[971]

In Deutschland regelt § 10b Abs. 1 EStG den Spendenabzug für lebzeitige Zuwendungen. Mit dem Gesetz zur weiteren Stärkung des bürgerschaftlichen Engagements sind zum 1. Januar 2007 die steuerlichen Rahmenbedingungen für Stiftungsspenden erweitert worden. Die allgemeine Abzugshöchstgrenze beträgt 20 Prozent des Gesamtbetrags der Einkünfte und ist somit doppelt so hoch wie der Höchstbetrag bei juristischen Personen und mehr als dreimal so hoch wie bei natürlichen Personen in Polen. Darüber hinaus können Spenden in den Vermögensstock der gemeinnützigen Stiftung bei der Einkommen- und Gewerbesteuer nach § 10b Abs. 1a EStG zusätzlich in Höhe von 1.000.000 Euro über zehn Jahre verteilt abgezogen werden - bei Zusammenveranlagung steht der Abzugsbetrag sogar jedem Ehegatten einzeln zu.[972] Eine vergleichbare Möglichkeit gibt es im polnischen Recht nicht.

---

968 *Gibalska/Ogonowski*, S. 71.

969 *Cioch*, a.a.O.; *Kidyba*, in: Cioch/Kidyba, 2. Aufl. (2010), Art. 5, S. 158 f.; *Radecki*, a.a.O.

970 *Ustawa z dnia 26 lipca 1991 r. o podatku dochodowym od osób fizycznych, Dz. U. 1991, Nr. 80, Pos. 350.*

971 Die weiter oben erwähnte Möglichkeit, von der zu entrichtenden Einkommensteuer 1 % einer gemeinnützigen Organisation zur Verfügung zu stellen, bleibt von dieser Regelung unberührt, *Gibalska/Ogonowski*, S. 75.

972 *Staudinger/Hüttemann/Rawert*, 2011, Vor §§ 80 ff. Rn. 333; *Pöllath/Richter*, in: Seifart/v. Campenhausen, Stiftungsrechts-Handbuch, 3. Aufl., § 40 Rn. 75 ff.

4. Zusammenfassung

Die Vermögensverwaltung stellt eine der Kernaufgaben des Stiftungsvorstands dar. Eine nachhaltige Erhaltung des Vermögens ist notwendig, um den Stiftungszweck dauerhaft fördern zu können. Wie im deutschen Recht gilt auch in Polen der Grundsatz, dass das Grundstockvermögen einer Stiftung nicht geschmälert werden darf. Ausnahmen sind grundsätzlich nur bei der Verbrauchsstiftung denkbar. Eine Erschöpfung des Stiftungsvermögens führt zur Beendigung der Stiftung oder zur Insolvenz.

Die Einnahmequellen sind vielfältig. Sie können auf dem Grundstockvermögen oder unterschiedlichen Zuwendungen Dritter beruhen. Neben den allgemeinen Einnahmemöglichkeiten werden bestimmten Stiftungen in Polen gewisse Erwerbsvorteile, Nutzungsvorteile bei öffentlichen Grundstücken sowie in besonderen Fällen Fördermittel gewährt. Eine Besonderheit stellt die Möglichkeit der Durchführung öffentlicher Sammlungen dar. Schließlich können strafrechtliche Sanktionszahlungen Stiftungen zu Gute kommen.

Stiftungen unterliegen in Polen, wie in Deutschland, grundsätzlich der vollen Steuerpflicht. Dennoch werden ihnen gewisse Steuerprivilegien zugesprochen. Von der Erbschafts- und Schenkungssteuer sind steuerbegünstigte Stiftungen in Deutschland und alle Stiftungen in Polen befreit. Auch das Einkommenssteuerrecht der juristischen Personen gewährt polnischen Stiftungen gewisse Steuervorteile; diese sind jedoch nicht so weitgehend wie bei der gemeinnützigen Stiftung in Deutschland. Die Steuererleichterungen gemeinnütziger Organisationen, zu denen auch Stiftungen gehören können, sind zwar größer als die bei einer normalen Stiftung; dennoch reichen sie qualitativ nicht an die Privilegien heran, die das deutsche Steuerrecht steuerbegünstigten Stiftungen zuspricht.

Auch bei den steuerlichen Vorzügen für Stifter und Spender ist das deutsche Steuerrecht großzügiger.

D. Stiftungsaufsicht und Berichterstattung

I. Grundsätzliches

Die Problematik der staatlichen Aufsicht über Stiftungen stellt einen Schlüsselbereich des polnischen Stiftungsrechts dar. Schon seit jeher unterliegen Stiftungen einer intensiveren staatlichen Kontrolle als etwa Personen- und Kapitalgesellschaften oder Vereine.[973]

Zum Grundverständnis der Stiftungsaufsicht wird in der polnischen Literatur darauf hingewiesen, dass die Aufsicht sowohl staatlichen (öffentlichen) Interessen als auch denen des Stifters und der Stiftung diene. Zum einen sei die Stif-

973 *Cioch*, Prawo fundacjyne, S. 109.

tungsaufsicht ein Mittel um sicherzustellen, dass der Wille des Stifters durch die Stiftungstätigkeit eingehalten wird (Garantie- und Schutzfunktion), zum anderen soll überwacht werden, ob sich die Stiftung rechtmäßig verhält (Kontrollfunktion). Nicht übersehen wird, dass der Staat mit der Aufsicht auch Eigeninteressen verfolgt, etwa im Fiskalbereich.[974]

Die Stiftungsaufsicht bezieht sich ausschließlich auf die Tätigkeit der Stiftung und ihrer Organe; das Handeln des Stifters und der Destinatäre wird nicht überwacht. Der Verzicht auf die Stiftungsaufsicht durch den Stifter ist nicht möglich.[975] Sie ist bei jeder Stiftung obligatorisch. Da das polnische Recht keine privatnützigen Stiftungen kennt, stellt sich auch nicht die Frage, ob diese aus der Stiftungsaufsicht entlassen werden könnten.[976]

Zeitlich beginnt die Stiftungsaufsicht mit Einreichung des Antrags auf Eintragung der Stiftung als präventive Aufsicht durch das Registergericht und beschränkt sich auf die Rechtmäßigkeitsvoraussetzungen der Stiftungserrichtung. Die weitere Aufsicht über die Stiftung besteht als laufende Kontrolle bis zum Ende ihres Wirkens fort. Sie kann sogar über das Ende der Stiftung hinaus gehen, falls die Stiftungssatzung nämlich die Einzelheiten zum Vermögensanfall nach Liquidation der Stiftung nicht regelt.[977]

Die Stiftungsaufsicht im polnischen Stiftungsrecht hat sich während der letzten einhundert Jahre diametral verändert: Unter dem Regime des Stiftungsdekrets von 1919 war die Stiftungsaufsicht eine zentralisierte Staatsaufsicht, die durch die „zuständigen Minister“ wahrgenommen wurde und sowohl selbständige als auch unselbständige Stiftungen umfasste (Art. 13). Aufgrund des geltenden Konzessionssystems begann die Stiftungsaufsicht mit der Beantragung der Genehmigung und endete mit der Beendigung der Stiftung. Die Führung der einzelnen Stiftungsregister oblag den jeweils zuständigen Ministern. Die Verhängung von Aufsichtsmitteln lag ebenfalls im Aufgabenbereich der zuständigen Minister. Die Stiftungsaufsicht war folglich hoheitlich administrativ. Gegen die Aufsichtsmaßnahmen stand den Stiftungen nur die Klage zum Obersten Verwaltungsgerichtshof zur Verfügung (Art. 21).

Mit Wiedereinführung des Stiftungsrechts in Polen durch das Stiftungsgesetz vom 6. April 1984 wurde die Stiftungsaufsicht an die Tradition des Stiftungsdekrets sowie westeuropäische Grundsätze angelehnt, obgleich sie Eigenheiten

---

974 *Cioch*, Prawo fundacyjne, S. 111; *ders.*, in: Cioch/Kidyba, (2010), Art. 12, S. 263 f.; *Radecki*, S. 108; vgl. kritische Würdigung der Staatsaufsicht in Deutschland (vor der Stiftungsrechtsmodernisierung) durch *Muscheler*, ZRP 2000, 390, 391 ff.

975 Entsprechendes gilt im deutschen Stiftungsrecht, vgl. *Ebersbach*, S. 127, 130; *Hof*, in: Seifart/v. Campenhausen, Stiftungsrechts-Handbuch, 3. Aufl., § 10 Rn. 18.

976 Zu den Regelungen einzelner Bundesländer vgl. *Seyfarth*, ZST 2008, 145 ff.; *Staudinger/Hüttemann/Rawert*, 2011, Vor §§ 80 ff. Rn. 89.

977 *Cioch*, a.a.O.; *ders.*, in: Cioch/Kidyba, (2010), Art. 12, S. 264.

aufwies.[978] Aus dem Anwendungsbereich der Stiftungsaufsicht wurden die unselbständigen Stiftungen herausgenommen. Dies entspricht bis heute auch der deutschen Behandlung der unselbständigen Stiftungen.[979] Der administrativen positiven und negativen Aufsicht der Zentralorgane der Staatsverwaltung unterlagen alle polnischen rechtsfähigen Stiftungen. Aufgrund des angenommenen Modells der Erlangung der Rechtsfähigkeit durch eine Verbindung aus Normativ-, Konzessiv- und Registrierungssystems wurden teilweise Aufsichtsbefugnisse auf das Registergericht übertragen. Die Genehmigung der Stiftung und die Bestätigung von Stiftungsakt und Satzung erfolgten durch Verwaltungsentscheidung.[980]

Mit der Novellierung des Stiftungsrechts vom 23. Juli 1991 trat im Bereich der Stiftungsaufsicht eine vollständige Abkehr von den im Stiftungsdekret und der Urfassung des Stiftungsgesetzes verankerten Prinzipen ein: Den Administrativorganen wurden sämtliche Hoheitsrechte entzogen, die Entscheidungsbefugnis ist auf ordentliche Gerichte übertragen worden. Die unmittelbare administrative Stiftungsaufsicht ist zu einer mittelbaren geworden. Dass die Aufsichtsbehörden nunmehr nicht zum hoheitlichen Handeln gegenüber Stiftung befugt sind, ist ein Charakteristikum der polnischen Stiftungsaufsicht.[981] Da die Gerichte jedoch nicht von Amts wegen tätig werden, entsprechende Aufsichtsmaßnahmen aber nur die Aufsichtsbehörden beantragen können, sind beide Institutionen voneinander abhängig. Aufgrund dessen kann daher auch von einer Stiftungsaufsicht mit Mischcharakter gesprochen werden.[982]

Die administrativen Aufsichtsbehörden sind für die Stiftungsaufsicht zeitlich erst ab Eintragung der Stiftung zuständig. Über die Eintragung werden sie gemäß Art. 9 Abs. 2 SG durch das Registergericht unter gleichzeitiger Übersendung der Satzung in Kenntnis gesetzt. Sie führen die Aufsicht über die ihnen zugewiesenen Stiftungen ausschließlich anhand der jährlich gemäß Art. 12 Abs. 2 und 3 SG zu erstattenden Tätigkeitsberichte durch. Sie sind nicht befugt, unterjährig Kontrollen durchzuführen oder Stiftungen zur Auskunft aufzufordern.[983] Im Rahmen der ihnen vorgelegten Tätigkeitsberichte haben sie die Stiftungstätigkeit auf Rechtmäßigkeit und Vereinbarkeit mit Stiftungszweck und Satzungsinhalt zu überprüfen. Die Stiftung kann zwar zur Erläuterung oder zur

---

978 *Cioch*, Prawo fundacjyne, S. 112; *ders.*, in: Cioch/Kidyba, (2010), Art. 12, S. 265.

979 Obwohl vielfach die Stiftungsgesetze der Länder die Materie der unselbständigen Stiftung aufgreifen, steht ihnen die Aufsicht über diese nicht zu, vgl. *Hof*, in: Seifart/v. Campenhausen, Stiftungsrechts-Handbuch, 3. Aufl., § 36 Rn. 17 u. 19.

980 *Cioch*, Prawo fundacjyne, S. 113; *ders.* a.a.O.

981 *Stec*, S. 205.

982 *Kidyba*, Prawo handlowe, S. 698; *Sagan/Strzępka*, S. 64; *Suski*, S. 423 ff.; *Gibalska/Ogonowski*, a.a.O.; *Cioch*, Prawo fundacjyne, S. 116 f.; *ders.*, in: Cioch/Kidyba, (2010), Art. 12, S. 266 f.; *Niecikowska/Krawczyk/Chrzczonowicz/Skiba*, S. 7 f.

983 *Suski*, S. 427; *Swora*, PiP 2003, Nr. 12, S. 71 f.; *Cioch*, Prawo fundacyjne, S. 115; *Gibalska/Ogonowski*, S. 31.

Behebung von Mängeln aufgefordert, mangels gesetzlicher Grundlage jedoch nicht gezwungen werden. Da den Verwaltungsorganen eigene Hoheitsrechte entzogen sind, sind sie gezwungen, entsprechende Aufsichtsmaßnahmen gerichtlich zu beantragen. Die verbindliche Prüfung der Rechtsmäßigkeit des Stiftungshandelns und Verhängung von Aufsichtsmaßnahmen liegt allein im gerichtlichen Aufgabenbereich.[984]

II. Aufsichtsorgane

1. Zuständiger Minister und Starost

Gemäß Art. 9 Abs. 2 SG benachrichtigt das Registergericht den aufgrund seines Tätigkeitsbereichs und des Stiftungszwecks zuständigen Minister sowie den aufgrund des Sitzes der Stiftung zuständigen Starost[985] über die Eintragung der Stiftung in das Landesgerichtsregister unter gleichzeitiger Übersendung der Satzung.

„Zuständiger Minister" ist ein feststehender Begriff des Stiftungsaufsichtsrechts. Sofern die Stiftungszwecke den Tätigkeitsbereich zweier oder mehrerer Minister betreffen, benachrichtigt das Gericht gemäß Art. 9 Abs. 3 SG den zuständigen Minister über die Eintragung der Stiftung in das Landesgerichtsregister, mit dessen Tätigkeitsbereich die Hauptzwecke der Stiftung am engsten verbunden sind. Jede Stiftung unterliegt somit der Aufsicht von mindestens zwei Verwaltungsbehörden - dem zuständigen Minister und dem Starost.

Den zuständigen Minister kann grundsätzlich schon der Stifter in der Satzung (unverbindlich)[986] benennen. Soweit er von dieser Möglichkeit keinen Gebrauch macht, nimmt die Zuweisung das Registergericht vor.

Dem zuständigen Minister sind gemäß Art. 12 Abs. 2 SG die jährlichen Tätigkeitsberichte zu erstatten. Sie dienen ihm als Grundlage der aufsichtsrechtlichen Prüfung. Es besteht keine Pflicht, die Tätigkeitsberichte dem Starost zukommen zu lassen. Da die Berichte gemäß Art. 12 Abs. 3 SG zu veröffentlichen sind, hat dieser grundsätzlich die Möglichkeit, von ihrem Inhalt Kenntnis zu nehmen. Gleichwohl stehen dem Starost gemäß Art. 13 und 14 SG die gleichen

---

984 *Sagan/Strzępka*, S. 64; *Suski*, S. 423 ff.; *Gibalska/Ogonowski*, a.a.O.; Cioch, Prawo fundacjyne, S. 116 f.; *ders.*, in: Cioch/Kidyba, (2010), Art. 12, S. 266 f.; *Niecikowska/ Krawczyk/Chrzczonowicz/Skiba*, S. 7 f.

985 *Starosta* bezeichnet einen durch den Kreistag (poln. *rada powiatu*) gewählten Landrat, der der Kreisleitung (poln. *zarząd powiatu*) vorsteht und einen Landkreis (poln. *powiat*) verwaltet.

986 Falls die vom Stifter vorgenommene Zuweisung mit der Ressortzuständigkeit des zuständigen Ministers nicht in Einklang zu bringen ist, ist das Registergericht nicht an die Vorgabe des Stifters gebunden und entscheidet nach eigenem Ermessen, *Suski*, S. 426.

aufsichtsrechtlichen Befugnisse wie dem zuständigen Minister zu. Er ist neben diesem gleichberechtigte Aufsichtsbehörde.

Gemäß Art. 15a Abs. 1 SG übt über eine Stiftung, die öffentliche Mittel erhält und landesweit tätig ist, ein weiterer Starost die Aufsicht aus, soweit die Stiftungstätigkeit auch auf dem Gebiet der örtlichen Zuständigkeit seiner Kreisselbstverwaltung ausgeübt wird. Diese Regelung hat zur Folge, dass neben dem zuständigen Minister gleich mehrere Staroste die Aufsicht ausüben können. Eine Abgrenzung der Kompetenzen ist nicht vorgesehen, jede Aufsichtsbehörde hat gegenüber der Stiftung die vollen Befugnisse. Durch diese unpraktische Regelung wird ein „Kompetenzchaos“ geschaffen, weshalb die Literatur seit Jahren die Beschränkung auf nur eine administrative Aufsichtsbehörde fordert.[987]

Im Gegensatz zur Regelung im Stiftungsgesetz werden die Träger der Stiftungsaufsicht über die selbständigen Stiftungen des privaten Rechts in Deutschland durch die einzelnen Landesrechte bestimmt. Jedes Bundesland hat seine eigenen Aufsichtsvorschriften. Dementsprechend vielfältig sind auch die Regelungen hinsichtlich der sachlichen Zuständigkeit. Als Aufsichtsbörden kommen in Frage: Regierungspräsidien, unterschiedliche Ministerien, Regierungen, Senatsverwaltungen, Justizbehörden, Senatoren, Bezirksregierungen, Direktionen, Landesverwaltungsämter, Landräte und Bürgermeister.[988]

2. Gerichte

Wie bereits erwähnt, obliegt es ausschließlich den Gerichten, gegen die Stiftung entsprechende Aufsichtsmaßnahmen zu verhängen.

Nach Art. 12 Abs. 1 SG entscheidet das Gericht auf Antrag des zuständigen Ministers oder Starosts im Verfahren der freiwilligen Gerichtsbarkeit über die Übereinstimmung der Stiftungstätigkeit mit den Rechtsvorschriften, den Bestimmungen der Satzung sowie dem Zweck, zu welchem die Stiftung errichtet wurde. Das Stiftungsgesetz regelt nicht die sachliche Zuständigkeit des Aufsichtsgerichts. Aus den allgemeinen Gesetzen geht jedoch hervor, dass es nicht das Registergericht ist. Gemäß Art. 507 der polnischen Zivilprozessordnung sind bei Angelegenheiten der freiwilligen Gerichtsbarkeit Rayonsgerichte zuständig, es sei denn, es wird die Zuständigkeit der Bezirksgerichte bestimmt. Dies ist ausweislich des Stiftungsgesetzes nicht der Fall. Das zuständige Aufsichtsgericht ist daher stets die Zivilabteilung eines Rayonsgerichts am Sitz der Stiftung.[989]

---

987 Statt aller: *Stec*, S. 204 ff.

988 Darstellung bei *Staudinger/Hüttemann/Rawert*, 2011, Vor §§ 80 ff. Rn. 95.

989 Oberstes Gericht, Beschluss vom 3. Dezember 2003, III CZP 93/03, OSNC 2005, Nr. 2, Pos. 23; Appellationsgericht Warschau, Entscheidung vom 8. März 2005, I ACa 419/04; *Suski*, S. 425.

Aufgrund dieser Rechtslage unterliegt die Stiftung der Aufsicht zweier Gerichte: Das Registergericht ist für die präventive Aufsicht bei der Eintragung zuständig, das Zivilgericht für die laufende Aufsicht.

3. Sonderfall: Kirchen

Bei kirchlichen Stiftungen, d.h. solchen, die durch kirchliche juristische Personen errichtet wurden, existieren Besonderheiten hinsichtlich der Zuständigkeit der Aufsichtsbehörden. Aufgrund von Abkommen der Republik Polen mit den jeweiligen Kirchen üben über kirchliche Stiftungen die Kirchen selbst oder die in den jeweiligen Stiftungssatzungen genannten Personen die Aufsicht aus. Sonderregelungen bestehen im Einzelnen mit der Römisch-Katholischen Kirche, der Christlich-Orthodoxen Kirche, der Polnisch-Katholischen Kirche, der Freikirche der Siebenten-Tags-Adventisten, der Christlich-Baptistischen Kirche, der Evangelisch-Methodistischen Kirche, der Pfingstkirche und der Altkatholischen Kirche der Mariaviten.[990]

In Deutschland ist die Aufsicht über kirchliche Stiftungen in den einzelnen Ländergesetzen geregelt, weshalb diese unterschiedlich ausfällt. Sie sind entweder von der staatlichen Stiftungsaufsicht freigestellt und die Aufsicht wird von den jeweiligen Kirchen nach kirchlichem Recht ausgeübt, oder die staatliche Aufsicht wird nur insoweit ausgeübt, als die Aufsicht nicht von der Kirche ausgeübt wird, oder die kirchlichen Stiftungen unterstehen weitestgehend der staatlichen Aufsicht.[991]

III. Aufsichtsmittel

Die zur Verfügung stehenden Aufsichtsmaßnahmen sind in Art. 13 und 14 SG geregelt. Darüber hinaus gehende Möglichkeiten der Maßregelung stehen nicht zur Verfügung. Die polnische Stiftungsaufsicht kann daher als schlank bezeichnet werden; insbesondere im Vergleich zu den Mitteln der Aufsicht im deutschen Stiftungsrecht.[992]

---

990 *Suski*, S. 424.

991 Eingehend *v. Campenhausen*, in: Seifart/v. Campenhausen, Stiftungsrechts-Handbuch, 3. Aufl., § 28 Rn. 2 f.

992 Die deutsche Stiftungsaufsicht kennt nicht nur repressive, sondern auch präventive Aufsichtsmittel. Ungeachtet der Unterschiede in den Einzelregelungen der Landesgesetze stehen den Aufsichtsbehörden im Wesentlichen folgende Mittel der Stiftungsaufsicht zur Verfügung: Informations-, Unterrichtungs- und Prüfungsrechte, Beanstandungs-, Anordnungs- und Ersatzvornahmerechte, Anzeigepflichten und Genehmigungsvorbehalte für bestimmte Rechtsgeschäfte, Abberufung und Bestellung von Organmitgliedern, Bestellung von Beauftragten und Sachwaltern, Geltendmachung von Ansprüchen der Stiftung gegenüber ihren Organen sowie die Aufhebung oder Zweckänderung, vgl.

1. Aufhebung von Vorstandsbeschlüssen

Der zuständige Minister oder der Starost können gemäß Art. 13 SG eine gerichtliche Aufhebung eines Beschlusses des Stiftungsvorstands beantragen, wenn dieser in einem krassen Widerspruch zum Stiftungszweck, den Bestimmungen der Stiftungssatzung oder den Rechtsvorschriften steht. Gleichzeitig kann beantragt werden, die Ausführbarkeit des Beschlusses bis zur Entscheidung in der Hauptsache einstweilen suspendieren zu lassen.

Für die Anwendbarkeit dieses Mittels muss ein krasser Widerspruch zum Ziel, zur Satzung oder zur Rechtsordnung vorliegen. Ein gewöhnlicher Widerspruch wird grundsätzlich nicht genügen.[993] Die Feststellung eines derart gewichtigen Verstoßes bedarf daher der Abwägung im Einzelfall; je mehr Anhaltspunkte für sein Vorliegen gegeben sind, desto wahrscheinlicher ist auch, dass das Gericht einen krassen Widerspruch feststellen wird.

Als Merkmale für das Vorliegen eines krassen Widerspruchs werden genannt: Die Verletzung von grundlegenden Rechtsvorschriften oder Satzungsbestimmungen, leicht feststellbare, eindeutige, selbstverständliche, offensichtliche, unzweifelhafte, unstreitige und schwerwiegende Verstöße sowie solche, die auf der Hand liegen und mit dem Rechtsempfinden aller gerecht Denkenden unvereinbar sind.[994]

Der Sinn dieser hohen Hürde für die Feststellung eines Verstoßes liegt darin, die Stiftungstätigkeit nicht vorschnell bereits bei kleineren Normabweichungen durch Aufsichtsmaßnahmen zu beeinträchtigen.[995] Die allgemeine Stiftungsbetätigungsfreiheit soll nicht durch eine zu intensive Rechtsaufsicht gestört werden.

Das Gericht prüft die angefochtenen Beschlüsse allein auf ihre Rechtmäßigkeit. Eine fachliche Prüfung findet nicht statt. Die Entscheidung des Gerichts hat für den Beschluss aufhebende, im einstweiligen Verfahren suspendierende Wirkung.[996]

2. Rüge, Vorstandswechsel und Bestellung eines Zwangsverwalters

Falls die Tätigkeit des Stiftungsvorstands die Rechtsvorschriften oder die Satzungsbestimmungen erheblich verletzt oder dem Stiftungszweck widerspricht, können die Aufsichtsbehörden gemäß Art. 14 Abs. 1 SG dem Vorstand eine an-

---

Andrick/Suerbaum, §§ 7, 8; *Hof*, in: Seifart/v. Campenhausen, Stiftungsrechts-Handbuch, 3. Aufl., § 10 Rn. 145 ff.; *Müko/Reuter*, Vor zu §§ 80, Rn. 72 ff; *Peiker*, ZSt 2006, 86 ff.; *Schwintek*, S. 227 ff.; *Schiffer*, § 8 Rn. 8 ff.; *Staudinger/Hüttemann/Rawert*, 2011, Vor §§ 80 ff. Rn. 99.

993 *Cioch*, in: Cioch/Kidyba, (2010), Art. 13, S. 271; *Suski*, S. 428.

994 *Bichlarz*, S. 43 f.; *Suski*, S. 428.

995 *Cioch*, a.a.O.; *ders.*, NP 1987, Nr. 7-8, S. 41 ff.

996 *Sagan/Strzępka*, S. 65; *Suski*, a.a.O.

gemessene Frist zur Behebung dieser Verstöße setzen oder den Austausch des Stiftungsvorstands innerhalb einer von ihnen gesetzten Frist fordern. Der zuständige Minister und der Starost sind nicht befugt, die Verstöße selbst zu beheben oder den Stiftungsvorstand zu ersetzen.

Die Aufforderung zum Wechsel des Stiftungsvorstands ist an das bestellungsbefugte Organ oder eine entsprechend befugte Person zu richten. Falls in der Stiftungssatzung keine Regelung zur Bestellungs- und Abberufungsbefugnis vorhanden ist, wird die Aufforderung zum Austausch des Vorstands als undurchführbar erachtet.[997]

Falls die gesetzte Frist wirkungslos verstreicht oder der Stiftungsvorstand weiterhin beharrlich rechtswidrig, satzungswidrig oder zweckwidrig handelt, können der zuständige Minister und der Starost gemäß Art. 14 Abs. 2 SG die Enthebung des Stiftungsvorstands und die Bestellung eines Zwangsverwalters beantragen. Insoweit ist der Zwangsverwalter mit einem Sachwalter im deutschen Recht vergleichbar.[998]

Durch die gerichtliche Entscheidung wird das Handeln durch die Stiftung als unrechtmäßig festgestellt und ihr Vorstand - vorübergehend - enthoben sowie ein Zwangsverwalter bestellt.[999]

Der Zwangsverwalter hat die Aufgabe, die Stiftung in Vorstandsangelegenheiten gerichtlich und außergerichtlich zu vertreten. Er ist verpflichtet, alle zur ordnungsgemäßen Tätigkeit der Stiftung erforderlichen Handlungen auszuführen. Ohne Weiteres ist er berechtigt, eventuelle Schadensersatzforderungen der Stiftung gegen ihre abgesetzten Vorstandsmitglieder geltend zu machen.[1000] Die Bestellung des Zwangsverwalters wird, vergleichbar mit der Bestellung des Insolvenzverwalters, in das Landesgerichtsregister eingetragen (Art. 39 Ziff. 1 i.V.m. Art. 49 Abs. 1 LGRegG).

Die Bestellung des Zwangsverwalters wirkt nicht dauerhaft. Das Gericht hebt gemäß Art. 14 Abs. 4 SG seine Entscheidungen über die Enthebung des Stiftungsvorstands sowie die Bestellung des Zwangsverwalters auf Antrag des abgesetzten Vorstands auf, falls die Folgen der in Art. 14 Abs. 1 SG genannten Handlungen beseitigt sind und zu erwarten ist, dass Letztere unterlassen werden.

Gegen die Entscheidungen des Gerichts steht gemäß Art. 518 der polnischen Zivilprozessordnung das Rechtsmittel der *Appellation* zur Verfügung. Die *Kassationsklage* ist ausgeschlossen.[1001]

Bei kirchlichen Stiftungen bestehen Besonderheiten bezüglich der Person des Zwangsverwalters - dieser wird durch die jeweiligen kirchlichen Institutionen

997 *Suski*, a.a.O.; *Cioch*, in: Cioch/Kidyba, (2010), Art. 14, S. 273.

998 *Andrick/Suerbaum*, S. 191 ff.; OVG Münster, Urteil vom 27.11.1995, NVwZ-RR 1996, 426.

999 *Cioch*, a.a.O.; *ders.*, Prawo fundacyjne, S. 117.

1000 *Cioch*, Prawo fundacyjne, S. 118; *ders.*, in: Cioch/Kidyba, (2010), Art. 14, S. 273 f.

1001 *Suski*, S. 429 f.

benannt - sowie hinsichtlich eines kircheninternen, mindestens dreimonatigen Vorverfahrens, das den genannten Aufsichtsmaßnahmen vorgeschaltet ist. Falls das Vorverfahren nicht zur Behebung der Unzulänglichkeiten bei der kirchlichen Stiftungstätigkeit führt, findet das Stiftungsgesetz mit seinen Aufsichtsmitteln Anwendung.[1002]

IV. Berichterstattungspflicht

Wie bereits ausgeführt, sind die jährlich zu erstattenden Berichte regelmäßig die einzige Informationsquelle der Stiftungsbehörden. Aus Art. 12 Abs. 2 SG folgt die Pflicht zur jährlichen Berichterstattung, Art. 13 Art. 3 SG verpflichtet Stiftungen zur Veröffentlichung der Berichte. Beide Pflichten werden nicht näher konkretisiert. Insbesondere für die Veröffentlichungspflicht bedeutet dies, dass die Stiftung ihre Berichte im Internet, der lokalen oder überregionalen Presse, durch Aushang oder Auslage in den eigenen Geschäftsräumen veröffentlichen kann. Eine Bekanntmachung in besonderen Anzeigeblättern ist nicht erforderlich.

Art. 14 Abs. 4 SG enthält eine Verordnungsermächtigung für den Justizminister zur Festlegung des Rahmenumfangs eines Tätigkeitsberichts. Der Rahmenumfang der Berichterstattungspflicht ist durch die Verordnung des Justizministers vom 8. Mai 2001[1003] festgelegt worden. Gemäß § 1 der Verordnung ist der Bericht in Schriftform abzufassen und hat die in § 2 aufgeführten Angaben[1004]

1002 *Gibalska/Ogonowski*, S. 32; *Suski*, S. 429 f.

1003 Dz. U. 2001, Nr. 50, Pos. 529.

1004 (1.) Den Namen der Stiftung, ihren Sitz und ihre Adresse, das Eintragungsdatum und ihre KRS- und REGON-Nummern, Angaben über die Vorstandsmitglieder und die Satzungsziele;
(2.) die Grundsätze, die Formen und den Umfang der Satzungstätigkeit unter Angabe der Satzungsziele sowie die Umschreibung der hauptsächlichen rechtlichen Ereignisse mit wirtschaftlicher Auswirkung im Rahmen ihrer Tätigkeit;
(3.) Informationen über die gemäß Eintragung im Landesgerichtsregister geführte wirtschaftliche Betätigung;
(4.) Abschriften der Vorstandsbeschlüsse;
(5.) Informationen über die erzielten Einnahmen unter Spezifizierung der Quellen (z.B. Erbnachlass, Vermächtnis, Schenkung, öffentliche Mittel, darunter aus dem Staats- und Gemeindebudget), die erbrachten entgeltlichen Leistungen unter Berücksichtigung der Aufwendungen; falls eine wirtschaftliche Tätigkeit ausgeübt wurde: das Finanzergebnis sowie den prozentualen Anteil der Einnahmen aus dieser Tätigkeit im Vergleich zu den übrigen Einnahmen;
(6.) Informationen über die getätigten Kosten für:
(a) die Realisierung der Satzungsziele;
(b) die Verwaltung (Mieten, Telekommunikation, Briefverkehr etc.);
(c) die wirtschaftliche Betätigung;
(d) übrige Kosten;

zu enthalten. Gemäß § 3 muss der Bericht angeben, ob innerhalb des Berichtzeitraums bei der Stiftung eine Kontrolle[1005] durchgeführt worden ist und falls ja, mit welchem Ergebnis. Der Bericht ist durch zwei Vorstandsmitglieder zu unterzeichnen, es sei denn, der Vorstand besteht aus nur einer Person. Zeitlich muss der Bericht für das jeweils abgelaufene Kalenderjahr erstattet werden.

Trotz dieser recht großzügigen Erstattungsfrist sieht das Gesetz keine Sanktionen für den Fall einer verspäteten oder nicht erfolgten Berichterstattung vor. Teile der Literatur[1006] vertreten die Ansicht, dass über die Stiftung dann administrative Kontrolle auszuüben sei. Dies wird zu Recht mit Hinweis auf den Vorbehalt des Gesetzes abgelehnt.[1007]

Insoweit bleibt den Aufsichtsbehörden mangels gesetzlicher Regelung nur die Möglichkeit, die gerichtliche Bestellung eines Zwangsverwalters für die Stiftung zu beantragen, der die Erstattung des Berichts nachholt.

V. Rechtsvergleichende Stellungnahme

Die Notwendigkeit der Stiftungsaufsicht wird mit dem fehlenden personalen Substrat der Stiftung begründet. Mangels einer echten inneren Kontrolle durch Mitglieder oder Gesellschafter müsse der Staat dafür Sorge tragen, dass der Stifterwille beachtet werde, die Stiftung sich nicht selbst schädige und durch das Handeln der Stiftung auch die Allgemeinheit keinen Schaden nehme.

Die polnische Stiftungsaufsicht ist im Vergleich zur Stiftungsaufsicht der deutschen Bundesländer als sehr liberal zu bezeichnen; sie greift in die Stif-

---

(7.) Angaben über:
(a) die Anzahl der beschäftigten Personen;
(b) die Summe der Gesamtvergütungen;
(c) die Höhe der jährlichen oder monatlichen Vergütungen des Vorstandes;
(d) die aufgrund von Aufträgen gezahlten Vergütungen;
(e) die gewährten Darlehen;
(f) das auf Bankkonten angelegte Vermögen;
(g) den Wert der erworbenen Obligationen sowie den Umfang der gehaltenen Anteile an Kapitalgesellschaften;
(h) die erworbenen Grundstücke, deren Zweckbestimmung sowie Kaufpreis;
(i) den Erwerb anderer Vermögensgüter;
(j) den Wert der Aktiva und Passiva, wie sie aus zu Statistikzwecken erstellten Finanzberichten resultieren;
(8.) Angaben über durch staatliche und kommunale Träger in Auftrag gegebene Tätigkeiten sowie das Finanzergebnis aus diesen Tätigkeiten;
(9.) Informationen über Steuerverpflichtungen und abgegebene Steuererklärungen.

1005 Die Aufsichtsbehörden sind, wie bereits dargelegt, zu Kontrollen nicht berechtigt. Die Stiftung unterliegt jedoch der Aufsicht und einer eventuellen Kontrolle durch Finanzbehörden sowie durch Arbeitsschutzbehörden, *Stec*, S. 205.

1006 *Cioch*, Prawo fundacjyne, S. 115 f.; *ders.*, in: Cioch/Kidyba, (2010), Art. 12, S. 269 f.

1007 *Suski*, S. 427; *Swora*, PiP 2003, Nr. 12, S. 71 f.; *Lipski*, S. 68 f.

tungstätigkeit kaum ein. Charakteristisch für die polnische Stiftungsaufsicht ist die Verteilung der Kompetenzen zwischen Aufsichtsbehörden und Gerichten: Erstere überwachen die Stiftungen und können Aufsichtsmaßnahmen initiieren, diese jedoch nicht hoheitlich durchsetzen. Letztere können sie zwar verhängen, aber nicht von Amts wegen tätig werden. Aufsichtsbehörden und Aufsichtsgerichte sind aufeinander angewiesen.

Im Wesentlichen sieht die Aufsicht im polnischen Recht zwei repressive Maßnahmen vor: die Aufhebung von Vorstandsbeschlüssen und die vorübergehende Einsetzung eines Zwangsverwalters.

Einerseits kann an dieser minimalistisch gehaltenen Stiftungsaufsicht - ungeachtet der unpraktischen Kompetenzzuweisung bei den administrativen Aufsichtsorganen - kritisiert werden, dass sie nicht in der Lage sei, Missbräuche und rechtliche Schieflagen effektiv zu verhindern. Andererseits liegt in dieser schmalen Aufsichtsgestaltung ihr großer Vorzug: Sie gewährt eine wirklich freie Stiftungstätigkeit.

Durch die Beschränkung auf nur wenige Aufsichtsmittel und das gleichzeitige Erfordernis einer gerichtlichen Anrufung werden den Aufsichtsbehörden nicht nur ihre hoheitlichen Einwirkungsmöglichkeiten genommen. Die Aufsichtsbehörden werden als Parteien eines Zivilprozesses mit Stiftungen auf eine Stufe gestellt, anstatt im Subordinationsverhältnis über ihnen zu stehen.

E. Beendigung der Stiftung

Die Problematik der Beendigung der Stiftung ist in Art. 15 SG geregelt. Abs. 1 dieser Vorschrift kennt zwei Gründe der Beendigung: Die Stiftung ist zu liquidieren, falls sie den Zweck, zu welchem sie errichtet worden ist, erreicht hat oder ihre finanziellen Mittel sowie ihr Vermögen erschöpft sind.

Das Verfahren der Liquidation einer Stiftung ist gesetzlich nicht geregelt, es bestimmt sich grundsätzlich nach den Festlegungen der Stiftungssatzung. Soweit die Satzung diesbezüglich keine Regelungen enthält oder die Stiftungsorgane diese missachten, wendet sich gemäß Abs. 2 der zuständige Minister oder der Starost bei Vorliegen der in Abs. 1 genannten Beendigungsgründe an das Gericht, um die Liquidation der Stiftung einzuleiten. Gemäß Abs. 3 kann die Liquidation der Stiftung auch in anderen, gesetzlich vorgesehenen Fällen erfolgen. Hierzu gehört insbesondere der Fall der Beendigung auf Antrag des Pflegers für juristische Personen gemäß Art. 42 § 2 ZGB.

Sofern nach Vollbeendigung der Stiftung noch ein Vermögensrest verbleibt, wird dieser den in der Satzung genannten Anfallberechtigten zugeteilt; enthält die Satzung diesbezüglich keine Regelung, so entscheidet gemäß Abs. 4 das Gericht über die Verwendung dieser Mittel unter Berücksichtigung der Zwecke, denen die Stiftung gedient hat.

Demzufolge kennt das Stiftungsgesetz lediglich zwei Beendigungsgründe: die Zweckerreichung und die Vermögenslosigkeit. Mit Eintritt dieser Ereignisse unterliegt die Stiftung zwingend der Liquidation - die Stiftung *kann* nicht, sie *muss* liquidiert werden.[1008] Im Umkehrschluss bedeutet dies jedoch, dass die Stiftung nur bei Eintritt dieser beiden Gründe liquidiert werden darf. Dem Stifter und den Stiftungsorganen steht es nicht frei, die Stiftungstätigkeit autonom aus anderen Erwägungen zu beenden.[1009] Auch die Aufsichtsbehörden haben keine Möglichkeit, die Stiftung aus anderen als den in Abs. 1 genannten Gründen zu beenden. Dies gilt insbesondere für die Fälle, in denen die Stiftung unerlaubte Zwecke fördert, von ihren Satzungsbestimmungen abweicht oder auf andere Weise rechts- und sittenwidrig handelt.[1010] In diesen Situationen stehen den administrativen Aufsichtsorganen ausschließlich die in Art. 13 und 14 SG genannten Aufsichtsmittel zur Verfügung.[1011] Eine Zwangsbeendigung wegen Gemeinwohlgefährdung entsprechend § 87 Abs. 1 BGB ist dem polnischen Stiftungsrecht unbekannt.[1012]

Die polnische Stiftungsrechtslehre diskutiert streitig, ob neben den beiden anerkannten Beendigungsgründen die Stiftungssatzung weitere Beendigungsgründe vorsehen könne. Grundsätzlich wird für möglich gehalten, dass die Stiftung auch im Falle des Zeitablaufs oder des Eintritts einer auflösenden Bedingung beendet werden kann.[1013] Gelegentlich wird auch der Wegfall der Geschäftsgrundlage, insbesondere bei einer erheblichen Veränderung der äußeren Verhältnisse, als Beendigungsgrund genannt - sogar wenn dies in der Stiftungssatzung nicht geregelt sein sollte.[1014] Die Vertreter dieser Rechtsauffassung argumentieren in erster Linie mit dem Wortlaut des Art. 15 Abs. 2 SG. Aus der Wendung *„falls die Satzung die Liquidation der Stiftung nicht vorsieht"* sei abzuleiten, dass die Satzung nicht nur das Liquidationsverfahren, sondern auch die Liquidationsgründe vorsehen dürfe, die über die in Art. 15 Abs. 1 SG genannten hinausgingen. Dieser Auffassung stehe auch nicht Art. 5 Abs. 1 SG entgegen; dieser bestimme den zulässigen Inhalt einer Stiftungssatzung nämlich nicht abschließend.

1008 *Izdebski*, (1998), S. 53.

1009 *Cioch*, Prawo fundacyjne, S. 146; *Izdebski*, (1998), S. 54; *Skiba*, Zakończenie, S. 7.

1010 Oberstes Gericht, Beschluss vom 7. Juli 1993, III CZP 88/93, OSNC 1994, Nr. 1, Pos. 14; *Cioch*, Prawo fundacyjne, S. 147.

1011 *Suski*, S. 433.

1012 Zur Stiftungsaufhebung durch Hoheitsakt im deutschen Recht, *Hof*, in: Seifart/v. Campenhausen, Stiftungsrechts-Handbuch, 3. Aufl., § 11 Rn. 56 ff.

1013 *Gibalska/Ogonowski*, S. 32; *Cioch*, Prawo fundacjyne, S. 145; *Suski*, S. 434; *Bugajna-Sporczyk*, Prawo Spółek 1998, 7-8, S. 94; *Sagan/Strzępka*, S. 68; *Strzępka*, Prawo Spółek 2002, Nr. 6, S. 38; *Niemirka*, Monitor Prawniczy 1995, Nr. 7, S. 219 f.; *Wiśniewski*, Glosa 1994, Nr. 4, S. 5.

1014 *Stecki*, Fundacja, Band 2, S. 129 ff.

Eine sich in der Minderheit befindende Ansicht[1015] erteilt dieser Rechtsansicht eine Absage; die in Art. 15 SG genannten Beendigungsgründe seien abschließend geregelt und könnten nicht durch Satzungsbestimmungen erweitert werden. Dies sei insbesondere aus Art. 5 Abs. 1 Satz 2 SG abzuleiten, der die Liquidation der Stiftung nicht als Gegenstand der satzungsinternen Regelungsmöglichkeiten aufführe. Gestützt wird diese Ansicht durch die höchstrichterliche Rechtsprechung. In einem Beschluss vom 7. Juli 1993[1016] hat das Oberste Gericht - ohne dies jedoch begründet zu haben - unterstrichen, dass die in Art. 15 Abs. 1 SG genannten Beendigungsgründe abschließend geregelt sind.

Die Würdigung der beiden Auffassungen verleitet dazu, der Letzteren in dogmatischer Hinsicht Recht zu geben, wenn auch die Begründung für ihre Schlussfolgerung m.E. woanders zu finden ist: Bei unbefangener Auslegung des Wortlauts des Art. 15 Abs. 2 SG, *„falls die Satzung die Liquidation der Stiftung nicht vorsieht"*, scheint zunächst die erstgenannte Ansicht berechtigt zu sein. Denn bei einem weiten Verständnis des Begriffs „Liquidation" kann hierzu grundsätzlich neben dem Liquidationsverfahren auch der Liquidationsgrund gehören. Eine systematische und teleologische Auslegung der Vorschrift führt jedoch dazu, der zweiten Ansicht Recht zu geben: Abs. 2 folgt der gesetzlichen Bestimmung, wonach die Liquidation einer Stiftung nach dem in ihrer Satzung festgelegten Verfahren erfolgt, *„(...) unterliegt die Stiftung der Liquidation auf die in der Satzung festgelegte Weise"*.

Durch die erste Alternative des Abs. 2, *„falls die Satzung die Liquidation der Stiftung nicht vorsieht"*, soll lediglich sichergestellt werden, dass eine Stiftung auch dann liquidierbar ist, soweit sie in ihrer Satzung diesbezüglich keine Angaben macht. Aus dieser Regelung kann jedoch nicht abgeleitet werden, dass die Satzung auch eigene Beendigungsgründe enthalten dürfe. Eine solche Auslegung geht über den Sinn der gesetzlichen Regelung hinaus. Abs. 2 stellt vielmehr eine Befugnisnorm für die administrativen Aufsichtsorgane dar, das Liquidationsverfahren von Amts wegen einleiten zu können. Unterstützt wird dieses Gesetzesverständnis durch den Wortlaut in Abs. 3, wonach in anderen als in Abs. 1 genannten Fällen die Liquidation der Stiftung nur aufgrund einer Gesetzesvorschrift erfolgen kann. Durch die ausschließliche Bezugnahme auf die beiden in Abs. 1 geregelten Beendigungsgründe und die gleichzeitige Außerachtlassung möglicher satzungsinterner Gründe hat der Gesetzgeber deutlich zum Ausdruck gebracht, dass er von keinen weiteren als den in Abs. 1 genannten Liquidationsgründen ausgeht. Soweit die vorliegenden Umstände nicht unter die

1015 *Izdebski*, (1998), S. 53; *Skiba*, Zakończenie, S. 7; *Kidyba*, in: Cioch/Kidyba, (2010), Art. 15, S. 277.

1016 Oberstes Gericht, Beschluss vom 7. Juli 1993, III CZP 88/93, OSNC 1994, Nr. 1, Pos. 14.

Begriffe der Zweckerreichung oder der Vermögenserschöpfung subsumiert werden können und keinen gesetzlich anerkannten Beendigungsgrund darstellen, kann eine Stiftung des polnischen Rechts nicht liquidiert werden.

Durch den Eintritt der Beendigungsgründe verliert die Stiftung ihre Rechtsfähigkeit nicht. Die Beendigungsgründe sind lediglich notwendige Voraussetzung für die Einleitung des Liquidationsverfahrens. Mit Eintritt der Auflösung ändert sich die Zweckausrichtung der Stiftung: Die Aufgabe der Stiftung liegt nicht mehr in der Förderung und Realisierung des Stiftungszwecks, sondern in der Vollbeendigung ihres Wirkens. Erst mit Löschung der Stiftung aus dem Stiftungsregister hört diese auf zu existieren.[1017]

I. Zweckerreichung

Die Zweckerreichung ist einer der beiden in Art. 15 Abs. 1 SG genannten Beendigungsgründe.

Mit Erreichung des Zwecks, für welchen die Stiftung errichtet worden ist, wird das Wirken der Stiftung gegenstandslos. Eine solche Situation ist grundsätzlich dann denkbar, wenn die Stiftung zur Realisierung nur eines Zwecks, etwa dem Bau eines Krankenhauses, einer Schule oder eines Denkmals, errichtet worden ist. Soweit der Stiftungszweck auch die weitere Unterhaltung des Bauwerks umfasst, tritt mit Werkfertigstellung die Zweckerreichung nicht ein.[1018]

Soll eine Stiftung mehrere Zwecke fördern, tritt eine Zweckerreichung erst dann ein, wenn auch der letzte Zweck verwirklicht worden ist. Solange die Stiftung auch nur im Ansatz ihre originären Zwecke realisieren kann, ist ihre Tätigkeit nicht gegenstandslos - die Zweckerfüllung muss restlos und dauerhaft sein.[1019] Je weiter die Zwecksetzung gefasst ist, desto höher sind die Anforderungen an eine vollständige Zweckerreichung.[1020]

In der Praxis ist dieser Beendigungsgrund kaum von Bedeutung. Dies liegt hauptsächlich an der inhaltlich weiten Zwecksetzung sowie der Ausrichtung auf mehrere Förderungsabsichten.[1021]

II. Erschöpfung der Finanzmittel und des Vermögens

Wesentlich wahrscheinlicher ist die Beendigung der Stiftung durch eine Erschöpfung der Finanzmittel und des Vermögens.[1022] Im Gegensatz zum ersten Beendigungsgrund bleibt der Stiftungszweck faktisch erfüllbar, mangels der er-

1017 *Suski*, S. 432; *Skiba*, Zakończenie, S. 11; *Cioch*, Prawo fundacyjne, S. 144 f.

1018 *Suski*, a.a.O.

1019 *Kidyba*, in: Cioch/Kidyba, (2010), Art. 15, S. 275.

1020 *Stecki*, Fundacja, Band 2, S. 129; *Kidyba*, in: Cioch/Kidyba, (2010), Art. 15, S. 274 f.

1021 *Izdebski*, (1998), S. 53; *Skiba*, Zakończenie, S. 6.

1022 *Skiba*, a.a.O.

forderlichen Mittel ist dieser in tatsächlicher Hinsicht jedoch nicht mehr zu realisieren.

Unter Finanzmitteln sind in diesem Zusammenhang alle liquiden oder liquidierbaren Mittel zu verstehen. Vermögen ist als Oberbegriff weiter gefasst und umfasst die Summe aller körperlichen und unkörperlichen Vermögensrechte, somit auch die finanziellen Mittel im Sinne der Vorschrift. Eine die Beendigung auslösende Erschöpfung ist demnach nicht bereits dann gegeben, wenn die Stiftung lediglich über keine Finanzmittel verfügt. Erforderlich ist die Erschöpfung des Vermögens.[1023]

Die Rechtslehre diskutiert streitig, inwieweit die Erschöpfung schon eingetreten sein muss. Einerseits wird vertreten[1024], dass ein absoluter Vermögensverlust erforderlich ist, um eine Beendigung der Stiftung auszulösen. Die Stiftung dürfe nicht einmal Forderungen gegenüber Dritten haben. Es überwiegt jedoch die Ansicht, dass eine Erschöpfung schon dann eintritt, wenn das Vermögen in seinem Bestand derart geschmälert ist, dass eine dauerhafte und ununterbrochene Zweckrealisierung ausgeschlossen erscheint.[1025] Argumentiert wird mit dem Wortlaut der Vorschrift, der lediglich von einer (einfachen) Erschöpfung und keiner totalen Vermögenslosigkeit spricht. Unterstützt werde diese Ansicht durch Sinn und Zweck der Vorschrift, der darin liege, die Liquidation einzuleiten, um Stiftungsgläubiger wenigstens teilweise zu befriedigen. Würde man bis zur absoluten Vermögenslosigkeit warten, wäre eine Gläubigerbefriedigung nicht möglich.[1026]

Unter Berücksichtigung des Wortlauts und der Bedeutung der Liquidationsvorschrift ist die zweite Rechtsauffassung vorzugswürdig.

III. Besondere Beendigungsgründe

Einen besonderen Beendigungsgrund sieht das allgemeine Zivilrecht in Art. 42 ZGB vor, der gemäß Art. 15 Abs. 3 SG auch auf die Stiftung Anwendung findet. Demnach wird gemäß § 1 dieser Vorschrift für juristische Personen, die ihre Angelegenheiten mangels hierzu berufener Organe nicht erledigen können, gerichtlich ein Pfleger bestellt. Dieser Pfleger hat gemäß § 2 unverzüglich für die Berufung der Organe für die juristische Person und erforderlichenfalls für die Liquidation der juristischen Person zu sorgen.

1023 *Kidyba*, in: Cioch/Kidyba, (2010), Art. 15, S. 275 f.

1024 *Bugajna-Sporczyk*, Prawo Spółek 1998, Nr. 7-8, S. 94.

1025 *Cioch*, Prawo fundacyjne, S. 147; *Sagan/Strzępka*, S. 68; *Kidyba*, in: Cioch/Kidyba, (2010), Art. 15, S. 276; *Suski*, S. 432 f.

1026 In diesem Sinne hat auch das Oberste Gericht mit Urteil vom 19. Juni 1996 entschieden, III CZP 66/96, OSNC 1996, Nr. 10, Pos. 133.

Sofern der Pfleger für die Stiftung keinen Stiftungsvorstand berufen kann, unterliegt sie der Liquidation.[1027]

In diesem Zusammenhang hat das Oberste Gericht mit Beschluss vom 1. Februar 2000[1028] entschieden, dass für eine Stiftung, bei der der Stifter für die Berufung der Vorstandsmitglieder zuständig ist, ein Pfleger zu bestellen ist, wenn der Stifter stirbt. Dieser hat dann unter Umständen die Beendigung der Stiftung zu beantragen, wenn diese nicht mehr fortwirken kann.

IV. Das Liquidationsverfahren

1. Einleitung des Liquidationsverfahrens

Mit Eintritt eines Beendigungsgrundes ist das Liquidationsverfahren einzuleiten.

a) Einleitung durch Organbeschluss

Das Stiftungsgesetz regelt die Befugnis zur Einleitung des Liquidationsverfahrens nicht, grundsätzlich bestimmt sich diese Berechtigung nach den Satzungsbestimmungen. Zur Einleitung des Liquidationsverfahrens kann grundsätzlich der Stiftungsvorstand oder ein anderes Stiftungsorgan berechtigt sein. Sofern die Stiftungssatzung hierzu kein Organ befähigt, ist streitig, ob der Stiftungsvorstand aufgrund seiner Allgemeinzuständigkeit das Liquidationsverfahren einleiten kann. Während Teile der Literatur[1029] diese Lösung befürworten, hat das Oberste Gericht[1030] entschieden, dass die Allgemeinzuständigkeit nicht die Befugnis zur Einleitung des Liquidationsverfahrens beinhalte. Mangels Satzungsregelung können in einem solchen Fall nur die administrativen Aufsichtsorgane die Liquidation einleiten.[1031]

Mit dem Beschluss über die Einleitung der Liquidation verliert der Vorstand sein Recht zur Geschäftsführung und Vertretung. Diese Rechte gehen vielmehr auf die durch Beschluss bestellten Liquidatoren über.[1032] Unproblematisch können die Liquidatoren mit den bisherigen Vorstandsmitgliedern personeniden-

---

1027 Oberstes Gericht, Beschluss vom 18. April 2000, III CZP 9/00, OSNC 2000, Nr. 9, Pos. 153; *Skiba*, Zakończenie, S. 6 f.; *Suski*, S. 433; *Kidyba*, in: Cioch/Kidyba, (2010), Art. 15, S. 293.

1028 Oberstes Gericht, Beschluss vom 1. Februar 2000, III CZP 36/99, OSNC 2000, Nr. 7-8, Pos. 124.

1029 *Stecki*, Fundacja, Band 2, S. 129 ff.

1030 Oberstes Gericht, Urteil vom 8. Februar 2000, I CKN 416/98, OSNC 2000, Nr. 9, Pos. 157.

1031 Nach *Suski*, S. 435, ist es unproblematisch, wenn sich in einem solchen Fall der Stiftungsvorstand an das zuständige administrative Aufsichtsorgan zwecks Einleitung der Liquidation wendet.

1032 *Skiba*, Zakończenie, S. 10.

tisch sein.[1033] Der Liquidator ist gemäß Art. 44 Abs. 1 Ziff. 1 und 2 i.V.m. Art. 49 Abs. 1 LGRegG verpflichtet, die Eintragung betreffend die Eröffnung des Liquidationsverfahrens bei dem zuständigen Registergericht zu beantragen. Ist die Stiftung wirtschaftlich tätig gewesen, ist die Tatsache der Eröffnung des Liquidationsverfahrens gemäß Art. 13 Abs. 1 LGRegG auch im Gerichts- und Wirtschaftsanzeiger bekannt zu machen.

b) Hoheitliche Einleitung durch Aufsichtsorgane

Die administrativen Aufsichtsorgane sind - bei Vorliegen eines Beendigungsgrundes - nur in zwei Fällen zur Einleitung des Liquidationsverfahrens befugt: Wenn die Stiftungssatzung eine Liquidation nicht vorsieht oder die Satzungsbestimmungen missachtet werden.

Die hoheitliche Einleitung der Liquidation ist gesetzlich als *ultima-ratio*-Maßnahme ausgestaltet. Sie ist zur freiwilligen und stiftungsinternen Einleitung subsidiär.[1034] Die behördliche Einleitung beschränkt sich, wie schon in Aufsichtsangelegenheiten, auf die gerichtliche Beantragung. Die Entscheidung über die Eröffnung des Liquidationsverfahrens obliegt bei der zwangsweisen Einleitung gemäß Art. 15 Abs. 2 SG ausschließlich dem Gericht. Auch hier ist sachlich und örtlich die Zivilabteilung des Rayonsgerichts am Sitz der Stiftung zuständig.[1035] Den Antrag auf Eröffnung des Liquidationsverfahrens können der zuständige Minister und der Starost mit dem Antrag auf die Einsetzung eines von ihnen bestimmten Liquidators verbinden. Die Person des Liquidators wird durch das Gericht bestellt.[1036]

Mit gerichtlicher Bestellung des Liquidators übersendet das Gericht gemäß Art. 45 Abs. 4 i.V.m. Art. 49 Abs. 1 LGRegG seinen Beschluss an das zuständige Registergericht zwecks Eintragung im Stiftungsregister.

2. Aufgaben der Liquidatoren

Das Liquidationsverfahren beginnt mit der freiwilligen oder gerichtlichen Bestellung der Liquidatoren. Die Bestellung nur eines Liquidators ist zulässig.[1037]

Wie vorerwähnt, können diese Funktion die bisherigen Vorstandsmitglieder wahrnehmen, aber auch alle anderen natürlichen sowie juristischen Personen und Personenhandelsgesellschaften.[1038] Dieser Personenkreis ist somit weiter als

---

1033 *Gibalska/Ogonowski*, S. 33; *Kidyba*, in: Cioch/Kidyba, (2010), Art. 15, S. 281.

1034 *Cioch*, Prawo fundacjyne, S. 146.

1035 *Kidyba*, in: Cioch/Kidyba, (2010), Art. 15, S. 291 f.; *Suski*, S. 435; *Bugajna-Sporczyk/Dzbeńska/Janson/Sztekier-Łabuszewska*, S. 142 f.

1036 *Skiba*, Zakończenie, S. 11.

1037 *Gibalska/Ogonowski*, S. 33

1038 *Sagan/Strzępka*, S. 68; *Kidyba*, in: Cioch/Kidyba, (2010), Art. 15, S. 280.

beim Stiftungsvorstand, der nur durch natürliche Personen repräsentiert werden darf. Die Befugnisse der Liquidatoren entsprechen grundsätzlich denen der Vorstandsmitglieder, nur dass ihre Aufgabe auf die Beendigung der Stiftung und nicht die Zweckförderung gerichtet ist.[1039]

Das Stiftungsgesetz definiert die Pflichten des Liquidators nicht und verweist in Art. 15 Abs. 1 SG lediglich auf die Bestimmungen der Satzung. Es kann nicht ausgeschlossen werden, dass die Satzung das Liquidationsverfahren nicht oder nicht umfassend regelt. Sowohl Rechtsprechung[1040] als auch Stiftungsrechtslehre[1041] ziehen in solchen Fällen die Liquidationsvorschriften anderer juristischer Personen, etwa aus dem Genossenschafts-, Vereins- oder Handelsgesellschaftsrecht analog heran. Teile der Literatur[1042] kritisieren diese Praxis und verkennen nicht, dass die entsprechende Anwendung unterschiedlicher Rechtsquellen auf einen Regelungsgegenstand insbesondere im Hinblick auf die Sicherheit des Rechtsverkehrs problematisch sein kann; sie fordern vom Gesetzgeber eigene stiftungsrechtliche Regelungen für das Liquidationsverfahren.

Ungeachtet dieser Kritik, hat sich für das Liquidationsverfahren der Stiftung gewohnheitsrechtlich eine standardisierte Abfolge herauskristallisiert:

Im Rahmen des Liquidationsverfahrens hat der Liquidator die Vollbeendigung der Stiftung herbeizuführen, die mit einer Löschung der Stiftung aus dem Stiftungsregister abzuschließen ist. Bis zur Vollbeendigung hat der Liquidator zunächst eine Gläubiger- und Schuldnerliste zu erstellen und sodann bestehende Verbindlichkeiten zu erfüllen, vorhandene Forderungen geltend zu machen und das Stiftungsvermögen zu verflüssigen.[1043] Der Liquidator ist befugt, neue Schuldverhältnisse einzugehen, soweit diese zur Durchführung der Liquidation erforderlich sind. Desweitern hat der Liquidator die gesetzlich vorgeschriebenen buchhalterischen Pflichten zu erfüllen. Hierzu gehört insbesondere die Erstellung eines Finanzberichts, der der zuständigen Aufsichtsbehörde vorzulegen ist.[1044]

1039 *Kidyba*, in: Cioch/Kidyba, (2010), Art. 10, S. 254.

1040 Oberstes Gericht, Beschluss vom 8. Februar 2000, I CKN 416/98, OSNC, Nr. 9, Pos. 157.

1041 *Cioch*, Rejent 2000, Nr. 5, S. 20 f.; *ders.*, Prawo fundacyjne, S. 147; *Gibalska/ Ogonowski*, a.a.O.; *Suski*, S. 435; *Kidyba*, in: Cioch/Kidyba, (2010), Art. 15, S. 290; *Skiba*, Zakończenie, S. 11.

1042 *Suski*, a.a.O.; *Bugajna-Sporczyk*, Gazeta Sądowa, 1997, Nr. 9-10, S. 4.

1043 *Sagan/Strzępka*, S. 69; *Bugajna-Sporczyk*, Prawo Spółek 1998, Nr. 7-8, S. 94; *Kidyba*, a.a.O.

1044 *Suski*, S. 437; *Gibalska/Ogonowski*, a.a.O.; *Kidyba*, in: Cioch/Kidyba, (2010), Art. 10, S. 255.

3. Löschung im Stiftungsregister

Nach durchgeführter Liquidation hat der Liquidator bei dem zuständigen Registergericht einen Antrag auf Löschung der Stiftung im Stiftungsregister zu stellen. Mit Löschung verliert die Stiftung ihre Rechtsfähigkeit und hört auf zu existieren.[1045]

Das Stiftungsrecht regelt nicht, wer Kostenschuldner des Liquidationsverfahrens ist. Es gilt der allgemeine Grundsatz, dass die Verfahrenskosten aus dem Vermögen des liquidierten Rechtsträgers zu begleichen sind. Dies kann unter Umständen bedeuten, dass ein Liquidationsverfahren nicht durchgeführt werden kann, wenn das verbliebene Stiftungsvermögen die zu erwartenden Kosten voraussichtlich nicht decken wird.[1046]

V. Vermögensanfall

Soweit nach Beendigung der Stiftung noch ein Restvermögen verbleibt, ist dieses gemäß Art. 15 Abs. 4 SG entsprechend den Satzungsbestimmungen zu verwenden. Bei der Bestimmung der Anfallberechtigung ist der Stifter grundsätzlich frei, er muss sich bei der Verwendung des Restvermögens nicht an den Zwecken der Stiftung orientieren. Mit dem Vermögen können prinzipiell völlig entgegengesetzten Zwecke bedacht werden.[1047] Gemäß Art. 5 Abs. 4 SG dürfen jedoch nur solche Zwecke Berücksichtigung finden, die in Art. 1 SG genannt sind. Kategorisch unzulässig ist der Anfall an den Stifter selbst oder an ihm nahestehende Personen. Eine solche Satzungsbestimmung wäre unwirksam.[1048]

Regelt die Satzung die Anfallberechtigung nicht oder ist diese unwirksam, entscheidet gemäß Art. 15 Abs. 4 SG das Gericht über die Verwendung der finanziellen Mittel unter Berücksichtigung der Ziele, denen die Stiftung gedient hat.[1049] Insoweit hat das entscheidende Gericht ein durch den Stiftungszweck beschränktes Ermessen. Hinsichtlich der Bestimmung der Person des Anfallberechtigten ist das Gericht jedoch frei. Es kann das Vermögen einer anderen Stiftung, einer anderen juristischen Person oder Organisation zusprechen. Mit Zustimmung des Anfallberechtigten und Rechtskraft der gerichtlichen Entscheidung geht das Eigentum an dem Restvermögen auf diesen über.[1050] Der

1045 *Gibalska/Ogonowski*, a.a.O.; *Suski*, a.a.O.; *Kidyba*, a.a.O.; *Cioch*, Prawo fundacyjne, S. 148.

1046 *Izdebski*, (1998), S. 54; *Skiba*, Zakończenie, S. 13.

1047 *Cioch*, Prawo fundacjyne, S. 152; *Suski*, S. 437.

1048 *Skiba*, Zakończenie, S. 8; *Cioch*, a.a.O.; *Suski*, a.a.O.

1049 Bei kirchlichen Stiftungen geht das Vermögen größtenteils auf die übergeordnete kirchliche juristische Person über und, falls eine solche nicht besteht, auf die Kirche als Ganzes oder gemäß einer Entscheidung eines kirchlichen Organs, vgl. *Suski*, S. 437 f.

1050 *Cioch*, Prawo fundacyjne, S. 152.

Anfallberechtigte kann die Zuwendung auch ausschlagen. Dies hat zur Folge, dass das Vermögen letztendlich auf den Fiskus übergeht, der zur Ausschlagung nicht berechtigt ist.[1051]

VI. Verbindung durch Zusammenlegung und Zulegung

Eine Stiftung kann auch durch eine Verbindung mit einer anderen Stiftung in Form einer Zusammenlegung und einer Zulegung beendet werden, ohne dass ein Liquidationsverfahren durchgeführt wird. Bei der Zusammenlegung (poln. *fuzja*) verbinden sich zwei oder mehrere Stiftungen durch die Zusammenlegung ihrer Vermögen zu einer neuen Stiftung. In der Folge beenden diese Stiftungen ihre Tätigkeit und verlieren ihre Rechtspersönlichkeit. Bei der Zulegung (poln. *inkorporacja*) übernimmt lediglich eine Stiftung das Vermögen der anderen, wodurch keine neue Stiftung entsteht, sondern nur die übernommene Stiftung beendet wird und ihre Rechtspersönlichkeit verliert.[1052]

Diese Rechtsinstitute sind nicht umwandlungsrechtlicher, sondern originär stiftungsrechtlicher Natur. Gemäß Art. 5 Abs. 1 SG ist eine Verbindung mit einer anderen Stiftung nur zulässig, wenn dies in der Stiftungssatzung vorgesehen ist.[1053] Hierbei hat die Satzung genau anzugeben, ob die Verbindung möglich sein soll und in welcher Form diese geschehen darf.[1054]

VII. Insolvenzrechtliche Beendigung der Stiftung

Ebenfalls außerhalb des stiftungsrechtlichen Beendigungsverfahrens steht die Liquidation der Stiftung aufgrund von Insolvenz.

Die Durchführung eines Insolvenzverfahrens gemäß den Vorschriften des Insolvenzgesetzes ist nur bei wirtschaftlich tätigen Stiftungen denkbar, da nur diese den Status eines Unternehmers haben. Rechtsträger, die nicht im Unternehmerregister eingetragen sind, sind gemäß Art. 5 Abs. 2 InsG nicht insolvenzfähig.

Eine Stiftung ist insolvent, wenn sie gemäß Art. 11 Abs. 1 und 2 InsG zahlungsunfähig ist. Zahlungsunfähigkeit liegt vor, wenn die Stiftung ihre Verbindlichkeiten nicht erfüllen kann oder die Verbindlichkeiten die Summe ihres Vermögens übersteigen, selbst wenn die Stiftung die Verbindlichkeiten erfüllen kann. Der Stiftungsvorstand ist in diesem Fall verpflichtet, innerhalb von zwei

---

1051 *Cioch*, a.a.O.

1052 *Suski*, S. 440; *Kidyba,* in: Cioch/Kidyba, (2010), Art. 5, S. 86; *ders.*, Ustawa o fundacjach, S. 53 f.; *Niemirka*, MoP 2000, Nr. 1, S. 44; *Gibalska/Ogonowski*, S. 34.

1053 *Suski*, S. 440.

1054 *Kidyba*, in: Cioch/Kidyba, (2010), Art. 5, S. 85; *Bugajna-Sporczyk/Dzbeńska/Janson/Sztekier-Łabuszewska*, S. 70 f.; *Cioch*, Gdańskie Studia Prawnicze 1999, Nr. 5, S. 71; *Stecki*, Fundacja, Band 2, S. 66 f.

Wochen seit Eintritt der Zahlungsunfähigkeit einen gerichtlichen Antrag auf Eröffnung der Insolvenz zu stellen. Nach Prüfung des Antrags eröffnet das Gericht das Insolvenzverfahren über das Vermögen der Stiftung, indem es die Gläubiger zur Anmeldung ihrer Forderungen innerhalb einer bestimmten Frist auffordert und einen Insolvenzverwalter bestellt. Mit Eröffnung des Insolvenzverfahrens verliert der Vorstand sein Recht zur Geschäftsführung und Vertretung der Stiftung; dieses geht auf den Insolvenzverwalter über. Der Insolvenzverwalter führt die Liquidation der Stiftung entsprechend den insolvenzrechtlichen Vorschriften durch. Über das Ende des Insolvenzverfahrens entscheidet das Gericht durch Beschluss, welcher im Gerichts- und Wirtschaftsanzeiger bekannt gemacht wird. Nach Rechtskraft des Beschlusses stellt der Insolvenzverwalter beim Registergericht den Antrag auf Löschung der Stiftung aus dem Stiftungsregister. Mit Eintragung der Löschung verliert diese ihre Rechtspersönlichkeit.[1055]

Alternativ zum klassischen Insolvenzverfahren mit Beendigung der Tätigkeit sieht das Insolvenzgesetz unter bestimmten Voraussetzungen auch eine Sanierung der insolventen Stiftung vor, die nach durchgeführtem Sanierungsverfahren nicht liquidiert, sondern fortgeführt wird.[1056]

VIII. Rechtsvergleichende Zusammenfassung

Das Stiftungsgesetz kennt lediglich zwei Beendigungsgründe. Dies sind die Zweckerreichung sowie die Erschöpfung der Finanzmittel und des Vermögens. Allgemeingesetzlich kommt noch die durch den Pfleger für juristische Personen beantragte Beendigung wegen Führungslosigkeit in Betracht. Zur Beendigung der Stiftung führen ebenfalls Zusammenlegung, Zulegung und regelmäßig Insolvenz.

Darüber hinaus gehende Beendigungsgründe gibt es nicht und können nach der hier vertretenen Ansicht auch nicht in der Satzung festgelegt werden.[1057]

Die Beendigung der Stiftung ist nicht genehmigungspflichtig[1058], sie tritt *ipso iure* als Auflösung ein. Die Einleitung des Liquidationsverfahrens bedarf der Mitwirkung der Stiftungsorgane bzw. der Aufsichtsbehörden. Erstere leiten die Liquidation ein, soweit sie gemäß Satzung hierzu befugt sind, Letztere nur, soweit die Satzung die Einleitungsbefugnis nicht regelt oder die Stiftungsorgane die Einleitung unterlassen. Die Aufsichtsbehörden sind - im Gegensatz zur be-

1055 *Skiba*, Zakończenie, S. 15 f.; *Kidyba*, in: Cioch/Kidyba, (2010), Art. 15, S. 294 ff.; *Suski*, S. 439 f.; *Gibalska/Ogonowski*, S. 33 f.

1056 *Kidyba*, in: Cioch/Kidyba, (2010), Art. 15, S. 297 f.

1057 Zu den zahlreichen Beendigungsgründen im deutschen Recht: *Hof*, in: Seifart/v. Campenhausen, Stiftungsrechts-Handbuch, 3. Aufl., § 11 Rn. 3 f.

1058 Die meisten Landesstiftungsgesetze sehen eine aufsichtliche Genehmigung des Auflösungsbeschlusses vor, vgl. *Hof*, in: Seifart/v. Campenhausen, Stiftungsrechts-Handbuch, 3. Aufl., § 11 Rn. 7 ff.

hördlichen Aufhebung im deutschen Recht[1059] - nicht zur hoheitlichen Einleitung des Liquidationsverfahrens berechtigt; sie müssen dieses gerichtlich beantragen.

Die Bestellung der Liquidatoren erfolgt im freiwillig durchgeführten Liquidationsverfahren durch das berechtigte Stiftungsorgan, im zwingenden Liquidationsverfahren durch einen gerichtlichen Beschluss. Den Liquidatoren obliegt es, das Stiftungsvermögen zu verflüssigen, die bestehenden Forderungen einzuziehen und die vorhandenen Verbindlichkeiten zu erfüllen. Die Vollbeendigung wird im Stiftungsregister eingetragen, was die Löschung der Stiftung und den Verlust ihrer Rechtsfähigkeit zur Folge hat. Im deutschen Recht hat das Liquidationsverfahren grundsätzlich den gleichen Verlauf, auch kommt den Liquidatoren eine vergleichbare Funktion zu.[1060] Die Stiftung erlischt aufgrund eines staatlichen Akts.[1061]

Die Anfallberechtigung richtet sich, wie im Falle des § 88 BGB, nach den Bestimmungen der Stiftungssatzung. Soweit es an einer Bestimmung des Anfallberechtigten fehlt, fällt das Vermögen nicht an den Fiskus, wie es in § 88 S. 2 BGB vorgesehen ist. Die Anfallberechtigung wird gerichtlich unter Berücksichtigung der bisherigen Zwecke der Stiftung verbindlich bestimmt. Schlägt der in der Satzung oder durch das Gericht bestimmte Anfallberechtigte das Vermögen aus, geht dieses letztendlich auf den Fiskus über. In beiden Stiftungsrechtsordnungen darf das Restvermögen der Stiftung nicht dem Stifter selbst zu Gute kommen.[1062]

F. Vertretungen ausländischer Stiftungen

I. Bedeutung

Die Vertretung ausländischer Stiftungen (poln. *przedstawicielstwo fundacji zagranicznej*) ist ein sehr junges Rechtsinstitut des polnischen Stiftungsrechts. Weder das Stiftungsdekret vom 7. Februar 1919 noch das Stiftungsgesetz vom 6. April 1984 kannten es. Erst mit der Novellierung des Stiftungsgesetzes vom 23. April 1991 wurde die Vertretung ausländischer Stiftungen in Art. 19 SG geregelt.

1059 *MüKo/Reuter*, § 87 Rn. 2 ff.; *Burgard*, Gestaltungsfreiheit, S. 624; *Staudinger/Hüttemann/Rawert*, 2011, § 87 Rn. 2 ff.; *Hof*, in: Seifart/v. Campenhausen, Stiftungsrechts-Handbuch, 3. Aufl., § 11 Rn. 3 ff.

1060 Vgl. *Hof*, in: Seifart/v. Campenhausen, Stiftungsrechts-Handbuch, 3. Aufl., § 11 Rn. 13 ff.; *Burgard*, Gestaltungsfreiheit, S. 643 ff.; *Pues/Scheerbarth*, S. 77 f.

1061 *Staudinger/Hüttemann/Rawert*, a.a.O.

1062 Diese Einschränkung wird im deutschen Recht nur bei der gemeinnützigen Stiftung gemacht, vgl. *Hof*, in: Seifart/v. Campenhausen, Stiftungsrechts-Handbuch, 3. Aufl., § 11 Rn. 21.

Dieses Rechtsinstitut ermöglicht es ausländischen Stiftungen, durch eigene Vertretungen in Polen unmittelbar tätig zu werden.[1063] Gleichwohl hat die Vertretung ausländischer Stiftungen weder in der Rechtslehre noch in der Praxis eine gewichtige Bedeutung. Ganz im Gegenteil: Das tatsächliche Aufkommen von Vertretungen ausländischer Stiftungen ist in Polen verschwindend gering; der Literatur ist lediglich ein Fall bekannt[1064]. Dieser Umstand wird ausschließlich auf den fehlenden gesetzlichen Anreiz zur Errichtung solcher Vertretungen zurückgeführt[1065] - die Errichtung und Tätigkeit einer Stiftung ist wesentlich unkomplizierter als die einer Vertretung.

Das Rechtsinstitut der Vertretung ausländischer Stiftungen kann folglich als ein in der Praxis lebloses Gebilde aufgefasst werden, das in tatsächlicher Hinsicht nicht wahrgenommen wird.

II. Wesen und Errichtung

Gemäß Art. 19 Abs. 1 SG können ausländische Stiftungen mit Sitz im Ausland auf dem Gebiet der Republik Polen Vertretungen errichten. Eine ausländische Stiftung liegt stets dann vor, wenn sie ihren Sitz im Ausland hat. Die Staatsangehörigkeit oder der Wohnort des Stifters sind unerheblich. Eine von Auslän-

---

1063 Die Auslegung von Art. 19 SG verleitet zu dem Schluss, dass ein unkontrolliertes und unmittelbares Tätigwerden von ausländischen Stiftungen in Polen nicht stattfinden soll. Nur durch die Errichtung von in Polen kontrollierbaren Vertretungen soll ihnen eine Tätigkeit ermöglicht werden, vgl. *Cioch*, Prawo fundacyjne, S. 177; *ders.*, in: Cioch/Kidyba, (2010), Art. 19, S. 326 f. Unter Berücksichtigung der gemeinschaftsrechtlichen Grundfreiheiten und der gemeinschaftsfreundlichen EuGH-Rechtsprechung dürfte Stiftungen aus der Europäischen Union schon rein rechtlich eine unmittelbare Betätigung in Polen nicht mit dem Verweis auf die Notwendigkeit der Errichtung einer Vertretung zu versagen sein; diese Problematik wird jedoch nicht diskutiert und hat auch die Rechtsprechung noch nicht beschäftigt. Grundsätzlich können Stiftungen jedoch auch durch die originäre Errichtung einer eigenen Stiftung in Polen tätig werden oder direkt durch die Errichtung einer (unternehmerischen) Repräsentanz im Sinne des Gesetzes über die Freiheit der Wirtschaftstätigkeit vom 2. Juli 2004, Dz. U. 2007, Nr. 155, Pos. 1095.

1064 Es handelt sich um die Vertretung der päpstlichen Stiftung *Città del Vaticano*, welche als Kulturinstitut mit Sitz in Lublin unter der Bezeichnung „*Fundacja Jana Pawła II*" (Johannes Paul II. Stiftung) tätig ist. Dabei hat diese Vertretung eine besondere Vergangenheit, denn bis 1991 war sie eine privatrechtliche Stiftung polnischen Rechts unter staatlicher Aufsicht. Erst nach Novellierung des Stiftungsgesetzes wurde diese Stiftung zu einer Vertretung der ausländischen kirchlichen Stiftung *Città del Vaticano* „umgewandelt", vgl. *Cioch*, Prawo fundacyjne, S. 175; *ders.*, in: Cioch/Kidyba, (2010), Art. 19, S. 324 f.

1065 *Cioch*, Prawo fundacyjne, S. 189; *Kidyba*, in: Cioch/Kidyba, (2010), Art. 19, S. 342 f.

dern in Polen errichtete Stiftung ist folglich eine polnische Stiftung und eine von Polen im Ausland errichtete Stiftung eine ausländische Stiftung.[1066]

Neben dieser als Selbstverständlichkeit erscheinenden Feststellung verbleibt jedoch die Frage, ob ein durch eine ausländische Rechtsordnung als „Stiftung" definiertes Gebilde auch als ausländische Stiftung im Sinne des polnischen Stiftungsgesetzes aufgefasst werden kann. Dies kann insbesondere dann problematisch sein, wenn eine ausländische Stiftung sich in wesentlichen Punkten von der polnischen Stiftung des Privatrechts derart unterscheidet, dass diese dem anerkannten Stiftungsbegriff nicht mehr unterfallen würde. Weder das Gesetz noch die Rechtsprechung geben auf diese Frage eine Antwort. Die sich mit dieser Problematik befassende Literatur geht davon aus, dass es lediglich darauf ankommt, ob die ausländische Rechtsordnung ein rechtliches Gebilde als Stiftung einstuft. Auf die Einordnung nach polnischem Stiftungsrecht komme es nicht an; es sei demzufolge auch nicht erforderlich, dass eine Stiftung die in Art. 1 SG genannten Zwecke fördere und somit gemeinnützig oder wirtschaftlich nutzbringend sei.[1067]

Aufgrund der Abstellung auf das ausländische Recht gelte auch eine Stiftung des öffentlichen Rechts oder eine Kirchenstiftung als ausländische Stiftung im Sinne von Art. 19 SG. Selbst Stiftungsersatzformen, wie Kapitalhandelsgesellschaften, Genossenschaften oder Vereine seien, falls sie durch die einheimische Rechtsordnung als Stiftung behandelt würden, als ausländische Stiftungen aufzufassen.[1068] In der Folge wird auch eine unselbständige Stiftung, falls sie von der jeweiligen ausländischen Rechtsordnung als Stiftung gewertet wird, eine ausländische Stiftung darstellen.

Eine Vertretung einer ausländischen Stiftung besitzt weder Rechtspersönlichkeit, noch verfügt sie über eine eigene Satzung, da sie lediglich im Rahmen und auf Rechnung der durch sie vertretenen ausländischen Stiftung handelt. Das Rechtsverhältnis zwischen der ausländischen Stiftung und ihrer polnischen Vertretung bestimmt sich nach der Rechtsordnung, auf welche das internationale Privatrecht und eventuell vorhandene internationale Verträge verweisen. Soweit auf das polnische Recht verwiesen wird, finden die Vorschriften des polnischen Zivilgesetzbuches über die Vertretung (Art. 95 bis 109 ZGB) Anwendung.[1069]

1066 *Suski*, S. 448; *Cioch*, Prawo fundacyjne, S. 176: Die 1934 errichtete Jakub Graf Potocki Stiftung hat ihr gesamtes Vermögen seit Ende des 2. Weltkrieges in Paris. Dennoch hat sie ihren Registersitz in Warschau, da sie 1952 aus tatsächlichen und rechtlichen Gründen nicht gelöscht werden konnte. Folglich handelt es sich bei ihr um eine polnische Stiftung, die keine Vertretung errichten könnte.

1067 *Cioch*, Prawo fundacyjne, S. 177; *ders.*, in: Cioch/Kidyba, (2010), Art. 19, S. 326; *Suski*, S. 449; *Stecki*, Fundacja, Band 1, S. 117.

1068 *Cioch*, Prawo fundaycjne, S. 176.

1069 *Suski*, S. 449 f.; *Bichlarz*, S. 50; *Cioch*, Prawo fundacyjne, S. 182; *ders.*, in: Cioch/Kidyba, (2010), Art. 19, S. 333 f.

Nach Art. 19 Abs. 2 SG bedarf die Errichtung einer Vertretung der Genehmigung des aufgrund seines Tätigkeitsbereichs sowie der Errichtungszwecke der Vertretung zuständigen Ministers. Diese Zuständigkeitszuweisung ist für das polnische Stiftungsrecht typisch und ebenfalls bei der Stiftungsaufsicht anzutreffen. Die Genehmigung stellt zugleich die Zustimmung zur Ausübung der in der Genehmigung bestimmten Tätigkeit dar. Mit Erteilung der Genehmigung ist die Vertretung der ausländischen Stiftung errichtet.[1070] Es folgt weder eine Eintragung im Landesgerichtsregister noch in einem behördlichen Verzeichnis.[1071] Die Genehmigung des zuständigen Ministers *kann* erteilt werden, falls die Errichtung der Vertretung der Verwirklichung der in Art. 1 SG genannten Ziele dienen soll (Art. 19 Abs. 3 SG). Demnach liegt die Genehmigungserteilung im freien Ermessen der Konzessionsbehörde. Einen Anspruch auf Erteilung der Genehmigung hat die ausländische Stiftung nicht. Gleichwohl besteht bei einer ablehnenden Entscheidung die Möglichkeit der Klage beim jeweils örtlich zuständigen Woiwodschaftsverwaltungsgericht.[1072]

Soweit sich die Vertretung einer ausländischen Stiftung auch wirtschaftlich betätigen soll, bedarf dies insoweit einer gesonderten Genehmigung. Auch bei der Vertretung darf die unternehmerische Betätigung lediglich unterstützenden Charakters sein; die Summe der für diese Tätigkeit vorgesehenen Vermögensmittel darf 1.000,00 Zloty nicht unterschreiten (Art. 19 Abs. 3, 2. HS i.V.m. Art 5. Abs. 5 SG).[1073]

Art. 19 Abs. 7 SG verweist für die rechtliche Behandlung einer wirtschaftlich tätigen Vertretung auf die „gesonderten Vorschriften über das Betreiben einer wirtschaftlichen Tätigkeit durch Vertretungen ausländischer Subjekte auf dem Gebiet der Republik Polen“. Seit 2004 wird diese Problematik in der 6. Abteilung des Gesetzes über die Freiheit der Wirtschaftstätigkeit[1074], „Abteilungen und Repräsentanzen ausländischer Unternehmer“, Art. 88 bis 102, geregelt. Demnach darf eine Abteilung nur in dem Rahmen wirtschaftlich tätig werden, in dem auch der ausländische Rechtsträger tätig ist. Ist die ausländische Stiftung unternehmerisch nicht tätig, darf auch die Vertretung nicht unternehmerisch tätig werden. Gemäß Art. 88 des vorgenannten Gesetzes muss die unternehmeri-

1070 *Cioch*, Prawo fundacyjne, S. 180; *ders.*, in: Cioch/Kidyba, (2010), Art. 19, S. 329.

1071 Dieser Zustand wird in der Literatur durchwegs kritisiert, da die aktuelle Rechtslage im Hinblick auf die Erfordernisse eines transparenten Gläubiger- und Rechtsverkehrschutzes nicht ausreichend sei, vgl. *Stecki*, Fundacja, Band 1, S. 119 ff.; *Cioch*, Przegląd Sądowy 2000, Nr. 5, S. 18; *Suski*, S. 450.

1072 *Suski*, S. 449; *Cioch*, in: Cioch/Kidyba, (2010), Art. 19, S. 328.

1073 Zwar enthält Art. 19 Abs. 3 SG nur einen Verweis auf Art. 5 Abs. 5 Satz 1 SG, doch wird allgemein angenommen, dass auch die Vertretung über ausreichende Finanzmittel verfügen müsse, wenn sie einer wirtschaftlichen Betätigung nachgehen wolle. Von daher könne diese finanzielle Ausstattung nicht geringer sein als bei der Stiftung, vgl. *Suski*, S. 451; *Cioch*, in: Cioch/Kidyba, (2010), Art. 19, S. 332.

1074 Vgl. deutsche Fassung: *Handbuch WiRO*, PL, GFW 800.

sche Abteilung in das Unternehmerregister des Landesgerichtsregisters eingetragen werden.[1075]

III. Aufsicht

Die Aufsicht über Vertretungen ausländischer Stiftungen ist rein administrativer Art. Eine gerichtliche Mitwirkung ist nicht vorgesehen. Sie obliegt ausschließlich dem zuständigen Minister. Dieser hat eigene hoheitliche Befugnisse. Gemäß Art. 19 Abs. 5 SG kann er die erteilte Genehmigung zurücknehmen, falls die Vertretung die in der Genehmigung bestimmten Bedingungen nicht einhält oder auf erhebliche Weise die auf dem Gebiet der Republik Polen geltenden Rechtsvorschriften oder das Interesse des Staates verletzt. Ferner kann der zuständige Minister gemäß Abs. 6 die Genehmigung einstweilen aussetzen, falls die Vertretung oder die durch sie vertretene Stiftung die Sicherheit oder ein anderes wichtiges Staatsinteresse gefährdet. Die Aussetzung der Genehmigung zwingt die Vertretung - bis zur endgültigen Entscheidung über die Rücknahme der Genehmigung - zur unverzüglichen Einstellung der von der Genehmigung erfassten Tätigkeit. Einen Entschädigungsanspruch hat weder die Vertretung noch die ausländische Stiftung, Abs. 6 a.E.

Die Aufsichtsmittel gegen Vertretungen sind nicht nur härter als diejenigen gegen Stiftungen. Aufgrund ihrer Unmittelbarkeit wirken sie auch zeitlich schneller. Sie können sich als ein scharfes Schwert erweisen, weil sie grundsätzlich zur Beendigung einer Vertretung und zum Verbot der Ausübung der genehmigten Tätigkeit führen.[1076]

Gegen die aufsichtsrechtlichen Maßnahmen steht die Klage zum Obersten Verwaltungsgericht zur Verfügung.[1077]

IV. Rechtliche Stellungnahme

Im Vergleich zum deutschen Stiftungsrecht ist das polnische um das Rechtsinstitut der Vertretung ausländischer Stiftungen reicher. *De facto* ist dieser Vorteil lediglich theoretischer Natur. In der Praxis spielt die Vertretung ausländischer Stiftungen so gut wie keine Rolle. Selbst der einschlägigen Stiftungsliteratur ist nur ein praktisches Beispiel dieses Rechtsinstituts bekannt; die Gesamtanzahl der in Polen tätigen Vertretungen ausländischer Stiftungen dürfte sich im einstelligen, allenfalls im unteren zweistelligen Bereich befinden.

Der Grund für diesen Zustand dürfte - wie auch die Stiftungsliteratur annimmt - in der strengen Reglementierung hinsichtlich Entstehung sowie Kontrolle zu

1075 *Kidyba*, in: Cioch/Kidyba, (2010), Art. 19, S. 335 ff.; *Suski*, S. 451 f.

1076 Weitere Beendigungsgründe können in der autonomen Entscheidung der ausländischen Stiftung oder in ihrer Liquidation liegen, *Suski*, S. 451.

1077 *Cioch*, in: Cioch/Kidyba, (2010), Art. 19, S. 335.

sehen sein: Ein Anspruch auf die Genehmigung einer Vertretung besteht nicht. Die Erteilung liegt im freien Ermessen der Genehmigungsbehörde. Die Tätigkeit der Vertretung steht unter einer rigiden behördlichen Aufsicht und kann bei Verstößen zu einer Rücknahme der Genehmigung und somit zur Beendigung des Bestehens der Vertretung führen. Die Einsatzmöglichkeiten einer Vertretung sind begrenzt.

Die stiftungsrechtliche Vertretung ist auch deswegen nicht praxisrelevant, weil sie durch andere Gestaltungen „umgangen" werden kann. Die Errichtung und Tätigkeit einer Stiftung nach polnischem Recht ist wesentlich einfacher zu bewerkstelligen, als dies bei der Vertretung der Fall ist: Soweit nämlich die stiftungsrechtlichen Vorgaben vorliegen, besteht ein Anspruch auf Eintragung der Stiftung; auch die Stiftungsaufsicht ist im Vergleich zur Vertretungsaufsicht erheblich milder und stiftungsfreundlicher. Darüber hinaus bietet das Gesetz über die Freiheit der Wirtschaftstätigkeit in Art. 88 ff. allen ausländischen Unternehmern, zu denen auch Stiftungen gehören können, die Möglichkeit der Errichtung einer (handelsrechtlichen) Vertretung. Eine solche Vertretung unterscheidet sich von ihren Einsatzmöglichkeiten prinzipiell nicht von einer stiftungsrechtlichen Vertretung, weshalb diese insoweit das praktikablere Rechtinstitut darstellt.[1078]

G. Resümee

Das polnische Stiftungswesen kann auf eine lange und abwechslungsreiche Geschichte zurückblicken und bildet einen festen Bestandteil der mitteleuropäischen Stiftungstradition. Es hat seine Ursprünge in der römisch-christlichen Stiftungstradition und wurde insbesondere in seinen Anfängen durch seine westlichen Nachbarn beeinflusst. Aus einem zunächst kirchlich geprägten Stiftungswesen entwickelte sich über die Jahrhunderte ein eigenständiges weltliches Stiftungswesen polnischen Charakters. Es blieb europäisch, hatte jedoch besondere nationale Züge. Zweiter Weltkrieg und kommunistische Zeit beendeten diese Tradition vorübergehend; Polen wurde über drei Jahrzehnte zu einem stiftungsfreien Land. Erst das Stiftungsgesetz von 1984 konnte ein gewisses Stiftungsaufkommen initiieren; eine Wiedergeburt erlebte das Stiftungswesen erst mit der politischen Wende.

Das Stiftungsgesetz ist die wichtigste Rechtsquelle des polnischen Stiftungsrechts. Es enthält sowohl zivilrechtliche als auch verwaltungsrechtliche Vorschriften, es regelt die Entstehung, die Organisation, die Tätigkeit, die Aufsicht sowie die Beendigung der Stiftung. Materiell regelt es die Stiftungsmaterie abschließend, Verweisungen in das Vereins- oder Genossenschaftsrecht sind nicht

1078 Für diese und die zuvor erwähnte Gestaltungslösung sprechen sich ebenfalls Teile der Literatur aus, *Cioch*, Przegląd Sądowy 2000, Nr. 5, S. 12 f.; *ders.*, Prawo fundacyjne, S. 189; *Kidyba*, in: Cioch/Kidyba, (2010), Art. 19, S. 343.

vorhanden. Ergänzt wird das Stiftungsgesetz durch die Vorschriften des Zivilgesetzbuches und des Landesgerichtsregistergesetzes.

Der Begriff der Stiftung wird in Polen nicht legal definiert, die dogmatische Herleitung entspricht im Wesentlichen dem deutschen Verständnis einer rechtsfähigen Stiftung des Privatrechts: Zu den drei Kernelementen gehören Stiftungszweck, Stiftungsvermögen und die nichtverbandsmäßige Stiftungsorganisation. Die Besonderheit im polnischen Recht liegt darin, dass Art. 1 SG den Stifter in seiner Errichtungsfreiheit beschränkt, indem er Vorgaben zum zulässigen Zweck macht. Eine Stiftung polnischen Rechts muss zwingend einen gemeinnützigen oder wirtschaftlich nutzbringenden Zweck verfolgen. Nicht gemeinnützige, d.h. privatnützige Stiftungen gibt es in Polen *de iure* nicht.

In dieser gesetzlichen Regelung steckt auch das tatsächliche Wesen einer polnischen Stiftung: Sie dient der dauerhaften Förderung eines wohltätigen Zwecks. Angesichts dieses Anspruchs sind private und eigennützige Zwecke dem polnischen Stiftungsrecht fremd. Eine Privatstiftung stünde nicht nur im Widerspruch zum geltenden Recht, sondern auch zur polnischen Stiftungs(rechts)tradition - die Stiftung nach polnischem Recht war stets fremdnütziger Natur.

Im Vergleich zur weitergehenden Stiftungsfreiheit in Deutschland stellt diese Rechtslage eine Einschränkung der Privatautonomie dar; für die Befolgung eigennütziger Zwecke müssen Alternativen außerhalb des Stiftungsrechts gesucht werden. Zur Errichtung einer polnischen Stiftung sind Stiftungsakt und Stiftungssatzung erforderlich. Den Abschluss bildet die Registereintragung. Erstere entsprechen funktional dem Stiftungsgeschäft des BGB. Freilich existieren gewisse Unterschiede hinsichtlich Form, Verfahren und Inhalt, doch sind sie von ihrer Bedeutung deckungsgleich. Sie bilden die notwendigen Schritte vor dem staatlichen Errichtungsakt. Beim Letzteren wählt das polnische Recht eine andere Lösung: Die der Anerkennung entsprechende staatliche Mitwirkung an der Entstehung einer Stiftung stellt die registergerichtliche Eintragung dar. Auch die Eintragung nach polnischem Recht schließt das Entstehungsverfahren bei der Stiftung ab, indem sie ihr die Rechtsfähigkeit verleiht; auch ihr kommt Legalisierungswirkung zu. Während die Anerkennung jedoch noch im Konzessionssystem verankert ist, schließt die Eintragung nach normativen Gesichtspunkten ein Registerverfahren ab. In beiden Systemen haben die die Errichtung bestätigenden staatlichen Stellen kein eigenes Ermessen. Soweit die rechtlichen Voraussetzungen gegeben sind, haben die Stifter einen Anspruch auf die Entstehung ihrer Stiftung. Der große Unterschied besteht jedoch darin, dass polnische Stiftungen in ein dem Handelsregister und Grundbuch qualitativ entsprechendes Stiftungsregister eingetragen werden. Das Fehlen eines publizitätstragenden Stiftungsregisters wird teilweise als ein „gravierender Mangel“ des geltenden deutschen Stiftungsrechts bezeichnet.[1079] Dem geltenden deutschen Stiftungs-

1079 *Staudinger/Hüttemann/Rawert*, 2011, § 86 Rn. 14.

recht ist eine allgemeine bundesweite Publizitätsvorschrift oder ein entsprechendes Stiftungsregister fremd. Dieses Problem hat die polnische Rechtsordnung im Jahr 2001 durch die Einführung des Landesgerichtsregisters gelöst.

Ein großer Unterschied ist in dem Erfordernis der Vermögensausstattung einer Stiftung zu sehen. Das polnische Stiftungsrecht regelt diese Problematik nicht. Es trifft weder Bestimmungen zu einem Mindestkapital noch verlangt es eine angemessene Finanzausstattung. Registergericht und Aufsichtsbehörden sind nicht befugt, eine Prognoseprüfung hinsichtlich der Angemessenheit der Vermögensausstattung durchzuführen. Es bleibt allein dem Stifter überlassen, welches Vermögen er seiner Stiftung zur Verfügung stellt.

Die fehlenden Voraussetzungen an eine angemessene Vermögensausstattung können natürlich für potentielle Stifter vorteilhaft sein: Die Errichtung einer Stiftung in Polen ist nicht nur in rechtlicher, sondern gerade in tatsächlicher Hinsicht einfach; über die Erfordernisse einer GmbH-Gründung geht die Stiftungserrichtung nicht hinaus. Auf das Stiftungswesen hat diese Rechtslage unmittelbaren quantitativen Einfluss: Seit Jahren liegt die Zahl der Stiftungen in Polen im fünfstelligen Bereich, die Tendenz ist steigend. Die Auswirkungen auf die Qualität des Stiftungswesens sind jedoch kritischer zu betrachten. Unterschiedliche Untersuchungen haben bestätigt, dass ein bedeutender Teil der eingetragenen Stiftungen mangels Vermögensausstattung nicht in der Lage ist, den Stiftungszweck in irgendeiner Weise zu fördern.[1080] Allgemein wird angenommen, dass ein Drittel aller polnischen Stiftungen seit Jahren untätig ist und ein Dasein als „Karteileichen"[1081] in Stiftungsregistern fristet. Von Vertretern der Wissenschaft wird daher seit Langem die Einführung eines Mindestkapitalerfordernisses für Stiftungen verlangt. Problem sei nicht die Einfachheit der Stiftungserrichtung, sondern die Natur der überwiegenden Stiftungen: Diese sei durch Vermögenslosigkeit gekennzeichnet.

Ungeachtet dieser rechtspoltischen Problematik und der Beschränkung der Stiftungsfreiheit bei der Wahl des Stiftungszwecks ist das polnische Stiftungsrecht als sehr liberal zu bezeichnen; das Stiftungsgesetz lässt dem Stifter grundsätzlich sämtliche Freiheiten. Die Ausgestaltung der inneren Struktur der Stiftung, der Vermögensverwaltung sowie der Art der Zweckförderung steht in seinem eigenen Ermessen. Insoweit ist das polnische Stiftungsrecht dem deutschen sehr ähnlich. Hinsichtlich des Organisationsgefüges sehen beide Rechtsordnungen nur das Erfordernis der Bestellung eines Vorstands vor. Da das polnische Stiftungsrecht weder in das Vereins- oder in das Genossenschaftsrecht verweist, noch selbst diesbezüglich Regelungen trifft, obliegt es allein dem Stifter, die entsprechenden Bestimmungen zu treffen. Auch sonst ist es für das Stiftungsgesetz typisch, dass es nur allgemeine und zum Teil ungenaue Vorschriften zu den einzelnen Regelungsgegenständen enthält. Dies ist überwiegend auf seine hasti-

1080 *Cioch*, Prawo fundacyjne, S. 209.

1081 *Vereinigung Klon/Jawor*, http://wiadomosci.ngo.pl/wiadomosci/459472.html.

ge Entstehung im Jahr 1984 zurückzuführen. Von der Literatur wird dementsprechend seine Anpassung gefordert. Dennoch hat es seit der Novellierung im Jahr 1991 keine größere Stiftungsrechtsänderung gegeben.

Mit Eintragung der Stiftung verliert der Stifter grundsätzlich seine Rechte an ihr, soweit er sich diese nicht in der Satzung vorbehalten hat. Entsprechendes gilt für eine Zweck- oder Satzungsänderung: Soweit die Satzung diese Möglichkeiten nicht vorsieht, sind entsprechende Maßnahmen ausgeschlossen.

Genauso wenig wie das Stiftungsgesetz Vorgaben an die Vermögensausstattung macht, macht es Vorschriften zur Vermögensverwaltung. Insoweit stützt sich das polnische Stiftungsrecht auf seine dogmatischen Grundlagen. Auch in Polen gilt der Grundsatz, dass das Grundstockvermögen einer Stiftung nicht geschmälert werden darf. Eine Erschöpfung des Stiftungsvermögens führt zur Beendigung der Stiftung oder zur Insolvenz. Die Ertragsquellen der Stiftung können vielfältig sein und auf dem Grundstockvermögen oder unterschiedlichen Zuwendungen Dritter beruhen. Neben diesen allgemeinen Einnahmemöglichkeiten genießen bestimmte Stiftungen in Polen Erwerbs- und Nutzungsvorteile. Die Durchführung öffentlicher Sammlungen ist ein besonderes Rechtsinstitut des polnischen Gemeinnützigkeitsrechts. Auch werden Stiftungen gewisse Steuerprivilegien gewährt: Sämtliche Stiftungen sind von der Erbschafts- und Schenkungssteuer befreit. Das Einkommenssteuerrecht gewährt sowohl Stiftungen als auch Zuwendern gewisse Steuervorteile. Diese sind qualitativ jedoch nicht mit denen bei gemeinnützigen Stiftungen in Deutschland vergleichbar. Stiftungen, denen der Status einer gemeinnützigen Organisation verliehen worden ist, kommen noch weitere steuer- und gebührenrechtliche Vorzüge zu.

Polnische Stiftungen dürfen sich auch wirtschaftlich betätigen. Die wirtschaftliche Betätigung darf jedoch nur eine Nebentätigkeit zur eigentlichen Stiftungstätigkeit darstellen und nur in einem Umfang erfolgen, der der Verwirklichung des Stiftungszwecks dient. Die wirtschaftliche Betätigung ist folglich als reine Hilfstätigkeit konstruiert. Sie darf nicht dazu führen, dass die Stiftung Gewinne erwirtschaftet, die über das für die Zweckförderung Notwendige hinausgehen. Alle Einnahmen aus der Wirtschaftstätigkeit müssen der Stiftung zu Gute kommen, die diese für ihre satzungsgemäße Tätigkeit zu verwenden hat.

Ein weiterer wesentlicher Unterschied zwischen dem deutschen und dem polnischen Stiftungsrecht liegt in der gesetzlichen Ausgestaltung der Stiftungsaufsicht. Die polnische Stiftungsaufsicht kann im Vergleich zur deutschen Stiftungsaufsicht als sehr liberal bezeichnet werden. Bei der Stiftungsaufsicht in Polen handelt es sich nicht um eine rein administrative, sondern um eine administrativ-justizielle Aufsicht. Charakteristisch für sie ist die Verteilung der Kompetenzen zwischen Aufsichtsbehörden und Gerichten: Erstere überwachen die Stiftungen und können Aufsichtsmaßnahmen initiieren, diese jedoch nicht hoheitlich durchsetzen. Letztere können sie zwar verhängen, aber nicht von Amts wegen tätig werden.

Der polnischen Aufsicht über Stiftungen stehen im Wesentlichen zwei repressive Maßnahmen zur Verfügung: die Aufhebung von Vorstandsbeschlüssen und die vorübergehende Einsetzung eines Zwangsverwalters. Beide Maßnahmen müssen die Aufsichtsbehörden gerichtlich beantragen, zum hoheitlichen Handeln sind sie nicht befugt. Ihre Erkenntnisse über die Stiftungstätigkeit dürfen sich die Aufsichtsbehörden grundsätzlich nur aus den ihnen jährlich zu erstattenden Berichten verschaffen.

Als problematisch ist die Zuständigkeitsverteilung der Aufsichtsbehörden zu bewerten: Eine Stiftung unterliegt der gleichzeitigen Aufsicht eines Ministers und mindestens eines Starosts. Sofern die Stiftung den Status einer gemeinnützigen Organisation hat, unterliegt sie einer weiteren Aufsichtsbehörde auf Ministeriumsebene. Diese Zuständigkeitsregelung sollte stiftungsfreundlich geändert und auf eine Aufsichtsbehörde beschränkt werden.

Im Übrigen ist die polnische Stiftungsaufsicht sehr stiftungs- und stifterfreundlich. Die minimalistisch gehaltenen Einwirkungsmöglichkeiten der administrativen Aufsichtsorgane ermöglichen grundsätzlich eine freie Stiftungstätigkeit. Auf der anderen Seite sind es gerade diese weitgehenden Freiheiten, die eventuellen Missbrauch erleichtern. Gleichwohl möchte die herrschende Ansicht die Stiftungsaufsicht nicht verschärfen.

Als Gründe für die Beendigung einer Stiftung nennt das Stiftungsgesetz die Zweckerreichung und die Erschöpfung der Finanzmittel und des Vermögens. Auch Vorstandslosigkeit kann mittelbar zur Beendigung führen. Die Stiftung verliert ihre Existenz ebenfalls durch Zulegung oder Zusammenlegung. Eine wirtschaftlich tätige Stiftung kann insolvent werden. Darüber hinaus gehende, insbesondere auf dem Willen des Stifters oder der Stiftungsorgane basierende Beendigungsgründe, werden nicht anerkannt.

Das Rechtsinstitut der Vertretung ausländischer Stiftungen ist allenfalls von theoretischem Interesse. In der Praxis sind diese Vertretungen jedenfalls nicht wahrnehmbar; im Vergleich zur vollwertigen Stiftung bieten sie keine rechtlichen oder tatsächlichen Vorteile.

Literaturverzeichnis

Andrick, Bernd/Hellmig, Gerd/Janitzki, Axel/Muscheler, Karlheinz/Schewe, Markus: Die Stiftung - Jahreshefte zum Stiftungsrecht, 4. Jahrgang 2010, Bochum 2010 (zit.: *Verfasser*, in: Andrick/Hellmig/Janitzki/Muscheler/Schewe, Die Stiftung, 4. Jahrgang, S.)

Andrick, Bernd/Suerbaum, Joachim: Das Konzessionswesen - Hindernis oder Garant eines leistungsfähigen Stiftungswesen, NWVBL 9/1999, S. 329 (zit.: *Andrick/Suerbaum*, NWVBL 9/1999, S.)

Andrick, Bernd/Suerbaum, Joachim: Stiftung und Aufsicht, München 2001 (zit.: *Andrick/Suerbaum*, S.)

Assmann, Jan: Stein und Zeit, Mensch und Gesellschaft im alten Ägypten, München 1995 (zit.: *Assmann*, S.)

Baczko, Anna/Ogrocka, Agnieszka: Wolontariat, Filantropia i 1 %, Raport z Badań 2007 [Ehrenamt, Philanthropie und 1 %, Untersuchungsbericht 2007] (zit.: *Baczko/Ogrocka*, S.)

Balcerzak, Luiza/Dyjas, Anna/Urbanowicz, Krzysztof: Fundacje w Polsce. Motywy ustanawiania, cele i formy działania [Stiftungen in Polen. Errichtungsmotive, Zwecke und Tätigkeitsformen], in: Supińska, Jolanta/Modzelewski, Wojciech, "Studia nad ruchami społecznymi" [Studien über gesellschaftliche Bewegungen], Warszawa [Warschau] 1990, S. 172 (zit.: *Balcerzak/Dyjas/Urbanowicz*, in: Supińska/Modzelewski, S.)

Bamberger, Heinz Georg/Roth, Herbert: Kommentar zum Bürgerlichen Gesetzbuch, Band 1 (§§ 1-610), München 2003 (zit.: *Bamberger/Roth/Bearbeiter*, §, Rn.)

Bańkowski, Piotr: Biblioteka Publiczna i jej twórcy [Die Öffentliche Bibliothek und ihre Schöpfer], Warszawa [Warschau] 1959 (zit.: *Bańkowski*, S.)

Becker, Hans Jürgen: Der Städel-Paragraph (§ 84 BGB), in: Festschrift für Heinz Hübner, Berlin, New York 1984 (zit.: *Becker*, S.)

Beckmann, Eva-Maria: Die Änderung der Stiftungssatzung, Dissertation Bochum, Aachen 2005 (zit.: *Beckmann*, S.)

Bichlarz, Jolanta: Ustawa o Fundacjach. Komentarz [Stiftungsgesetz. Kommentar], Wrocław [Breslau] 2002 (zit.: *Bichlarz*, S.)

Borgolte, Michael: Die Stiftungen des Mittelalters in rechts- und sozialhistorischer Sicht, ZRG KA 74, 1988, 71-94 (zit.: *Borgolte*, Die Stiftungen des Mittelalters, ZRG KA 74, 1988, S.)

Borgolte, Michael: Von der Geschichte des Stiftungsrechts zur Geschichte der Stiftungen, in: Liermann, Geschichte des Stiftungsrechts, S. 13* (zit.: *Borgolte*, S.)

Borkowska, Urszula: Fundacje kościelne Jagiellonow w świetle zapisow w Metryce Koronnej 1447-1572 [Kirchenstiftungen der Jagiellonen im Lichte der

Eintragungen in der Königsmetrik 1447-1572], in: Opaliński/Wyślicza, S. 58 (zit.: *Borkowska*, in: Opaliński/Wyślicza, S.)

Bour, Odile: Deutsch-Polnische Stiftungstradition - Polsko-Niemieckie tradycje fundacji, Berlin 2006 (zit.: *Bour*, S.)

Braxator, Irena: Grundlagen der Panama-Stiftung, Dissertation Zürich, Frankfurt am Main, Berlin, Bern, Bruxelles, New York, Oxford, Wien 2009 (zit.: *Braxator*, S.)

Breidenbach, Stephan: Handbuch Wirtschaft und Recht in Osteuropa, Band 2 (Kroatien, Polen), München 2010 (zit.: *Handbuch WiRO*, PL, Ordnungsnummer)

Brol, Jan: Fundacje, Gazeta Prawnicza 1988, Nr. 8, S. 3 (zit.: *Brol*, Gazeta Prawnicza 1988, Nr. 8, S.)

Brol, Jan: Fundacje (po zmianach ustawodawczych) [Stiftungen (nach legislativen Änderungen)], Bydgoszcz [Bromberg] 1992 (zit.: *Brol*, S.)

Budzyński, Zdzisław: Dzieje opieki społecznej w ziemi przemyskiej i sanockiej (VX-VXIII w.) [Geschichte der Fürsorge auf Prömseler und Saaniger Erde (15.-18. Jhdt.)], Przemyśl, Kraków [Prömsel, Krakau] 1987 (zit.: *Budzyński*, S.)

Bugajna-Sporczyk, Dorota: Co dalej z ustawą o fundacjach? [Wie geht es weiter mit dem Stiftungsgesetz?], Gazeta Sądowa 1997, Nr. 9-10, S. 1 (zit.: *Bugajna-Sporczyk*, Gazeta Sądowa 1997, Nr. 9-10, S.)

Bugajna-Sporczyk, Dorota: Trudna likwidacja fundacji [Die schwierige Liquidation der Stiftung], Prawo Spółek 1998, Nr. 7-8, S. 94 (zit.: *Bugajna-Sporczyk*, Prawo Spółek 1998, 7-8, S.)

Bugajna-Sporczyk, Dorota/Janson, Izabella: Zakładamy fundację [Wir errichten eine Stiftung], Warszawa [Warschau] 1996 (zit.: *Bearbeiter*, in: Bugajna-Sporczyk/Janson, S.)

Bugajna-Sporczyk, Dorota/Dzbeńska, Ewa/Janson, Izabella/Sztekier-Łabuszewska, Maria: Fundacje i Stowarzyszenia, Warszawa [Warschau] 2005 (zit.: *Bugajna-Sporczyk/Dzbeńska/Janson/Sztekier-Łabuszewska*, S.)

Bundesministerium der Justiz: Bericht der Bund-Länder-Arbeitsgruppe Stiftungsrecht vom 19.10.2001 (zit.: *Bund-Länder-Arbeitsgruppe*, S.)

Burgard, Ulrich: Das neue Stiftungsprivatrecht, NZG 2002, 697 (zit.: *Burgard*, NZG 2002, 697, S.)

Burgard, Ulrich: Gestaltungsfreiheit im Stiftungsrecht, Köln 2006 (zit.: *Burgard*, Gestaltungsfreiheit, S.)

Chrzczonowicz, Monika: Jak napisać statut fundacji? [Wie schreibt man eine Stiftungssatzung?], Warszawa [Warschau] 2007 (zit.: *Chrzczonowicz*, S.)

Cioch, Henryk: Istota aktu fundacyjnego [Das Wesen des Stiftungsakts], NP 1986, Nr. 10, S. 17 (zit.: *Cioch*, NP 1986, Nr. 10, S.)

Cioch, Henryk: Nadzór nad działalnością fundacji [Aufsicht über die Stiftungstätigkeit], NP 1987, Nr. 7-8, S. 41 (zit.: *Cioch*, NP 1987, Nr. 7-8, S.)

Cioch, Henryk: Pojęcie i rodzaje fundacji (wybrane zagadnienia na tle prawnoporównawczym) [Begriff und Arten einer Stiftung (ausgewählte Fragen mit rechtsvergleichendem Hintergrund)], Prawo i Państwo 1987, Heft 2 (zit.: *Cioch*, PiP 1987, S.)

Cioch, Henryk: Organy i organizacje fundacji w aspekcie prawnoporównawczym [Stiftungsorgane und -organisationen unter rechtsvergleichenden Gesichtspunkten], NP 1988, Nr. 5-6, S. 66 (zit.: *Cioch*, NP 1988, Nr. 5-6, S. 66)

Cioch, Henryk: Glosa do postanowienia Sądu Najwyższego z 8 grudnia 1992 r., I CRN 182/92 [Glosse zur Entscheidung des Obersten Gerichts vom 8. Dezember 1992, I CRN 182/92], Rejent 1994, Nr. 10, S. 114 (zit.: *Cioch*, Rejent 1994, Nr. 10, S.)

Cioch, Henryk: Fundacje w ujęciu prawa polskiego na tle prawnoporównawczym [Stiftungen des polnischen Rechts im Rechtsvergleich], Lublin 1995 (zit.: *Cioch*, Fundacje w ujęciu prawa polskiego, S.)

Cioch, Henryk: Glosa do postanowienia z dnia 20 stycznia 1998 r., I CKN 417/97 [Glosse zur Entscheidung vom 20. Januar 1998, I CKN 417/97], Rejent 1999, Nr. 12, S. 116 (zit.: *Cioch*, Rejent 1999, Nr. 12, S.)

Cioch, Henryk: O potrzebie dokonania zmian w polskim prawie fundacyjnym [Über die Notwendigkeit von Änderungen im polnischen Stiftungsrecht], Gdańskie Studia Prawnicze 1999, Nr. 5, S. 68 (zit.: *Cioch*, Gdańskie Studia Prawnicze 1999, Nr. 5, S.)

Cioch, Henryk: Przedstawicielstwa fundacji zagranicznej [Vertretungen ausländischer Stiftungen], Przegląd Sądowy 2000, Nr. 5, S. 12 (zit.: *Cioch*, Przegląd Sądowy 2000, Nr. 5, S.)

Cioch, Henryk: Prawo fundacyjne [Stiftungsrecht], Kraków [Krakau] 2005 (zit.: *Cioch*, Prawo fundacyjne, S.)

Cioch, Henryk/Kidyba, Andrzej: Ustawa o Fundacjach – Komentarz [Stiftungsgesetz – Kommentar], Warszawa [Warschau] 2007 (zit.: *Bearbeiter*, in: Cioch/Kidyba, Art., S.)

Cioch, Henryk/Kidyba, Andrzej: Ustawa o Fundacjach – Komentarz [Stiftungsgesetz – Kommentar], 2. Auflage, Warszawa [Warschau] 2010 (zit.: *Bearbeiter*, in: Cioch/Kidyba, (2010), Art., S.)

Coing, Helmut: Europäisches Privatrecht, Band 1, München 1985 (zit.: *Coing*, Europäisches Privatrecht, S.)

Coing, Helmut: Europäisches Privatrecht, Band 2, München 1989 (zit.: *Coing*, Europäisches Privatrecht, S.)

Coing, Helmut: Geschichte, in: Seifart/v. Campenhausen, Handbuch des Stiftungsrechts, 2. Aufl., § 5 (zit.: *Coing*, in: Seifart/v. Campenhausen, Handbuch des Stiftungsrechts, 2. Aufl., §, Rn.)

Cüppers, Heinz: Das frühchristliche Gräberfeld von St. Matthias, in: Rheinisches Landesmuseum Trier, Trier, Kaiserresidenz und Bischofsstadt, S. 206 (*Cüppers*, S.)

Ćwierz, Barbara: Fundacje dawniej i dziś [Stiftungen früher und heute], Polityka społeczna 1984, Nr. 5-6, S. 7 (zit.: *Ćwierz*, S.)

Daszkowski, Peter/Leipert, Thorsten: Die straf- und zivilrechtliche Haftung von Mandatsträgern polnischer Kapitalgesellschaften, WiRO 2001, 332 (zit.: *Daszkowski/Leipert*, WiRO 2001, 332, S.)

David, Walter: Die Carl-Zeiss-Stiftung. Ihre Vergangenheit und ihre gegenwärtige rechtliche Lage. Heidenheim 1954 (zit.: *David*, Die Carl-Zeiss-Stiftung, S.)

Davis, Norman: Boże Igrzysko. Historia Polski [Originaltitel: God´s Playground. A history of Poland], Kraków [Krakau] 2004 (zit.: *Davis*, S.)

Dąbkowski, Przemysław: Księga alfabetyczna dawnego prawa prywatnego polskiego [Alphabethisches Buch des früheren polnischen Privatrechts], Lwów [Lemberg] 1932 (zit.: *Dąbkowski*, S.)

Dłużak, Katarzyna: Fundacja w praktyce notarialnej [Die Stiftung in der notariellen Praxis], Rejent 1992, Nr. 2, 65 (zit.: *Dłużak*, Rejent 1992, Nr. 2, S.)

Doralt, Peter/Kalss, Susanne: Stiftungen im österreichischen Recht, in: Hopt/ Reuter, Stiftungsrecht in Europa, S. 419 (zit.: *Doralt/Kalss*, in: Hopt/Reuter, S.)

Drobnig, Ulrich: Grundzüge des Stiftungsrechts in Mittel- und Osteuropa, in: Hopt/Reuter, Stiftungsrecht in Europa, S. 541 (zit.: *Drobnig*, in: Hopt/Reuter, S.)

Drożdżewicz, Leonard: Powstanie fundacji [Das Entstehen der Stiftung], Nowy Przegląd Notarialny 2004, Nr. 2 , S. 24 (zit.: *Drożdżewicz*, Nowy Przegląd Notarialny 2004, Nr. 2)

Dudzik, Sławomir: Tworzenie fundacji komunalnych w świetle prawa polskiego [Die Errichtung kommunaler Stiftungen im Lichte des polnischen Rechts], Rejent 1993, Nr. 9, S. 65 (zit.: *Dudzik*, Rejent 1993, Nr. 9, S.)

Dziedzic, Stanisław: Alma Mater Jagiellonica, Kraków [Krakau] 2000 (zit.: *Dziedic*, S.)

Ebersbach, Harry: Handbuch des deutschen Stiftungsrechts, Göttingen 1972 (zit.: *Ebersbach*, S.)

Enneccerus, Ludwig/Nipperdey, Hans Carl: Allgemeiner Teil des Bürgerlichen Rechts, 1. Halbband, 15. Auflage, Tübingen 1959 (zit.: *Enneccerus/ Nipperdey*, AT, §)

Erman, Walter: Handkommentar zum Bürgerlichen Gesetzbuch, Band 1, 12. Auflage, Münster, Köln 2008 (zit.: *Erman/Bearbeiter*, § Rn.)

Forum Darczyńców w Polsce (Hrsg.): Rola i Modele Fundacji w Polsce i w Europie [Rolle und Modelle der Stiftung in Polen und Europa], Warszawa [Warschau] 2009 (zit.: *Verfasser*, in: Rola i Modele Fundacji w Polsce i w Europie, S.)

Forum Darczyńców w Polsce (Hrsg.): Fundacje korporacyjne w Polsce [Korporationsstiftungen in Polen], Warszawa [Warschau] 2009 (zit.: *Forum Darczyńców*, Fundacje korporacyjne, S.)

Franz, Albert Karl: Das große Stiftungssterben in Mitteldeutschland, in: Deutsches Stiftungswesen 1948-1966, S. 435, Tübingen 1968 (zit.: *Franz*, Deutsches Stiftungswesen 1948-1966, S.)

Frąckowiak, Józef: Instytucje prawa handlowego w kodeksie cywilnym [Institute des Handelsrecht im Zivilgesetzbuch], Rejent 2003, 6 (zit.: *Frąckowiak*, Rejent 2003, S.)

Frączak, Piotr: Bitwa na Fundacje [Die Schlacht um Stiftungen], Warszawa [Warschau] 1996 (zit.: *Frączak*, S.)

Fries, Richard: Foundations in British Law, in: Hopt/Reuter, Stiftungsrecht in Europa (zit.: *Fries*, in: Hopt/Reuter, S.)

Garlicki, Andrzej: Historia 1939 – 1997/98. Polska i świat. [Geschichte 1939 - 1997/98. Polen und die Welt.], Warszawa [Warschau] 1998 (zit.: *Garlicki*, S)

Gibalska, Aldona/Ogonowski, Andrzej: Fundacje Stowarzyszenia [Stiftungen Vereine], Kraków [Krakau] 2010 (zit.: *Gibalska/Ogonowski*, S.)

Góralski, Zbigniew: Działalność charytatywna w Polsce przedrozbiorowej [Caritative Tätigkeit in Polen der Vor-Teilungszeit], Warszawa, Kraków [Warschau, Krakau] 1973 (zit.: *Góralski*, S.)

Grzybowski, Stefan: System prawa cywilnego. Komentarz [System des Privatrechts. Kommentar], Band 1. Allgemeiner Teil, Wrocław [Breslau] 1985 (zit.: *Grzybowski*, System prawa cywilnego, S.)

Gumkowska, Marta: Fundacje w Polsce 2008 [Stiftungen in Polen 2008], Warszawa [Warschau] 2009 (zit.: *Gumkowska*, Fundacje w Polsce 2008, S.)

Gumkowska, Marta/Herbst, Jan: Podstawowe Fakty o Organizajach Pozarządowych [Grundfakten über Nichtregierungsorganisationen], Warszawa [Warschau] 2006 (zit.: *Gumkowska/Herbst*, S.)

Harasimowicz, Jan: Fundacje Sakralne Rożnowierczej Szlachty Polskiej w XVI i XVII Wieku [Sakrale Stiftungen der andersgläubigen Polnischen Szlachta im 16. und 17. Jahrhundert], in: Opaliński/Wyślicza, S. 142 (zit.: *Harasimowicz*, in: Opaliński/Wyślicza, S.)

Heise, Arnold: Grundriß eines Systems des gemeinen Civilrechts, Heidelberg 1816 (zit.: *Heise*, S.)

Hendelsman, Marceli: Polska w czasie wielkiej wojny (1914-1918) [Polen zur Zeit des großen Krieges (1914-1918)], Band 2, Warszawa [Warschau] 1932 (zit.: *Hendelsmann*, S.)

Hopt, Klaus J./Reuter, Dieter (Hrsg.): Stiftungsrecht in Europa, Köln, Berlin, Bonn, München 2001 (zit.: *Bearbeiter*, in: Hopt/Reuter, S.)

Hüttemann, Rainer: Gesetz zur Modernisierung des Stiftungsrechts, ZHR 167 (2003), 35 (zit.: *Hüttemann*, ZHR 167, 35, S.)

Hüttemann, Rainer/Herzog, Rainer: Organhaftung bei Non Profit Organisationen, in: Walz, Rainer/Hüttemann, Rainer/Rawert, Peter/Schmidt, Karsten, Non Profit Law Yearbook 2006, S. 33 (zit.: *Hüttemann/Herzog*, Non Profit Law Yearbook 2006, S.)

Ilczuk, Dorota: Sektor nonprofit w kulturze [Der Non-Profit-Sektor im Kulturbereich], Warszawa [Warschau] 1995 (zit.: *Ilczuk*, S.)

Izdebski, Hubert: Fundacje i Stowarzyszenia Warszawa [Warschau] 1998 (zit.: *Izdebski*, (1998), S.)

Izdebski, Hubert: Fundacje i Stowarzyszenia, Warszawa [Warschau] 2004 (zit.: *Izdebski*, (2004), S.)

Jakob, Dominique: Schutz der Stiftung – Die Stiftung und ihre Rechtsverhältnisse im Widerstreit der Interessen, Tübingen 2006 (zit.: *Jakob*, S.)

Jasiewicz, Krzysztof: Polityka fundacyjna w II Rzeczpospolitej [Stiftungspolitik in der II. Republik], Warszawa [Warschau] 1990 (zit.: *Jasiewicz*, Polityka fundacyjna, S.)

Jasiewicz, Krzysztof: Fundacje na ziemiach polskich [Stiftungen auf polnischem Boden], Tygodnik Powszechny, 23/2009 (zit.: *Jasiewicz*, Tygodnik Powszechny, 23/2009)

Jetter, Dieter: Das europäische Hospital von der Spätantike bis 1800, Köln 1986 (zit.: *Jetter*, S.)

Karpowicz, Andrzej: Obyś rejestrował fundację... [Dass Du ja die Stiftung registrierst...], Palestra 1996, Nr. 3-4, S. 93 (zit.: *Karpowicz*, Palestra 1996, Nr. 3-4, S.)

Kełpińska, Katarzyna: Dokumentowanie fundacji w akcie notarialnym [Dokumentation einer Stiftung im Notarakt], Rejent 1993, Nr. 6, S. 62 (zit.: *Kełpińska*, Rejent 1993, Nr. 6, S.)

Kidyba, Andrzej: Ustawa o fundacjach. Prawo o stowarzyszeniach [Das Gesetz über Stiftungen. Das Recht der Vereine], Warszawa [Warschau] 1997 (zit.: *Kidyba*, Ustawa o fundacjach, S.)

Kidyba, Andrzej: Prowadzenie działalności gospodarczej przez fundacje [Die Ausübung einer wirtschaftlichen Betätigung durch Stiftungen], PPH 1999, Nr. 6, S. 3 (zit.: *Kidyba*, PPH 1999, Nr. 6, S.)

Kidyba, Andrzej: Prawo handlowe [Handelsrecht], 6. Auflage, Warszawa [Warschau] 2005 (zit.: *Kidyba*, Prawo handlowe, S.)

Klein, Alfred: Ewolucja instytucji osobowości prawnej [Die Evolution der Rechtspersönlichkeit], in: Łętowska, Ewa (Hrsg.), Tendencje rozwoju prawa cywilnego [Entwicklungstendenzen im Zivilrecht], Warszawa [Warschau] 1983 (zit.: *Klein*, S.)

Kłoczkowski, Jerzy/Müllerowa, Lidia/Skarbek, Jan: Zarys dziejów Kościoła katolickiego w Polsce [Überblick über die Geschichte der katholischen Kirche in Polen], Kraków [Krakau] 1986 (zit.: *Kłoczkowski/Müllerowa/Skarbek*, S.)

Ko, Sang-Hyun: Die Errichtung einer Stiftung nach deutschem und koreanischem Recht, Dissertation Bochum, Frankfurt am Main (u.a.) 2009 (zit.: *Ko*, S.)

Konic, Henryk: Prawo osobowe. Wykład porównywawczy na tle prawodawstw obowiązujących w Polsce w zestawieniu z kodeksem szwajcarskim [Personenrecht. Rechtsvergleichender Vortrag anhand der in Polen geltenden Gesetzgebungen in Zusammenstellung mit dem schweizerischen Gesetzbuch], Warszawa [Warschau] 1924 (zit.: *Konic*, S.)

Konieczny, Wojciech/Wiśniewski, Cezary: Fundacje - jaki model [Stiftungen - welches Modell], Przegląd Podatkowy 1992, Nr. 9, S. 19 (zit.: *Konieczny/ Wiśniewski*, Przegląd Podatkowy 1992, Nr. 9, S.)

Kostecki, Janusz: Z dziejów mecenatu kulturalnego w Polsce [Über die Geschichte des Kulturmäzenats in Polen], Warszawa [Warschau] 1999 (zit.: *Verfasser*, in: Kostecki, S.)

Kozioł, Katarzyna: Prawne aspekty podejmowania i wykonywanie działalności pożytku publicznego [Rechtliche Aspekte der Aufnahme und der Ausübung einer gemeinnützigen Tätigkeit], Samorząd Terytorialny, 3/2006, S. 34 (zit.: *Kozioł*, Samorząd Terytorialny, 3/2006, S.)

Krawczyk, Aneta: Krajowy Rejestr Sądowy a fundacje i stowarzyszenia [Das Landesgerichtsregister und Stiftungen sowie Vereine], Warszawa [Warschau] 2009 (zit.: *Krawczyk*, S.)

Kroll, Bogdan: Rada Główna Opiekuńcza 1939-1945 [Der Rat für Allgemeine Fürsorge 1939-1945] Warszawa [Warschau] 1985 (zit.: *Kroll*, S.)

Kruczalak, Kazimierz: Niektóre zagadnienia polskiego prawa fundacyjnego [Einige Fragen zum polnischen Stiftungsrecht], in: Bączyk, Mirosław/Piszczek, Jan/Radomska, Ewa /Wilke, Maria, Księga pamiątkowa ku czi Profesora Leopolda Steckiego [Erinnerungsschrift für Professor Leopold Stecki], Toruń [Thorn] 1997 (zit.: *Kruczalak*, in: Bączyk/Piszczek/Radomska/Wilke, S.)

Kulik-Bielińska, Ewa/Frączak, Piotr: Instytucja fundacji w Polsce [Die Institution Stiftung in Polen], in: Forum Darczyńców w Polsce, Rola i Modele Fundacji w Polsce i w Europie, [Forum der Schenker in Polen, Aufgabe und Modelle der Stiftung in Polen und Europa], Warszawa [Warschau] 2009 (zit.: *Kulik-Bielińska/Frączak*, Instytucja fundacji w Polsce, S.)

Kwiatkowska, Beata: Jak założyć fundację? [Wie errichtet man eine Stiftung?], Warszawa [Warschau] 2008 (zit.: *Kwiatkowska*, S.)

Larenz, Karl/Wolf, Manfred: Allgemeiner Teil des Bürgerlichen Rechts, 9. Auflage, München 2004 (zit.: *Larenz/Wolf*, AT, § Rn.)

Leś, Ewa: Zarys Historii Dobroczynności i Filantropii w Polsce [Überblick über die Geschichte der Wohltätigkeit und Philanthropie in Polen], Warszawa [Warschau] 2001 (zit.: *Leś*, S.)

Liebscher, Marc/Zoll, Fryderyk: Einführung in das polnische Recht, München 2005, (zit.: *Bearbeiter*, in: Liebscher/Zoll, S., Rn.)

Liermann, Hans: Deutsches Stiftungswesen 1948-1966, Tübingen 1968 (zit.: *Liermann*, Deutsches Stiftungswesen 1948-1966, S.)

Liermann, Hans: Geschichte des Stiftungsrechts, 2. Auflage, Tübingen 2002 (zit.: *Liermann*, S.)

Lingelbach, Gerhard: Stiftungen und Stiftungsrecht – ein historischer Überblick, in: Werner/Saenger, Die Stiftung – Recht, Steuern, Wirtschaft, S. 23 (zit.: *Lingelbach*, in: Werner/Saenger, S., Rn.)

Longchamps de Berier, Roman: Studya nad istotą osoby prawniczej [Studien über das Wesen der juristischen Person], Lwów [Lemberg] 1911 (zit.: *Longchamps de Berier*, S.)

Luth, Sebastian: Die Vertretungsbefugnis des Vorstandes in rechtsfähigen Stiftungen des Privatrechts, Berlin 2005 (zit.: *Luth*, S.)

Malinowska, Halina: *Princeps fundator* w przedlokacyjnym Wrocławiu. Od Piotra Włostowica do Henryka Brodatego [*Princeps fundator* im vorbesiedelten Breslau. Von Peter Wlast bis Heinrich dem Bärtigen], in: Opaliński/Wyślicza, S. 37 (zit.: *Malinowska*, in: Opaliński/Wyślicza, S.)

Mariański, Adam: Odpowiedzialność członków organów zarządzających osób prawnych za zaległości podatkowe [Die Haftung von Mitgliedern geschäftsführender Organe juristischer Personen für Steuerschulden], Monitor Podatkowy 2005, Nr. 2, S. 24 (zit.: *Mariański*, Monitor Podatkowy 2005, Nr. 2, S.)

Marszałkowska-Krześ, Elwira: Wpisy w rejestrze przedsiębiorców dotyczące spółek handlowych [Handelsgesellschaften betreffende Eintragungen im Unternehmerregister], Warszawa [Warschau] 2004 (zit.: *Marszałkowska-Krześ*, S.)

Mazur, Edmund: Fundacja [Stiftung], Palestra 1991, Nr. 5–7, S. 48 (zit.: *Mazur*, Palestra 1991, Nr. 5–7, S.)

Mecking, Christoph: Facts and Figures: Rechtstatsachen zu Stiftern und Stiftungen in Deutschland, in: Werner/Saenger, Die Stiftung - Recht, Steuern, Wirtschaft, S. 57 (zit.: *Mecking*, in: Werner/Saenger, S.)

Michałowska, Anna: Fundacje i fundacje w gminach żydowskich Rzeczpospolitej w XVI-XVIII wieku [Stiftungen und Stiftungen in jüdischen Gemeinden der Republik im 16.-18. Jahrhundert], in: Opaliński/Wyślicza, S. 91 (zit.: *Michałowska*, in: Opaliński/Wyślicza, S.)

Mühlenbruch, Christian Friedrich: Rechtliche Beurtheilung des Städel'schen Beerbungsfalls, Halle 1828 (zit.: *Mühlenbruch*, S.)

Münchener Kommentar zum Bürgerlichen Gesetzbuch:

- Band 1/Teilband 1 (§§ 1-240), 5. Auflage, München 2006 (zit.: *MüKo/Bearbeiter*, § Rn.)
- Internationales Gesellschaftsrecht, 4. Auflage, München 2006 (zit.: *MüKoIntGesR/Bearbeiter*, Rn.)

Muscheler, Karlheinz: Plädoyer für ein staatsfreies Stiftungsrecht, ZRP 2000, S. 390 (zit.: *Muscheler*, ZRP 2000, S.)

Muscheler, Karlheinz: Stiftung und Gemeinwohlgefährdung, NJW 2003, 3161 (zit.: *Muscheler*, NJW 2003, S.)
Muscheler, Karlheinz: § 84 BGB und die lebzeitige Stiftungsgründung, DNotZ 2003, 661 (zit.: *Muscheler*, DNotZ 2003, S.)
Muscheler, Karlheinz: Vorrang des Bundesstiftungsrechts vor dem Landesstiftungsrecht, NJW 2004, 713 (zit.: *Muscheler*, NJW 2004, S.)
Muscheler, Karlheinz: Der Notvorstand in Verein und Stiftung, in: Festschrift für Dieter Reuter zum 70. Geburtstag am 16. Oktober 2010, S. 225 Berlin, New York 2010 (zit.: *Muscheler*, in: FS Reuter, S.)
Musiałkiewicz, Robert: Fundacyjne formy prawne na tle porównawczym [Rechtsformen der Stiftung im Vergleich], Warszawa [Warschau] 2007 (zit.: *Musiałkiewicz*, S.)
Niecikowska, Renata/Krawczyk, Aneta/Chrzczonowicz, Monika/Skiba, Radosław: Kontrola, nadzór i sprawozdawczość organizacji pozarządowych [Kontrolle, Aufsicht und Berichterstattung bei Nichtregierungsorganisationen], Warszawa [Warschau] 2009 (zit.: *Niecikowska/Krawczyk/Chrzczonowicz/Skiba*, S.)
Niemirka, Bogusław: Statut fundacji [Stiftungssatzung], Warszawa [Warschau] 1995 (zit.: *Niemirka*, S.)
Niemirka, Bogusław: Statut fundacji [Stiftungssatzung], 2. Auflage, Warszawa [Warschau] 1998 (zit.: *Niemirka*, 2. Aufl., S.)
Niemirka, Bogusław: Fuzja fundacji [Zusammenlegung von Stiftungen], Monitor Prawniczy 2000, Nr. 1, S. 44 (zit.: *Niemirka*, MoP 2000, Nr. 1, S.)
Niezbecka, Elżbieta: Status majątku fundacji a zdolność do dziedziczenia fundacji ustanowionej w testamencie [Der Status des Stiftungsvermögens sowie die Erbfähigkeit einer durch Testament errichteten Stiftung], Rejent 1992, Nr. 12, S. 22 (zit.: *Niezbecka*, Rejent 1992, Nr. 12, S. 22)
Norek, Emil: Krajowy Rejestr Sądowy i postępowanie rejestrowe [Landesgerichtsregister und Eintragungsverfahren], Warszawa [Warschau] 2001 (zit.: *Norek*, S.)
Ogrodzki, Krzysztof: Instytucja fundacji w ustawodawstwie polskim [Das Institut der Stiftung in der polnischen Gesetzgebung], Palestra 1935, Nr. 7-9 (zit.: *Ogrodzki*, S.)
Opaliński, Edward/Wyślicza, Tomasz: Fundacje i fundatorzy w średniowieczu i epoce nowożytnej [Stiftungen und Stifter im Mittelalter und in der Neuzeit], Warszawa [Warschau] 2000 (zit.: *Verfasser*, in: Opaliński/Wyślicza, S.)
Otto, Wilhelm: Priester und Tempel im hellenistischen Ägypten, Band 2, Leipzig, Berlin 1908 (zit.: *Otto*, S.)
Pabis, Robert: Spółka z o.o. Komentarz [*Spółka z o.o.* Kommentar], 3. Auflage, Warszawa [Warschau] 2006 (zit.: *Pabis*, Art. Rn.)
Palandt, Otto: Bürgerliches Gesetzbuch, 70. Auflage, München 2011 (zit.: *Palandt/Bearbeiter*, § Rn.)

Państwowe Wydawnictwo Naukowe: Wielka Encyklopedia Powszechna PWN Tom 9 (Polska - Robe) [Große Universalenzyklopädie PWN Band 9 (Polska - Robe)], Warszawa [Warschau] 1967 (zit.: *Wielka Encyklopedia Powszechna*, S.)

Peiker, Peter: Maßnahmen der präventiven Stiftungsaufsicht und zugleich Anmerkung zu den rechtskräftigen Urteilen OLG Frankfurt am Main 3 U 219/04 vom 11.8.2005 sowie VG Frankfurt am Main 7 E 3431/02(1), ZSt 2006, 86 (zit.: *Peiker*, ZSt 2006, S.)

Pietrzykowski, Krzysztof (Hrsg.): Kodeks Cywilny. Komentarz. Suplement [Zivilgesetzbuch. Kommentar. Ergänzung], Warszawa [Warschau] 2003 (zit.: *Bearbeiter*, in: Pietrzykowski, S.)

Pirożyński, Jan: Bibliotheken in Polen, in: Fabian, Bernhard, Handbuch Deutscher Historischer Buchbestände in Europa, Hildesheim, Zürich, New York 1999, Band 6: Polen/Bulgarien (zit.: *Pirożyński*, S.)

Pleimes, Dieter: Weltliches Stiftungsrecht. Geschichte der Rechtsformen, Forschungen zum deutschen Recht. Band 3, Weimar 1938 (zit.: *Pleimes*, S.)

Pues, Lothar/Scheerbarth, Walter: Gemeinnützige Stiftungen im Zivil- und Steuerrecht, 2. Auflage, München 2004 (zit.: *Pues/Scheerbarth*, S.)

Radecki, Gabriel: Fundacje zakładane przez kościelne osoby prawne (zagadnienia wybrane) [Durch kirchliche juristische Personen errichtete Stiftungen (ausgewählte Fragen)], Rejent 2004, Nr. 11, S. 122 (zit.: *Radecki*, Rejent 2004, Nr. 11, S.)

Radwański, Zbigniew: Podmioty prawa cywilnego w świetle zmian kodeksu cywilnego przeprowadzonych ustawą z dnia 14 lutego 2003 r. [Subjekte des Zivilrechts im Lichte der aufgrund des Gesetzes vom 14. Februar 2003 durchgeführten Änderungen des Zivilgesetzbuches], Przegląd Sądowy 2003, Nr. 7-8, S. 11 (zit.: *Radwański*, Przegląd Sądowy 2003, Nr. 7-8, S.)

Radwański, Zbigniew: Prawo cywilne - cześć ogólna, System Prawa Prywatnego [Zivilrecht - Allgemeiner Teil, System des Privatrechts], Band 2, 2. Auflage, Warszawa [Warschau] 2008 (zit.: *Bearbeiter*, in: System Prawa Prywatnego, Band 2, S.)

Rappé, Wilhelm Edmund: Fundacje [Stiftungen], in: Cybichowski, Zbigniew, Encyklopedia Podręczna Prawa Publicznego (Konstytucyjnego, administracyjnego i międzynarodowego) [Handenzyklopädie des Öffentlichen Rechts (des Verfassungs-, Verwaltungs- und Völkerrechts)], tom 1 [Band 1], Warszawa (Warschau) 1939 (zit.: *Rappé*, Fundacje, S.)

Rawert, Peter: Der Stiftungsbegriff und seine Merkmale - Stiftungszweck, Stiftungsvermögen, Stiftungsorganisation -, in: Hopt/Reuter, Stiftungsrecht in Europa, S. 109 (zit.: *Rawert*, in: Hopt/Reuter, S.)

Rawert, Peter/Lunk, Stefan: Bestellung, Abberufung, Anstellung und Kündigung von Stiftungsvorständen, in: Walz, Rainer/Kötz, Hein/Rawert, Peter/Schmidt,

Karsten, Non Profit Law Yearbook 2001, S. 91 (zit.: *Rawert/Lunk*, Non Profit Law Yearbook 2001, S.)

Reimer, Arnold/Boehler, Paul: Preußisches Ausführungsgesetz zum Bürgerlichen Gesetzbuch, München 1900 (zit.: *Reimer/Boehler*, S.)

Reuter, Dieter: Die Änderung der Stiftungssatzung, in: Andrick/Hellmig/Janitzki/Muscheler/Schewe, Die Stiftung, 4. Jahrgang 2010, S. 49 (zit.: *Reuter*, in: Andrick/Hellmig/Janitzki/Muscheler/Schewe, Die Stiftung, 4. Jahrgang, S.)

Rheinisches Landesmuseum Trier (Hrsg.): Trier, Kaiserresidenz und Bischofsstadt, Mainz 1984 (zit.: *Verfasser*, S.)

Riehmer, Klaus: Körperschaften als Stiftungsorganisation, Kiel 1993 (zit.: *Riehmer*, S.)

Riemer, Hans Michael: Stiftungen im schweizerischen Recht, in: Hopt/Reuter, Stiftungsrecht in Europa, S. 511 (zit.: *Riemer*, in: Hopt/Reuter, S.)

Rodkiewicz, Stanisław: Staszicowskie fundacje w m. st. Warzsawie [Staszic'sche Stiftungen in der Hauptstadt Warschau], Warszawa [Warschau] 1926 (zit.: *Rodkiewicz*, S.)

Różański, Ignacy: Prawo osobowe. Komentarz [Personenrecht. Kommentar], Kraków [Krakau] 1946 (zit.: *Różański*, S.)

Saenger, Ingo: Wahl der Rechtsform, in: Werner/Saenger, S. 93 (zit.: *Saenger*, in: Werner/Saenger, S.)

Sagan, Beata/Strzępka, Janusz: Prawo o fundacjach. Komentarz [Stiftungsrecht. Kommentar], Katowice [Kattowitz] 1992 (zit.: *Sagan/Strzępka*, S.)

Sak, Teresa: Działalność gospodarcza fundacji i stowarzyszeń [Die wirtschaftliche Betätigung von Stiftungen und Vereinen], Warszawa [Warschau] 2000 (zit.: *Sak*, S.)

Savigny, Friedrich Karl von: System des heutigen römischen Rechts, Band 2, Berlin 1840 (zit.: *Savigny*, S.)

Schewe, Markus: Die Errichtung der rechtsfähigen Stiftung von Todes wegen, Dissertation Bochum, Bochum 2003 (zit.: *Schewe*, S.)

Schewe, Markus/Wixmerten, Gunnar: Haftungsbeschränkung für Stiftungsvorstände, in: Andrick/Hellmig/Janitzki/Muscheler/Schewe, Die Stiftung, 4. Jahrgang 2010, S. 79 (zit.: *Schewe/Wixmerten*, in: Andrick/Hellmig/Janitzki/Muscheler/Schewe, Die Stiftung, 4. Jahrgang, S.)

Schiffer, Jan: Die Stiftung in der anwaltlichen Praxis, Bonn 2003 (zit.: *Schiffer*, S.)

Schlüter, Andreas/Stolte, Stefan: Stiftungsrecht, München 2007 (zit.: *Schlüter/Stolte*, S.)

Schmidt, Karsten: Stiftungswesen - Stiftungsrecht - Stiftungspolitik, Bergisch Gladbach, Köln 1987 (zit.: *Schmidt*, Stiftungswesen, S.)

Schuck, Frank: Die Doppelstiftung, Dissertation Bochum, Frankfurt am Main, Berlin, Bern, Bruxelles, New York, Oxford, Wien 2009 (zit.: *Schuck*, S.)

Schulze, Reiner: Historischer Hintergrund des Stiftungsrechts, in: Arbeitsgemeinschaft Deutscher Stiftungen - Bundesverband (Hrsg.), Entwicklungstendenzen im Stiftungsrecht - Zur rechtspolitischen Diskussion -. Bericht über ein Symposium vom 12. bis 14. Februar 1987 veranstaltet in der Werner-Reimes-Stiftung Bad Homburg, Bad Homburg 1987, S. 8 (zit.: *Schulze*, Historischer Hintergrund des Stiftungsrechts, S.)

Schulze, Reiner: Stiftungsrecht, in: Erler, Adalbert/Kaufmann, Ekkehard, Handwörterbuch zur deutschen Rechtsgeschichte (HRG), Band 4, Protonotarius Apostolicus - Strafprozeßordnung. Berlin 1985 - 1990. Sp. 1980 (zit.: *Schulze*, HRG, Bd. 4, SP 1980 (1982))

Schulze, Reiner: Die Gegenwart des Vergangenen - Zu Stand und Aufgaben der Stiftungsgeschichte, in: Hopt/Reuter, Stiftungsrecht in Europa, S. 55 (zit.: *Schulze*, in: Hopt/Reuter, S.)

Schwintek, Sebastian: Die Haftung von Organmitgliedern gegenüber der Stiftung für fehlerhafte Vermögensverwaltung und Ertragsverwendung, ZSt 2005, 108 (zit.: *Schwintek*, ZSt 2005, 108, S.)

Schwintek, Sebastian: Vorstandskontrolle in rechtsfähigen Stiftungen bürgerlichen Rechts, Baden-Baden 2001 (zit.: *Schwintek*, S.)

Seifart, Werner/Campenhausen, Axel Freiherr von: Handbuch des Stiftungsrechts, 2. Auflage, München 1999 (zit.: *Verfasser*, in: Seifart/v. Campenhausen, Handbuch des Stiftungsrechts, 2. Aufl., §, Rn.)

Seifart, Werner/Campenhausen, Axel Freiherr von: Stiftungsrechts-Handbuch, 3. Auflage, München 2009 (zit.: *Verfasser*, in: Seifart/v. Campenhausen, Stiftungsrechts-Handbuch, 3. Aufl., §, Rn.)

Seyfarth, Sabine: Die Geltungsberechtigung der staatlichen Stiftungsaufsicht über privatnützige Stiftungen und Stiftungen mit internen Kontrollmechanismen, ZSt 2008, 145 (zit.: *Seyfarth*, ZSt 2008, 145, S.)

Siwek, Sławomir: Fundacja Rolnicza [Die Landwirtschaftsstiftung], Warszawa [Warschau] 2001 (zit.: *Siwek*, S.)

Skiba, Radosław: Zakończenie działalności organizacji - stowarzyszenia i fundacje [Beendigung der Tätigkeit einer Organisation - Verein und Stiftung], Warszawa [Warschau] 2006 (zit.: *Skiba*, Zakończenie, S.)

Skiba, Radosław: Jak zostać organizacją pożytku publicznego? [Wie wird man eine gemeinnützige Organisation?], Warszawa [Warschau] 2008 (zit.: *Skiba*, Organizacja, S.)

Słomczyński, Adam: Dom księdza Boduena 1939-1945 [Das Haus des Priesters Boduen 1939-1945], Warszawa [Warschau] 1975 (zit.: *Słomczyński*, S.)

Słoń, Marek: Problem fundacji szpitala w średniowieczu. Przykład Wrocławia [Das Problem der Spitalstiftung im Mittelalter. Am Beispiel Breslaus], in: Opaliński/Wyślicza, S. 74 (zit.: *Słoń*, in: Opaliński/Wyślicza, S.)

Staręga-Piasek, Joanna: Pomoc społeczna w Polsce [Sozialhilfe in Polen], tom 2, [Band 2], Warszawa [Warschau] 1985 (zit.: *Verfasser*, in: Staręga-Piasek)

Staudinger, Julius von:
- Kommentar zum Bürgerlichen Recht mit Einführungsgesetzen und nebengesetzen Erstes Buch. Allgemeiner Teil, §§ 21-103, 13. Bearbeitung, Berlin 1995 (zit.: *Staudinger/Verfasser*, 1995, §, Rn.)
- Buch 1 - Allgemeiner Teil, §§ 80 - 89 (Stiftungsrecht), München 2011 (zit.: *Staudinger/Hüttemann/Rawert*, 2011, § Rn.)

Stec, Piotr: Modele fundacji w Polsce - propozycje reformy [Stiftungsmodelle in Polen - Vorschläge einer Reform], in: Forum Darczyńców, Rola i Modele Fundacji w Polsce i w Europie, S. 197 (zit.: *Stec*, S.)

Stecki, Leopold: Fundacja [Die Stiftung], część pierwsza i druga [Erster und zweiter Teil], Toruń [Thorn] 1996 (zit.: *Stecki*, Fundacja, Band 1 bzw. Band 2, S.)

Stoczkiewicz, Marcin: Działalność gospodarcza fundacji: aspekty prawne [Die wirtschaftliche Betätigung einer Stiftung: rechtliche Aspekte], Warszawa [Warschau] 1998 (zit.: *Stoczkiewicz*, S.)

Stowarzyszenie Klon/Jawor: elementarz III sektora [Das Einmaleins des III. Sektors], Warszawa [Warschau] 2005 (zit.: *Stowarzyszenie Klon/Jawor*, elementarz III sektora, S.)

Strachwitz, Rupert Graf: Die Stiftung und ihre Idee, in: Strachwitz/Mercker, Stiftungen in Theorie, Recht und Praxis, S. 33 (zit.: *Strachwitz*, in: Strachwitz/Mercker, S.)

Strachwitz, Rupert Graf/Mercker Florian (Hrsg.): Stiftungen in Theorie, Recht und Praxis, Berlin 2005 (zit.: *Verfasser*, in: Strachwitz/Mercker, S.)

Strickrodt, Georg: Stiftungsrecht, Baden-Baden 1977 (zit.: *Strickrodt*, S.)

Strzępka, Janusz: Fundator - osoba prawna w prawie fundacyjnym [Der Stifter - die juristische Person im Stiftungsrecht], Prawo Spółek 2002, Nr. 6, S. 32 (zit.: *Strzępka*, Prawo Spółek 2002, Nr. 6, S.)

Suligrowski, Adolf: Rozbudowa miast w Polsce [Ausbau der Städte in Polen], Warszawa [Warschau] 1926 (zit.: *Suligrowski*, S.)

Suski, Paweł: Stowarzyszenia i fundacje [Vereine und Stiftungen] Warszawa [Warschau] 2008 (zit.: *Suski*, S.)

Swora, Mariusz: Nadzór nad stowarzyszeniami, fundacjami oraz prowadzeniem działalności pożytku społecznego [Aufsicht über Vereine, Stiftungen sowie die gemeinnützige Tätigkeit], Państwo i Prawo 2003, Nr. 12, S. 68 (zit.: *Swora*, PiP 2003, Nr. 12, S.)

Szczypiorski, Adam: Ćwierć wieku Warszawy 1806-1830 [Ein Viertel Jahrhundert Warschau 1806-1830], Wrocław [Breslau] 1956 (zit.: *Szczypiorski*, S.)

Tarno, Jan Paweł: Prawo o postępowaniu przed sądami administracyjnymi. Komentarz [Verwaltungsgerichtsprozessrecht. Kommentar], Warszawa [Warschau] 2004 (zit.: *Tarno*, Art. 9)

Tarska, Monika: Komentarz do ustawy o Krajowym Rejestrze Sądowym z dnia 20 sierpnia 1997 [Kommentar zum Gesetz über das Landesgerichtsregister vom 20. August 1997], in: Sołtysiński, Stanisław/Szajkowski Andrzej/Szumański, Andrzej/Szwaja, Janusz, Kodeks spółek handlowych. Pozakodeksowe prawo handlowe. Tom V. Komentarz [Handelsgesellschaftengesetzbuch. Handelsrecht außerhalb des Gesetzbuches. Band 5. Kommentar], Warszawa [Warschau] 2008 (zit.: *Tarska*, S.)

Tazbir, Janusz: Piotr Skarga, Warszawa [Warschau] 1978 (zit.: *Tazbir*, S.)

Trzaskowski, Roman: Działalność Statutowa a Działalność Gospodarcza Fundacji [Satzungstätigkeit und wirtschaftliche Betätigung der Stiftung], Warszawa [Warschau] 2003 (zit.: *Trzaskowski*, S.)

Tyszkiewicz, Jan: Fundacje pobożne muzułmanow litewsko polskich [Glaubensstiftungen der litauisch-polnischen Muslime], w/in: Opaliński/Wyślicza, S. 154 (zit.: *Tyszkiewicz*, in: Opaliński/Wyślicza, S.)

Urbanek, Peter: Überblick über das Stiftungsrecht in Polen, Maecenata Actuell 2001, Nr. 28, S. 24-28 (zit.: *Urbanek*, Maecenata Actuell 2001, Nr. 28, S.)

Wagner, Wolfgang Eric: Von der Stiftungsurkunde zum Anniversarienbucheintrag. Beobachtungen zur Anlage des *Liber oblationum et anniversariorum* (1442 - ca. 1480) im Wiener Schottenkloster, in: Borgolte, Stiftungen und Stiftungswirklichkeiten. Vom Mittelalter bis zu Gegenwart, S. 145. (zit.: *Wagner*, in: Stiftungen und Stiftungswirklichkeit, S.)

Wagner, Wolfgang Eric: Universitätsstift und Kollegium in Prag, Wien und Heidelberg. Eine vergleichende Untersuchung spätmittelalterlicher Stiftungen im Spannungsfeld von Herrschaft und Genossenschaft, Berlin 1999 (zit.: *Wagner*, Universitätsstift und Kollegium in Prag, Wien und Heidelberg, S.)

Wasilewski, Andrzej: Prawna problematyka fundacji [Die rechtliche Problematik der Stiftung], Prawo i Państwo 1984, Nr. 9, S. 7 (zit.: *Wasilewski*, PiP 1984, 9, Nr. 9, S.)

Wawrzyński, Mirosław: Fundacje w Polsce [Stiftungen in Polen], Warszawa [Warschau] 1997 (zit.: *Wawrzyński*, S.)

Wąsowicz, Wojciech: Powstanie osoby prawnej. Praktyka uzyskiwania osobowości prawnej [Die Entstehung der juristischen Person. Praxis der Erlangung der Rechtspersönlichkeit], Warszawa [Warschau] 2002 (zit.: *Wąsowicz*, S.)

Weh, Albert: Das Recht des Generalgouvernements. Die Verordnungen des Generalgouvernements für die besetzten polnischen Gebiete und die Durchführungsbestimmungen hierzu, nach Sachgebieten geordnet. Krakau 1940, 1941 (zit.: *Weh*, Ordnungsnummer, Jahr)

Werner, Olaf: Stiftung und Stifterwille, in: v. Campenhausen, Axel Freiherr von/ Kronke, Herbert/Werner, Olaf, Stiftungen in Deutschland und Europa, Düsseldorf 1998, S. 243 (zit.: *Werner*, in: v. Campenhausen/Kronke/Werner, S.)

Werner, Olaf: Die Stiftungsgründung, in: Werner/Saenger, S. 169 (zit.: *Werner*, in: Werner/Saenger, S.)

Werner, Olaf/Saenger, Ingo: Die Stiftung. Recht, Steuern, Wirtschaft, Berlin 2008 (zit.: *Verfasser*, in: Werner/Saenger, S.)

Wiśniewski, Cezary: Tworzenie i funkcjonowanie organizacji pozarządowych - wybrane problemy cywilnoprawne [Errichtung und Tätigkeit von Nichtregierungsorganisationen - ausgewählte zivilrechtliche Probleme], Glosa 1994, Nr. 4, S. 5 (zit.: *Wiśniewski*, Glosa 1994, Nr. 4, S.)

Wolter, Aleksander/Ignatowicz, Jerzy/Stefaniuk, Krzysztof: Prawo cywilne. Zarys części ogólnej [Zivilrecht. Übersicht über den Allgemeinen Teil], Warszawa [Warschau] 1996 (zit.: *Wolter/Ignatowicz/Stefaniuk*, S.)

Woźniewski, Zbigniew: Rys historyczny Szpitala Wolskiego w Warszawie (1877-1939) [Historischer Überblick des Wolaer Hospital in Warschau (1877-1939)], Warszawa [Warschau] 1948 (zit.: *Woźniewski*, S.)

Wójcik, Sylwester: O potrzebie pewnej zmiany w kodeksie cywilnym [Über die Notwendigkeit einer gewissen Änderung im Zivilgesetzbuch], Państwo i Prawo 1984, Nr. 9, S. 72 (zit.: *Wójcik*, PiP 1984, Nr. 9, S.)

Wóycicki, Aleksander: Dzieje robotników przemysłowych w Polsce [Geschichte der Industriearbeiter in Polen], Warszawa [Warschau] 1929 (zit.: *Wóycicki*, S.)

Wydawnictwo Naukowe PWN (Hrsg.): Encyklopedia Warszawy [Warschau-Enzyklopädie], Warszawa [Warschau] 1994 (zit.: *Encyklopedia Warszawy*, S.)

Zaporowska, Janina/Mazurkiewicz, Jacek: Cel fundacji [Stiftungszweck], Monitor Prawniczy 1994, S. 356 (zit.: *Zaporowska/Mazurkiewicz*, Mon. Praw. 1994, Nr. 12, S.)

Zawadzki, Konrad: Dom pod Królami [Das Haus unter den Königen], Warszawa [Warschau] 1973 (zit.: *Zawadzki*, S.)

Ziomek, Jerzy: Renesans [Renaissance], Warszawa [Warschau] 1980 (zit.: *Ziomek*, S.)

Anhang

A. Relevante Rechtsquellen zum polnischen Stiftungsrecht

I. Polnische Verfassung von 1997 (Auszug)[1082]

(...)

Art. 12

Die Republik Polen gewährleistet die Freiheit der Bildung und Tätigkeit der Gewerkschaften, der gesellschaftlich-beruflichen Bauernorganisationen, der Vereine, der Bürgerbewegungen, anderer freiwilliger Zusammenschlüsse sowie von Stiftungen.

(...)

1082 Vollständige Ausgabe auf der Internetseite des polnischen Parlaments, www.sejm.gov.pl.

II. Stiftungsgesetz[1083]

GBl. 1984 Nr. 21 Pos. 97

GESETZ
vom 6. April 1984
über Stiftungen

in der Fassung vom 01.01.2006

Art. 1.
[Zweck]

Eine Stiftung kann zur Verwirklichung mit den Grundinteressen der Republik Polen in Einklang stehenden gemeinnützigen oder wirtschaftlich nutzbringenden Zwecken errichtet werden, insbesondere solchen wie: Gesundheitsschutz, Entwicklung der Wirtschaft und Wissenschaft, Bildung und Erziehung, Kultur und Kunst, Sozialfürsorge und Sozialhilfe, Umweltschutz sowie Denkmalpflege.

Art. 2.
[Die Stifter]

1. Stiftungen können natürliche Personen errichten, unabhängig von ihrer Staatsangehörigkeit oder ihres Wohnsitzes, sowie juristische Personen mit Sitz in Polen oder im Ausland.
2. Der Sitz der Stiftung hat sich auf dem Territorium der Republik Polen zu befinden.

Art. 3.
[Form]

1. Die Willenserklärung über die Errichtung der Stiftung hat in der Form des notariellen Akts zu erfolgen. Die Einhaltung dieser Form ist nicht erforderlich, falls die Errichtung der Stiftung im Testament erfolgt.
2. In der Willenserklärung über die Errichtung der Stiftung hat der Stifter den Stiftungszweck zu benennen sowie die zu seiner Verwirklichung vorgesehenen Vermögensbestandteile.
3. Vermögensbestandteile gemäß Abs. 2 können Geld, Wertpapiere sowie der Stiftung übereignete bewegliche Sachen und Grundstücke sein.

1083 Übersetzung des Verfassers.

Art. 4.
[Tätigwerden]

Die Stiftung wird tätig auf Grundlage der Vorschriften dieses Gesetzes sowie der Satzung.

Art. 5.
[Satzung]

1. Der Stifter legt die Stiftungssatzung fest, indem er den Namen, den Sitz und das Vermögen, die Zwecke und Grundsätze, die Formen und den Umfang der Stiftungstätigkeit, Zusammensetzung und Organisation des Vorstandes, die Art der Berufung sowie Pflichten und Rechte dieses Organs und seiner Mitglieder bestimmt. Die Satzung kann auch andere Bestimmungen beinhalten, insbesondere über die Ausübung einer Wirtschaftstätigkeit, die Zulässigkeit und die Voraussetzungen für die Verbindung mit einer anderen Stiftung, die Zweck- oder Satzungsänderung; neben der Einberufung des Vorstandes kann sie auch die Schaffung anderer Stiftungsorgane vorsehen.
2. Der Stifter kann den aufgrund der Stiftungszwecke zuständigen Minister benennen. Die in diesem Zusammenhang abgegebene Erklärung des Stifters wird mit der Satzung verbunden und dem Gericht übergeben, das das Stiftungsregister führt.
3. Eine Stiftung, welche ihre Tätigkeit auf dem Gebiet einer Woiwodschaft ausüben soll, muss ihren Sitz auf dem Gebiet der von der Tätigkeit erfassten Woiwodschaft haben.
4. Falls in der Satzung die Festlegung erfolgt, dass die Vermögensmittel der Stiftung nach ihrer Liquidation verwendet werden sollen, dann sind diese Mittel für derartige Zwecke zu bestimmen, die in Art. 1 aufgeführt sind.
5. Die Stiftung kann einer wirtschaftlichen Tätigkeit in einem der Verwirklichung ihrer Zwecke dienendem Umfang nachgehen. Falls die Stiftung eine wirtschaftliche Tätigkeit betreiben soll, darf der Wert der für die Wirtschaftstätigkeit vorgesehenen Wirtschaftsmittel nicht weniger als ein Tausend Zloty betragen.
6. Der Ministerrat kann durch Rechtsverordnung für Gewinne aus Wirtschaftstätigkeit der Stiftung, die zur Verwirklichung ihrer satzungsmäßigen Aufgaben verwendet werden, Ermäßigungen und Befreiungen bestimmen, unbeschadet von in anderen Gesetzen bestimmten Ermäßigungen und Befreiungen.

Art. 6.
[Satzungsfeststellung]

1. Der Stifter kann von einer persönlichen Satzungsfeststellung absehen und hierzu eine andere natürliche oder juristische Person ermächtigen.
2. Auf die Satzungsfeststellung gemäß Abs. 1 finden die Vorschriften über die Satzungsfeststellung durch den Stifter Anwendung.
3. Falls der Stifter bei einer Stiftungserrichtung im Testament nicht die Satzung festgestellt und keine andere Person zwecks dieser Handlung bestimmt hat, finden die Vorschriften des IV. Buches des Zivilgesetzbuches über die Auflage entsprechende Anwendung.

Art. 7.
[Eintragungspflicht; Rechtspersönlichkeit]

1. Die Stiftung unterliegt der Pflicht zur Eintragung in das Landesgerichtsregister.
2. Mit Eintragung in das Landesgerichtsregister erlangt die Stiftung Rechtspersönlichkeit.

Art. 8.
[aufgehoben]

Art. 9.
[Registereintragung]

1. Das Gericht trägt die Stiftung in das Landesgerichtsregister ein, nachdem es festgestellt hat, dass die zur Eintragung erforderlichen Rechtshandlungen durch eine berechtigte Person oder durch das berechtigte Organ durchgeführt worden sind und diese gültig sind. Überdies wird die Entscheidung über die Eintragung der Stiftung in das Landesgerichtsregister durch das Gericht nur nach der Feststellung erlassen, dass Zweck und Stiftungssatzung rechtmäßig sind.
2. Über die Eintragung in das Landesgerichtsregister benachrichtigt das Gericht, unter gleichzeitiger Übersendung der Satzung, den aufgrund seines Tätigkeitsbereichs und des Stiftungszwecks zuständigen Minister, im Folgenden „zuständiger Minister" genannt, sowie den aufgrund des Sitzes der Stiftung zuständigen Starost.
3. Falls die Stiftungszwecke den Tätigkeitsbereich zweier oder mehrerer Minister betreffen, benachrichtigt das Gericht, unter gleichzeitiger Übersendung der Satzung, den zuständigen Minister über die Eintragung der Stiftung in das Landesgerichtsregister, mit dessen Tätigkeitsbereich die Hauptzwecke der Stiftung verbunden sind.

Art. 10.
[Stiftungsvorstand]

Der Vorstand der Stiftung leitet ihre Tätigkeit und vertritt sie nach außen.

Art. 11.
[Wirtschaftliche Betätigung]

1. Die Aufnahme einer in der Satzung nicht vorgesehenen Wirtschaftstätigkeit durch die Stiftung erfordert eine vorhergehende Satzungsänderung.
2. Die Änderung der Stiftungssatzung erfordert eine Eintragung in das Landesgerichtsregister. Die Bestimmungen des Art. 9 finden entsprechende Anwendung.

Art. 12.
[Aufsicht]

1. Auf Antrag des zuständigen Ministers oder Starosts entscheidet das Gericht in freiwilliger Gerichtsbarkeit über die Übereinstimmung der Stiftungstätigkeit mit den Rechtsvorschriften und den Bestimmungen der Satzung sowie des Zwecks, zu dem die Stiftung errichtet worden ist.
2. Die Stiftung erstattet jährlich dem zuständigen Minister einen Bericht über ihre Tätigkeit.
3. Der Bericht gemäß Abs. 2 wird durch die Stiftung öffentlich bekanntgemacht.
4. Durch Rechtsverordnung bestimmt der Justizminister den Rahmenumfang des Berichts gemäß Abs. 2, der insbesondere die wichtigsten Informationen über die Stiftungstätigkeit im Berichtszeitraum umfassen soll, aufgrund derer eine Bewertung der Ordnungsgemäßheit der Verwirklichung der Satzungsziele durch die Stiftung ermöglicht wird.

Art. 13.
[Aufhebung von Vorstandsbeschlüssen]

Der zuständige Minister oder der Starost können eine gerichtliche Aufhebung eines Beschlusses des Stiftungsvorstands beantragen, wenn dieser in einem krassen Widerspruch zum Stiftungszweck, den Bestimmungen der Stiftungssatzung oder den Rechtsvorschriften steht. Die genannte Behörde kann sich gleichzeitig an das Gericht wenden, um die Ausführung des Beschlusses bis zur Streitentscheidung aufzuschieben.

Art. 14.
[Zwangsverwalter]

1. Falls die Tätigkeit des Stiftungsvorstands die Rechtsvorschriften oder die Satzungsbestimmungen erheblich verletzt oder dem Stiftungszweck widerspricht, kann die in Art. 13 genannte Behörde eine angemessene Frist zur Behebung dieser Verstöße der Vorstandstätigkeit setzen oder den Austausch des Stiftungsvorstands innerhalb einer festgelegten Frist fordern.
2. Bei Verstreichenlassen der Frist gemäß Abs. 1 sowie im Falle eines weiteren beharrlichen rechtswidrigen, satzungswidrigem oder zweckwidrigen Handelns des Stiftungsvorstands, kann die in Art. 13 genannte Behörde bei Gericht die Enthebung des Stiftungsvorstands und die Bestellung eines Zwangsverwalters beantragen.
3. Der Zwangsverwalter vertritt die Stiftung in Vorstandsangelegenheiten, darunter auch in Gerichtsverfahren; er ist verpflichtet, die zur ordnungsgemäßen Tätigkeit der Stiftung erforderlichen Handlungen auszuführen.
4. Das Gericht hebt seine Entscheidungen über die Enthebung des Stiftungsvorstands sowie die Bestellung des Zwangsverwalters auf Antrag der Stiftungsvorstands auf, falls aus den Umständen hervorgeht, dass die Handlungen nach Abs. 1 unterlassen werden.

Art. 15.
[Liquidation]

1. Im Falle der Erreichung des Zwecks, zu welchem die Stiftung errichtet worden ist oder im Falle der Erschöpfung der finanziellen Mittel sowie des Vermögens der Stiftung, unterliegt die Stiftung der Liquidation auf die in der Satzung festgelegte Weise.
2. Falls die Satzung die Liquidation der Stiftung nicht vorsieht oder die Satzungsbestimmungen diesbezüglich nicht befolgt werden, wendet sich das in Art. 13 genannte Organ bei Vorliegen der in Abs. 1 genannten Fälle an das Gericht zwecks Liquidation der Stiftung.
3. In anderen als in Abs. 1 genannten Fällen kann die Liquidation der Stiftung nur aufgrund einer Gesetzesvorschrift erfolgen.
4. Falls die Stiftungssatzung keine Bestimmung über die Verwendung der nach der Liquidation verbleibenden Vermögensmittel trifft, entscheidet das Gericht über die Verwendung dieser Mittel unter Berücksichtigung der Zwecke, denen die Stiftung gedient hat.

Art. 15a.
[Die Aufgabe des Starosts]

1. Gegenüber einer Stiftung, die öffentliche Mittel bezieht und landesweit tätig ist, übt ein Starost die in Art. 12 - 15 normierten Befugnisse aus, falls die Tätigkeit auf dem Gebiet seiner örtlichen Zuständigkeit der Kreisselbstverwaltung ausgeübt wird.
2. Die in diesem Gesetz genannten Aufgaben des Starosts sind Aufgaben aus dem Bereich der Regierungsverwaltung.

Art. 16.
[Steuerbefreiung]

Der Erwerb von Geld, anderen beweglichen Sachen oder Vermögensrechten durch die Stiftung im Wege der Erbschaft, des Vermächtnisses oder Schenkung ist von der Erbschafts- und Schenkungssteuer befreit.

Art. 17.
[Rechtsweg]

Vermögensstreitigkeiten, deren Partei die Stiftung ist, untersucht das Gericht.

Art. 18.
[Zuständigkeit]

Jedes Mal wenn im Gesetz vom zuständigen Minister die Rede ist, wird darunter auch der Leiter der zuständigen Zentralbehörde verstanden.

Art. 19.
[Ausländische Stiftungen]

1. Ausländische Stiftungen mit Sitz im Ausland können auf dem Gebiet der Republik Polen Vertretungen errichten.
2. Die Errichtung einer Vertretung bedarf der Genehmigung, welche zugleich die Zustimmung zur Ausübung der in der Genehmigung bestimmten Tätigkeit darstellt. Die Genehmigung erteilt der aufgrund seines Tätigkeitsbereichs sowie der Errichtungszwecke der Vertretung zuständige Minister.
3. Die Genehmigung kann erteilt werden, falls die Errichtung der Vertretung der Verwirklichung der in Art. 1 genannten Ziele dienen soll; falls die Vertretung daneben einer wirtschaftlichen Tätigkeit nachgehen soll, findet Art. 5 Abs. 5 Satz 1 entsprechende Anwendung.
4. Die Vertretung ist verpflichtet, die auf dem Gebiet der Republik Polen geltenden Rechtsvorschriften zu befolgen.
5. Der aufgrund seines Tätigkeitsbereichs sowie der Errichtungszwecke der Vertretung zuständige Minister kann die Genehmigung zurücknehmen, falls die Vertretung die in der Genehmigung bestimmten Bedingungen nicht ein-

hält oder auf erhebliche Weise die auf dem Gebiet der Republik Polen geltenden Rechtsvorschriften oder das Interesse des Staates verletzt.

6. Falls die Vertretung oder die durch sie vertretene Stiftung die Sicherheit oder ein anderes wichtiges Staatsinteresse gefährdet, kann der zuständige Minister die Genehmigung aussetzen. Die Aussetzung der Genehmigung hat - bis zur Entscheidung über die Rücknahme der Genehmigung - die unverzügliche und entschädigungslose Einstellung der von der Genehmigung erfassten Tätigkeit zur Folge.
7. In Angelegenheiten einer wirtschaftlichen Betätigung der Vertretung finden daneben gesonderte Vorschriften über das Betreiben einer wirtschaftlichen Tätigkeit durch Vertretungen ausländischer Subjekte auf dem Gebiet der Republik Polen Anwendung.

Art. 20.
[Anwendbares Recht]

Die Bestimmungen dieses Gesetzes berühren nicht die Vorschriften des Internationalen Privatrechts.

III. Gesetz über das Landesgerichtsregister (Auszug)

GBl. 2007 Nr. 108 Pos. 1186

GESETZ
vom 20. August 1997
über das Landesgerichtsregister

in der Fassung vom 03.09.2007

Abschnitt 1. Allgemeine Bestandteile

Art. 1
[Bestandteile]

(1) Es wird ein Landesgerichtsregister gebildet, im Folgenden als „Register“ bezeichnet.

(2) Das Register setzt sich zusammen aus:

1. einem Unternehmensregister,
2. einem Register für Vereine, andere gesellschaftliche und berufsständische Organisationen, Stiftungen sowie öffentliche Anstalten der Gesundheitsfürsorge,
3. einem Register zahlungsunfähiger Schuldner.

Art. 2
[Zuständigkeit]

(1) Das Register wird von den Rayonsgerichten (Wirtschaftsgerichten) im EDV-System geführt, deren Zuständigkeit das Gebiet einer Woiwodschaft oder eines Teils davon umfasst, sie werden im Folgenden als „Registergerichte“ bezeichnet.

(2) Die Gemeinden erbringen als übertragene Aufgaben Tätigkeiten im Zusammenhang mit der Führung des Registers, die in der Gewährleistung

1. der Einsichtnahme in die Polnische Tätigkeitenklassifikation (PKD),
2. der von Gesetzes wegen erforderlichem amtlichen Antragsformulare, die eine Registrierung von offenen Handelsgesellschaften ermöglichen,
3. des Zugangs zu Informationen über die Höhe der Gebühren, die Zahlungsweise sowie über die örtliche Zuständigkeit der Registergerichte

gegenüber Interessierten bestehen.

(3) Der Justizminister bestimmt im Einvernehmen mit dem für die Angelegenheiten der öffentlichen Verwaltung zuständigen Minister im Verordnungswege die Art der Ausführung der in Abs. 2 genannten Tätigkeiten sowie die Art der Zusammenarbeit der Registergerichte und der Gemeindevorsteher (Bürgermeister, Stadtpräsidenten) in diesen Angelegenheiten, insbesondere unter Benennung der Art des Verfahrens und der Übermittlung der unerlässlichen Informationen durch die Registergerichte, unter Berücksichtigung einer Erleichterung des Zugangs zum Register.

Art. 3
[Eintragungspflicht]

Das Register umfasst Rechtssubjekte, denen das Gesetz die Pflicht auferlegt, die Eintragung in dieses Register herbeizuführen.

Art. 4
[Zentrale Informationsstelle]

(1) Der Justizminister errichtet eine Zentrale Informationsstelle des Landesgerichtsregisters, im Folgenden als „Zentrale Informationsstelle" bezeichnet, mit Abteilungen bei den Registergerichten.

(2) Aufgabe der Zentralen Informationsstelle ist:

1. die Führung einer Informationssammlung des Registers sowie eines elektronischen Kataloges der Dokumente der Gesellschaften, im Folgenden als „Katalog" bezeichnet,
2. die Erteilung von Informationen aus dem Register sowie die Aufbewahrung und Zugänglichmachung von Kopien der Dokumente aus dem Katalog,
3. die Errichtung und Nutzung der Vernetzung des Registers und des Katalogs im EDV-System.

(3) Die Zentrale Informationsstelle erteilt Abschriften, Auszüge und Bescheinigungen und erteilt Informationen aus dem Register, welche die Wirkung amtlicher Dokumente haben, wenn sie in Papierform ausgegeben wurden.

(3a) Die Zentrale Informationsstelle gibt auf elektronischem Wege aus dem Katalog Kopien von Dokumenten aus, deren Übereinstimmung mit den sich in den Registerakten des Rechtssubjekts befindlichen Dokumenten beglaubigt ist.

(4) Die Zentrale Informationsstelle erhebt Gebühren für die Erteilung von Informationen, die Ausgabe von Abschriften, Auszügen, oder Bestätigungen aus dem Register sowie für die Zugänglichmachung von Kopien der Dokumente aus dem Katalog. Diese Gebühren stellen eine Einnahme des Staatshaushaltes dar.

(4a) Die Zentrale Informationsstelle macht unentgeltlich in allgemein zugänglichen Informationsnetzen grundlegende Informationen über die in das Register der Unternehmer und in das Register der Vereine, anderer gesellschaftlicher oder berufsständischer Organisationen, Stiftungen sowie öffentlicher Anstalten der Gesundheitsfürsorge eingetragene Rechtssubjekte zugänglich, darunter auch über Rechtssubjekte, die den Status einer gemeinnützigen Organisation erlangt haben.

(4b) Die Zentrale Informationsstelle macht unentgeltlich in allgemein zugänglichen Informationsnetzen eine Liste der Rechtssubjekte zugänglich, bezüglich derer in Abteilung 6 des Unternehmensregisters eine Information über die Konkurseröffnung eingetragen worden ist. Die Liste enthält die folgenden Angaben:

1. Name oder Firma;
2. die KRS-Nummer;
3. die NIP-Nummer;
4. den Sitz des Unternehmers;
5. das Datum des Erlasses der Entscheidung über die Konkurseröffnung zusammen mit der Benennung der Art der Durchführung des Konkursverfahrens;
6. das Aktenzeichen der Rechtssache und die Benennung des Gerichts, das den Konkurs eröffnet hat;
7. das Datum sowie die Art der Beendigung des Konkursverfahrens.

Art. 5
[Befreiung von der Gebührenpflicht]

Der Fiskus sowie staatliche Institutionen, deren Aufgabe nicht in einer Wirtschaftsstätigkeit liegt, haben die in Art. 4 Abs. 4 genannten Gebühren nicht zu entrichten.

[...]

Art. 7
[Anwendbarkeit des Zivilverfahrensgesetzbuchs]

Auf das Verfahren vor den Registergerichten finden die Vorschriften des Zivilverfahrensgesetzbuches über das nichtstreitige Verfahren Anwendung, es sei denn, dass das Gesetz etwas anderes bestimmt.

Art. 8
[Formelle Publizität]

(1) Das Register ist öffentlich.

(2) Jeder hat das Recht auf Zugang zu den im Register enthaltenen Angaben unter Vermittlung durch die Zentrale Informationsstelle.

(3) Jeder hat das Recht, auch auf elektronischem Wege beglaubigte Abschriften, Auszüge, Bescheinigungen und Informationen aus dem Register zu erhalten.

[...]

Art. 9
[Registerakten]

(1) Für ein in das Register eingetragenes Rechtssubjekt werden eigene Registerakten geführt, die insbesondere die Urkunden umfassen, die die Grundlage für die Eintragung bilden.

[...]

(3) Handelt ein in das Register eingetragenes Rechtssubjekt auf der Grundlage eines Vertrages oder einer Satzung, so wird dem Antrag auf seine Eintragung der Vertrag oder die Satzung beigefügt.

[...]

Art. 10
[Einsichtsrecht]

(1) Jeder hat das Recht, die Registerakten von im Register eingetragenen Rechtsträgern einzusehen, es sei denn, das Gesetz bestimmt etwas anderes.

[...]

Art. 11
[Unterschriftsmuster]

(1) In den Registerakten wird eine Sammlung von Unterschriftsmustern der zur Vertretung des im Register eingetragenen Rechtssubjekts berechtigten Personen geführt.

(2) Jeder hat das Recht, sich mit den in Abs. 1 erwähnten Unterschriftsmustern vertraut zu machen.

[...]

Art. 13
[Bekanntmachung]

(1) Die Eintragungen zum Register unterliegen der Pflicht zur Bekanntmachung im Gerichts- und Wirtschaftsanzeiger, es sei denn, das Gesetz trifft eine andere Bestimmung.

(2) *(aufgehoben)*

[...]

Art. 14
[Negative Publizität]

Das zur Stellung eines Eintragungsantrags verpflichtete Rechtssubjekt kann sich gegenüber in gutem Glauben handelnden Dritten nicht auf Tatsachen berufen, die nicht in das Register eingetragen wurden oder der Löschung aus dem Register unterlagen.

Art. 15
[Materielle Publizität bekanntmachungspflichtiger Eintragungen]

(1) Vom Tage der Bekanntmachung im Gerichts- und Wirtschaftsanzeiger an kann sich niemand auf seine Unkenntnis der bekanntgemachten Eintragungen berufen. Jedoch kann sich das im Register eingetragene Rechtssubjekt in Bezug auf Vorgänge, die vor Ablauf des 16. Tages seit dem Tag der Bekanntmachung abgeschlossen wurden, gegenüber einem Dritten nicht auf die Eintragung berufen, wenn dieser beweist, dass er von dem Inhalt der Eintragung keine Kenntnis erlangen konnte.

(2) Im Falle einer Divergenz zwischen der Eintragung im Register und der Bekanntmachung im Gerichts- und Wirtschaftsanzeiger ist die Eintragung im Register maßgebend. Jedoch kann sich ein Dritter auf den Inhalt der Bekanntmachung berufen, es sei denn, das im Register eingetragene Rechtssubjekt beweist, dass der Dritte von Inhalt der Eintragung Kenntnis hatte.

(3) Ein Dritter kann sich auf Urkunden und Angaben berufen, in Bezug auf die die Verpflichtung zur Bekanntmachung noch nicht erfüllt worden ist, wenn die Nichtvornahme der Bekanntmachung ihn nicht der Rechtsfolgen entledigt.

Art. 16
[Materielle Publizität nicht bekanntmachungspflichtiger Eintragungen]

Wenn die Eintragung in das Register nicht der Verpflichtung zur Bekanntmachung im Gerichts- und Wirtschaftsanzeiger unterliegt, kann sich niemand auf die Unkenntnis vom Inhalt der Eintragung berufen, es sei denn, dass er trotz Wahrung der notwendigen Sorgfalt von der Eintragung keine Kenntnis haben konnte.

Art. 17
[Positive Publizität]

(1) Es wird vermutet, dass die im Register eingetragenen Angaben der Wahrheit entsprechen.

(2) Sind Angaben nicht entsprechend der Anmeldung des Rechtssubjekts oder ohne dessen Anmeldung in das Register eingetragen worden, so kann dieser Rechtsträger gegenüber einem gutgläubigen Dritten nicht geltend machen, dass diese Angaben unrichtig sind, wenn er es versäumt hat, unverzüglich die Berichtigung oder Löschung der Eintragung zu beantragen.

[...]

Art. 19
[Erfordernis und Form des Antrags]

(1) Die Eintragung in das Register wird auf Antrag vorgenommen, es sei denn, eine besondere Vorschrift sieht eine Eintragung von Amts wegen vor.

(2) Der Antrag auf Eintragung in das Register wird auf einem amtlichen Formular gestellt. Bei Stellung des Antrags entrichtet der Antragsteller ohne Aufforderung die Gerichtsgebühr und, wenn die Eintragung der Bekanntmachung unterliegt, ebenso die Gebühr für die Bekanntmachung im Gerichts- und Wirtschaftsanzeiger.

(2a) Die Anträge können auch auf nichtfarbigen Formularen gestellt werden, die Computerausdrucke darstellen oder Kopien amtlicher Formulare sind.

(2b) Die auf elektronischem Wege eingereichten Anträge müssen mit einer sicheren elektronischen Unterschrift versehen sein, die mit Hilfe eines gültigen qualifizierten Zertifikats verifiziert ist.

(3) Ein unter Verstoß gegen die Vorschrift des Abs. 2 gestellter oder nicht ordnungsgemäß ausgefüllter Antrag wird ohne Aufforderung zur Behebung der Mängel zurückgegeben. [...].

(3a) Im Falle des Auftretens anderer Mängel als der in Abs. 2 und 3 genannten findet Art. 130 des Zivilverfahrensgesetzbuches entsprechende Anwendung.

(4) Im Falle der Rückgabe eines Antrags gemäß Abs. 3 kann dieser innerhalb einer Frist von sieben Tagen ab dem Datum der Zustellung der Anordnung über die Rückgabe erneut gestellt werden. Enthält der erneut gestellte Antrag keine Mängel, wirkt er ab dem Datum der erstmaligen Einreichung. Diese Folge tritt im Falle einer erneuten Rückgabe des Antrags nicht ein, es sei denn, die Rückgabe erfolgte in Folge von zuvor nicht angezeigten Mängeln.

(5) Die amtlichen Formulare werden an den Gerichtssitzen sowie auf der In-

ternetseite des Justizministeriums bereitgestellt.

(6) Der Justizminister bestimmt im Verordnungswege die Muster, die Art sowie die Orte der Bereitstellung der amtlichen Formulare[1084]. Diese Formulare sollen den für Prozessschriftsätze vorgesehenen Erfordernissen entsprechen und die für die Parteien unerlässlichen Belehrungen zur Art und Weise ihrer Ausfüllungen und Einreichungen sowie zu den Folgen eines Verstoßes des Antrags gegen diese Erfordernisse erhalten.

Art. 19a
[Unterschriftsmuster]

(1) Dem Eintragungsantrag eines der Pflicht zur Eintragung in das Landesgerichtsregister unterliegenden Rechtssubjekts werden notariell beglaubigte oder vor einem Richter oder bevollmächtigten Gerichtsangestellten abgegebene Unterschriftsmuster der zur Vertretung dieses Rechtsträgers berechtigten Personen oder eines Prokuristen beigefügt.

[...]

Art. 20
[Eintragungsverfahren]

(1) Die Eintragung in das Registergericht besteht in der Eingabe der im Beschluss des Registergerichts enthaltenen Angaben in das EDV-System unverzüglich nach dessen Erlass. Die Eintragung ist im Moment der Aufnahme der Angaben in das Register vollendet.

[...]

Art. 20a
[Eintragungsfrist]

Das Registergericht entscheidet über einen Eintragungsantrag nicht später als innerhalb einer Frist von sieben Tagen ab dem Tag der Antragstellung. Erfordert die Entscheidung über den Antrag eine Aufforderung zur Behebung eines Eintragungshindernisses so soll über den Antrag innerhalb von sieben Tagen nach Behebung des Hindernisses durch den Antragsteller entschieden werden, unbeschadet der in besonderen Vorschriften bestimmten Fristen. Erfordert die Entscheidung über den Antrag die Anhörung von Verfahrensbeteiligten oder die Durchführung einer Verhandlung, so ist über ihn nicht später als innerhalb eines Monats zu entscheiden.

[...]

1084 Verordnung des Justizministers vom 21. Dezember 2000 über die Bestimmung der Muster der amtlichen Antragsformulare auf Eintragung in das Landesgerichtsregister sowie die Art und die Orte ihrer Bereitstellung (Dz. U. 2000, Nr. 118, Pos. 1247: zuletzt geändert in Dz. U. 2009, Nr. 30, 199).

Art. 22
[Antragsfrist]

Der Antrag auf Eintragung in das Register soll nicht später als innerhalb einer Frist von sieben Tagen ab dem Tage des die Vornahme der Eintragung begründenden Ereignisses gestellt werden, es sei denn, dass eine spezielle Vorschrift etwas anderes bestimmt.

Art. 23
[Prüfungsumfang]

(1) Das Registergericht prüft, ob die dem Antrag beigefügten Urkunden hinsichtlich Form und Inhalts den rechtlichen Vorschriften entsprechen.

(2) Das Registergericht prüft, ob die im Antrag auf Eintragung in das Register gemachten Angaben in dem in Art. 35 bestimmten Bereich wahr sind. Außerhalb dieses Bereichs prüft das Registergericht, ob die angemeldeten Angaben mit der wirklichen Sachlage übereinstimmen, wenn es diesbezüglich begründete Zweifel gibt.

[...]

Art. 34
[Angaben in Geschäftsbriefen]

(1) Die in das Register eingetragenen Rechtssubjekte sind verpflichtet, in schriftlichen Erklärungen, die sie im Rahmen ihrer Tätigkeit an bestimmte Personen oder Behörden richten, folgende Angaben aufzunehmen:

1. Firma oder Namen,
2. die Bezeichnung der Rechtsform,
3. Sitz und Adresse,
4. die NIP-Nummer,
5. die Bezeichnung des Registergerichts, bei dem die Registerakten des Rechtssubjekts aufbewahrt sind, sowie die Nummer des Rechtssubjekts im Register.

[...]

(3) Im Falle der Nichterfüllung der in Abs. 1 genannten Verpflichtung kann das Registergericht, das die Nichterfüllung einer solchen Verpflichtung feststellt, den hierfür verantwortlichen Personen ein Bußgeld auferlegen.

(4) Das in Abs. 3 genannte Bußgeld darf 5.000 PLN nicht übersteigen.

[...]

Art. 35
[Inhalt der Eintragung]

Immer wenn in das Register eingetragen wird:

1. [...]
2. ein anderes Rechtssubjekt als in Nr. 1[1085] - werden Name oder Firma sowie die auf der Grundlage der Vorschriften über die öffentliche Statistik im Register der Unternehmensträger der nationalen Wirtschaft verliehene Identifikationsnummer, im Folgenden „REGON-Nummer“ genannt, aufgenommen, und wenn das Rechtssubjekt im Register eingetragen ist - auch seine Nummer im Register.

Abschnitt 2. Das Unternehmensregister

Art. 36
[Anwendungsbereich]

Die Vorschriften des vorliegenden Abschnitts finden auf folgende Unternehmer Anwendung:

1. (*aufgehoben*)
2. offene Handelsgesellschaften,

2a. Europäische Wirtschaftliche Interessenvereinigungen,

3. Partnerschaftsgesellschaften,
4. Kommanditgesellschaften,
5. Kommanditgesellschaften auf Aktien,
6. Gesellschaften mit beschränkter Haftung,
7. Aktiengesellschaften,

7a. Europäische Gesellschaften,

8. Genossenschaften,

8a. Europäische Genossenschaften,

9. staatliche Unternehmen,
10. Forschungs- und Entwicklungseinheiten,
11. die in den Bestimmungen über die Grundsätze der Ausübung einer Wirtschaftstätigkeit auf dem Territorium der Polnischen Republik im Bereich der Kleinproduktion durch ausländische juristische und natürliche Personen genannten Unternehmer, im Folgenden „ausländische Unternehmer“ bezeichnet,

---

1085 In Nr. 1 ist die natürliche Person aufgeführt.

12. Versicherungsvereine auf Gegenseitigkeit,

12a. Rückversicherungsvereine auf Gegenseitigkeit,

13. andere juristische Personen, wenn sie eine Wirtschaftstätigkeit ausüben und der Verpflichtung zur Eintragung in das in Art. 1 Abs. 2 Nr. 2 genannte Register unterliegen,

14. Zweigniederlassungen auf dem Territorium der Polnischen Republik tätiger ausländischer Unternehmer,

15. Hauptniederlassungen ausländischer Versicherungsanstalten,

16. Hauptniederlassungen ausländischer Rückversicherungsanstalten,

17. Institutionen der Budgetwirtschaft.

[...]

Abschnitt 3. Das Register für Vereine, andere gesellschaftliche oder berufsständische Organisationen, Stiftungen sowie öffentliche Anstalten der Gesundheitsfürsorge

Art. 49
[Eintragung ohne Bekanntmachung]

(1) Vereine, andere gesellschaftliche oder berufsständische Organisationen, Stiftungen und öffentliche Anstalten der Gesundheitsfürsorge unterliegen der Verpflichtung zur Eintragung in das Register für Vereine, andere gesellschaftliche oder berufsständische Organisationen, Stiftungen und öffentliche Anstalten der Gesundheitsfürsorge gemäß den Vorschriften des Abschnitts 2, sofern nicht die folgenden Vorschriften etwas anderes bestimmen.

(2) Eintragungen in das in Abs. 1 genannte Register unterliegen nicht der Pflicht zur Bekanntmachung im Gerichts- und Wirtschaftsregister, mit Ausnahme von Eintragungen, welche die Offenlegung von ausschließlich mit dem Status als gemeinnützige Organisation in Zusammenhang stehenden Informationen betreffen.

[...]

Art. 49a
[Gemeinnützige Organisation]

(1) In das Register für Vereine, andere gesellschaftliche oder berufsständische Organisationen, Stiftungen und öffentliche Anstalten der Gesundheitsfürsorge werden auch gemeinnützige Organisationen eingetragen [...].

(2) Mit der in Abs. 1 genannten Eintragung ist nicht die Erlangung der Rechtspersönlichkeit durch eine solche Organisation verbunden, und in Abteilung 1 des Registers für Vereine, andere gesellschaftliche oder berufsständische Organisationen, Stiftungen und öffentliche Anstalten der Gesundheitsfürsor-

ge wird die Information offengelegt, dass die gemeinnützige Organisation keine Rechtspersönlichkeit besitzt.

(3) In dem Falle, dass die gemeinnützige Organisation aufgehört hat, die in Art. 20 und 12 des Gesetzes vom 24. April 2003 über die gemeinnützige Tätigkeit und das Volontariat genannten Erfordernisse zu erfüllen, löscht sie das Registergericht von Amts wegen aus dem Register.

Art. 50
[Aufnahme einer Wirtschaftstätigkeit]

Wenn das in das in Art. 49 Abs. 1 genannte Register eingetragene Rechtssubjekt eine Wirtschaftstätigkeit aufnimmt, unterliegt er auch der Pflicht zur Eintragung in das Unternehmensregister [...].

B. Historische Rechtsquellen zum polnischen Stiftungsrecht

I. Stiftungsdekret von 1919[1086]

Dz. Pr. P. P.[1087] 1919 Nr. 15 poz. 215

Dekret
über Stiftungen
und die Bewilligung von Schenkungen und Vermächtnissen

vom 07.02.1919

Art. 1

Eine Stiftung kann ins Leben gerufen werden durch eine Verfügung unter Lebenden oder durch Testament.

Art. 2

Die Akte gemäß Art. 1 werden nur dann eine Rechtsfolge haben, soweit sie durch die zuständige Gewalt bewilligt werden. Im Zeitpunkt der Bewilligung erhält die Stiftung den Charakter einer juristischen Person.

Art. 3

Im Zeitpunkt der Bewilligung ist der Stifter oder dessen Nachfolger verpflichtet, der Stiftung das für sie bestimmte Vermögen zu übergeben.

Art. 4

Die Bewilligung der Stiftung hindert dritte Personen nicht daran, ihre Rechte am Stiftungsvermögen auf dem Gerichtswege durchzusetzen.

Art. 5

Ein ins Leben rufen der Stiftung durch Verfügung unter Lebenden kann ausschließlich durch notariellen Akt erfolgen. Bei der Bildung des Stiftungsvermögens im Wege öffentlicher Sammlungen wird der Akt durch den Veranstalter der Sammlung erklärt.

Art. 6

Die Notare haben der zuständigen Gewalt Abschriften der ihnen gegenüber erklärten oder der bei ihnen zur Aufbewahrung abgegebenen Stiftungsakte und Testamente einzureichen. Die Erben des Stifters sowie alle Interessierten können gleichfalls der zuständigen Gewalt einen Stiftungsakt zur Bewilligung vorlegen.

1086 Übersetzung des Verfassers.

1087 Die Abkürzung steht für *Dziennik Praw Państwa Polskiego*, zu dt. „Blatt der Rechte des Polnischen Staates“; für das später im Laufe des Jahres 1919 eingeführte Gesetzblatt (poln. *Dziennik Ustaw*) wird bis heute nur noch die Abkürzung „*Dz. U.*“ verwendet.

Art. 7

Die zur Bewilligung der Stiftung zuständige Gewalt ist für eine Stiftung derjenige Minister, dessen Kompetenzumfang den Gegenstand der Stiftung deckt. Falls die Stiftung Gegenstände umfasst, die in die Kompetenzumfänge zweier oder mehrerer Minister fallen, erfolgt die Bewilligung der Stiftung in einem solchen Fall durch eine Unterzeichnung aller interessierten Minister.

Art. 8

Jedes Ministerium führt gemäß eines Musters, welches durch den Ministerrat bewilligt werden wird, ein seinen Kompetenzen zugehöriges Stiftungsregister, zu welchem die Stiftungssatzungen hinzugefügt werden; jede Änderung in der Stiftungssatzung, sowie jede Erhöhung oder Verringerung des Kapitals sowie des der Stiftung gehörenden unbeweglichen Vermögens wird im Register erwähnt.

Art. 9

Jede Stiftung wird eine Satzung mit folgendem Inhalt haben: Stiftungszweck, alle Tätigkeiten, zu deren Ausübung die Stiftung als juristische Person befähigt sein soll sowie die Organisation des Vorstandes.

Art. 10

Falls der Stiftungsakt keine Stiftungssatzung enthält oder die im Akt entworfene Satzung mangelhaft oder unzureichend ist und der Stifter lebt, wird die bewilligende Gewalt die Bewilligung unter der Bedingung der Vorlage einer Satzung oder der Durchführung von Änderungen in der vorgelegten Satzung entsprechend den gestellten Anforderungen erteilen.

Art. 11

Falls der Stiftungsakt keine Stiftungssatzung enthält, oder die Satzung mangelhaft oder unzureichend ist und der Stifter nicht lebt oder die Stiftung im Wege öffentlicher Sammlungen entstanden ist, wird die Gewalt mit der Bewilligung der Stiftung dieser eine Satzung geben, ändern oder vervollständigen.

Art. 12

Falls sich eine Organisation als unmöglich oder ziellos herausstellt, kann die Gewalt mit Bewilligung die Stiftung in eigene Verwaltung übernehmen. Falls der Stifter lebt, kann dies nur mit seiner Zustimmung erfolgen.

Art. 13

Der Minister, in dessen Kompetenzbereich der Gegenstand der Stiftung fällt, hat das Recht zur Aufsicht über die Organe der Stiftungsverwaltung und kann zu diesem Zweck von diesen die Erstattung von Berichten und Vorlage von Rechnungen verlangen sowie die Ausführung von Verfügungen dieser Organe - unter Erhaltung der Rechte dritter Personen - hemmen und aufheben, falls diese mit dem Stiftungsakt, der Stiftungssatzung oder dem Recht nicht vereinbar oder für die Stiftung schädlich wären.

Falls Stiftungsvorstände ihre Handlungen fehlerhaft oder nachlässig ausführen, fordert der Minister diese zur ordnungsgemäßen Pflichtenerfüllung auf und falls die Aufforderung erfolglos bleibt, bestellt er an ihre Stelle andere Verwalter oder wendet die Vorschrift des Art. 12 an.

Falls die Stiftung in den Kompetenzbereich mehrerer Minister fällt, wird das Aufsichtsrecht demjenigen zur Verfügung stehen, der im Wege der Verständigung mit den anderen und unter gleichzeitiger Bestätigung durch die Stiftung bestimmt wird.

Art. 14

Falls ein Ministerium, in dessen Bereich die Stiftung fällt, nicht über die besonderen Organe für die Aufsicht oder Verwaltung verfügt, kann der Ministerrat auf Antrag des zuständigen Ministers über die Beteiligung eines anderen Ministeriums bei der Organisation der Aufsicht und Verwaltung entscheiden.

Art. 15

Bei der Ausübung der in Art. 11 und den ihm folgenden Artikeln vorgesehen Handlungen wird die bewilligende Gewalt sich um eine mögliche Angleichung ihrer Anordnungen an die zu vermutende Intention des Stifters bemühen.

Art. 16

Die Vorschriften Art. 2, 1. Teil und Art. 7 beziehen sich nicht nur auf Stiftungen, die den Gegenstand dieses Gesetzes darstellen, sondern auch auf Schenkungen und Vermächtnisse zu Gunsten bestehender juristischer Personen.

Art. 17

Stiftungen, Vermächtnisse und Schenkungen, die vor dem Inkrafttreten dieses Gesetzes rechtlich bestätigt worden sind, bedürfen keine erneute Bewilligung; sollten diese jedoch über keine ausreichend bestimmte Organisation verfügen, werden die Vorschriften Art. 11, 12 und 15 dieses Gesetzes auch auf diese Anwendung finden. Außerdem treten die Vorschriften dieses Gesetzes rückwirkend in Kraft im Verhältnis zu Stiftungen, Schenkungen und Vermächtnissen, die vor ihrer Verkündung entstanden sind.

Art. 18

Die zuständige Gewalt kann die Bewilligung von Stiftungen sowie den in Art. 16 genannten Schenkungen und Vermächtnissen versagen, wenn sie erkennt, dass die Stiftung, Schenkung oder das Vermächtnis gegen das Gesetz oder die guten Sitten verstößt oder nicht den Gunsten der Gemeinnützigkeit entspricht.

Art. 19

Wenn die Erreichung des Stiftungszwecks unmöglich oder gemeinwohlwidrig geworden ist, kann im Wege eines Dekrets der Höchsten Gewalt unter Anwendung von Art. 15 eine Änderung der Zweckbestimmung der Stiftung oder ihrer Satzung sowie die Aufhebung der Stiftung als solche ausgesprochen werden.

Art. 20

Die Entscheidungen der Minister in den durch dieses Gesetz geregelten Angelegenheiten sind den Stiftern oder ihren Erben bzw. ihren Vermächtnisnehmern, Testamentsvollstreckern und den Vorständen der beschenkten Institutionen sowie dem Justizminister als Oberstaatsanwalt zuzustellen. Sofern die in diesem Artikel genannten Personen nicht bekannt sind oder deren Wohnort dem Minister unbekannt ist oder diese sich im Ausland befinden, wird ihnen gegenüber die Bekanntmachung im Polnischen Anzeiger (poln. *Monitor Polski*) die rechtliche Wirkung einer Zustellung haben.

Art. 21

Die Entscheidung der Minister, von denen im vorhergehenden Artikel die Rede ist, können durch jeden Interessierten, ebenfalls durch den Justizminister zum Verwaltungstribunal angefochten werden, und solange dieser nicht gebildet ist, zum Ministerrat innerhalb einer 2-Monatsfrist ab Zustellung oder Bekanntmachung. Das Einlegen der Beschwerde, mit Ausnahme von Beschwerden gegen Entscheidungen gemäß Art. 13, hemmt die Ausführung der Entscheidung.

[Wortlaut geändert durch Art. 1 Abs. 1 der Verordnung des Präsidenten der Republik vom 22. März 1928, Dz. U. 1928, Nr. 38, Poz. 372:

„Die Entscheidung der Minister, von denen im vorhergehenden Artikel die Rede ist, können durch jeden Interessierten zum Höchsten Verwaltungstribunal[1088] angefochten werden. Das Einlegen der Beschwerde, mit Ausnahme von Beschwerden gegen Entscheidungen gemäß Art. 13, hemmt die Ausführung der Entscheidung."]

Art. 22

Alle früheren Rechte und Verordnungen, die durch den Gegenstand dieses Gesetzes umfasst sind, insbesondere die Vorschriften vom 17.08.1871 sowie die Verordnung des Warschauer Generalgouvernements vom 10.01.1917, werden aufgehoben.

Art. 23

Dieses Gesetz entfaltet bindende Wirkung auf dem Teil des Polnischen Staates, welcher das Territorium des früheren Königreichs, des so genannten Kongresskönigreichs bildet.

[§ 1 der Verordnung des Ministerrats vom 20. April 1923, Dz. U. 1923, Nr. 49, Poz. 335: Die Bindungswirkung des Dekrets über Stiftungen (...) erstreckt sich auf die Woiwodschaften Nowogrodek, Polesien und Wolhynien, die Kreise Grodzienski, Wolkowski sowie die Gemeinden Bialowieska, Masiewska und Suchopolska des Kreises Bielski der Woiwodschaft Bialostocki.]

[Wortlaut geändert durch Art. 1 Abs. 2 der Verordnung des Präsidenten der Republik vom 22. März 1928, Dz. U. 1928, Nr. 38, Poz. 372: „Dieses Dekret entfaltet bindende Wir-

1088 Das Höchste Verwaltungstribunal (poln. *Najwyższy Trybunał Administracyjny*) war die oberste verwaltungsgerichtliche Instanz in der 2. Polnischen Republik.

kung in der Hauptstadt Warschau und den Woiwodschaften: Warszawski, Lodzki, Kielecki, Lubelski, Bialostocki, Wilenski, Nowogrodek, Polesien und Wolhynien."]

Art. 24

Die Ausführung dieses Gesetzes wird den zuständigen Ministern, jedem in seinem Umfang, übertragen.

Warschau, den 7. Februar 1919.

Staatsoberhaupt:
J. Piłsudski

Ministerpräsident:
I. J. Paderewski

Minister:
Jan Łukasiewicz

II. Verordnung über das Recht der Stiftungen im Generalgouvernement von 1940

Verordnung
über das Recht der Stiftungen im Generalgouvernement

Vom 1. August 1940[1089]

Auf Grund des § 5 Abs. 1 des Erlasses des Führers und Reichskanzlers über die Verwaltung der besetzten polnischen Gebiete vom 12. Oktober 1939 (Reichsgesetzbl. I S. 2077) verordne ich:

§ 1.

Rechtsfähige Stiftungen sind durch ihre vertretungsberechtigten Organe unter Beifügung ihres Statuts und einer Vermögensübersicht nach dem Stande vom 30. Juni 1940 bei der Abteilung Innere Verwaltung im Amt des Generalgouverneurs bis zum 30. September 1940 schriftlich anzumelden. Die Richtigkeit der erforderlichen Angaben ist an Eides Statt zu versichern.

§ 2.

(1) Entspricht der Stiftungszweck noch jetzt dem öffentlichen Interesse und kann die Stiftung den Zweck voll erfüllen, ist ihr ein Bescheid auszustellen, durch den ihre weitere Betätigung genehmigt wird.

(2) Liegt das Fortbestehen einer Stiftung im öffentlichen Interesse, sind aber Änderungen des Statuts oder des Stiftungszwecks oder sonstige Maßnahmen im öffentlichen Interesse geboten, ist der Stiftung ein Bescheid auszustellen, durch den die weitere Betätigung nach fristgemäßer Erfüllung entsprechender Auflagen genehmigt wird.

§ 3.

(1) Es werden aufgehoben alle Stiftungen
1. die nicht fristgemäß nach § 1 angemeldet sind,
2. deren weitere Betätigung dem öffentlichen Interesse nicht entspricht,
3. die die Auflagen nach § 2 Abs. 2 nicht oder nicht fristgemäß erfüllen.

(2) Die Aufhebung erfolgt durch Zustellung eines entsprechenden Bescheids an die Stiftung. Der Aufhebungsbescheid hat zu enthalten
1. die Angabe des Zeitpunkts, zu dem die Stiftung aufgehoben wird,
2. Vorschriften über das bei der Abwicklung zu beachtende Verfahren,
3. Bestimmungen über die Verwendung des Stiftungsvermögens, die grundsätzlich entsprechend dem Stiftungszweck zu erfolgen hat.

(3) Die vertretungsberechtigten Organe einer aufgehobenen Stiftung haben entsprechend den Weisungen im Aufhebungsbescheid alle laufenden Geschäfte

1089 Abgedruckt bei *Weh*, Das Recht des Generalgouvernements, B 150.

abzuwickeln, alle Verbindlichkeiten zu erfüllen und die Vermögenswerte den im Aufhebungsbescheid bezeichneten Stellen zu übertragen.

§ 4.

Die Entscheidungen nach §§ 2 bis 3 trifft die Abteilung Innere Verwaltung im Amt des Generalgouverneurs als Aufsichtsbehörde.

§ 5.

Bis zur Entscheidung über Aufhebung oder Fortbestehen einer Stiftung führen deren Organe die laufenden Geschäfte nur in dem im Rahmen der laufenden Verwaltung unbedingt notwendigen Umfang weiter.

§ 6.

(1) Über die genehmigten Stiftungen ist bei der Aufsichtsbehörde ein Register zu führen.
(2) Jede Änderung des Statuts einer Stiftung bedarf der Genehmigung der Aufsichtsbehörde. Das gleiche gilt von der Zusammensetzung der zur Vertretung einer Stiftung bestellten Organe.

§ 7.

Die Entscheidungen der Aufsichtsbehörde sind endgültig.

§ 8.

Mit Gefängnis und mit Geldstrafe oder mit einer dieser Strafen wird bestraft, wer als verfassungsmäßig berufener Vertreter oder als Mitglied eines vertretungsberechtigten Organs der Meldepflicht nach § 1 nicht nachkommt, gegen die Aufhebungsverfügung gemäß § 3 Abs. 2 und 3 verstößt oder den Vorschriften des § 5 zuwiderhandelt. Neben der Strafe kann Einziehung des Stiftungsvermögens erkannt werden. Auf die Einziehung kann selbständig erkannt werden, wenn eine bestimmte Person nicht verfolgt werden kann.

§ 9.

Diese Verordnung tritt am 5. August 1940 in Kraft.

Der Generalgouverneur für die besetzten polnischen Gebiete
Frank

III. Verordnung über die Errichtung von Stiftungen im Generalgouvernement von 1941

Verordnung
über die Errichtung von Stiftungen
im Generalgouvernement

Vom 29. April 1941[1090]

Auf Grund des § 5 Abs. 1 des Erlasses des Führers und Reichskanzlers vom 12. Oktober 1939 (Reichsgesetzbl. I S. 2077) verordne ich:

1. Abschnitt.

Stiftungen nach deutschem Recht.

§ 1. Von einer der deutschen Gerichtsbarkeit unterliegenden Person kann eine Stiftung ausschließlich nach deutschem Recht errichtet werden. Das gleich gilt, wenn von mehreren Stiftern auch nur einer der deutschen Gerichtsbarkeit unterliegt.

§ 2. Auf die Errichtung einer Stiftung nach deutschem Recht und die Rechtsverhältnisse einer solchen Stiftung sind die Vorschriften des Bürgerlichen Gesetzbuches sinngemäß anzuwenden; die zur Entstehung der Stiftung erforderliche Genehmigung erteilt die Aufsichtsbehörde.

2. Abschnitt.

Sonstige Stiftungen.

§ 3. Andere Personen können rechtsfähige Stiftungen nach Maßgabe der folgenden Bestimmungen durch Rechtsgeschäft unter Lebenden oder durch Verfügung von Todes wegen errichten.

§ 4. (1) Das Stiftungsgeschäft unter Lebenden bedarf der gerichtlichen oder notariellen Beurkundung.

(2) Die Errichtung einer Stiftung durch Verfügung von Todes wegen geschieht nach den für die Verfügung von Todes wegen geltenden Formvorschriften.

§ 5. Zur Entstehung der rechtsfähigen Stiftung ist außer dem Stiftungsgeschäft die Genehmigung der Aufsichtsbehörde erforderlich.

§ 6. Besteht das Stiftungsgeschäft in einer Verfügung von Todes wegen, so hat das Verlassenschaftsgericht die Genehmigung zu beantragen, sofern sie nicht schon von dem Erben oder den sonst an der Stiftung interessierten Personen nachgesucht wird.

1090 Abgedruckt bei *Weh*, Das Recht des Generalgouvernements, B 151.

§ 7. (1) Die Verfassung der Stiftung wird durch die ihr durch das Stiftungsgeschäft gegebene Satzung bestimmt.

(2) Die Satzung muß enthalten:

a) den Namen der Stiftung,
b) den Stiftungszweck,
c) den Sitz der Stiftung,
d) Vorschriften über die Vertretung und die Geschäftsführung der Stiftung.

(3) Enthält das Stiftungsgeschäft keine oder eine in wesentlichen Punkten unvollkommene Satzung, so wird die Satzung von der Aufsichtsbehörde festgesetzt, ergänzt oder geändert.

§ 8. Wird die Stiftung genehmigt, so ist der Stifter verpflichtet, das in dem Stiftungsgeschäft zugesicherte Vermögen auf die Stiftung zu übertragen.

§ 9. Die Stiftung ist für den Schaden verantwortlich, den ein satzungsmäßig berufener Vertreter der Stiftung durch eine in Ausführung der ihm zustehenden Verrichtung begangene, zum Schadensersatz verpflichtende Handlung einem Dritten zufügt.

3. Abschnitt.

Aufsichtsbehörde.

§ 10. (1) Aufsichtsbehörde im Sinne dieser Verordnung ist die Regierung des Generalgouvernements (Hauptabteilung Innere Verwaltung).

(2) Die Regierung des Generalgouvernements (Hauptabteilung Innere Verwaltung) kann die Befugnisse der Aufsichtsbehörde allgemein oder im Einzelfall auf nachgeordnete Behörden übertragen.

§ 11. Die Entscheidungen der Aufsichtsbehörde sind endgültig.

§ 12. Über die nach Abschnitt 1 und 2 errichteten Stiftungen führt die Aufsichtsbehörde je ein Stiftungsregister.

§ 13. Jede Änderung der Satzung oder Änderung in der Zusammensetzung der zur Vertretung oder Geschäftsführung berechtigten Organe der Stiftung bedarf der Genehmigung der Aufsichtsbehörde.

§ 14. Hält die Aufsichtsbehörde Änderungen der Satzung oder Änderung in der Zusammenfassung der zur Vertretung oder Geschäftsführung berechtigten Organe oder sonstige Maßnahmen im öffentlichen Interesse für geboten, so kann sie der Stiftung unter Setzung einer angemessenen Frist entsprechende Auflagen machen.

§ 15. Die Aufsichtsbehörde ist berechtigt, die Geschäftsführung der Stiftung laufend zu überprüfen. Sie kann hierzu die Vorlegung aller Bücher, Akten und sonstigen Unterlagen verlangen. Die zur Vertretung oder Geschäftsführung der Stiftung berechtigten Personen sind zur Auskunftserteilung gegenüber der Aufsichtsbehörde in allen Stiftungsangelegenheiten verpflichtet.

§ 16. (1) Die Aufsichtsbehörde kann die Stiftung aufheben oder ihr eine andere Zweckbestimmung geben:

1. wenn die vertretungsberechtigten Organe der Stiftung ihre Aufhebung beantragen,
2. wenn die Erfüllung des Stiftungszwecks unmöglich geworden ist,
3. wenn die weitere Bestätigung der Stiftung nicht mehr im öffentlichen Interesse liegt,
4. wenn eine Auflage gemäß § 14 nicht oder nicht fristgemäß erfüllt wird.

(2) Auf die Aufhebung der Stiftung sind die Vorschriften des § 3 Abs. 2 und 3 der Verordnung über das Recht der Stiftungen im Generalgouvernement vom 1. August 1940 (BBlGG. I S. 244) entsprechend an wendbar.

4. Abschnitt.

Stiftungen alten Rechts.

§ 17. Für die bei Inkrafttreten dieser Verordnung bereits bestehenden Stiftungen bleiben die Vorschriften der Verordnung über das Recht der Stiftungen im Generalgouvernement vom 1. August 1940 (BBlGG. I S. 244) unberührt.

Der Generalgouverneur
Frank

C. Landkarten zur territorialen Entwicklung Polens[1091]

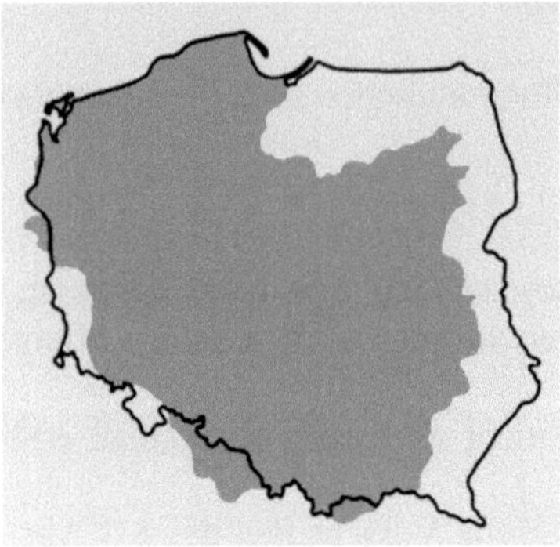

Polen unter Mieszko I. (10. Jh.)

Polen unter Kasimir dem Großen (14. Jh.)

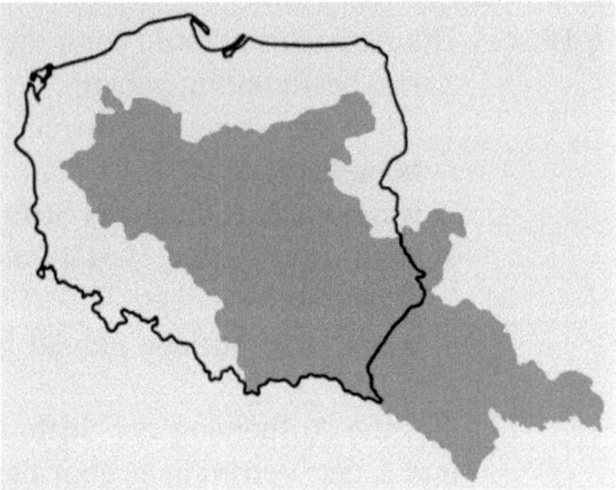

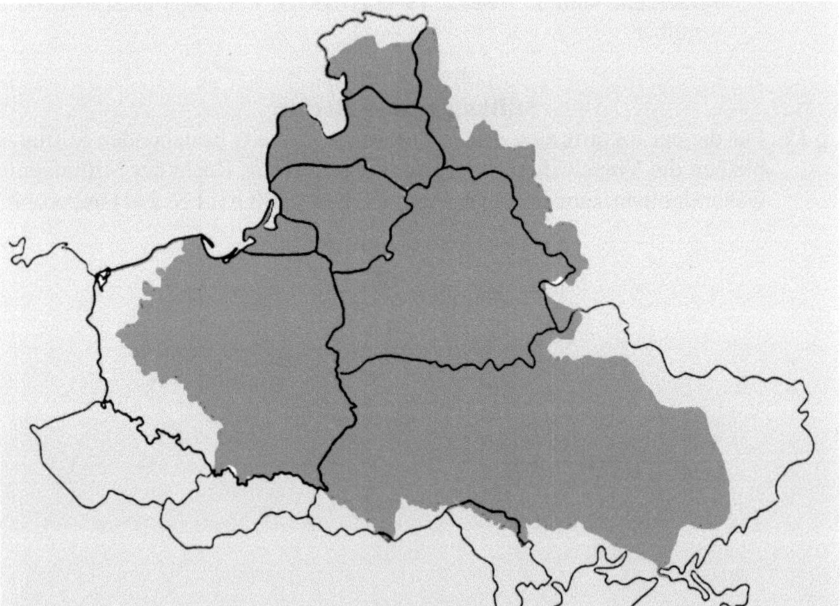

Polen-Litauen im 16./17. Jahrhundert

1091 Eigene Bearbeitung des Verfassers, angelehnt an: *Olczak*, Atlas Ilustrowany Historia Polski, Warschau 2006, S. 262 f.

Dritte Polnische Teilung 1795

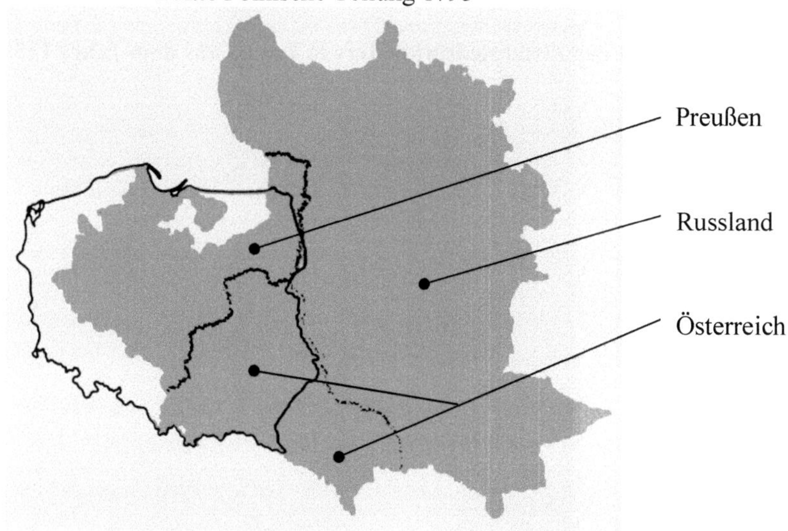

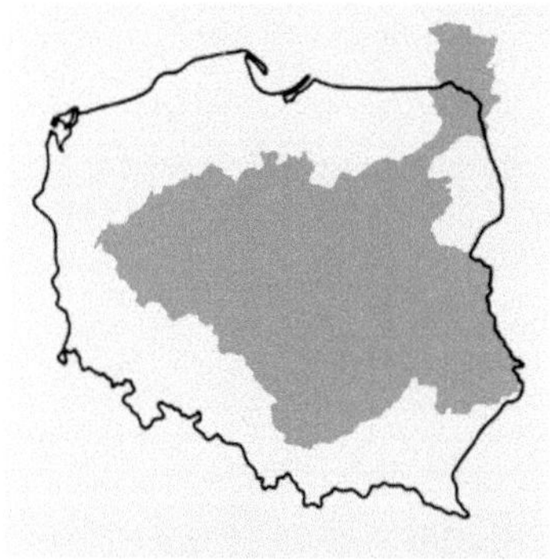

Herzogtum Warschau 1807

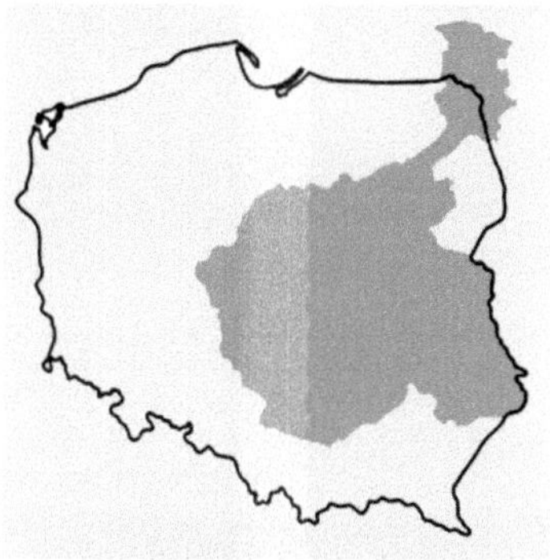

Kongresspolen 1815

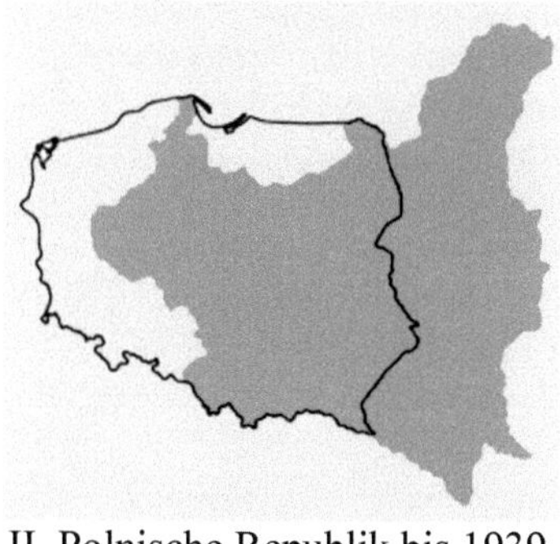

II. Polnische Republik bis 1939

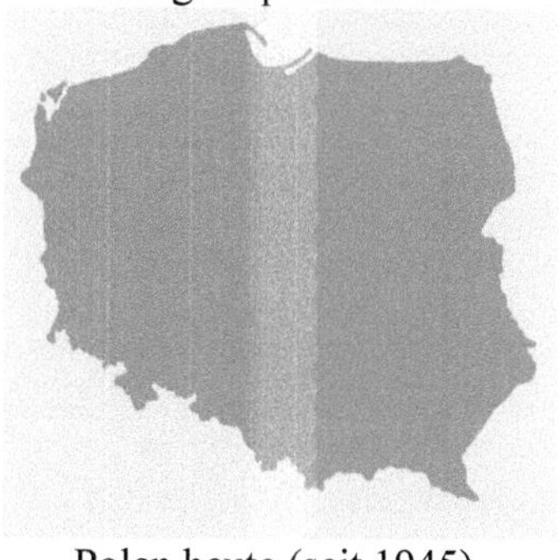

Polen heute (seit 1945)

D. Abbildungen

I. Stiftungsurkunde des Zisterzienserklosters in Łekno aus dem Jahre 1153

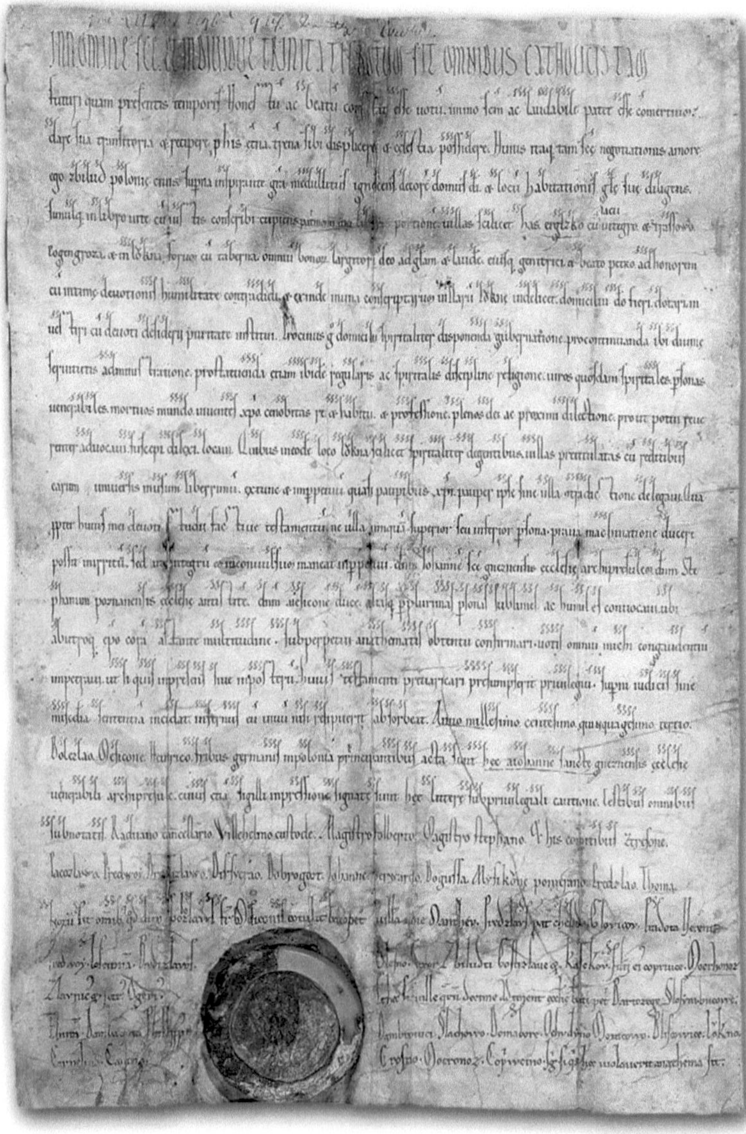

II. Kopie des Errichtungsakts König Kasimir des Großen betreffend die Errichtung der Krakauer Akademie vom 12. Mai 1364

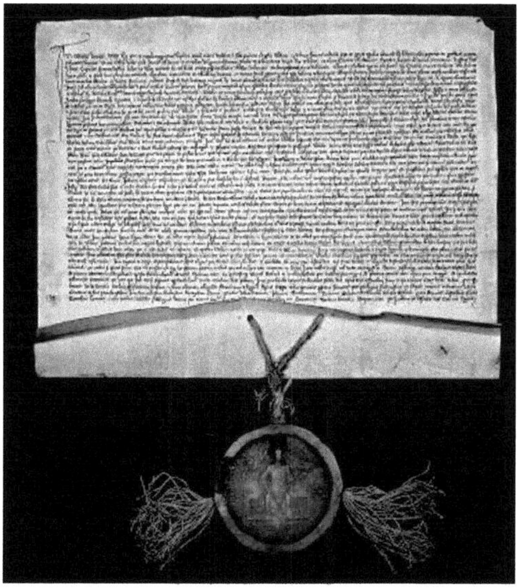

III. Päpstliches Einverständnis Bonifacius IX. zur Einrichtung der Theologischen Fakultät in Krakau vom 11. Januar 1397

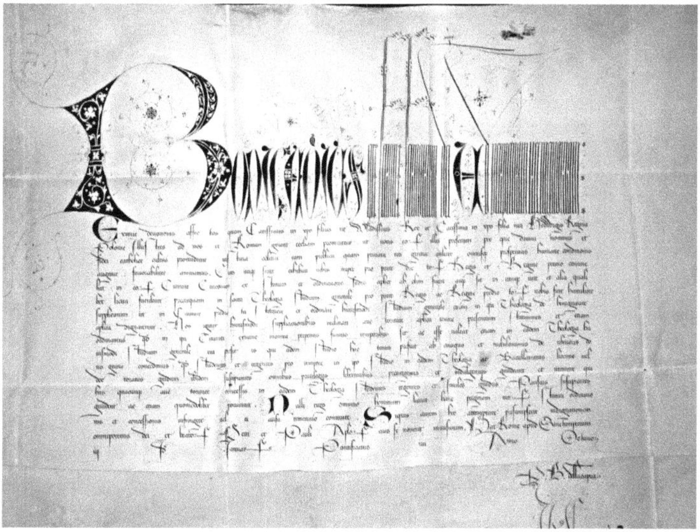

IV. Bestätigung der Stiftung für die Erneuerung der Philosophenburse in Krakau vom 15. Mai 1584

Bochumer Studien zum Stiftungswesen

Herausgegeben von Karlheinz Muscheler

Der Verein „Fundare e.V., Gemeinnütziger Verein zur Förderung des Stiftungswesens“ hat sich zum Ziel gesetzt, zu einer aufblühenden Stiftungskultur in Deutschland beizutragen. Auch die von Prof. Dr. Karlheinz Muscheler im Auftrag von Fundare herausgegebene Schriftenreihe „Bochumer Studien zum Stiftungswesen“ dient diesem Ziel. In ihr sollen Arbeiten aus grundsätzlich allen wissenschaftlichen Disziplinen erscheinen, die sich mit dem Stiftungswesen im weitesten Sinne beschäftigen. Einen Schwerpunkt bilden Arbeiten zum Zivil-, Verwaltungs- und Steuerrecht der Stiftung. Veröffentlicht werden insbesondere Dissertationen, Habilitationen und sonstige Monographien.

Band 1 Irena Braxator: Grundlagen der Panama-Stiftung. 2009.

Band 2 Frank Schuck: Die Doppelstiftung. Instrument zur Gestaltung der Unternehmensnachfolge. 2009.

Band 3 Sang-Hyun Ko: Errichtung einer Stiftung nach deutschem und koreanischem Recht. 2009.

Band 4 Jonas Arnhold: Die selbständige Stiftung und der Testamentsvollstrecker. 2010.

Band 5 Sebastian Trappe: Unternehmensmitbestimmung und unternehmensverbundene Stiftungen. 2010.

Band 6 Irena Braxator: Fundamental Principles of Panamanian Foundations. 2011.

Band 7 Matthias Gantenbrink: Die hoheitliche Beendigung der Stiftung durch die Stiftungsbehörde. Zur Aufhebung und Zusammenführung von Stiftungen. 2011.

Band 8 Dominik Wagner: Errichtung und Tätigkeit von Stiftungen nach polnischem Recht. 2012.

www.peterlang.de